Christiane Boeck
Selbstbewußt im Kloster

Christiane Boeck

Selbstbewußt im Kloster

Nonnen sprechen
über ihr Leben

Kösel

ISBN 3-466-36446-9

© 1996 by Kösel-Verlag GmbH & Co., München
Printed in Germany. Alle Rechte vorbehalten
Druck und Bindung: Kösel, Kempten
Umschlag: Elisabeth Petersen, Glonn, unter Verwendung
eines Fotos von Heinz Endler/LOOK

1 2 3 4 5 · 00 99 98 97 96

Gedruckt auf umweltfreundlich hergestelltem Werkdruckpapier
(säurefrei und chlorfrei gebleicht)

Inhalt

Vorwort

Viel Zündstoff liegt anscheinend darin, wenn von Nonnen die Rede ist, von Frauen, die in einer heute eher ungewöhnlichen Weise leben. Wenige meiner Freunde und Bekannten reagierten gleichgültig, wenn ich von meinem Ferienaufenthalt in einem französischen Karmelitinnenkloster erzählte. »Ins Kloster – bist du verrückt? *Ich* will in meinen Ferien etwas erleben und mich nicht hinter Mauern langweilen!« So lauteten spöttische oder ratlose Reaktionen meiner Umgebung, wenn ich Arbeitshandschuhe, Gummistiefel und Bücher zusammenpackte, um für eine Woche zu den Schwestern aufzubrechen.

Zugegeben, das ist nicht die übliche Weise, wie eine junge Frau, die weder katholisch noch nach gängigen Vorstellungen »fromm« ist, ihren Urlaub verbringt. Aber seit ich einmal als Studentin zwei Wochen in diesem Kloster verbracht hatte, damals vor allem aus Neugier und Faszination am Unbekannten, zog es mich häufiger dorthin. Zuvor waren mir Nonnen immer als ferne, fremde Wesen vorgekommen, mit denen ich im Alltag keine Berührungspunkte hatte. Auf ihre Lebensweise und ihren Umgang miteinander war ich nun gespannt, und ich war unsicher, ob ich es wohl schaffen würde, zwei Wochen lang zu schweigen. Konnte das überhaupt sinnvoll sein? – Natürlich habe ich dann nicht nur geschwiegen, das wäre auch nicht im Sinne der Schwestern gewesen. Ich respektierte die Stille bei der Arbeit, den Mahlzeiten und im Bereich der Gästehäuser, fand aber genügend Gelegenheit, mich mit anderen Gästen auszutauschen und auch mit einigen Schwestern zu reden und meine Fragen zu stellen.

In diesem Karmelitinnenkloster gefiel mir einfach, wie die Schwestern leben, wie sie ihren Hof in wunderschöner Landschaft bewirtschaften, gemeinsam beten, zweimal am Tag eine

Stunde meditieren, wie sie musizieren und offen für Gäste und ihre Fragen und Erfahrungen sind. Auch ihre Individualität schien mir durchaus nicht verlorengegangen zu sein.

Zu Hause erwarteten mich unterschiedlichste Fragen: »Warum unterwirft sich eine selbständige Frau so vielen Regeln, Gelübden, Autoritäten, warum tut sie das ganz bewußt, in einer Zeit, in der Frauen in vielen Bereichen gleichberechtigt und frei sind? Wie vereinbart eine Schwester ihre Unabhängigkeit, die sie *vor* ihrem Klosterleben hatte, nun mit den Regeln der Gemeinschaft? Welche Rolle spielt dabei die Religion? Leben die Schwestern auch etwas, das wir in unserem Alltag vermissen?« – Auch verschiedenste Klischeevorstellungen kamen in solchen Gesprächen zutage: »Stimmt es, daß allen Nonnen beim Eintritt die Haare abgeschnitten werden? Sind das alles frustrierte Frauen, die keinen Mann gefunden haben? Müssen Nonnen immer schweigen?«

Daß ich einige Jahre später mein Interesse an Nonnen in ein konkretes Vorhaben umsetzen konnte, hat mehrere Gründe. Zunächst fiel mir während einer Englandreise ein Buch der jungen Journalistin Mary Loudon in die Hände: »Unveiled. Nuns talking« (»Entschleiert. Nonnen erzählen«), Texte nach Interviews mit Nonnen englischer Klöster. Die Auseinandersetzung mit diesem Buch ermutigte mich in meinem Vorhaben und gab mir viele Anregungen.

Ich wollte Nonnen mit ungewöhnlichen Biographien aus unterschiedlichen Orden kennenlernen und sie zu ihrem Leben befragen. Dabei interessierte mich vor allem die radikale Lebensentscheidung jeder einzelnen Schwester, weniger der äußere soziologische Rahmen »Kloster«.

Einige Nonnen aus dem Mittelalter sind bekannt und anerkannt. Sie haben durch wissenschaftliche oder literarische Werke von sich reden gemacht. Hildegard von Bingen ist von der alternativen Medizin entdeckt worden, Roswitha von Gandersheim kennt man als Lyrikerin, die Beginen als soziale Frauengruppierung erfahren neue positive Bewertung.

Auch heute gibt es bekannte Schwestern, von den Medien gerne als »Engel von…« oder »gute Seele für…« bezeichnet; eine verharmlosende Etikettierung, die dem Selbstverständnis mancher Schwester entsprechen mag, für viele aber ärgerlich ist, da sie ein einseitiges Klischeebild von Nonnen noch unterstützt. Meine Interviewpartnerinnen zumindest zeigen ein anderes Selbstverständnis.

Auch die Darstellung der Ordensfrauen in dem kassenfüllenden Streifen »Sister Act« weckt sicherlich Aufmerksamkeit bei den Zuschauern, die sonst nichts mit Nonnen zu tun haben. Die tanzenden und singenden Nonnen garantieren dabei nicht nur einen komischen Effekt, sondern auch Sympathie des Publikums, aber sie festigen gleichzeitig das Klischee, daß nur weltfremde Frauen in Klöstern leben.

Zur Zeit gibt es etwa 300 katholische Frauenorden mit fast 40.000 Nonnen in Deutschland. Streng genommen muß man differenzieren: »Nonnen« sind eigentlich nur die Frauen, die den Orden der Benediktinerinnen, Karmelitinnen, Zisterzienserinnen oder Trappistinnen angehören. Das sind in Deutschland zur Zeit etwa 2000 Frauen. Sie leben in Klausur, das heißt, sie arbeiten nicht außerhalb des Klosters und konzentrieren sich ganz auf das Gebet, daher die Bezeichnung »beschauliche« oder »kontemplative« Orden. Normalerweise entscheiden sich diese Schwestern für ein bestimmtes Kloster, dem sie in einer festen Gemeinschaft ihr Leben lang angehören. Ihren Lebensunterhalt bestreiten sie durch handwerkliche oder künstlerische Arbeiten, Landwirtschaft oder durch den Verkauf von Büchern und Kunstpostkarten. Manche Gemeinschaften werden auch durch Sach- oder Geldspenden unterstützt. Nonnen tragen im allgemeinen Habit, die traditionelle Ordenskleidung: Einen Schleier und ein langes Kleid in der Farbe ihrer Ordenstradition.

Die anderen, ungefähr 37.000 Frauen, sind sogenannte »tätige« oder »apostolische« Schwestern in unzähligen Ausprägungen, den Kongregationen. Die bekanntesten unter ihnen sind die Franziskanerinnen, ursprünglich ein Bettelorden in der Tradition des Franz von Assisi. Sie schließen sich einem Ordens-Mutterhaus an, verbringen dort einige Zeit und leben später in Gemeinschaften in wechselnden Zusammensetzungen, je nach Aufgabengebiet und Tätigkeit. Manchmal üben sie weiterhin ihren erlernten Beruf aus, sind Lehrerinnen, Krankenschwestern, Psychologinnen, Streetworkerinnen, Altenpflegerinnen, Erzieherinnen oder Sozialarbeiterinnen. Diese Schwestern tragen zu ihren Gebetszeiten fast immer Habit – der aufgrund der Ordenstradition meist etwas weniger verhüllend als der Habit der Nonnen ist. Zur Arbeit tragen sie entweder einen praktischen Arbeitshabit oder Zivilkleidung.

Außer den Klöstern gibt es noch die sogenannten Säkularinstitute. Die Frauen und manchmal auch Männer, die Mitglieder eines solchen Säkularinstituts sind, tragen normalerweise keinen Habit, nehmen am normalen Berufsleben teil und sind kirchenrechtlich anders gestellt als Kongregationen. Es gibt auch evangelische Gemeinschaften, in denen Frauen in Gebet und Arbeit zusammenleben, von denen die bekanntesten die Diakonissen und in Süddeutschland die Communität Casteller Ring sind.

Im Unterschied zu früheren Zeiten werden heute keine sehr jungen Mädchen mehr aufgenommen oder gar Kinder schon dem Kloster versprochen. Früher war es in katholischen Familien ja durchaus nicht ungewöhnlich, eine Tochter ins Kloster zu schicken. Heute spielt der Aspekt, daß das Kloster für manche jungen Mädchen die vielleicht einzige Möglichkeit bot, eine Ausbildung zu machen, oder mit einem Missionsorden der häuslichen Enge oder gar einer Zwangsheirat zu entfliehen, natürlich keine Rolle mehr. Das ist wahrscheinlich der Grund, warum heutzutage die aktiven Orden prozentual weniger Eintritte verzeichnen können als die kontemplativen, wo die Suche nach Gott und das Gebet vielleicht intensiver erfahren werden. Im Jahre 1993 traten 153 Frauen in einen aktiven Orden ein, 72 in einen kontemplativen.

Wenn sich heute eine Frau überlegt, Nonne zu werden, nimmt sie in der Regel Kontakt zu einem Kloster auf und lernt die Schwestern, deren Lebensweise und Glaubenspraxis kennen. Wenn sie sich ernsthaft für ein Leben dort interessiert, wird sie zunächst als Postulantin in die Gemeinschaft aufgenommen. In dieser Zeit lebt sie schon in der Klausur, dem Bereich der Schwestern, sie trägt aber meist noch ihre eigene Kleidung. Beide Seiten prüfen zunächst, ob eine Aufnahme als Novizin in Frage kommt. Diese Zeit dauert ein halbes oder ein Jahr.

Die meisten Orden legen den eintrittswilligen Frauen nahe, erst nach einer Ausbildung einzutreten oder etwas schon Begonnenes abzuschließen. »Flucht vor der Welt«, vor Schwierigkeiten mit sich selbst oder anderen Menschen, eine unglückliche Liebe – diese Gründe sollten als Motivation für einen Klostereintritt ausscheiden. Eine Entscheidung sollte aus positiven Motiven heraus fallen; darauf achten die Novizenmeisterinnen, die für die Aufnahme von potentiellen neuen Mitgliedern der Gemeinschaft zuständig sind, zumindest diejenigen, mit denen ich gesprochen habe. In jedem Kloster kümmert sich eine Schwester oder ein Schwestern-Team um die Aufnahme der Novizinnen und ihre Ausbildung. Dazu gehören die Reflexion über die drei Gelübde Armut, Keuschheit, Gehorsam, die Auseinandersetzung mit Ordens- und Kirchengeschichte sowie die Einarbeitung in Tätigkeiten innerhalb der Gemeinschaft.

Die Aufnahme ins Noviziat beginnt mit der sogenannten »Einkleidung«, zu der die Postulantin die Ordenstracht erhält, die sich in manchen Gemeinschaften von der Tracht der anderen Schwestern in Kleinigkeiten unterscheidet; sie »nimmt den Schleier«, wie der poetische terminus technicus heißt. Sie legt ihre ersten Gelübde ab, die normalerweise für ein Jahr gelten. In manchen Klöstern erhält sie auch einen neuen Namen. Heute wählt die Oberin diesen oft nach Vorschlägen der Postulantin, früher dagegen sahen die Postulantinnen der Verkündigung ihres neuen Namens im Rahmen der Einkleidungsfeier mit einiger Furcht und Spannung entgegen. Diese Zeremonie war verbunden mit einer Einkleidung als Braut mit weißem Hochzeitskleid und Schleier. Mittlerweile haben sich die meisten Klöster von diesem Brauch aus verschiedenen Gründen verabschiedet, unter anderem, weil sich das Verständnis von »Brautschaft« verändert hat.

In dieser ersten Zeit des Noviziats verläßt etwa ein Drittel der Schwestern das Kloster wieder. Wer bleibt, legt nach mehreren zeitlichen Gelübden dann nach fünf bis neun Jahren, in Ausnahmefällen auch später, ewige Gelübde ab. Die Schwester erhält in manchen Orden einen Ring, sie bekommt das endgültige Gewand und ist in der Gemeinschaft der Schwestern ein gleichberechtigtes Mitglied.

Das Gemeinschaftsleben der einzelnen Orden richtet sich nach einer spezifischen Regel, zum Beispiel der von Benedikt oder der von Franziskus, die in den »Konstitutionen« auf die herrschenden Zeitverhältnisse abgestimmt und den Bedürfnissen des jeweiligen Landes angepaßt wird.

Zunächst ließ ich mir Informationen und Adressen von Ordensgemeinschaften in Deutschland schicken und schrieb etwa 50 Briefe an Klöster und Einzelpersonen, in denen ich mein Projekt erläuterte und die ich um Hilfe bei der Suche nach Schwestern bat.

Als Interviewpartnerinnen kamen nur Schwestern in Frage, die bereits seit mehreren Jahren im Kloster leben, und die möglichst schon die ewigen Gelübde abgelegt haben. Außerdem sollten meine Gesprächspartnerinnen insgesamt positiv zu ihrem Orden und ihrer Aufgabe stehen. Die Erzählungen von Nonnen, die dem Kloster endgültig den Rücken gekehrt haben, wären ein anderes Thema. Schwestern, nach denen ich suchte, sollten Eigenständigkeit im Denken zeigen und auch vor kritischen Fragen nicht zurückschrecken.

Meine Interviews sind dann im Zeitraum von eineinhalb Jahren entstanden. Einer ersten brieflichen Anfrage und einem Telefonat folgte meist ein Vorgespräch, um herauszufinden, ob wir miteinander arbeiten könnten. Wenn wir uns geeinigt hatten, verbrachte ich jeweils eine Woche bei einer Schwester. Nur so war ein gegenseitiges Kennenlernen möglich, nur so erfuhr ich auch etwas von ihrem Alltagsleben und ihrer Umgebung.

Die Arbeit miteinander verlief ganz unterschiedlich. Manche Schwestern sah ich nur zu festgelegten Zeiten für unsere Gespräche, die ich auf Tonband aufnahm, mit anderen verbrachte ich mehrere Stunden des Tages auch bei anderen Tätigkeiten im Haus, beim Kochen, bei der Arbeit. Auch da haben wir uns meist ausgetauscht.

Meine Fragen betrafen alle Bereiche des Lebens, von der Kindheit bis zu Gedanken über Altwerden und Sterben. Außerdem befragte ich jede Schwester auch über die Besonderheiten ihrer Aufgaben vor dem Ordenseintritt und jetzt. Absichtlich habe ich nicht nur nach der »Berufung«, der direkten Vor-Geschichte des Klostereintritts gefragt, das hätte meine Gesprächspartnerinnen nur auf ihre Rolle als Nonne festgelegt.

Wichtiger als Meinungen über Papst, Pille und Zölibat waren mir Fragen nach dem Lebensgefühl meiner Gesprächspartnerinnen. Ich wollte erfahren, was sie persönlich und politisch bewegt. Wie oft und wodurch geraten sie in Krisen, wie meistern sie bei Streit und schlechter Atmosphäre ihr Leben – Fragen, die sich Frauen mit anderen Lebensmustern auch immer wieder stellen.

Verschiedene Schwestern, denen ich schrieb und die ich auch besuchte, waren von meinem Projekt zwar grundsätzlich angetan, wollten selbst aber nicht interviewt werden. Bei zwei Gemeinschaften, die mich wegen ihrer Radikalität sehr interessierten, war ich zu Gast, erlebte ich Offenheit und konnte interessante Gespräche führen: Die Trappistinnen sind von

13

ihren Regeln her der wohl strengste Orden; er hat mit 3.oo Uhr den frühsten Tagesbeginn und sieht keine gemeinsamen Rekreationszeiten vor. Die Gemeinschaften der Kleinen Schwestern leben oft in Großstädten mit Randgruppen und viele von ihnen verdienen ihr Geld als einfache Arbeiterinnen, auch dann, wenn sie zuvor eine Berufsausbildung oder ein Studium absolviert haben. Gerne hätte ich eine Gesprächspartnerin in diesen beiden Orden gefunden, aber beide Male wollten sich die Schwestern nicht so sehr als Individuen herausstellen, wie es das Konzept meiner Arbeit erfordert. Diesen Vorbehalt nannten mir übrigens auch fast alle meiner Gesprächsparterinnen, deren Texte hier veröffentlicht werden. Und immer wieder wurde mir auch von Schwestern gesagt: »Vergessen Sie nicht, die typische Nonne gibt es genausowenig wie die typische Vertreterin eines bestimmten Ordens!«

Keine der Schwestern war auf unsere Gespräche angewiesen, um sich einmal »aussprechen« zu können. Die meisten von ihnen, die mit Menschen arbeiten, kennen Supervision und Gespräche mit eigens dafür ausgebildeten Personen, die nicht unbedingt fest in kirchlichen Zusammenhängen stehen müssen. Außerdem ist die Atmosphäre in den Orden offener geworden – waren früher sogenannte »Partikularfreundschaften«, also persönliche Vertrautheiten innerhalb der Gemeinschaft verpönt, so wird Freundschaft heute positiver bewertet und als etwas angesehen, was dem Zusammenleben förderlich ist.

Manche Schwester hatte allerdings noch nie so ausführlich über sich selbst gesprochen, manche noch nicht in so großer Offenheit. Einige erzählten einfach, und ich habe zugehört, andere stellten viele Rückfragen an mich, ermunterten mich, selbst Stellung zu beziehen und von eigenen Erfahrungen zu erzählen.

Die Interviews waren spannend und die gemeinsame Zeit ereignisreich, die Verschiedenheiten der Umgebung, des Tagesablaufs und der Arbeitsbereiche jeder Schwester faszinierend. Das älteste Kloster besteht schon seit dem 13.

Jahrhundert, die jüngste Gemeinschaft war gerade eine Woche alt. Manche Schwestern lebten in großen Konventen, andere zu dritt oder in ganz kleinen Gemeinschaften. Ich habe an Messen und Gebetszeiten teilgenommen, an der täglichen Arbeit der Schwester, soweit das möglich war, aber auch an Festen, Prozessionen und Vorträgen. Eine Schwester wirkte bei einer Theateraufführung mit, und einmal nahm ich an der Verleihung eines Bundesverdienstkreuzes teil.

Nach der gemeinsamen Zeit begann für mich die eigentliche Arbeit: Alle Tonbandaufnahmen waren wörtlich zu transkribieren, die Texte zu kürzen und dabei den charakteristischen Themen jeder Schwester gerecht zu werden. Ich habe mich bemüht, den Sprachstil jeder einzelnen Gesprächspartnerin zu erhalten und so wenig wie möglich an der wörtlichen Rede zu verändern, daher sind die Texte bewußt »mündlich«, manchmal auch umgangssprachlich. Nur etwa ein Fünftel meiner Aufzeichnungen konnte ich verwenden, mehr hätte den Umfang dieses Buchs gesprengt.

Meine Gesprächspartnerinnen hatten die Zusicherung, daß die Texte nur mit ihrem Einverständnis an den Lektor gehen würden. Nur unter dieser Voraussetzung war es ihnen möglich, in größtmöglicher Offenheit zu erzählen und gleichzeitig die Gewißheit zu haben, allzu Unbedachtes wieder zurückzuziehen. Erst diese Zusicherung hat mir manche Tür geöffnet. Aber nur einige Schwestern haben von dem Recht Gebrauch gemacht, ganze Passagen zu streichen. Zwei der zwölf Schwestern, die ich interviewt hatte, zogen ihre Texte allerdings wieder zurück.

Ein entscheidender Punkt ist nicht eindeutig zu beschreiben und nachzuvollziehen, nämlich was denn »Berufung« eigentlich ist und wie jede einzelne den »Ruf Gottes« für sich gehört hat. Jede Schwester hat in unseren Gesprächen versucht, sich der Antwort auf diese Frage zu nähern und so auch zu sagen, was sie von den Frauen unterscheidet, die ebenfalls religiös sind, die aber dennoch nicht ins Kloster gehen.

Ich bin im Laufe der Arbeit auch gefragt worden, ob ich die Schwestern sich selbst gegenüber ehrlich seien. Wahrheit ist immer die persönliche und momentane Wahrheit des Menschen, der spricht oder schreibt. Viele Ereignisse und Erlebnisse werden schon einige Zeit später oder in einer anderen Stimmung anders erzählt und bewertet. Da es mir nicht darum geht, am Beispiel dieser Ordensfrauen zu zeigen »so *ist* Ordensleben, so *sind* Ordensschwestern«, kann man diese Texte als Momentaufnahmen von Frauen in einer besonderen Lebensform sehen.

Adelheide

Armen-Schwestern des Heiligen Franziskus, Frankfurt

Alter: 56
Alter bei Ordenseintritt: 24
Jahre im Orden: 32
frühere Tätigkeit: Buchhalterin
jetzige Tätigkeit: Leiterin/ Betreuerin im Franziskushaus,
einem AIDS-Hospiz
Kleidung: Habit

Schwester Adelheide war meine erste Interviewpartnerin. Sie lud mich ein, in ihr Ordenshaus zu kommen, während sie einige Tage frei hatte. Die Zeit für eine tägliche Interviewstunde hätte sie während ihres Arbeitsalltags sonst nicht ermöglichen können. Aber auch jetzt ruft der Piepser sie oft ans Telefon.
Durch ihre Offenheit und Unkompliziertheit hat Schwester Adelheide sehr dazu beigetragen, daß ich mein Vorhaben wirklich in Angriff genommen und weitergeführt habe. Sie ließ sich auf meine Fragen ein und erzählte sehr persönlich. Was sie erlebt, läßt sie sich ziemlich zu Herzen gehen. Sie zeigt mir einige eindrückliche Texte, die sie über die Bewohner »ihres« Hospizes geschrieben hat, um sich auch auf diese Weise mit deren Schicksal auseinanderzusetzen.
Schwester Adelheide ist groß und hat eine mütterliche Ausstrahlung. Schon bei unserer ersten Begegnung beschreibt sie ihre Arbeit im AIDS-Hospiz und die Menschen, mit denen sie zu tun hat, so lebendig, daß wir beide während des Gesprächs manchmal unsere Taschentücher herauskramen mußten, um die Tränen wegzuwischen – auch Lachtränen.
Neben der Arbeit im Franziskushaus ist Schwester Adelheide auch politisch engagiert. Sie gehört zur Gruppe »Ordensleute für den Frieden«, die sich in Frankfurt unter anderem gegen die

Politik einiger Großbanken wendet und auf die Folgen für die armen Länder aufmerksam macht.

Nach den Treffen mit Schwester Adelheide ging ich meist ins Franziskushaus, das einige Minuten von ihrem Kloster entfernt liegt. Schon beim ersten Besuch wurde mir deutlich, daß das Hospiz wirklich ein Zuhause für Bewohner, freiwillige Betreuer und Mitarbeiter ist. Es steht mitten in einem älteren Stadtteil von Frankfurt, ein schöner Neubau mit hellen Zimmern und Aufenthaltsräumen. Es soll, wie Schwester Adelheide sagt, kein Sterbehaus sein, sondern ein »Haus des Lebens«, wo ein Miteinander möglich ist und die Ängste nicht verdrängt werden. Wenn im Eingang des Hauses eine Kerze brennt, weiß jeder, der eintritt, daß einer der zwanzig Bewohner gestorben ist.

Außer dem festen Mitarbeiterstab des Hauses gibt es eine Gruppe ehrenamtlicher Helferinnen und Helfer. Sie besuchen die Bewohner, kaufen ein, machen Spaziergänge mit ihnen, sind einfach da am Krankenbett. Da das Franziskushaus fast immer der letzte Aufenthalt ist, lösen die Helfer, wenn notwendig, auch manchmal im Auftrag eines Bewohners seine ehemalige Wohnung auf, bringen die Lieblingsplatten oder Bilder mit, um auch im Hospiz eine möglichst individuelle Einrichtung zu ermöglichen.

In die Zeit meines Besuchs bei Schwester Adelheide fiel der Buß-und Bettag. Für diesen Nachmittag hatte sie alle Angehörigen der im letzten Jahr verstorbenen Bewohner eingeladen. Nach einer kleinen ökumenischen Feier in der Hauskapelle saßen die Bewohner, Angehörigen, Mitarbeiter und Helfer noch zusammen, um miteinander zu reden, an die verstorbenen Partner, Söhne, Töchter und Freunde zu denken, und im »Buch des Lebens« zu blättern, das an jeden verstorbenen Bewohner mit einem Bild und einem kurzen Text erinnert.

Wie gerne würde ich meinen Eltern heute einmal dafür danken, daß meine Kindheit so normal gewesen ist. Es gab da alle Regeln und Grenzen, die ich als Kind störend und unnötig fand, und mein Vater war so streng, daß wir auch mal einen Klaps bekommen haben, wenn wir sehr bockig waren. Aber sonst – trotz Kriegszeit und wenig zu essen – war das wirklich eine schöne Zeit. Ich habe ja jetzt in meinem Beruf mitbekommen, wie andere aufgewachsen sind, und daß so ein Familienleben wie bei uns gar nicht selbstverständlich ist.

Als meine Elter 1934 heirateten, waren sie fürchterlich arm. Mein Vater hatte in einer jüdischen Bank gearbeitet, und er war plötzlich arbeitslos, als die geschlossen wurde. Er ist dann als Händler für Wäsche und Manufakturen ins Sauerland gegangen und hat sich dort so gut mit den westfälischen Bauern verstanden, daß er davon existieren konnte. Meine Eltern waren so arm, da war an ein Kind überhaupt noch nicht zu denken. Meine Mutter hat in dieser Zeit, wenn sie zur Beichte ging, teilweise von dem Pastor keine Lossprechung bekommen – weil kein Kind kam! Na ja, aber drei Jahre später bin ich dann endlich auf die Welt gekommen.

Zwei Jahre später kam meine kleine Schwester, auf die ich zeitlebens eifersüchtig war und auch, glaube ich, heute noch bin. Mit ihr habe ich mich in meiner Kindheit überhaupt nicht verstanden, denn sie wurde in meinen Augen immer vorgezogen. Ich habe deswegen oft Minderwertigkeitsgefühle gehabt und bin dann böse und eigensinnig gewesen.

An meine Mutter bin ich nun nicht mehr so richtig herangekommen, wenn wir zum Beispiel nach dem Mittagessen noch ein bißchen geschmust haben, durfte meine Schwester dann immer zu meiner Mutter, und ich mußte mit der Oma vorlieb nehmen – eine echte Benachteiligung, fand ich. Aber später haben wir uns ausgezeichnet verstanden und heute eigentlich auch. Auf jeden Fall, da gibt's gar nichts.

Mein Vater war die letzten zwei Jahre im Krieg und kam erst 1948 aus französischer Gefangenschaft wieder, da lebten wir mit meiner Mutter allein, einige Zeit lebten auch meine Großeltern bei uns in der Familie. Als mein Großvater Ende des Krieges starb, war das für mich ein erheblicher Einschnitt, denn gerade er hat mir etwas vermittelt, was zu meinem Selbstwertgefühl sehr beigetragen hat. Das hat später kein Mensch mehr so in mir aufgebaut. Er war sehr streng mit mir, hat dann aber auch gesagt: »Aus dem Kind mach ich mal einen Rechtsanwalt!« Das hat mir irgendwie immer sehr gut getan, daß einer doch an mich geglaubt hat, denn oft bekam ich zu hören: »Ach das kannst du sowieso nicht!« oder einmal sogar: »Du wirst ja immer dümmer!« Dieser Großvater hat mich auch von Anfang an richtig charakterisiert: Ich habe meine Schwester nämlich immer sehr beherrscht, und weil das wohl sehr ausgeprägt war, hat er mich den »Kommandanten« genannt.

Eigentlich war ich ziemlich gehorsam, ich habe auch nicht viele Verbote bekommen. Ich muß wohl ein leicht lenkbares Kind gewesen sein, vielleicht, um zu vermeiden, daß ich »immer dümmer« wurde, denn ich wollte diesen Rechtsanwaltsstatus behalten.

Zwar hatten wir Krieg, und wir haben wohl auch fürchterliche Bombenangriffe erlebt, aber davon ist wenig in meinem Gedächtnis geblieben, eher, daß wir keine Schule hatten und andere Auswirkungen auf unser tägliches Leben. Im Herbst haben wir nämlich immer Bucheckern gesucht und haben uns von dem Öl, das wir dafür bekamen, über den ganzen Winter gerettet. Für 12 Pfund Bucheckern bekam man einen Liter Öl oder ein Pfund Margarine, die Maße weiß ich noch ganz genau. Wenn wir zum Sammeln gingen, nahm meine Mutter eine Kanne Sternchen-Suppe mit, die haben wir dann im Wald gegessen. In dieser Zeit hatte ich die Mutter für mich und außerdem ihre Anerkennung – und das Sammeln hat mir sowieso Spaß ge-

macht. Meine Mutter hat herrlich dabei gesungen, und ich hab'
viele Lieder von ihr gelernt, die sangen wir später zu Hause
immer wieder, auch mehrstimmig.

Wir haben überhaupt unheimlich viel gefeiert und gespielt.
Meine Mutter konnte ganz großartig die Phantasie anregen,
manchmal spielte sie mit uns Theater. Wir hatten neben unserem Haus einen Holzschuppen, der eignete sich wunderbar als
Bühne, und meine Mutter übte mit uns Märchen ein: Prinzessin
auf der Erbse oder die Räuberbraut – wir haben schöne Kostü-
me angezogen und in unserer Straße selbstgemalte Plakate aufgehängt: An Publikum hat es uns nicht gefehlt, vor allem die
Erwachsenen kamen.

Wer mich in meiner Jugendzeit geprägt hat? Sehr wichtig war
eine Schulfreundin, die später in unsere Klasse kam und ganz
anders war als wir anderen, sie hat immer durchgefochten, was
sie für richtig hielt, sehr auf Gerechtigkeit bedacht, ehrlich und
kompromißlos. Mit der war ich viel zusammen. Eigenartiger-
weise: Menschen, die ich erst gar nicht mag – auf einmal ergibt
es sich, daß genau die dann mit mir zusammenkommen, das ist
ganz interessant. Menschen, die ich vielleicht mag, werde ich
mein Leben lang nie kennenlernen. Das ist mir häufig so gegangen.

Meine anderen Freundinnen waren wesentlich älter als ich,
das waren herrliche Begegnungen. Zum Beispiel waren wir zusammen in einem Jugendchor. Dadurch habe ich wirklich für
mich ganz wichtige Leute früh kennengelernt, die mich auch
an ihren Gruppen und Unternehmungen teilnehmen ließen.
Wir trafen uns jede Woche, hörten Musik, haben gebastelt und
über Gott und die Welt geredet. Meine Werte und Orientie-
rungen habe ich zum großen Teil da herbekommen, mit meiner
Familie habe ich in der Zeit nicht viel über so etwas geredet.

Gelesen habe ich als junges Mädchen schon sehr viel und bin
so mit 12 Jahren an das Buch »Die Geschichte einer Seele« von
Therese von Lisieux gekommen, die hat mich ungeheuer fasziniert! Das Buch bekam ich geschenkt zu meinem 12. Geburtstag

von meinen Freundinnen. Das war schon ein Vorbild für mich, auf alle Fälle.

Leider bin ich nach der Mittleren Reife vom Mädchenlyzeum abgegangen und habe schon nach kurzer Zeit gemerkt, daß das ein Fehler war. Aber ich hatte nicht den Mut, ihn einzugestehen! Mein Vater hätte durchaus Verständnis dafür gehabt, aber ich konnte es nicht zugeben. Dann habe ich eine Lehre beim Steuerberater gemacht. Diese Zeit hat mir auch sehr gefallen, vor allen Dingen, weil ich nach dem ersten Lehrjahr auch viel auswärts arbeiten durfte, oft auch schon alleine. Auf diese Weise habe ich das Sauerland richtig gut kennengelernt, meist zu Fuß, denn ich habe mich bei der Arbeit beeilt, um noch zu Fuß nach Hause gehen zu können. Dann habe ich ganz herrliche Wanderungen gemacht – wenn ich das heute so bedenke, war das eine gefährliche Sache: allein durch die Wälder, es war keine Menschenseele zu sehen. Wenn ich auf die Landstraße kam, hab' ich auch oft Anhalter gemacht.

Ich bin in dieser Zeit sehr viel gereist. Ich habe mein ganzes Geld für Reisen ausgegeben, nicht so in dem Maß, wie das heute viele tun, aber für damalige Verhältnisse bin ich ganz gut herumgekommen.

Religiös war ich als Kind überhaupt nicht, auch nicht besonders religiös erzogen. Ich konnte, bevor ich zum Kommunionunterricht ging, kein Vaterunser oder Glaubensbekenntnis, auch von der Wandlung in der Heiligen Messe hatte ich noch nie gehört. Aber vielleicht war doch vieles angelegt, denke ich. So habe ich zum Beispiel mit einem Gesangbuch lesen gelernt – Lesebücher waren im Krieg ja eine Rarität – und habe da sicher manche Inhalte schon unbewußt aufgesogen. Meinem gleichaltrigen Schulfreund jedenfalls sang ich mein Lieblingslied mit zwölf Strophen immer vor, wenn wir in die Bäume kletterten.

An meinem Kommuniontag, ich war knapp neun, ist etwas mit mir passiert: Da habe ich etwas gehört und bin angerührt worden, ohne daß ich es lange Zeit in Worte fassen konnte. Erst als ich ins Kloster eintrat und den ersten Unterricht bei der damaligen Novizenmeisterin bekam und sie die Stelle las »Mein bist du, ich habe dich in meine Hand geschrieben«, da klang wieder etwas davon an, das waren die Worte, die ich damals gehört und aufgenommen hatte.

Meine ganze Jungmädchenzeit hindurch bin ich morgens immer in die Messe gegangen, obwohl meine Eltern das eher ablehnten, was manchmal richtig zu Streit führte. Mir ging es aber ganz gut dabei, und ich war wohl damals noch mehr mystisch begabt, als ich das heute bin.

Gelebt hab' ich immer gerne. Aber ich bin immer schon auf der Suche nach mehr Tiefe gewesen, ich weiß gar nicht warum, vielleicht, weil ich schon manche Erlebnisse hatte und dabei spürte: Es gibt ganz einfach mehr. Ich erinnere mich auch noch an ein Gespräch mit meiner Tante, die war gar nicht religiös, und ich habe erst später erfahren, daß sie mich mal aushorchen sollte. Für mich war es damals gerade notwendig, mit ihr mal über Demut und über Weisheit zu sprechen, sie konnte mir gar keine Antwort drauf geben, weil sie selber nichts damit zu tun hatte. Aber ich hab' da gedacht: Was sind das für Dinge? Ich habe viel später erst erfahren, daß es Weisheitsbücher gibt, oder es gibt ja auch diesen Ausspruch: Gott legt diese Weisheit in den Menschen, Er personifiziert sich mit Weisheit. Diese Dinge haben mich unheimlich fasziniert. Was mag das sein? Da möchte ich hinkommen. Ich möchte später mal ein weiser Mensch sein... Das ist einfach in meiner Jugend irgendwann aufgekommen. Und dem jage ich ja seitdem nach.

Ich habe mit meiner Mutter irgendwann darüber gesprochen, daß ich ins Kloster gehen wollte, oh, da war der Ofen erstmal aus. Meine Mutter hat geweint: Darüber habe ich dann nie wieder gesprochen, also das war ganz schlimm. Und dann kam eines Tages – ich muß so 16 gewesen sein – noch eine Tante, ich wurde vor den ganzen weiblichen Familienclan zitiert und mußte versprechen, daß ich nicht ins Kloster gehen würde, so lange meine Mutter und meine Oma noch leben würden. Ich hab' es halt versprochen. Meine Mutter ist gestorben, als ich 19 war, da habe ich gedacht: Guck mal an, so macht es der Herrgott, sie muß wirklich erst sterben.

Sie war für uns eigentlich nicht sichtbar krank, aber sie hatte einen Gehirntumor, wurde operiert in Köln und ist aus der Narkose nicht wieder aufgewacht – ein Weltuntergang.

Ob ich mit Gott gehadert habe? Auf keinen Fall, ich habe eher versucht, das auch von dem religiösen Gedanken her zu ertragen und durchzustehen. Ich glaube, da war meine Prägung in religiöser Hinsicht schon abgeschlossen. Wenn ich mir das dann später, in der Krankenpflegezeit, überlegt habe, dann dachte ich: Lieber Gott, ich danke dir, daß du mich damals nicht erhört hast, daß Mutter wenigstens bei uns leben konnte, auch als Pflegefall, denn wir wären damit überhaupt nicht fertiggeworden. Absolut nein. Auch für meine Mutter – einen lebenslustigen Menschen mit 48 Jahren – ist es auf jeden Fall gut gewesen, aus dem vollen Leben herausgerissen zu sein und sich selber nicht als Krüppel zu erleben. Übrigens – auf meine Oma habe ich dann keine Rücksicht genommen beim Klostereintritt später, für sie war gesorgt.

Als junges Mädchen habe ich keinerlei Möglichkeit gehabt, Erfahrungen mit dem Klosterleben zu sammeln oder irgendwoher Adressen zu kennen. Ich bin zwar bei Schwestern in die Schule gegangen, und wir hatten auch bei uns im Krankenhaus Ordensschwestern, aber ich wäre nicht auf die Idee gekommen, dort hinzugehen, für die Welt nicht, das war absolut nicht, was ich wollte.

Wegen Therese von Lisieux wollte ich zunächst in einen Karmel, aber ich wurde schon nach meiner Anfrage gebeten, von diesem Wunsch abzusehen. Ich hatte als Kind nämlich mal die Gelbsucht gehabt, und für so ein Kloster ohne eigene Krankenpflege war das damals ein zu großes Risiko – übrigens bin ich später tatsächlich an der Gelbsucht erkrankt – daraufhin habe ich gesagt: »Lieber Gott, wenn Du nicht willst, dann weiß ich es auch nicht. Dann muß ich es eben lassen.«

Ich habe dann einen Freund kennengelernt, der war wesentlich älter als ich, und wir wollten heiraten. Wir haben uns gut verstanden und einiges zusammen unternommen, dieses Zusammensein – also hinterher hätte ich mir schon mal mehr ein bißchen in Richtung Sexualität gewünscht, muß ich ehrlich sagen, wenn ich mir das heute so im nachhinein überlege, aber zu Anfang hat es mir vollkommen gereicht, miteinander zu sprechen, zusammen zu sein, die Hand zu halten, mehr hätte überhaupt nicht sein müssen. Nun war das in unserer Zeit auch eine völlig andere Situation – diese sexuellen Freizügigkeiten gab es überhaupt nicht. Es war aber auch nicht so, daß ich mich hätte wehren müssen, sondern wir haben unglaublich viele schöne Dinge zusammen gemacht, aber das war auch nicht gefahrvoll für mich. Auf jeden Fall war Sexualität etwas Verbotenes, und ich denke, daß ich auf jeden Fall viel Angst gehabt habe: Ja, uns Mädchen sind doch all diese Verbote eingeimpft worden. Ein Kind unehelich zu haben, war absolut nicht möglich.

Aber mit diesem Freund mußte ich wieder Schluß machen, wußte gar nicht warum, es war entsetzlich, aber ich mußte es ihm antun und ihm sagen: Es hat keinen Zweck – nach einem Jahr – ich merkte: Nein, das ist nicht dein Weg, laß es. Und so war es bei allen Bekanntschaften mit Männern, die ich dann noch gemacht habe.

Ob ich Männern gegenüber negativ eingestellt bin? Nein, gar nicht, mein Männerbild ist überhaupt nicht negativ besetzt. Die Emanzipation, für die ich heute kämpfe, die will ich nicht unbedingt meinetwegen, denn ich habe die Schwierigkeiten persönlich überhaupt nicht. Ich bin so viel mit Frauen zusammengekommen, für die es sehr sehr schwer gewesen ist, und um deretwillen bin ich in diese Rolle hineingekommen. Mein Wunsch ist: Gleichwertigkeit zwischen Frau und Mann.

Mit 23 Jahren habe ich dann beschlossen, in die Entwicklungshilfe zu gehen. Zwar machte mein Beruf als Buchhalterin mir

Freude, aber das Leben war mir so auf Dauer nicht genug. Und da ich mit meinem Beruf in der Entwicklungshilfe nichts anfangen konnte, dachte ich: Dann wirst du halt eben Krankenpflege lernen und über diesen Weg in die Entwicklungshilfe gehen.

Eine Ausbildung, die mich besonders interessierte, war in Flensburg bei den Schervier-Schwestern. Eine Freundin von mir hatte sie zuvor schon gemacht und ermunterte mich, dorthin zu kommen. Sie war in der Ausbildung schon ein Jahr weiter und bekam, als ich gerade neu anfing, ein Schwesternkleid, so ein ganz normales weißes Schwesternkleid, das habe ich auch anprobiert. Dann habe ich mir mein Schwesternhäubchen aufgesetzt, es ein bißchen in die Stirn gezogen, ein Handtuch drumgelegt, um das Kleid einen schönen Gürtel, ein Gebetbuch in die Hand genommen, und meine Freundin hat mich fotografiert. Aus reinem Blödsinn. Und ich habe das Bild meiner Schwester geschickt und druntergeschrieben: Tag meiner Einkleidung. Und da hat der Herrgott mich beim Wort genommen, da ging es los.

Ich habe keine Ruhe mehr bekommen und gedacht: Lieber Gott, was soll bloß werden? Jetzt bin ich so weit gekommen und habe mich entschieden, daß ich was anderes mache, jetzt kommst Du wieder!

Aber plötzlich, eines Nachmittags, den ich mir frei genommen hatte, um mich nun wirklich zu entscheiden, kam auf meine drängende innere Frage wieder nur diese Antwort: Ja, willst du denn? Da war ich richtig böse, ich sagte: Ja hör mal, mein ganzes Leben lang will ich, und Du fragst mich, ob ich wirklich will? Und in dem Augenblick stand mein ganzes Leben vor mir ... Wenn du jetzt nein sagst, dann bleibt diese Suche, dieses Fragen dein Leben lang. Und wenn du ja sagst, dann ist alles in Ordnung. Da habe ich gesagt: › Ja, natürlich will ich ‹ . – › Dann komm ‹ . – Und es war entschieden!

Meine Mitschülerinnen waren ziemlich erstaunt, als ich es ihnen nach einigen Tagen morgens sagte. Aber ich habe sie für denselben Nachmittag alle in mein Zimmer eingeladen, da konnten sie sich aussuchen, was sie wollten. Ich hatte meinen ganzen Besitz im Kreis ausgebreitet, himmelviele Schuhe, die sehe ich heute noch, und jede hat sich ausgesucht, was sie wollte. Das hätte ich einen Tag vorher noch nicht gekonnt.

Ich bin damals in einen Orden eingetreten, einfach nur, weil ich Christus nachfolgen wollte und in meiner Jugend keine anderen Möglichkeiten gesehen habe, um das Ziel irgendwie hinzukriegen. Ich wollte einfach, daß Christus in dieser Welt sichtbar wird, weil eigentlich das Glück der Menschen von ihm abhängt. Wovon hängt es sonst ab? Also ich kann einfach immer nur von Christus her denken und von Ihm ausgehen.

Als ich die Franziskanerinnen in Flensburg kennenlernte, da dachte ich: Das ist es! Da wußte ich ganz plötzlich, daß ich diesem Punkt wieder nachgehen mußte. Und dann bin ich aber auch durch all diese Fügungen schnellstens dahingeführt worden – weil der Herrgott mich auch kannte: › Wenn ich die ein bißchen zu lange an der Leine lasse, dann hat sie wieder andere Sachen im Kopf‹. Wunderbare Wege waren das.

Zwei Tage später bin ich nach Hause gefahren, habe meiner Schwester alles erklärt, meinem Vater auch, der gar nicht begeistert war, habe mich um meine Aussteuer gekümmert und mich von Nachbarn und Freunden verabschiedet.

Nach Frankfurt sind wir dann zu viert gefahren, Freunde wollten mich gerne hinbringen, und es wurde eine wunderschön fröhliche Fahrt, wir haben noch unterwegs gegessen, die letzte Zigarette geraucht, das letzte Bier getrunken, wer weiß, das durfte man ja vielleicht alles nicht mehr? Erst als ich am ersten Abend im Bett lag – wir hatten damals noch große Räume, in denen waren die einzelnen Zellen abgeteilt mit Gardinen, – es war noch hell um acht Uhr, klösterliche Ordnung, da habe ich mich gefragt: Worauf hast du dich eigentlich hier eingelassen?

Aber ich habe es niemals bereut. Keine Sekunde. Bei allem, was gekommen ist, bei allem wirklich Schweren manchmal, wie das in jedem Leben der Fall ist, ich habe es niemals bereut, daß ich diesen Schritt getan habe, das ist einfach mein Weg, in diesen Orden einzutreten und in diesem Orden auch meinen Weg zu gehen.

Durch das Noviziat bin ich irgendwie geflogen. Reibereien unter Schwestern hatte ich noch nicht erlebt, mir auch überhaupt nicht vorstellen können, daß eine Schwester negative Dinge tut oder denkt, obwohl ich so jung und naiv doch auch nicht mehr war. Aber mir sind wahrscheinlich – ganz bewußt, denk ich, vom Herrgott her die Augen verbunden gewesen. Denn ich glaube, wenn ich das alles schon gewußt hätte im Noviziat, wie die Wirklichkeit aussieht, ich weiß nicht, ob ich den Mut gehabt hätte, da durchzuhalten. Ich denke, Er hat gewartet, bis Er mich ein bißchen fester hatte, durch die erste Profeß, dieses Versprechen an Ihn, und dann sind mir die Augen aufgegangen, aber nicht zu knapp. Ich bin echt krank dran geworden, wie Mitschwestern mit mir umgesprungen sind, und das war, denke ich heute, noch nicht einmal so dramatisch, nur – ich konnt' das nicht verkraften, weil ich es einfach nicht glauben konnte.

Dieser Ärger kam von Ordensschwestern, die vielleicht auch gern so eine Ausbildung als Krankenschwester gemacht hätten, wie ich sie machen durfte, und nicht die Möglichkeit hatten, und dann kamen aus Eifersucht irgendwelche Schläge, um mich kleinzumachen. Die Auslöser waren eigentlich sehr gering. Aber ich bin wahrscheinlich früher ein Mensch gewesen, der von anderen unglaublich viel erwartet und auch nicht so ganz glimpflich mit anderen umgeht, auch in meinen Äußerungen nicht, und andere haben sich vielleicht gewehrt.

Ich war alleine als junge Schwester in einem großen Konvent, dort mußte ich jeden Morgen, nachdem die ersten Aufgaben auf der Station, auf der ich meine Ausbildung machte, erledigt waren, irgendwo in der Klausur putzen und konnte daher in meinem ganzen ersten Jahr auf der chirurgischen Station niemals einen vollen Vormittagsablauf mitbekommen. Ich sammelte viel zu wenig Erfahrung in meiner Ausbildung, wegen der ich doch eigentlich dort war.

Dann kam die Gelbsucht, ein Vierteljahr, bevor ich Examen machte, und ich habe im Bett gelegen und angefangen, meine Bücher anzugucken, da habe ich gemerkt, was ich alles nicht konnte, Lieber Gott, diese Krankheit war ein Segen für mich, ich hätte das Examen sonst nicht geschafft.

Insgesamt war ich ein Dreivierteljahr krank, das war wirklich nicht so einfach, aber für mich lebensrettend, daß ich einfach aus der Gemeinschaft rausgezogen war und mich wieder total neu orientieren konnte und mir wieder bewußt wurde, weshalb ich überhaupt ins Kloster gegangen war, nämlich nicht wegen der Mitschwestern.

Ich habe dadurch vielleicht die Stärke bekommen, es auch menschlich durchzuhalten. Ich mußte mich damit auseinandersetzen, daß ich ja immer sehr viel Neider hatte – also eigentlich bis heute noch. Da habe ich einfach gelernt, ein bißchen damit umzugehen, kann das aber, glaube ich, immer noch nicht. Ich weiß nicht, ob ich es jemals lerne.

Das ist eigentlich nicht die Frage, ob ich verzeihen kann, denn ich habe so etwas nicht als »Schuld« dieser Leute angesehen. Aber ich kann nicht mehr gut mit den Menschen umgehen, ich, von mir aus. Aber mehr aus Angst. Ich habe schrecklich viel Angst vor anderen Menschen gehabt, daß ich mich blöd bei denen benehme. Wie soll ich auf sie zugehen? Was soll ich sagen? Wie soll ich das machen? Wenn es sich ergibt, dann ist das in Ordnung, aber ich könnte das nicht von mir aus initiieren, weil ich mir da einfach vorkommen würde: Da wirst du doch nur ausgelacht, stehst da als dummes kleines Mädchen.

Gelegenheit zu einer Art Zwischenbilanz für mein Ordensleben hatte ich noch öfter. Vor siebzehn Jahren habe ich eine Ausbildung für die Gemeindekrankenpflege gemacht, da war ich ein halbes Jahr allein, vom Orden entfernt, und bin dann auch nochmal für mich selber an diesen Punkt gekommen: Will ich so weitermachen? Diese Distanz zu meinem Alltag war dabei sehr wichtig, und ich habe auch wieder gesagt: Jawoll, ich werde auf jeden Fall diesem Orden treu bleiben. Diese Kleinigkeiten werden mich alle nicht mehr so viel angehen. Ich werde nach einem ganz anderen Bild suchen. Und das kann ich in diesem Orden selbstverständlich. Das war Mitte der 70er Jahre, als alle Welt sagte: In einem Orden kann man doch nicht leben, und ich gesagt habe: Doch, man kann als ganz normaler Mensch in einem Orden leben, das will ich euch beweisen. Aber dafür mußte ich eine Menge Ballast für mich selber abwerfen, um überhaupt ein vernünftiger Mensch zu sein.

Ein ganz wichtiger Schritt war da zu tun. Als Krankenschwester mußte ich nämlich Tag um Tag um Tag um Tag arbeiten, Sonntage und Feiertage waren nicht anders als Wochentage, die waren noch viel strammer, weil immer nur die Hälfte des Personals da war. Feiertage gab es für mich überhaupt nicht mehr. Ich habe die Sonntage richtig hassen gelernt in dieser Zeit. Und in diesem halben Jahr der Ausbildung erlebte ich auf einmal eine Zeit, da hatten wir die Wochenenden frei. Frei! Das überhaupt mal zu kapieren! Ich habe das damals mal so ausgerufen, daß alle anderen fragten: »Spinnst du?« Ich habe gesagt: »Vielleicht. Aber ich erlebe buchstäblich zum ersten Mal einen freien Tag!« – Außer meinem Urlaub, außer Exerzitien, ja. Und das war so das erste Gefühl, das ich hatte, mich wieder einmal frei zu bewegen, wieder zu leben, frei zu atmen, aufzublühen.

Als ich heimkam, hatte ich Mitarbeiter in der Sozialstation, die mich dazu gezwungen haben, meine neuen Vorsätze auch zu verwirklichen. Die wollten nicht, daß ich jedes Wochenende Dienst machte, und ich habe dann auch für mich selbst freie Wochenenden eingeplant. Das war gar nicht so einfach. Und ich wollte ja auch zu Hause bleiben, ich hätte wegfahren können, es hätte kein Mensch gemerkt, was ich tat, aber ich wollte ehrlich mir gegenüber sein. Auf diese Weise hatte ich 10 Jahre lang meine Wochenend-Depressionen, so schwer ist mir das gefallen, das hier in meinem Kloster durchzusetzen. Aber ich habe es geschafft. Heute geht es mir gut.

Aber ehe man in der Lage ist, diese Strukturen auch innerlich zu durchbrechen, das dauert, dafür haben wir zu viel Angst untereinander: »Ja, die hat ja immer Zeit, die kann es sich auch leisten« – und schon sind Sie wieder minderwertig. Denn im Kloster gelten Sie nur etwas, wenn Sie arbeiten.

Ich würde mich für diese ganz offizielle Kirche, für die Dinge, die sich da tun, in keine offizielle Diskussion einlassen, das lohnt sich für mich nicht. Denn das ist in vieler Hinsicht ein Verein wie jeder andere auch. Dafür habe ich viel zu viel hinter die Kulissen geguckt. Es geht mir drum: Was hat Christus denn eigentlich damit gewollt? Was hat er eigentlich auf diese Welt bringen wollen? Schon bei Paulus hat sich doch alles rumgedreht. Wir haben eigentlich eine paulinische Kirche!

Es fällt mir teilweise sehr schwer, immer nur diese Männlichkeitsformen in unserer Kirche zu akzeptieren. Ich tue auch wirklich sehr viel dafür, daß sich das mal ändert und kriege da natürlich auch Hiebe und schiefe Blicke. Vor allem in Schwesternkreisen, das ist völlig klar. Denn wir Schwestern, wir haben oft dieses Unterwürfige an uns. Und die Menschen, die nie über einen Buchstabengehorsam hinweggekommen sind, sperren sich natürlich gegen Neuerungen. Ich bete schon seit vielen Jahren, daß Frauen Priester werden können. Ich werd's sicherlich nicht mehr erleben, aber ich verfolge intensiv die Diskussionen.

Ich bin gespannt, was die feministische Theologie noch alles zustandebringt. Gelesen habe ich in der Richtung allerdings noch nicht allzuviel, aber ich bin immer auf der Suche nach guten Anstößen, von den eher traditionellen Ansichten bin ich eigentlich ein bißchen gesättigt. Ich bin über diese Aufbrüche derartig glücklich, das kann ich keinem Menschen sagen. Ich habe zwar überhaupt nichts dagegen, im zweiten Glied zu marschieren, aber wenn ich wegen meiner Geburt als Frau da hineinmanövriert bin, habe ich furchtbar viel dagegen.

Mich ärgert am Bild der Nonne in der Gesellschaft, daß man uns einfach so hinstellt als diese Betschwestern, als diese unbedarften Frauen, die alles glauben, die alles demütig tun, die nichts wissen – furchtbar. Als billige Arbeitskräfte auf jeden Fall sind wir ja immer sehr gefragt gewesen, das ändert sich heute schon ein ganz kleines bißchen, weil wir nicht mehr so billig sind – wir haben unsere Gestellungsverträge und bekommen heute angemessen etwas für unsere Tätigkeiten, denn die Orden müssen ja von dem leben, was die Schwestern verdienen.

Wenn man sich aber über ein heikles Thema mit einem Menschen unterhält und hat jetzt eigenständige Meinungen, nicht diese Klischeemeinungen, dann fällt alles vom Stuhl, daß das überhaupt möglich ist. Das habe ich schon Gott weiß wie oft erlebt: Das kann doch nicht wahr sein, daß eine Schwester so etwas sagt. Das ärgert mich wahnsinnig, und Kirche tut ja nun auch nicht gerade viel dazu, um das Bild der Nonne überhaupt ins richtige Licht zu rücken.

Wenn ich einen Wunsch frei hätte? Das ist unheimlich schwierig. Wissen Sie, wenn ich das jetzt allen Ernstes hätte und ich wüßte auch, daß dieser Wunsch in Erfüllung gehen könnte, würde ich sagen: »Lieber Gott, ich möchte sofort zu Dir kommen, möchte sofort sterben, weil es ja gar nicht anders geht!« Nicht, weil ich das Leben leid wäre, aber wenn das der einzige Wunsch wäre, den ich je in meinem Leben hätte, dann würde ich nichts anderes sagen können. Wenn es Ihm recht ist, das würde ich noch als Einschränkung sagen, wenn Er mir einen Wunsch offen lassen würde. Ich wüßte nicht, was sollte ich mir denn sonst wünschen? Ich wüßte es nicht.

Das heißt aber nicht, daß ich nicht auch Angst vor dem Sterben habe. Wenn ich aufgehängt oder erschossen werden sollte, ich würde erst mal rennen. Ganz klar. Das würde ich mir nicht so ohne weiteres gefallen lassen. Wenn ich dann von so einem kleineren Wunsch wieder reden kann: Ich wünschte mir schon, daß ich ganz bewußt sterben könnte, daß ich weiß, daß ich sterben muß, daß ich eine Krankheit bekomme, die nicht mit sehr vielen Schmerzen verbunden ist, ich bin absolut kein Held im Schmerzenertragen, das kleinste bißchen verdirbt mich schon vollkommen als Mensch.

Wenn ich mit mir und meiner Bestimmung im Einklang bin, würde ich sagen, dann bin ich glücklich. Und das geschieht, wenn ich mal spüre: Das hat Gott jetzt mit mir vor. Und das spüre ich weniger über den Verstand, das spüre ich in meiner Bauchmitte. Dieses wirkliche Glücklichsein, das hat auch etwas mit Freiheit zu tun. Da bin ich wirklich frei, frei von Zwängen, die ich mir selber auferlege, die mir andere auferlegen – da kann ich durchaus auch in einem Gefängnis sitzen, das wäre dann für mich nicht Freiheitsberaubung, wenn ich in mir selber frei bin. Und das wäre auch Glück.

Kleine Glücksmomente sind für mich natürlich auch, wenn mir einer etwas Schönes sagt, daß mal etwas irgendwo geglückt ist, daß irgend etwas gut war, was ich gemacht habe, aber das ist unheimlich schnell wieder vorbei. Ja, und dann gibt es noch Glücksmomente, die bezeichne ich als › Sternsekunden der Menschheit‹. Ab und zu tut sich mal diese Nebeldecke in mir auf, dann sehe ich plötzlich: Es gibt noch viel mehr – und das ist ein unglaubliches Glücksgefühl! Und ich kann daran teilnehmen. Das kann sogar kommen, wenn ich mit dem Auto vor einer Ampel stehe. Danach, wenn die Sekunde vorbei ist, geht es mir wunderbar. Dann lohnt sich das Leben, dann lohnt sich alles, alle Schwierigkeiten lohnen sich dann, sie sind dann nicht weg, aber sie lohnen sich. Das ist ja auch so eine Kunst in unserem Leben, daß es uns gelingt, alles einzubauen. Wenn ich Freiheit so definiere, heißt das nicht: Frei von Sorgen, frei von Schwierigkeiten, nein, sondern daß es mir wirklich gelingt, das alles zum Ganzen zu bringen. Das macht Freiheit aus, das macht das Glück aus.

Die Arbeit für das Franziskushaus begann damit, daß ich in der Gemeindekrankenpflege einen Anruf bekam: »Schwester Adel-

heide, würden Sie auch AIDS-Patienten pflegen?« Und ich hab'
nur »Ja« gesagt – und da legten die wieder auf. Ich kann nicht
sagen, wer das gewesen ist. Nach diesem Anruf kam aber vom
Caritas-Verband der Diözese Limburg eines Tages die Nachricht: Wir wollen etwas für die AIDS-Patienten in Frankfurt
tun, der Bund hat Gelder herausgegeben für Modellprojekte.
Ja, und Schwester Adelheide hat ja gesagt, sie würde AIDS-Patienten pflegen – die macht das schon. So stand das plötzlich
da. Ja, und dann kam auf einmal die Idee, dieses Haus zu
gründen.

Da ich aber in diese ganze Sache hereingekommen bin, dachte
ich – also, wenn du das jetzt machen sollst, Adelheide, dann
mußt du dich mal ein bißchen um AIDS-Patienten kümmern,
ich kannte noch keine. Ich bin dann auch einmal für ein kurzes
Praktikum in die Uni gegangen, um einfach mit dem Krank-
heitsbild »AIDS« Erfahrungen zu machen.

Dann beschäftigten mich natürlich die Fragen: Was ist AIDS
eigentlich? Wer bekommt AIDS? Damals hieß es ja immer nur
die »Schwulenpest«; ich wollte zunächst mal etwas über Homosexualität wissen, mir etwas anlesen. Einige sehr gute Sätze
habe ich in einem wirklich wissenschaftlich fundierten Buch
gefunden: Man weiß einfach nicht, wo die Homosexualtät überhaupt herkommt. Genbedingt? Erziehungsbedingt? Verfüh-
rungsbedingt? Wer weiß. Und dann stand da ein Satz:
»Homosexualität ist eine Normvariante der Sexualität«. Ich
konnte das Buch zumachen. Dieser eine Satz war für mich
wichtig: Da habe ich mich auch immer – immer – dran gehalten;
denn ich denke, man muß die *Menschen* sehen, mit denen man
zu tun hat, nicht zuerst Verbote oder moralische Bedenken
gegen Homosexualität und Homosexuelle. Das habe ich mit
den Menschen gelernt, ich habe vorher zwar nicht so geurteilt,
daß ich ver-urteilt habe, aber ich bin ja auch ein Kind meiner
Zeit und habe diese ganzen Gebote derartig in mich aufgenommen wie jeder andere. Aber als ich dann die Menschen kennenlernte, habe ich gedacht, du Lieber guter Gott, was sind das für

fantastische Menschen. Ganz tolle Leute habe ich darunter kennengelernt. Die haben mich etwas ganz anderes gelehrt. So sieht das aus. Wenn Sie aber nur ein bißchen daran zweifeln, können Sie die Menschen nicht so selbstverständlich nehmen, nicht hundertprozentig achten – und wenn Sie einen nur neunundneunzigprozentig achten, reicht es nicht.

Gerade als Ordensfrau kann man nicht auf der einen Seite den barmherzigen Engel spielen und auf der anderen Seite die Leute ablehnen oder nicht ernst nehmen.

Bevor das Franziskushaus fertig war, haben wir schon eine Wohngemeinschaft für AIDS-Kranke in Frankfurt aufgebaut. Da lebten die ersten jungen Männer, die wir bis zu ihrem Tod begleitet haben. Ich habe früher gar nicht gewußt, daß es männliche Prostitution gibt, damit wurde ich bei meiner Arbeit natürlich sofort konfrontiert. Ein Junge ist mir dabei besonders vor Augen, der ist einfach immer nur einer Vaterfigur nachgegangen und hat sie doch nie gefunden, der ist immer über den Tisch gezogen worden. Er hat von seinem 15. Lebensjahr an am Südbahnhof Frankfurt gelebt, suchte eigentlich immer nach Geborgenheit, aber wurde zum Strichjungen. Als er bei uns einzog, war er zwar schon krank, aber er konnte immer noch für einige Zeit unterwegs sein, dann sagte er immer: »Adelheide, jetzt gehe ich wieder auf Männerfang!« Da konnten Sie ihm einfach nur sagen: »Also da wünsche ich dir wirklich alles Gute. Ich hoffe, daß du heute mal jemanden findest, der dich auch ein bißchen gern hat!« Manchmal kam er dann körperlich derartig verletzt von diesen Freiern – und er schämte sich zunächst, überhaupt etwas für sich tun zu lassen. Da habe ich versucht, mit ihm darüber zu sprechen, daß er auch für sich sorgen muß, aber ich habe mich gehütet, allzuviel zu fragen, da muß man vorsichtig sein, das ist einfach sein Lebensbereich geworden. Davon fernhalten? Das kann man nicht. Man kann sich die Dinge erzählen lassen. Ich habe wohl immer mal gefragt: »Also, wie geht es dir eigentlich dabei?« und bin auf diese Art und Weise ein bißchen an den Jungen herangekommen; denn ich konnte ihn durchaus darauf aufmerksam machen, daß er ja krank ist und eine Verantwortung für andere hat, aber im Grunde können Sie immer nur die Verantwortung anstoßen; was er dann damit macht, das ist seine Sache. Sie gehen ja nie mit. Sonst könnte er Ihnen ja hinterher, damit Sie zufrieden sind, irgendwas erzählen, ja. Da kommt es gar nicht drauf an.

Ein junger Mann, mit dem es immer intensive Gespräche gab, hat in der letzten Woche sein Testament gemacht, hat uns allen noch eine Dose Pralinen geschenkt, um uns zu sagen: Es hat mir hier so gut gefallen, ich danke euch allen von Herzen. Am nächsten Tag starb er, ganz still und ruhig.

Wenn ich bei unseren jungen Leuten am Sterbebett stehe, kann ich nicht anders als weinen. Aber neulich war ich mit einer ehrenamtlichen Helferin bei einem sterbenden jungen Mann im Zimmer, und sie fing ganz leise an zu summen, da dachte ich: Mensch, sollst du nicht auch anfangen zu singen? Ich habe das noch nie geschafft, immer habe ich geheult. Immer. Konnte es nicht zurückhalten. Und nun habe ich es gekonnt. »Fürchte dich nicht, denn du bist mein, ich habe dich erlöst.« Ich weine, glaube ich, wesentlich mehr wegen der Mütter. Wir begleiten ja auch die Angehörigen derartig intensiv, daß es eigentlich deretwegen ist.

Wir erleben ja auch die Eltern dieser jungen Leute, die bei uns sterben, wie schlimm das manchmal für sie ist, wenn sie entdecken, daß sie einen homosexuellen Sohn haben. Wenn die aus einem kleinen Dorf kommen, dann kann der Sohn noch nicht einmal dort beerdigt werden, weil das absolut nicht aufkommen darf, was sie für einen Sohn haben... ganz schlimm.

Es ist unglaublich: Kaum einer von unsern Leuten beklagt sich über diese Krankheit, kaum einer stöhnt, obwohl sie furchtbar zu leiden haben; es fällt ihnen natürlich manchmal entsetzlich schwer, aber mit welcher Annahme die leben – das ist einfach großartig. Das kann man gar nicht schildern. Diese jungen Menschen können oft so gut loslassen, weil sie gelebt haben. Sie sagen das auch so, im Gegensatz zu manchen ›guten alten Katholiken‹ – in der Gemeindekrankenpflege habe ich ja viele erlebt – die gestorben sind: Wie haben die sich gequält, wie haben die an ihrem Leben festgehalten, wenn der Tod auf sie zukam, tagelang haben sie noch gebraucht, um zu sterben. Und warum? Weil ihnen wahrscheinlich immer dieser richtende Gott vor Augen gestellt worden ist –, und dem zu begegnen, das muß noch hinausgezögert werden, so lange es eben geht. Entsetzlich. Als ich das zum erstenmal so richtig klar hatte, habe ich gesagt: Wenn ich irgendwie kann, werde ich vor allem den liebenden Vater darstellen und vermitteln.

Wie Gott mit uns umgeht, daß Er auf uns wartet und daß Er wirklich dieser liebende Gott ist, das ist mir ganz wichtig den Leuten zu sagen. Ich sage auch immer wieder: Es kann ein Leben verlaufen sein, wie es will, wenn wir zu Gott hinkommen, Er wird uns niemals verdammen, nie. Gott hat ja von jedem Menschen, den er geschaffen hat, irgendein Bild: So möcht ich ihn haben, genau so, und er tut alles dafür, um das so zu modellieren, ein ganzes Leben lang, bereitet uns Wege, aber gelangt immer wieder an diese Grenze – an unsere Freiheit. Wir können immer wieder sagen: Ich geh aber *den* Weg. Und Gott führt es insgesamt schon zu einem Guten, aber, und das erkennen wir, in diesem Leben vielleicht schon manchesmal, ganz bestimmt aber dann, wenn wir ins Jenseits kommen: In dieser Liebe Gottes, die uns entgegenkommt, erkennen wir plötzlich wirklich das, was wir hätten werden sollen und welche Wege wir alle eingeschlagen haben, um genau das nicht zu werden. Und dieser Schmerz darüber, das könnte fast sogar Hölle sein. Wir leben das nicht, weil wir so oft Nein sagen zu den Möglichkeiten, die wir haben, bewußt und auch unbewußt.

Aber weil Gott uns einmal erschaffen hat und uns ja nicht erschaffen hat zu unserem Untergang, will Er diese Probe ja doch mal, daß wir uns freiwillig zu ihm bekennen oder von ihm abwenden. Deshalb muß Er sich den Menschen auch mal ganz klar darstellen, wie Er wirklich ist, und das wird Er auch tun. Ob das nun vor der Himmelstür geschieht, ob das drei Sekunden vorher passiert, das weiß ich nicht. Ich kann Ihnen nicht sagen, wie dieser Weg sein wird, aber daß er so sein wird, das weiß ich hundertprozentig. Und wir Menschen, wir sind so beschränkte Wesen, ich denke, wenn wir wirklich einmal sehen, wie Gott tatsächlich ist, daß wir gar nicht anders können als sagen: Du, das hätte ich nicht gedacht, daß Du so herrlich bist. Natürlich komm ich zu Dir. Wenn Du mich so annimmst mit allem, was ich auf dem Kerbholz habe, ohne daß Du mich dafür verdammst und mich trotzdem liebst, da soll ich noch nein sagen zu so einer bedingungslosen Liebe?

Bei dem Gedanken an aktive Sterbehilfe wird mir ganz schlecht. Gedanken in diese Richtung haben wir als Gesunde. Ich bin schon lange Jahre Krankenschwester, ich habe weder im Krankenhaus noch in der ambulanten Pflege noch jetzt hier im Franziskushaus überhaupt jemanden erlebt, der, wenn er eine gute Schmerztherapie hatte und die Hand eines Menschen, an der er diesen Weg gehen konnte, überhaupt gedacht hätte: Ich möchte mein Leben zu Ende bringen. Kein einziger. Und sie sind teilweise in den miserabelsten Zuständen gewesen, daß *wir* sagen würden: Das lohnt nicht mehr. Aber der Mensch selber, der sieht das völlig anders. Und das macht es doch aus. Was wir da machen und wie wir da über die Sterbenden denken, das ist ganz ganz schlimm.

Ich sage – vielleicht ein bißchen ironisch heutzutage, aber ich bin davon auch überzeugt, daß wir das noch erleben werden, – daß man uns abends die Pille auf den Tisch legt und sagen wird: »Omachen, willst du sie nicht einnehmen, dann wirst du nicht mehr wach morgen früh, dann geht's dir wesentlich besser!« Ich bin davon überzeugt, daß das schon auf unsere Generation zukommen wird. Wir werden, wenn wir nicht aufpassen, ein ganz unmenschliches System entwickeln in unserer Gesellschaft. Ob ich davor Angst habe? Für mich selbst eigentlich nicht, wie es kommen wird, so werde ich's wohl ertragen können, denke ich, ganz einfach auch aus dem Wissen heraus, der Herrgott wird mir niemals mehr zu tragen geben, als ich ertragen kann, die Erfahrung habe ich in meinem ganzen Leben gemacht.

Das Franziskushaus heißt »Haus des Lebens.« Hier kann jeder Bewohner seine Zeit so gestalten, wie er will und kann. Im Tagesablauf ist nur das Mittagessen ein fester Termin. Es wird niemand mit dem Fiebermessen um halb 6 geweckt und um 6 gewaschen. Und warum soll jemand, der kaum noch die Kraft hat, seine Haare zu kämmen, nicht erst gemütlich frühstücken und dann ganz langsam das Notwendige tun? Die »rasende Krankenschwester« ist hier nicht das Ideal. Wir wollen für die Menschen im Franziskushaus sorgen, für die Bewohner, aber auch für die Mitarbeiter und die ehrenamtlichen Helfer.

Sie wundern sich sicher, warum ich jetzt aus dem Franziskushaus weggehe, wenn mir die Arbeit doch so ans Herz gewachsen ist? Die ganze Aufbauphase habe ich mitgetragen und gehe ausgerechnet jetzt, wo sich alles eingespielt hat und wir auch Anerkennung bekommen haben? Es war so: Ich hatte einfach das Gefühl: Ich arbeite, ich arbeite und erschöpfe mich vollständig in all den Tätigkeiten, die da notwendig sind in der Leitung des Hauses und in der Pflegedienstleitung. Gerne getan habe ich das in jedem Fall.

Aber durch diese vielen, vielen Aufgaben und diese Riesenverantwortung für alles verliere ich so ganz allmählich meine eigene Mitte, verliere sie vielleicht nicht, aber ich vernachlässige sie. Und dann hab' ich gedacht: Also Adelheide, so geht das auf keinen Fall weiter, du mußt selbst gucken, daß du wieder auf einen grünen Zweig kommst für dein eigenes inneres Leben. Denn was nützt es mir, Ordensfrau zu sein, wenn ich den Herrgott eines Tages nicht mehr im Blick habe, für den ich es überhaupt tue?

Mir wurde das so richtig bewußt, als ich in Einzelexerzitien war, wo ich mich mal wieder vollkommen auf den Herrgott eingelassen habe, was ich früher oft nicht konnte, weil ich vor diesen Taborstunden Angst hatte, wenn es hinterher zu sehr nach Golgota runtergeht. Aber jetzt merkte ich: Ich muß aussteigen, um meine Mitte zu finden, wie, das wußte ich noch nicht. Dann kam noch dazu, daß eine Mitarbeiterin im Franziskushaus verschiedene Gespräche, auch mit der Caritasleitung, in Gang gesetzt hatte, weil sie eine Umstrukturierung wollte, aber alles, ohne mich darüber zu informieren. Sie fand wohl, daß ich zu sehr im Zentrum stand. Sie hatte wohl auch schon vorher versucht, mich in diese Richtung hin anzustoßen, aber ich war gar nicht so sehr drauf eingegangen. Heute im Rückblick sehe ich ihre Winke und Bemühungen sehr viel deutlicher. Sie sagte mir nach meiner Rückkehr immer wieder: »Sie verstehen gar nicht, worum es eigentlich geht.« Na ja, und eines Nachts dachte ich auf einmal: ›Adelheide, was solltest du eigentlich verstehen?‹ Und plötzlich wußte ich: ›Du sollst gehen.‹ Und das war's.

Ich möchte jetzt überhaupt nicht sagen, daß jemand Schuld dran war, sondern das ist ein Auslöser gewesen. Aber diesen Weg mußte ich jetzt ganz konsequent weiter verfolgen. Also erstmal war's ganz furchtbar. Als ich es zum ersten Mal merkte, dachte ich: ›Das kann doch nicht wahr sein.‹ Nun gab es also schon zwei Seiten, die für eine Veränderung sprachen, die Erfahrung der Exerzitien sozusagen von innen und dieser Ärger im Franziskushaus von außen.

Zunächst dachten alle, diesen äußeren Schwierigkeiten könnte man durch Gespräche und Regelungen beikommen, das ging auch, und für mich waren es sowieso nicht die ersten Schwierigkeiten, die ich seit meiner Leitung in der Gemeindekrankenpflege mit Mitarbeitern hatte. Ich wollte ja auch nicht aus Unversöhnlichkeit weggehen oder weil ich beleidigt war. Wenn ich das aber etwas distanzierter zu betrachten versuche, sage ich mir: Ich bin richtig für die Zeit des Aufbaus, für diese ganze Modellphase – das ist meine Aufgabe gewesen. Jetzt muß das in ganz andere Bahnen gelenkt werden, damit das auch gut weiterläuft: und das sollen andere tun. Das Weiterführen müssen andere tun. Und ich muß es abgeben: ›Adelheide, gib es ab!‹ Es war trotzdem unheimlich hart – aber ich bin da vollkommen drüber.

Das ist der Beweggrund gewesen, um diese Mitte tatsächlich nicht mehr zu verlieren – da muß ich natürlich viel dran arbeiten. Die Aufgaben in so einem Haus sind so vielfältig, ich denke, wenn ich 20 Jahre jünger gewesen wäre, hätte ich es sicherlich weitergemacht, da hätte ich auch die Kraft gehabt, es weiterzuführen; aber ich bin jetzt auch an einem Punkt, wo ich mir von meinem Alter her sagen muß: Es überfordert jetzt wirklich deine Kraft, deine physische Kraft! Das muß ich natürlich auch sehen. So sieht das aus.

Natürlich, da ist ja auf der einen Seite diese ganze Arbeit mit den AIDS-Patienten, mit der ganzen Schwulenarbeit, es ist ein Aushängeschild gewesen, auch für die Kirche, nicht? Und das entfällt. Daß ich dafür auch ausgenutzt worden bin – o.k., das kann ich stehenlassen. Es ist mir selber ein unheimliches Anliegen gewesen, das in der Kirche zu machen, weil ich nämlich unbedingt das Image der Kirche ein bißchen ändern wollte – in Richtung AIDS, in Richtung Homosexualität, und es war mir ungeheuer wichtig, diese Menschen davon zu überzeugen, daß sie genauso zur Kirche gehören wie jeder andere Mensch auch, von denen sie denken, daß die viel eher dazugehören würden. Daß es da keine Unterschiede gibt. Und daher hab' ich das einfach gemacht. Ausgenutzt werden Sie immer. Das kann ich aber auch so stehenlassen.

Und wie es nun weitergeht? Sterbebegleitung und überhaupt Seelsorge am Krankenbett habe ich ja eigentlich mein ganzes Leben lang gemacht, seit ich in der Krankenpflege bin, aber halt immer nur so, wie es meine Art war; ich habe nie eine Ausbildung in der Richtung gehabt.

Ich werde jetzt ganz neu anfangen: Ein neuer Konvent, eine neue Stadt, eine neue Aufgabe – und alles ohne Vorschußlorbeeren. Zuerst mache ich einen dreimonatigen Kurs für die Krankenhausseelsorge. Als Seelsorgerin werde ich hinterher ohne jegliches »Handwerkszeug« dastehen, also ich kann kei-

nem Menschen eine Fußmassage machen oder den Rücken ein-
reiben und dabei ein Gespräch beginnen. Das waren immer
ganz gute Ausgangs-Situationen. Aber jetzt: Nichts habe ich in
den Händen. Da hoffe ich, daß ich das richtige Ohr hab' für
die Leute, daß auch die Dinge tatsächlich hochkommen, daß
sie die Möglichkeit haben zu sprechen.

Neulich hat mir ein Seelsorger mal gesagt: »Sie brauchen
nicht immer Leistungen zu erbringen«. – Das ist in mich hin-
eingefallen wie eine ganz befreiende Antwort, daß ich gedacht
habe: Ja, Adelheide, du brauchst wirklich mal keine Leistung
zu erbringen. Also nach all meinen Riesenverpflichtungen, die
ich in den letzten Jahren hatte, muß ich sagen, freue ich mich
drauf, und ich freu mich auch auf die Zeit dieses Kurses, den
ich ja vorweg mache.

Es könnte möglich sein, daß sich später doch noch so ein
paar Löcher auftun werden, wenn ich ganz aus dem Arbeitsfeld
und aus diesen Aufgaben hier weg bin. Ich weiß nicht, was auf
mich zukommt, ob ich das alles so gut verkrafte, wie ich das
vorspiele, mir auch selber vorspiele. Und jetzt werde ich Seelsorgerin, was ich mein ganzes Leben lang werden wollte. Sollte
ich mich nicht eigentlich freuen?

Barbara

Dominikanerinnen von Bethanien

Alter: 58
Alter bei Ordenseintritt: keine Angaben (Diskretion)
Jahre im Orden : keine Angaben (Diskretion)
frühere Tätigkeit: keine Angaben (Diskretion)
jetzige Tätigkeit: Gemeindearbeit
Kleidung: Zivil/ Habit

*Die Dominikanerinnen von Bethanien beantworteten meinen
Anfragebrief aufgeschlossen. »Wir sind durchaus interessiert«,
schrieben sie mir, »aber die Diskretion unseres Ordens erfordert
es, vieles aus der persönlichen Lebensgeschichte der Schwestern
zu verschweigen«. Dieses Prinzip des Gemeinschaftslebens
machte mich neugierig. Ich fuhr zu einem Treffen mit vier
Schwestern in die Nähe von Frankfurt.*
*Wir überlegten, wie eine Zusammenarbeit möglich sein könnte.
Ich war nicht bereit, einen fiktiven Lebenslauf mit den idealty-
pischen Merkmalen einer Dominikanerin von Bethanien aus
verschiedenen Biographien zusammenzustellen. Die Schwestern, das verstand ich gut, konnten nicht für ein Buch eine für
das Zusammenleben wichtige Regel außer acht lassen. So einigten wir uns darauf, daß ich eine Schwester unter dem Pseud-
onym Schwester Barbara interviewen würde, ohne daß sie alle
meine Fragen beantworten müßte.*
*Die Diskretion der Schwestern ist schon in der Gründungsidee
angelegt: Der Dominikanerpater Lataste rief, auch gegen manche Bedenken kirchlicher Kreise, Mitte des 19. Jahrhunderts die
Frauengemeinschaft ins Leben. Bei Einkehrtagen in einem
Frauenzuchthaus hatte er das Interesse einiger Insassinnen am
Klosterleben gespürt und wollte ihnen ein Lebensmodell anbieten, das er biblisch als »Bethanien« so vestand: Maria, die Sün-*

denlose, und Maria Magdalena, die bekehrte Sünderin, sind in ihrer Liebe zu Jesus verbunden, sie leben nun gemeinsam und fragen nicht nach der Vergangenheit.

»Viel Kloster werden Sie bei uns nicht erleben«, warnte mich Schwester Barbara, bevor ich kam. Schwester Barbara und zwei ihrer Mitschwestern leben in einem kleinen Dorf mitten im Braunkohle-Tagebaugebiet in der Nähe von Aachen. Sie bewohnen ein Haus im Ortskern, halten Kontakt zur Nachbarschaft, laden Leute ein und haben eine offene Tür für Menschen, die in Not geraten sind. Sie nehmen junge Mädchen auf, Frauen, die nicht mehr zu Hause leben können, oder Flüchtlinge aus einem Krisengebiet, ohne nach deren Glauben zu fragen. Sie teilen mit ihnen den Alltag, aber niemand wird »missioniert.« Ihre Gebetszeiten halten die Schwestern in einem Zimmer des Hauses, das zur Kapelle ausgestaltet worden ist. Zur Messe gehen sie in die Pfarrgemeinde. Zu diesem Anlaß tragen sie auch ihren Habit.

Schwester Barbara ist eine Frau, die erst auf den zweiten Blick Konturen gewinnt. Sie ist freundlich, aber stets zurückhaltend, sie fragt selbst wenig, was sicher auch mit ihrer im Orden geübten Diskretion zu tun hat. In unseren Gesprächen gab es viele Pausen. Schwester Barbara wiederholte zunächst meine Frage, schwieg, überlegte, und antwortete dann stockend. An einer Stelle des Gesprächs sagte sie: »Ich brauche lange, um zum Sprechen zu kommen, ich habe es erst langsam lernen müssen.«

Ich habe Sie ja gewarnt: So ganz passe ich nicht in Ihr Konzept, denn sicherlich werde ich nicht so unbefangen über meine Herkunft und Vergangenheit sprechen, wie es Schwestern aus anderen Orden tun.

Kindheit und Jugend? Da muß ich schon aufpassen, was ich sage. Wir alle wissen wenig oder nichts von der Vorgeschichte unserer Mitschwestern. Warum? Nun, die Vergangenheit einer Frau ist kein Hindernis für das Leben in unserem Orden, das war der Leitgedanke unseres Gründers. Wer im Orden leben will und kann, wird nicht abgewiesen, auch dann nicht, wenn es Dinge gibt, die einen Eintritt in andere Orden unmöglich machen, zum Beispiel eine Gefängnisstrafe in der Vergangenheit.

Früher kannten wir nicht einmal die Nachnamen der anderen, denn die konnten ja unter negativen Vorzeichen bekannt sein. Heute, seit unserer Öffnung durch das Konzil, sind wir etwas offener: Wer möchte, kann über seine Vergangenheit sprechen, aber nie in einer größeren Gruppe, und niemand wird ausgefragt. Für manche bleibt es ja ein Leben lang peinlich oder schmerzhaft, an gewisse Themen zu rühren. Das ist unsere »Diskretion«, in die wächst jede Schwester hinein. Wir überlegen immer wieder: Was frage ich eine Mitschwester? Kriege ich mit, wenn sie jetzt vielleicht gar nicht sprechen möchte? Und wenn sie etwas erzählt, sollte ich sie nicht herausfordern, so daß sie sich bloßgestellt fühlt.

Natürlich, oft wird gesagt: Jede Schwester soll doch einfach ganz offen sein, und die Gemeinschaft muß dann eben richtig damit umgehen. Aber was in Selbsthilfegruppen üblich ist, können wir nicht in unseren Alltag umsetzen – wenn dort die Gruppenmitglieder alle Fehler und Schwächen gleich zu Anfang offenlegen, gehen sie doch nach ein paar Stunden wieder auseinander, aber wir leben miteinander, tagein, tagaus, jahrein, jahraus, das ist etwas ganz anderes. Es gibt eben Erfahrungen, daß Schwestern, die in einer größeren Gruppe über Schwieriges in ihrer Vergangenheit gesprochen haben, hinterher nicht gut damit umgehen konnten, weil viele andere das nun wissen. Und wie überall sonst gibt es bei uns menschliche Schwächen; in spannungsreichen Situationen können doch Worte rausrutschen, die das weitere Zusammenleben belasten. Von daher auch diese Vorsicht, sich zu überlegen, wie offen wir sind.

Doch einiges kann ich schon erzählen. Ich denke nämlich, daß viele Menschen meiner Generation, ob Frauen oder Männer, religiös oder nicht, unter ähnlichen Bedingungen aufgewachsen sind und ganz ähnliche Erlebnisse in ihrer Kindheit hatten.

Von meinem Vater habe ich nur ein Foto, er sieht sehr streng aus, und das war er wohl auch. Aber die wenigen Begebenheiten, an die ich mich erinnern kann, haben eher mit einer runden Sonntagmorgens-Geborgenheit zu tun, wie man sie nur als Kind erlebt: Wenn Mutter in der Winterszeit zur Frühmesse ging, heizte er in der Küche den Herd, wärmte unsere Kleider, weckte uns Kinder und zog mich als Kleinste an. Oder wenn Mutter in der Weihnachtszeit Einkäufe vorhatte, bei denen ich eher hinderlich war, sagte der Vater manchmal: Ach, bleib' doch bei mir, wir schauen, ob wir schon irgendwo Plätzchen finden.

Zu Beginn des Krieges wurde mein Vater zwar dienstverpflichtet, weil er aber am ersten Weltkrieg teilgenommen hatte, und weil wir als kinderreich galten, brauchte er nicht in den Krieg, sondern mußte in einer Munitionsfabrik arbeiten. Alle Männer aus den umliegenden Dörfern arbeiteten dort. – Eines Mittags, ich war etwa sechs Jahre alt, gab es eine furchtbare Explosion in der Nähe, wir rannten auf die Straße und sahen eine riesige Stichflamme. Alle Leute schrien: Das ist die Munitionsfabrik! Mein Großvater ging fort, um meinen Vater zu suchen, und vielleicht traute er sich einfach nicht zu sagen, was er schon wußte, denn am Abend waren wir immer noch in

Ungewißheit. Es war November, dunkel, regnerisch. Meine Brüder liefen zur Straße, um nach Arbeitskollegen des Vaters oder Bekannten Ausschau zu halten. Bis heute berührt mich diese Erinnerung, wie sie im Regen draußen gewartet und noch gehofft haben, zehnjährige Kinder. Frierend und durchnäßt kamen sie zurück. Die Männer waren andere Wege gefahren, um keinem von uns zu begegnen. Nur einer, dem die Kinder leid taten, hatte gerufen: »Geht ins Haus, Kinder, euer Vater ist tot!« – Meine Mutter wurde ohnmächtig, als wir dann offiziell benachrichtigt wurden. Das war furchtbar für mich: Mutter, die große stattliche Frau, fiel um; der Vater tot, die Mutter schwach... Ich bin nur erstarrt sitzengeblieben.

Lange waren wir dann ein Trauerhaus. Meine Mutter weinte viel. Wir alle gingen schwarz gekleidet, das war so üblich, ein Jahr und sechs Wochen. So viel Trauer, das lähmt ein Kind ja auch. Was macht man, hilflos, sich selbst überlassen? So innig war der Kontakt zur Mutter sowieso nicht. Was so ein Verlust und solch eine bedrückte Atmosphäre für ein Kind bedeuten, fragte ja keiner. Meine Mutter wirkte auf mich sonst immer sehr robust, aber außer ihrer Trauer hat sie sonst keine Gefühle gezeigt – sie hatte nie gelernt, Gefühle zu zeigen, überhaupt Gefühle haben zu dürfen. Ganz wichtig war immer: Was sagen die Leute? Wie wird etwas beurteilt? Alles mußte möglichst stimmen, damit man nichts Ungutes sagen konnte. Das hat sicher auch auf uns Kinder abgefärbt.

Mutter mußte nun, wie viele Frauen in der Zeit, mit allem allein zurechtkommen, ein hartes Leben. Sie hätte sicher viel mehr Hilfe und Verständnis gebraucht, aber sie mußte immer um das Überleben kämpfen, da wurden wir Kinder wenig gefragt: Wie geht's dir?

Religiös bin ich eigentlich in ein Traditionschristentum hineingewachsen. Morgens, abends und bei Tisch wurde gebetet. Sonntags ging Mutter in die Kirche und nahm mich mit. Bei kleinen Wallfahrten in unserer Gegend fuhr sie mit dem Fahrrad hinterher, und ich saß im Körbchen dabei. Sie hatte auch

die Angewohnheit, Stoßgebete zu sprechen und manchmal auf-
zuseufzen: »Herr, dein Wille geschehe, auch wenn ich's nicht
verstehe!« Auch das Alltagsgeschehen wurde gedeutet; wenn
eine Lage verzweifelt war, hieß es: »Es gibt auch noch einen
Herrgott«, und wenn über lange Zeit vieles glückte: »Er läßt
die Bäume nicht bis in den Himmel wachsen.« – Ein Gott, der
das Schicksal der Menschen lenkt, war mir also durch den Alltag
vertraut, ohne daß meine Mutter uns biblische Geschichten
vorgelesen hätte, aber das Gottesbild hatte auch stark mora-
lisch-fordernde Züge: »Du sollst, du mußt, du darfst nicht.«
Gott als Du, als Gegenüber, konnte ich erst viel später erkennen.

Nach unserem Gespräch gestern war ich ziemlich aufgewühlt.
Es hat mir doch mehr ausgemacht, als ich vorher geglaubt hätte.
Für Sie muß das doch auch ganz schön anstrengend sein, oder?

Vielleicht habe ich doch mehr erzählt als gut ist? Was ich auf
keinen Fall will: So ein mitleiderregendes Bild von mir entwer-
fen von der schweren Kindheit, als Halbwaise mit der Mutter,
die wenig Gefühl zeigt! Andere Frauen meiner Generation sind
ja nicht anders aufgewachsen; wichtig ist doch, welche Lebens-
einstellung ich heute habe, nicht?

Ob ich die Zeit *vor* meinem Ordenseintritt heute abwerte?
Warum denn, mein Leben beginnt doch nicht erst als Nonne!
Ich bin immer auf meinem Weg geführt worden, deshalb hat
jede Zeit ihre Bedeutung. Allerdings würde ich über meine
psychische Entwicklung sagen, ich habe lange Zeit mehr überlebt als gelebt.

Jugend, Beruf und die Zeit direkt vor dem Ordenseintritt?
Oh je, heute fragen Sie mich aber vieles, was ich Ihnen im Blick
auf unsere Gemeinschaft nicht beantworten kann. Angenommen, ich würde Ihnen Fehltritte in meiner Vergangenheit auf-
zeigen, dann würde ich gegen unsere Diskretion verstoßen, weil
bei uns jede Schwester bereit sein muß, für die jeweils andere

angesehen zu werden. Und wenn ich erzählen würde, bei mir wäre alles toll gegangen, und ich zeige meinen Lebenslauf, ohne jede Lücke, wo etwas schiefgelaufen sein könnte, dann würde ich ja damit indirekt sagen: *Ich* habe eine tadellose Vergangenheit – auch wenn ich das nicht beabsichtige. Eine andere Schwester, die nicht lückenlos erzählen möchte, wird sich schnell getroffen fühlen. – Wie vermeidet man aber ein Zweiklassensystem, daß sich einige einfach besser fühlen als andere, die ja vielleicht Straftaten begangen haben? Unser Gründer hat mal gesagt: »Dieselbe Hand hebt die einen vom Fall auf und bewahrt die anderen davor.« – Das heißt also: Sei dankbar, wenn du davor bewahrt bist, das ist noch lange kein Grund, stolz zu sein. Stell dir vor, wie du in der Situation der anderen gehandelt hättest, auch du hättest keine bessere Figur abgegeben. Das nimmt nicht weg, daß manche sich trotzdem klein fühlen mag, aber das kann man nicht immer aufheben.

Wir wollen ein »Miteinander«, kein »Von-oben-Herab.« Daher ist auch das »Helfersyndrom« keine Verhaltensweise, die wir anstreben. Wir wollen niemanden durch unsere Hilfe zu unseren Geschöpfen machen, niemanden, auch unsere Kinderdorfkinder nicht, von uns abhängig machen. Natürlich kann doch mal irgendwo so etwas durchkommen, aber eigentlich geht es um etwas ganz anderes: Jeder Mensch hat doch die gleiche Würde, die er, egal bei welchem Lebenswandel, nicht verlieren kann. Er ist und bleibt Gottes Ebenbild, das muß er sich nicht verdienen. Das ist natürlich alles schön und leicht gesagt und im Alltag nicht immer ideal gelebt. Aber wir sagen, gut, es gibt die Kluft zwischen Anspruch und Wirklichkeit, aber das ist unser Ideal, das wollen wir. Ich glaube übrigens nicht, daß unsere Art und Weise, miteinander umzugehen, einsam macht. Einsamkeit entsteht auch nicht durch die Diskretion. Natürlich gibt es auch bei uns einsame Menschen. Aber wir nehmen das wahr und versuchen, ihnen Hilfestellung zu geben.

Aber der Reihe nach. Eine Verwandte war Ordensfrau, und

ich habe wohl als kleines Kind immer nach ihrem Schleier gegriffen, für die Erwachsenen war das eine Art Zeichen, daß auch ich diesen Weg einschlagen würde. Das hat man mir so oft erzählt, daß es für mich als Kind ganz selbstverständlich war. Als Jugendliche lag dieser Gedanke ferner. Später hat mich eine Predigt über das Ordensleben nicht wieder losgelassen. Ich wollte diesen Weg versuchen, in aller Freiheit, wieder zu gehen. So laufen auch manche Berufungen. Ins Kloster kam ich dann mit meinem Kinderglauben und dem Traditionschristentum, so ging es vielen meiner Mitschwestern damals. Ich wollte religiös leben, das war mir wichtig, sonst war das nicht so reflektiert. Ich habe auch keine innere Stimme gehört, wenn Sie mich danach fragen, das haben wohl die wenigsten.

Ich genoß die Geborgenheit im Kloster. Anfangs habe ich allerdings am meisten vermißt, daß es keine persönlichen Freundschaften geben durfte. Es war zwar schön in der Gemeinschaft, aber man war mit niemandem näher vertraut, außer der Noviziatsleiterin und der Priorin. Wir waren über zwanzig Frauen gleichzeitig im Noviziat, nach uns zum Teil noch viel mehr. Sehr individuell war das nicht, aber wir fanden das auch nicht so notwendig. Wir hatten praktisch keine Zeit zur freien Verfügung, der Tagesablauf war geplant. Für die tägliche Arbeit wurden wir zunächst als Hilfen eingesetzt: in unserer großen Wäscherei, die auch für Leute aus dem Dorf wusch – unsere empfindlichen Habite mußte man noch mit der Hand waschen – in Kinderdorffamilien, in der Verwaltung, beim Kochen und Putzen, bei der Gartenarbeit in unserem Parkgelände, bei Tätigkeiten innerhalb des Klosters. Wir hatten kaum Außenkontakte. Wir konnten zwar mittags eine Stunde draußen spazierengehen, aber immer in der Gruppe. Gemeinsame Gebetszeiten, gemeinsame Mahlzeiten, ab und zu ein Vortrag. Bei der Rekreation waren wir auch alle im großen Kreis – also keine Zeit, in der wir nur zu zweit oder zu dritt gewesen wären. Allein miteinander waren wir höchstens bei der Arbeit, aber dort sollte möglichst Stillschweigen sein, wieder Vorschriften, die man ja möglichst treu befolgen wollte. Sicher war der Wunsch nach einem Stückchen Freiheit da, bei mir und bei den anderen auch. Wir hätten einfach auch gerne Zeit zum Lesen gehabt. Aber ausgebrochen ist niemand, ich habe nicht erlebt, daß jemand mal rebelliert hat.

In einem Bereich unseres Lebens hatte ich allerdings sehr früh schon meine Einwände: Wenn unsere dominikanischen Mitbrüder zu uns kamen, habe ich damals oft gefragt: Warum können die eigentlich so ganz anders leben als wir? Sie durften Geschenke annehmen, sie gingen in Ferien, zeigten Dias von ihren Reisen, und alle fanden das wunderbar. Machen Männer denn andere Gelübde als wir? Ich konnte es nicht leiden, wenn diese Vorrechte gerade auch von uns Schwestern fraglos hingenommen wurden. Wir durften nur drei Tage im Jahr weg, wieso eigentlich? Meine Kritik habe ich wohl auch deutlich geäußert, denn einer der Mitbrüder hat mich neulich noch daran erinnert, daß ich auch immer gesagt habe: »Die Männer können doch wohl ihre Teller selber abräumen!« Ich konnte einfach nicht ruhig bleiben, wenn alte Schwestern sich wie Dienstmädchen verhielten: »O Gott, der Pater kann doch hier keine Küchenarbeit machen.«

Wir hatten lateinisches Offizium, das heißt, die Messe, die Psalmen, unsere Gesänge, die Feste – alles war in lateinischer Sprache, für mich also unverständlich. Ob die anderen das wohl verstehen, habe ich gefragt, gibt es denn Lateinunterricht? – Nein, aber da kommt man schon rein, wurde mir gesagt. Gut, ich hatte zwar die Psalmen auf Deutsch, dort habe ich ab und zu nachgeschaut, damit ich wenigstens inhaltlich wußte, was wir beten. Aber dazu war auch nicht immer Zeit. Es hieß: Wenn Ihr euch in die Gebetshaltung hineingebt und ganz bewußt das »Ehre sei dem Vater« betet, dann reicht das, ihr müßt nicht alles im einzelnen verstehen. Wir haben das einfach so angenommen. Heute könnte ich das nicht mehr. Aber wir leben in einer anderen Zeit, ich habe Entwicklungen durchgemacht.

Manche Gesänge trugen mich einfach durch ihre Melodie

mit. Es gab immer auch Choralgesänge, und viele junge Schwestern mit guten Stimmen sangen. Ich konnte nie vorsingen, oft
auch nicht mitsingen. Soll ich mal eine ganz kindliche Vorstellung vom Himmel sagen? Da werde ich wunderschön singen
können!

Für das geistliche Leben hatten wir in dieser Zeit allerdings
wenig Hilfen. Das ist heute glücklicherweise anders. Mein Gottesbild habe ich nicht hinterfragt. Wir hatten auch nicht so viele
persönliche Gespräche, so daß mir mal aufgegangen wäre: Zu
wem bete ich nun eigentlich? Ich glaubte ja, ich hätte ein »gutes«
Gottesbild. Erst nach dem Konzil kam vieles ins Wanken, da
wurde auch mal gefragt: Wer ist Gott eigentlich für mich? – das
war dann die erste Frage, die ich mir gestellt habe, die erste
Frage, die über das Allgemeine hinausging. Heute ist das ein
Teil der Ausbildung, sich so etwas zu fragen.

Auch die Frage, die man sich am Anfang eigentlich ab und
zu stellt: Ordensleben – ist das wirklich dein Weg? die stellte
man nicht im Gespräch miteinander, das machte jede für sich
alleine aus. In der großen Runde wurden eher Beispiele von
Heiligen erzählt, aber nicht, was jede von uns erlebt hatte. Das
ist im Laufe der Zeit auch anders geworden. Die jungen Leute
können sehr viel unbefangener miteinander reden. Bei uns – du
liebe Zeit! bis wir das mal konnten! Und manche unserer alten
Schwestern haben das nie mehr gelernt.

Der große Einbruch für mich und viele andere waren die
Veränderungen in den Jahren nach dem Konzil. Das war auch
für mich eine schlimme Zeit. Plötzlich hatte ich das Gefühl, mir
wird der Boden unter den Füßen weggezogen, und ich habe
noch keinen neuen, auf dem ich stehen kann. Alles, was wir
bisher getan hatten, wie wir es getan hatten, wurde jetzt in Frage
gestellt, nichts war mehr richtig, zumindest hatte man immer
das Gefühl, das kann nicht mehr richtig sein. Manche ältere
Schwester fragte ganz verunsichert: »War es denn alles nichts,
was wir gelebt haben?« Auch was ich immer geglaubt hatte,
stimmte nun nicht mehr. Ich hatte zum Beispiel noch gelernt,

daß die Bibel wörtlich zu nehmen ist, und nach dem Konzil sagten die Patres, manchmal auch sehr rigoros, etwas ganz anderes. – Wir fingen auch an, größere Bibeltexte in den Horen zu lesen, Texte, die uns bis dahin ziemlich unbekannt waren, etwa die Kämpfe der Israeliten beim Einzug in das Gelobte Land – dann fragte ich mich schon, was wir mit diesen Mord- und Totschlaggeschichten anfangen sollten, besonders wenn wir keine Kommentare und Erklärungen hatten. Aber einzelne machten dann auch schon Kurse und konnten bald theologisch etwas vermitteln.

Das Offizium wurde nun auf Deutsch gebetet, das war ganz schön, wir waren froh, daß wir überhaupt etwas verstanden. Viele Teile der Gebetszeiten schrieb und übersetzte anfangs der Pater selbst, es gab ja noch nichts Gedrucktes, daher war vieles noch holprig. An ein Gebet kann ich mich noch erinnern, wo bei den Responsorien von der Gemeinde immer nur die zweite Hälfte des Satzes wiederholt wird, und das waren ausgerechnet immer die Worte: »Auf der Waage.« Wir mußten alle fürchterlich lachen, und der Priester fühlte sich angegriffen. Mir ging dabei auf: Wäre das Latein gewesen, niemand hätte bemerkt, daß man den Satz so nicht zerhacken kann.

Alle äußeren Formen wurden abgeschafft, gerade der Altar blieb noch stehen. In den Kirchen sollte alles so nüchtern wie möglich sein. Schöne Figuren, Formen, die das Gefühl ansprechen – nichts mehr davon. Religiös sein – das war nur noch Sache des Kopfes. Es hat mir viel ausgemacht, daß das Gefühl überhaupt nicht mehr gefragt war. Als ich dann später einmal gelesen habe, daß in die Gottesbeziehung auch das Gefühl hineingehört, war es für mich wie eine Offenbarung. Also doch!

Für mich war es damals eine ernsthafte Frage, ob ich den Orden verlassen sollte wie viele andere auch. Wie lange ich überlegt habe, kann ich nicht mehr sagen. Doch ich wußte, selbst wenn ich gehe, finde ich diese Lebensform immer noch gut, sie ist nur nicht für mich die richtige. Aber einen konkreten Anlaß, um zu gehen, hatte ich dann doch nicht. Man muß sich gut überlegen, seinen Lebensweg so radikal zu ändern. Manchmal habe ich mich sogar gefragt: Habe ich überhaupt noch eine Berechtigung zu bleiben? Doch ich wußte ja: Es war Führung, daß ich da bin, das muß ich nicht weiter rechtfertigen.

Braut Christi, das ist so ein Schlagwort! Unsere Liturgie zum Noviziatsbeginn hieß, auf Latein noch: »Komm Braut Christi, empfange die Krone des Lebens«. Das habe ich in der Zeit noch so angenommen und gesehen. Inzwischen ist Gott ein Du für mich geworden, manchmal sehr erfahrbar, aber das ist für mich keine Brautmystik. Das mag ja für einzelne gut und richtig sein, aber allgemein möchte ich nicht, daß es so gesagt wird, weil da auch schnell so ein Touch von etwas Überzogenem hineinkommt.

Fragen Sie mich doch heute mal wieder etwas, das ich auch beantworten kann! Warum ich Lettisch lerne, könnte ich Ihnen ja erzählen. – Ich war dabei, als wir mit Schwestern verschiedener Länder ein gemeinsames Projekt gesucht haben. Wir sind ins Baltikum gereist, denn es hieß, Ordensleute wären dort willkommen. Im Ostblock gab es ja Ordensleute, die im Untergrund eingetreten waren, sie lebten einzeln, kannten ein Klosterleben in Gemeinschaft gar nicht, führten eigentlich ein privat-geistliches Leben, aber mit dem Bewußtsein, ich gehöre zu einem bestimmten Orden. Wir haben nie gefragt, ob es konkret Interessenten gäbe, doch wir haben bald erfahren, es gibt junge Mädchen, die ins Kloster wollen, aber nirgendwo eintreten können. Sie meldeten sich bei uns, wollten hören, wann wir kommen und wie wir leben. Jetzt planen wir also eine Reise nach Lettland, um mit ihnen Kontakt aufzunehmen. Insofern nehme ich seit einigen Monaten am Sprachunterricht bei unseren holländischen Schwestern teil, obwohl ich vorhabe, nur für einige Wochen dorthinzugehen. Den Unterricht haben wir bei einem Russen, unsere lettische Grammatik ist auf Russisch, er erklärt sie uns auf Holländisch, was er aber noch nicht sicher kann. Nicht ganz einfach, oder?

Im Orden hatte ich verschiedene Aufgaben, die ich aber auch

nicht im einzelnen nennen möchte. Einige Jahre lange habe ich die Novizinnenausbildung übernommen, das war eine schöne, oft nicht ganz leichte Zeit. Irgendwann kommen nämlich alle Novizinnen in eine Krise, und dann stimmt nichts mehr: das Kloster ist unmöglich, die Schwestern sind unmöglich, die Ideale werden nicht gelebt. Ich wußte natürlich schon, wenn bei einer jungen Schwester eine solche Phase anfängt, dann ist das *ihre* Krise, trotzdem hat mich das belastet – aber ich konnte und wollte mit Schwestern im Konvent nicht darüber sprechen. Manchmal habe ich nur ausgerufen: »Hurra, wir haben Nachwuchs, wir haben ein Noviziat!«, und alle wußten, oh, im Augenblick scheint es nicht so toll zu sein.

In größerer Runde konnte ich mich auch nicht einfach so fallenlassen wie andere Schwestern, denn für die Novizinnen, die in die Gemeinschaft hineinwachsen, war ich ja schon eine Art Orientierungspunkt und fühlte mich manchmal richtig auf dem Präsentierteller. Was mich heute sehr freut: Viele dieser Kontakte bestehen immer noch, unterschiedlich intensiv, auch zu mancher Frau, die während dieser Zeit wieder gegangen ist. Jemand hat mir später einmal gesagt: »Du warst für mich die Mutterfigur, an dir konnte ich im positiven Sinn einiges aufarbeiten.« Es war schön für mich, das im nachhinein gesagt zu bekommen, auch wenn manche Auseinandersetzungen an die Substanz gingen.

Sicherlich habe ich einigen jungen Frauen den Weg dafür geebnet, auch wieder fortgehen zu können. Wir haben geschaut, was für die einzelne richtig ist, und nicht versucht, jemanden zu halten, nur um viel Ordensnachwuchs zu haben. Die Bindung an einen Orden ist ja nicht die Garantie für ein glattes Leben. Man darf nicht die Augen verschließen und denken, jetzt bin ich nur noch hier, nichts kann mich mehr anfechten. Zu meinen jungen Leuten habe ich oft gesagt: Vielleicht begegnet Euch doch noch mal der Mann des Lebens, und dann müßt Ihr Euch damit auseinandersetzen. Da kann ich auch kein Rezept vorher geben. Aber wer das nicht wahrhaben will, rennt viel eher unüberlegt in etwas hinein.

Natürlich fände ich es schön, wenn viele junge Frauen kämen, aber die Zeiten sind vorbei, erstens sind die Familien kleiner – früher gehörte es in kinderreichen Familien fast dazu, daß eine Tochter ins Kloster ging –, zweitens schwindet der Glaube, da ist es heute unwahrscheinlicher, auf Klostergedanken zu kommen. Außerdem haben Frauen heute auch außerhalb des Klosters jede Menge Möglichkeiten, leitende Stellungen zu erreichen, und früher mag der Gedanke an eine Art Klosterkarriere sicher auch mitgespielt haben. Ich habe die Hoffnung, es werden immer noch einige kommen, bis jetzt war es auch so. Versicherung und solche Dinge planen wir, damit wir uns nicht plötzlich fragen müssen, wie wir in Zukunft finanziell überleben, aber sonst müssen wir einfach offen sein und gucken. Das beängstigt mich nicht. Es ist also keine Panik bei uns, auch wenn wir nicht wissen, wie es weitergehen wird.

Unsere Gespräche sind doch anstrengender als ich gedacht habe, aber trotzdem, ich kann gut weitermachen. – Mein Lebensgefühl heute? Wie ich problematische Seiten meiner Biographie sehe? Auch damit hat sicherlich jeder Mensch von Zeit zu Zeit zu kämpfen. Nun, ist Ihnen schon aufgefallen, daß Christus als der Auferstandene immer seine Wundmale zeigt? Das können wir doch auf uns selbst übertragen: Es gibt neues Leben, »Auferstehung« eben in dem Sinne, trotz aller Wunden der Vergangenheit, denn die kann ich nicht auslöschen, die gehören zu mir.

Ich glaube auf keinen Fall, daß Gott Leid will, und Sätze, die behaupten, »wen Gott liebt, den züchtigt er«, halte ich für falsch. Eine Zeitlang habe ich Schriften, in denen etwas über Gott und das Leiden stand, fast verschlungen, weil ich eine Erklärung wollte. Vieles an meiner Lebensgeschichte hat mich geschmerzt, und ich habe geschrien: »Wo warst Du? Was hast Du mir angetan? Wo ist das Leben in Fülle?« Meine ganzen Aggressionen, meine Wut habe ich Ihm an den Kopf geknallt,

Phantasien gehabt, wie ich in der Kirche wüten könnte, um meinen Haß rauszulassen – das war ein Hadern mit Gott, das gehört vielleicht auch dazu, wenn man in einer lebendigen Beziehung zu Ihm steht. Trotzdem habe ich in dieser Zeit Gott sehr wohlwollend und nah erfahren. Auch in meinen tiefsten Krisen konnte ich mich immer an der Natur freuen, da ging mir immer das Herz auf. Dann konnte ich sagen: Danke für diese schöne Welt, selbst wenn ich in diesem Augenblick für mein Leben nicht so dankbar sein konnte. Irgendwann mußte das natürlich zusammenkommen – es gibt nicht hier den Gott, bei dem ich mich geborgen fühle, und dort den, der mir etwas antut. Bis ich dann sagen mußte: Mein Gottesbild stimmt nicht. Gott ist kein Tyrann, der nur unser Handeln überwacht. Selbst im Leiden war Gott. Dieser Prozeß ging natürlich nicht so schnell, wie ich das jetzt erzähle! Sehr viel Leid tun Menschen sich gegenseitig an. »Erbsünde« sehe ich inzwischen in diesem Sinne: Jeder ist verwundet, mehr oder weniger, kaum jemand lebt ohne Wunden, und unbewußt werden sie weitergegeben, von den Eltern an die Kinder, auch wenn sie nur das Beste wollen.

Inzwischen habe ich auch gelernt, manche Schwächen oder Unfähigkeiten an mir zu akzeptieren, und dabei bin ich unverkrampfter geworden. Manchmal wäre ich gerne noch ein bißchen lebendiger, aber wer mich seit Jahren kennt, sieht mir durchaus an, daß ich mich da schon weiterentwickelt habe, und ich hoffe, daß diese Entwicklung immer noch weitergeht. Mancher Schmerz wird immer wieder hochkommen, aber ein gutes Stück Freiheit habe ich doch erreicht. Und als kleinen Beweis für meine eigene Freiheit empfinde ich es, daß ich anderen Frohe Botschaft weitergeben möchte. Gerne würde ich in meinem Gottesdienstkreis sogar mal Liturgie tanzen, das ist etwas Lebendiges und Schönes, aber davor schrecken manche Leute der Gruppe noch zurück.

Als wir anfingen, in Zivil zu gehen, habe ich gemerkt, daß ich einiges investieren würde, um mich schön zu kleiden. Aber ich brauche es nicht. Ich habe Freude daran, mich geschmackvoll anzuziehen, darin bin ich ja auch Frau und möchte es bleiben. Unser finanzieller Spielraum für solche Ausgaben ist natürlich sehr begrenzt, wir gehen nicht mit jeder Mode, und wir kleiden uns auch aus unserer Kleiderkammer, wenn wir dort etwas finden. Dominikus hat ein einfaches Gewand tragen wollen, damals war das ungefärbter, ungebleichter Stoff, unauffällig durch Schnitt und Form. Wir Ordensleute sind dabei stehengeblieben, und dadurch fallen wir mit unserem Habit jetzt so auf. Ich bin froh, daß wir heute meist in Zivil gehen. Auslösend waren unsere Kinderdörfer, unsere Kinder fühlten sich gezeichnet, wenn sie mit Schwestern zusammen gesehen wurden. Zunächst wurde dann Zivil erlaubt, wenn wir mit Kindern ausgingen. Eine Zeitlang hatten wir statt unseres Habits ein weißes Kleid, aber das war auch merkwürdig. Wir haben dann beschlossen: Wir behalten unseren Dominikanerhabit, tragen ihn dort, wo wir als Ordensfrauen kenntlich sein wollen, in Gottesdiensten und bei Festen, aber das ist nicht unser Gewand für die Straße.

Ob ich mich auf das Jenseits freue? Im Augenblick lebe ich noch gerne im Diesseits! Ich glaube an das Jenseits, ich glaube an die Verbindung zu den Menschen dort, aber noch ist mir das Leben *hier* ganz lieb. Gestern habe ich so nebenbei einen Habit erwähnt, den ich wirklich nicht mehr tragen kann, weil der Stoff zu dünn geworden ist. Aus Spaß sagte eine Schwester da: »Du kannst ihn doch als Sterbehabit hängenlassen!« – »Was? Ich fange an zu leben, und du sprichst vom Sterben?« Seit den letzten zehn Jahren lebe ich nämlich sehr intensiv, ich möchte ausschöpfen, was für mich noch an Leben möglich ist, dieses Glück genießen. Daher fühle ich mich auch noch nicht so uralt, auch wenn ich schon immer wieder körperliche Einschränkungen spüre. Klar, es gibt auch Augenblicke, da denke ich, du könntest dich doch bald zur Ruhe setzen. Und dann wieder: Nein, ich kann mir sogar vorstellen, noch einen neuen Aufbruch zu wagen.

Ich glaube, mein tiefster Wunsch ist schon, daß ich mal sehr versöhnt vom Leben Abschied nehmen kann, zu sagen: Ja, mein Leben war gut, ich kann es zurückgeben. Damit verbinde ich sehr viel: daß ich mit mir ausgesöhnt bin, mit meiner Umwelt, und das färbt natürlich auch das Leben schon jetzt. Insofern ist das also ein Wunsch, der schon jetzt Bedeutung hat. Ich glaube nämlich, daß ich von daher anders mit Menschen und Situationen umgehe, wenn ich versöhnt bin, über meine eigenen Grenzen hinausschauen und mich dran freuen kann.

Würde ich wieder in einen Orden eintreten? Wenn, dann sicher in diesen. Ich könnte mir aber auch ein anderes Leben vorstellen. Wenn Sie mich so etwas fragen, dann eher umgekehrt: Bereue ich meine Lebensentscheidung? Da kann ich sicher sagen: Nein, ich bereue sie nicht. Ich bin gerne in Bethanien. Hier bin ich mehr zum Leben gekommen.

Benedicta

Benediktinerin, kontemplativ

Alter: 75
Alter bei Eintritt: 27
Jahre im Orden: 48
fühere Tätigkeit: Studentin der evangelischen Theologie
jetzige Tätigkeit: Kursleiterin, Gästebetreuerin
Kleidung: Habit

*Telefonisch sei sie am besten zwischen zehn und zwölf zu errei-
chen, sagt Schwester Benedicta mir, als sie mich auf meinen Brief
hin anruft. »Mittags?«, frage ich sicherheitshalber noch einmal
nach. »Vor Mitternacht«, entgegnet sie. »Da ist es im Haus am
ruhigsten, und ich kann mich ganz auf die Gespräche mit den
Anrufern konzentrieren!«*

*Auf den ersten Blick wirkt Schwester Benedicta gebrechlich,
aber sie ist wendig, aktiv und unermüdlich auf den Beinen. Ihr
Arbeitszimmer liegt im Gästehaus des Klosters gleich neben dem
Eingang. Unsere Gespräche führen wir in diesem kleinen ge-
mütlichen Raum, der mit Büchern, Karteikästen, Stofftieren
und Arbeitsmaterial für ihre »Sonntagsbriefe« gefüllt ist. Schwester Benedicta verfaßt eine Briefreihe, in der sie die Evangelien
der kommenden Wochen auslegt und an viele Interessenten
verschickt. Bei unseren Gesprächen machte sie es sich auf einem
Bürostuhl bequem, dem einzig sinnvollen Sitzmöbel bei ihrer
Rückgratverkrümmung, von dem sie in Windeseile aufstehen
kann, um Bücher zu holen, ans Telefon zu eilen oder jemanden
zu begrüßen.*

*Manche Gäste vereinbaren Einzelgespräche mit Schwester Be-
nedicta. Viele Gespräche ergeben sich aber auch spontan, oft
gegen Mitternacht, wenn sie bei ihrem Rundgang durch das
Haus bei denjenigen verweilt, die noch im Lesezimmer sitzen.*

Ihre Sprache ist deutlich vom Dialekt der Region gefärbt. Auf Fragen der Gäste antwortet Schwester Benedicta unkonventionell, sie ist immer diskussionsfreudig und kann unterhaltsam spitzfindig sein. Jeden Tag bietet sie, ausgehend von einer aktuellen Frage oder einem Text, ein Gruppengespräch an; sie läßt sich dabei zu herrlichen Exkursen hinreißen, die manchmal zwar von der gestellten Frage wegführen, jedoch ganz andere Bereiche eröffnen. Einen abendlichen Diavortrag habe ich lebhaft im Gedächtnis, in dem sie eine alte Psalmen-Handschrift so lebendig schildert, wie kein Film sie darstellen könnte.

Trotz ihres Humors und ihres lockeren Redestils wird für mich spürbar, daß Schwester Benedicta eine verletzliche Frau ist, die mit Selbstironie manches überspielt. Mehr als ein Jahr nach unseren Gesprächen wollte sie ihren Beitrag zurückziehen, weil ihr doch Zweifel an ihrer Ausdrucksweise gekommen waren. Wir einigten uns dann jedoch darauf, Ort und Namen ihres Klosters nicht zu nennen. Anonymität ist dadurch zwar immer noch nicht gewahrt, weil viele Menschen Schwester Benedicta kennen, aber mit dieser Regelung war sie einverstanden. »Heute würde ich manches anders sagen«, merkte sie bei unserem letzten Telefonat an, »aber wenn Sie eine Momentaufnahme wollen... in Ordnung!«

Eine typische Benediktinerin bin ich nicht; Sie werden von mir fast keine Antworten bekommen, die so normal sind, daß man sagen kann, auf diese Weise leben die Benediktinerinnen. Das werden Sie kaum finden, weil alles immer verrückt war bei mir. Wissen Sie, bei meiner Konversion habe ich gesagt: Ich werde so katholisch wie nötig, und bleibe so evangelisch wie möglich! Und das läßt sich gut vereinbaren, weil wir hier nämlich auch ganz evangelisch sind, wir leben nach dem Evangelium, ganz einfach.

Nach meiner Kindheit fragen Sie mich? Kann sein, daß da einiges mit Phantasie beantwortet wird, so viel Erinnerungen habe ich gar nicht mehr. Ich bin jetzt 75, und das Gedächtnis nach rückwärts ist da auch etwas angeknackst. Also ich werde nicht allzuviel darüber denken. Das machen wir dann so spontan. Dann denke ich mir, daß es recht wird.

Aufgewachsen bin ich im Pfarrhaus, davon ist mir geblieben, daß der Vater nie da war – die typische evangelische Pfarrersfamilie, in der alle darunter zu leiden hatten, daß der Vater halt ganz und gar seiner Gemeinde und seinem Auftrag gehörte.

Die Weihnachtsfeste zum Beispiel: Der Vater predigte immer am ersten Feiertag, so daß er am Heiligabend erst zu seiner Familie kam, wenn die Predigt fertig geschrieben war. Das war oft so: Es wurde abends 6 Uhr, 7 Uhr, 8 Uhr, dann hat er angeläutet aus seinem Amtszimmer, wir sollten doch wenigstens mal anfangen zu essen, es gab immer Saitenwürstel und Kartoffelsalat, weil das so schnell fertig war, und wir haben gegessen. Dann war es 9 Uhr, wir Kinder hingen schon rum, er hat wieder angerufen, wartet noch eine Weile, ich bin bald fertig. Dann ging es vielleicht so bis 10 oder 11, dann rief er an, ich hab es doch nicht geschafft, haltet jetzt die Weihnachtsbescherung selber. Dann waren wir also die Mutter, die vier Kinder und die Hausgehilfin, und der Vater saß immer noch an seiner Predigt. Die Mutter war das gewohnt und hat versucht, es zu überbrücken, ohne daß wir traurig wurden. Der Vater mußte eben am anderen Tag die Geschenke noch besichtigen. Also das Familienleben eines verheirateten Pfarrers hat halt auch seine Grenzen, ganz klar, wenn er wirklich pflichtbewußt ist, kann er nicht, ehe er die Predigt fertig hat, sich der Familie hingeben, das geht einfach nicht.

Meine Mutter hat ihre TBC-kranke Mutter bis zum Tod gepflegt und sich selbst dabei angesteckt. Sie war noch recht jung, das kleinste Kind war erst eineinhalb. Seitdem war die ganze Familie immer ungeheuer besorgt, daß wir uns nicht auch anstecken, damals gab es noch keine wirksamen Medikamente, es war meist eine tödlich ansteckende Krankheit. Meine Mutter hat uns nie näher als einen Meter an ihr Bett herangelassen – eine Mutter mit vier süßen Kindern! – und hat es fertiggebracht, keines in den Arm zu nehmen. Das war schon eine ungeheure Leistung, fand ich, für diese Frau, die wirklich eine ganz gute Mutter war und ihre Kinder ungeheuer geliebt hat. Drum weiß ich von ihr auch sehr wenig.

Einmal sagte sie zum Vater: »Sei doch nicht so streng!« Denn wir hatten uns immer zu Mutter geflüchtet, wenn es möglich war bei einem Besuch, ihr dann ein wenig zu sagen, – aber der Vater hat uns auch schrecklich lieb gehabt. Das Schlimmste, das er uns antat, war ein täglicher Löffel Lebertran, um *ja* die Lunge einzufetten und uns vor der Krankheit zu schützen. Da konnte es auch sein, daß er sagte: »Jetzt ißt du heute mal zwei Löffel Lebertran!« – das war dann schon die schlimmste Strafe, die es gegeben hat.

Als die Mutter dann endgültig in diese Sanatorien kam, daran kann ich mich noch erinnern, da heul' ich jetzt noch, wenn ich daran denke; an dem Tag, kam in der Schule in einem Aufsatz das Wort › Mutter‹ vor – da hab' ich laut hinausgeheult: »Sagt doch das Wort nicht mehr, meine Mutter ist heut praktisch für uns weg.« Darunter hab ich auch sehr lange gelitten. Zwar hab ich, wenn Sie nach Feminismus fragen, eigentlich keine großen Entwürfe, aber die theologische Entdeckung, wie stark Gott Mutter ist, die ist mir sofort aufgegangen. Ich war direkt fixiert auf die Stellen im Ersten Testament und habe jetzt noch eine Nase dafür. Wenn man dem Ersten Testament nachsagt, es sei so stark patriarchalisch bestimmt, das ist gar nicht wahr.

Meinem Vater lag sehr am Herzen, daß unsere Mutter zu Hause sterben konnte, und wir haben ihr noch ein Zimmer eingerichtet, das desinfiziert werden konnte, damit sie völlig abgetrennt von den anderen das Geschirr und alles bekam, und wir waren dann dabei, als sie starb. Und als sie die Augen geschlossen hatte, hat der Vater sich hingekniet und gebetet: »Wir danken Dir, daß Du uns diese gute Mutter so lang gelassen hast.« Eine Frau mit etwas über 40 – aber daß dieser Aspekt ihm der erste war, das hat schön gezeigt, daß er auch ein guter Pfarrer war, das hat mich immer begleitet.

Ich habe sehr unter dem Tod der Mutter gelitten. Bestimmt ein Jahr lang bin ich jeden Abend mit Tränen ins Bett gegangen. Es kann sein, daß das auch später aufs Kloster gewirkt hat, denn im Kloster hat man ja dann wieder eine Mutter. Ich habe gemerkt, daß ich sehr vorsichtig sein mußte, nicht alte Mutterwünsche hineinzuprojizieren in diese Frau, die ich auch sehr geschätzt und geliebt habe, die unsere erste Äbtissin hier war. Gut, warum sich nicht eingestehen, daß das ein Bedürfnis ist, das einfach zum Menschsein gehört? Das war für mich schon ein großes Erlebnis, das auch einmal zu erfahren. Und so habe ich eigentlich nie ein einseitig väterliches Gottesbild gehabt, weil der Vater ja meistens weg war, und weil die Mutter die Gestalt unserer Sehnsucht war.

Beim Propheten Hosea, Kapitel 11, wird Gott dargestellt als der in sich Ganzheitliche, der wie aus einem Gespräch zwischen Vater und Mutter entfaltet ist. Gott wirft dem Volk Israel vor, daß es ihn schon wieder verlassen hat. Zum Schluß kommt der letzte Gerichtsspruch: »Ich muß ihn jetzt einfach noch einmal strafen, weil er mich so verlassen hat.« Und jetzt kommt wieder die Mutter in Gott und sagt im nächsten Vers: »Ich bring es nicht fertig, mein Uterus, mein Mutterschoß dreht sich um in mir, ich kann das Kind jetzt nicht noch einmal strafen.« – Und dann kommt der Abschlußvers, wo es heißt: »Denn ich bin Gott und nicht Mann.« Das ist natürlich auch wieder anders übersetzt – nicht Mensch – so kann es *auch* heißen, aber im ganzen Zusammenhang muß hier › Mann‹ stehen, das ist ursprünglich dasselbe Wort. »Ich bin Gott und nicht Mann, der Heilige in deiner Mitte, und deshalb komme ich nicht im Zorn.« Die Heiligkeit Gottes besteht also nicht darin, daß er strafen muß, damit er die Welt heilig halten muß durch seine Gerichte, sondern seine Heiligkeit offenbart sich darin, daß er verzeiht und nicht straft und dieses Kind in Liebe annimmt. Das sind so Dinge, die mir besonders eingegangen sind, weil ich diese Sehnsucht nach der Mutter immer so stark mitgetragen habe.

Mir war die Schule wahnsinnig wichtig, mit allem Ehrgeiz, der natürlich für ein Mädchen darin liegt, gute Noten zu kriegen. Ich war ja auch nicht ganz dumm, aber nie die Erste, es hat immer noch Gescheitere gegeben, was mich schon damals geärgert hat. Aber so hat man sich dann doch vertragen. Eine ganz normale Schulzeit.

Zu einer bestimmten Zeit kamen natürlich Liebesgeschichten auf, in unserem evangelischen Töchterinstitut – der Name sagt ja alles – aber sie haben mich nicht interessiert, nicht, weil ich besonders tugendhaft gewesen wäre, auch nicht von der Erziehung her, aber für mich war das nichts. Ich hatte sehr starkes wissenschftliches Interesse, wichtig war für mich das Fotografieren, schöne Naturaufnahmen zu machen. Man bekommt einen ganz anderen Blick als Fotograf, und diese Freude am Schönen hat mich immer begleitet. Wenn jetzt Leute zu mir kommen und fragen: Was soll ich denn vom Religiösen her tun, um wieder mehr in den Glauben hineinzukommen? Da ist mein einziger Satz: Augen auf und Spazierengehen. Aber Augen auf dabei!

Ein Ereignis, das mich auch sehr geprägt hat, einfach in

Richtung auf Lebenwollen: Wir waren im Urlaub am Seealpsee unterhalb vom Säntis, eine wunderbare Landschaft. Ich bin so ein bißchen rumgekraxelt auf der anderen Seite vom See, da geht der Fels ziemlich steil runter, plötzlich schreit meine Tante. Im selben Augenblick höre ich einen wahnsinnigen Krach und springe ganz automatisch einen Schritt zurück, da geht direkt vor meinen Füßen ein großer Steinschlag herunter. Da zittere ich auch jetzt noch, wenn ich daran denke, denn nomalerweise hätte mich das glatt zermalmen müssen. Nur weil sie so gebrüllt hat und ich den Krach hörte, konnte ich haarscharf ausweichen. Das prägt sich einem einfach ein: Ja, warum leb' ich jetzt noch?

Man hat mir gesagt, ich sei ein frommes Kind gewesen, daran erinnere ich mich nicht mehr so; es war einfach diese Du-Beziehung, die ich auch in meinen Vorträgen immer betone, daß Religion nicht ein Etwas ist, sondern ein Ich-Du. Das war mir so selbstverständlich, daß ich dann viel später erst gemerkt habe, daß das gar nicht so unbedingt das Normale sein muß. Ich habe immer gemeint, es gehört einfach zum Kind dazu, diese selbstverständliche Du-Beziehung zu haben. Die hat mich natürlich über vieles weggetragen oder mir auch ermöglicht, Schmerz, gerade den Schmerz um die Mutter, einfach auszuheulen, auszutragen und sich nicht damit alleingelassen zu fühlen.

Einsam sein, das war für mich auch immer: mit Ihm allein zu sein. Es war eher ein beruhigendes Bewußtsein: Dann tut mir niemand was. Und da mag dieses Erlebnis mit dem Steinschlag stark dazu beigetragen haben, daß ich einfach das Bewußtsein hatte: Du willst mich! Sonst wär' ich jetzt längst nicht mehr da.

Eine Zeitlang war ich wirklich ungeheuer fromm. Mein Vater hat bald wieder geheiratet, aber wir hatten unsere Stiefmutter nicht besonders gern, sie war halt ein Fremdling, der von außen kam. Doch mir kam der Gedanke: Wie schwer hat es diese Frau jetzt bei uns. Wir hängen zusammen, der Vater und wir vier Geschwister, und sie steht außen. Ich hab' dann alles getan, um ihr das Leben leichter zu machen, Strümpfe weggestopft, Wäsche weggebügelt, wenn ich gemerkt habe, irgendwo kommt sie nicht durch, dann schaute ich halt, daß sie Hilfe bekam. Bis eines Tages – also das ist zum Lachen, aber ich merke halt heut', was der Mensch ist – bis das eines Tages vollkommen umschlug: Sie hat die letzte von meinen Geburtstagspralinen heimlich gegessen – die ich ihr vorher auch immer angeboten hatte – da ist mein ganzes Vertrauen zusammengebrochen: Jetzt hab' ich die zweite Mutter verloren. Blöd, aber so sind Kinder. Äußerlich habe ich mir nichts anmerken lassen, aber daheim war mir nun einfach nimmer wohl, ich habe die meiste Zeit bei einer ehemaligen Hausgehilfin und ihrer Familie verbracht und bin nur noch zum Schlafen und Essen heimgegangen. Ich weiß noch, wie sie sagten: Wir sehen dich überhaupt nimmer, und dann hab ich sofort angefangen zu heulen, wenn sie mich sowas gefragt haben, aber dann hat mich natürlich auch niemand mehr angeredet, weil sie vor meinem Heulen gezittert haben. Das war eine ganz komische Zeit, die Entwicklungszeit.

1939 hab ich mit dem Studium begonnen: Deutsch, Englisch, Geschichte, in München und Wien, und wie das so ist, die normale Pfarrhausreaktion: »Pfarrers Kinder, Müllers Küh' geraten selten oder nie«, heißt das schöne schwäbische Sprichwort. Ich war der Nie-Fall. Wenn ein Mitglied einer Pfarrersfamilie mal auf eigenen Füßen zu stehen kommt, so wie ich mit dem Studium, dann läßt es erstmal die ganze Kirche hinter sich. Ich hab' also dem abgesagt, weg jetzt von allem, ich will nichts mehr hören von der evangelischen Predigt, ich möcht' mal ein normaler Mensch sein.

Ich hatte diesem Gott erst einmal gesagt, ich hab' genug von ihm, und wenn er mich wolle, dann sollte er gefälligst ein bißchen deutlicher werden, von mir aus tue ich jetzt nichts mehr, um mich noch weiter religiös zu engagieren. Ich weiß noch, neben der Kirche habe ich gesagt, daß er mich also schon selber packen müßte, und hatte aber dann irgendwie das Bewußtsein, eigentlich müßte jetzt das Kirchendach auf mich herunterfallen. Das fiel aber gar nicht, nicht ein einziger Ziegelstein, sondern nur die schöne Freiheit. Da war ich sehr bestärkt: Gut, wenn sich der Gott für mich so wenig interessiert, dann brauche ich jetzt wirklich auch nicht gleich etwas zu tun. Aber es stand dahinter schon, das weiß ich jetzt nachträglich, einfach die Sehnsucht, wirklich glauben zu können.

Seit dem ersten Jahr meines Studiums war ich immer bei einer Gruppe der nationalsozialistischen Studentenschaft, fast alle waren dabei, sonst bekam man ja nichts. Schon einfach aus einem gewissen Zorn gegen die Kirche habe ich mich ein bissl mitbetätigt, nicht schlimm; aber sehen Sie, solche Dinge, wie dieser damalige Brand der Synagogen, das ist ja voll in der Zeit geschehen. Ich habe die Dinge alle miterlebt, laufend bewußter, und mir damals gesagt: Wenn die das auserwählte Volk wären, könnte denen das ja gar nicht passieren, jetzt zeigt sich mal wieder, daß das ein völlig falscher Anspruch ist – und so in der Richtung. Ich habe gedacht: Die sollen sich selber wehren. Ich wollte zwar nicht gerade mitmachen, das wär' mir zu unfein gewesen, aber ich habe das dann doch ganz gut gefunden.

Im Sommer hat man sich gemeldet, um alles mögliche › fürs Vaterland‹ zu tun. Mich hat's gereizt, einfach aus meiner Freude am Unterrichten, Schule zu halten im damaligen Warthegau, im besetzten Polen. Dort waren Umsiedler aus Rußland, Bessarabien, Wolhynien, die alle, sobald sie ein bißchen › germanisch‹ aussahen oder einen deutschen Namen hatten, vom Führer eingesammelt wurden, zur › Aufstockung der rassischen Struktur von Europa‹. Ganze Familien hat man damals umgesiedelt – man hat die polnischen Bauern morgens aus den Betten geholt und rausgeschmissen, die durften ihren Hof nicht mehr betreten, und eine Stunde später kam ein Lastwagen mit solchen Umsiedlern, die dann in die noch warmen Betten konnten, die da einfach hineingesetzt wurden und jetzt diesen Hof zu bewirtschaften hatten.

Ich hatte einen Auftrag, weil ich ja Germanistik studierte, die Sprachentwicklung bei den Umsiedlern zu erforschen. Da mußte ich von Hof zu Hof gehen und einfach Gespräche führen mit den Leuten, um festzustellen, wie durch die Umsiedlung die kulturelle Entwicklung aussah. Die Kinder hatten schon lange keinen Unterricht mehr gehabt, sie waren zum Teil in Lagern gewesen und jetzt glücklich, daß sie wieder geordnete Verhältnisse hatten, aber man hatte keine Lehrer für sie, und so kamen wir Studenten von den Lehrerbildungsanstalten. Das hab' ich gern gemacht, und mich dann noch über den Termin hinaus ein ganzes Jahr lang freiwillig gemeldet und sehr intensiv miterlebt, was da alles geschehen ist. Zunächst habe ich weiter nichts dagegen gehabt.

Was mir viel mehr auf der Seele liegt, ist das: Wir haben damals in der Nähe von Litzmannstadt, Lodsz, gewohnt, und mußten jedes Mal, wenn wir in die Stadt wollten, durch das Ghetto fahren. Alles war mit Stacheldraht streng abgeschirmt, aber man sah die Leute, diese Elendsgestalten, das hat mich überhaupt nicht interessiert, das war Schicksal, das trifft die halt jetzt, die haben lange genug das Sagen gehabt in Polen – die Juden waren dort vorher sehr stark gewesen und hatten auch nicht immer das allersauberste Brusttuch, das muß man ja auch gar nicht verlangen –, aber ich kann das heute noch nicht begreifen, wie ein einigermaßen anständiger Mensch an dem einfach völlig gedankenlos vorbeigehen, sich das anschauen konnte und dachte: na ja. Daß es dann immer weniger wurden, hat mich auch wieder nicht interessiert, wir wußten nicht genau, was geschehen ist, wir haben uns aber auch nicht interessiert dafür.

Ich habe dann einen Briefwechsel mit Helmut Thielicke begonnen, der war bei meinem Vater Vikar gewesen. Wir haben uns gut gekannt, ich hatte ihn immer damit geärgert, daß ich ihn mit »Heil Hitler« gegrüßt habe, aber das hat er mir wohl nicht weiter übelgenommen. Er wollte mich wieder ins geistliche Leben hereinholen – er war schon Studentenpfarrer in Hamburg und hat mir immer seine Rundbriefe geschickt – und ich habe mich jedes Mal über diese Briefe einerseits gefreut, andererseits geärgert. Jedes Mal hab' ich ihm dann ganz frech zurückgeschrieben: ›Also lieber Herr Professor, Leute wie mich können Sie mit solchen Mätzchen nicht gewinnen, dazu bin ich viel zu gescheit, da weiß ich schon, worauf das rausgeht‹, und so in dieser Art. Das war immer ein Zeichen, daß ich mich ärgerte, weil es ihm nicht gelungen war, mich zu überzeugen. Meine Hoffnung war nämlich, er könnte mich von der Seite der Wissenschaft her mit seinem evangelischen Glauben überzeugen. Aber ich hab's nicht gefunden, immer hatte ich psychologische, pädagogische und historische und weiß Gott was für Einwände, die auch richtig waren, die können Sie heute noch hören, aber traurig war ich trotzdem.

Und dann hatte ich plötzlich diese Geschichte vom reichen Jüngling vor mir. Da kommt der Kerl, möchte ins Reich Gottes und ist viel zu reich. Da dacht' ich: Das bist du eigentlich auch, einfach zu gescheit, einfach zu überzeugt, als daß ich mich da noch fangen lassen könnte. Und es hat mir doch leid getan. Ich habe mir dann überlegt, was ich von meiner frommen Erziehung her aus dem Gleichnis gemacht hätte. Ich wußte noch: Der Jüngling geht weg und ist traurig, Jesus auch, und dann fragt Petrus: Wer kann dann überhaupt ins Reich Gottes kommen? Sie kennen die Geschichte ja. Aber ich wußte nicht mehr die Antwort von Jesus. Um mich zu versichern, daß bestimmt wieder ein frommer Spruch käme in der Art: Ihr müßt euch halt anstrengen, ihr müßt euch halt hingeben, ihr müßt halt bereit sein, müßt halt gehorsam sein, und was ich von Zuhause so etwa kannte, und um mich zu versichern, daß ich da sofort wieder meine Einwände hatte, habe ich dann in der Bibel nachgelesen. Wissen Sie, was da steht? Jesus sagt: »Bei Menschen ist es unmöglich, aber nicht bei Gott, weil bei Gott alles möglich ist.« Das hat mich total umgeworfen von einer Sekunde auf die andere, weil ich das nicht erwartet hatte. Jesus verkündigt überhaupt nicht irgendwelche Tugenden, er fordert überhaupt nicht, was man tun muß, um in den Himmel zu kommen, sondern Jesus verkündigt *sich*, und er ist für die Welt jetzt derjenige, der die Thora, das Gesetz, noch übersteigt mit seiner Selbstoffenbarung: Ich bin jetzt die neue Thora für euch! – Und von einem Tag auf den andern hab' ich zu meinem Vater gesagt: »Du, ich möcht' gern Theologie studieren jetzt«. Er war sehr erstaunt, hat aber feinerweise nicht nachgefragt, sondern nur gesagt: »Wenn das wirklich dein Entschluß ist, in Ordnung«. – So hat er mir noch einmal vier Semester gezahlt, denn ich mußte wieder von vorne anfangen mit Hebräischlernen; dazu bin ich nach Berlin gegangen, dann bin ich gewechselt nach Tübingen, darauf nach Halle.

Danach habe ich echt angefangen, mich einzusetzen. Ich habe mich, von Halle aus, wieder in den Warthegau gemeldet, diesmal aber nicht diese gottlose Schulpraxis mitgemacht, zu der ich damals gedrillt worden war. Ich habe einfach nebenher begonnen, aber ohne Auftrag, Gottesdienst zu halten in den Dörfern, wo keine Pfarrer mehr waren. Doch wenn ich einen evangelischen Gottesdienst ausgeschrieben hatte, wurde immer für diese Stunde von der SS oder SA eine Zusammenkunft befohlen, – nun befohlen natürlich nicht, die Menschen hatten volle Freiheit, in die Kirche zu gehen, aber bei dieser Zusammenkunft gab es dann Bezugsscheine für Fahrräder und für Stoff, da mußten die Leute natürlich dort hingehen, sie mußten ja leben. Und sie konnten sich nirgendwo beschweren. So hatten sie sehr bald ein belastetes Gewissen, denn einerseits wollten sie in die Kirche gehen, und andererseits hatten sie den Eindruck, wir haben jetzt für ein Linsengericht unseren Glauben verraten.

Ich habe dann festgestellt, wie katastrophal das war, daß man die religiösen Gemeinden zerschlagen hat. Der Pfarrer woanders, der Lehrer woanders, vorher in diesen evangelischen Gebieten in Rußland war es ja ganz wichtig, daß das Dorf zusammengehalten hat. Nachdem die jetzt ganz verschieden zusammengesiedelt waren, wurde nicht nur das religiöse Leben, sondern wurden tatsächlich die Kultur und die Sprache total zerstört. Die Leute haben dann halb Polnisch gesprochen, Jiddisch, Russisch und was alles. Das habe ich meiner Behörde geschrieben, daß es einfach eine Katastrophe sei, mindestens, daß das die deutsche Kultur sehr zurückgeworfen habe, was sie da gemacht haben.

Ganz unverblümt habe ich das auch meiner Studentengemeinde in Halle geschrieben, einem Kollegen, der es dort vorgelesen hat, und dann wollten alle den Brief haben, und er hat gesagt: Ich schreib's euch ab. Doch er kam nicht dazu, aber eine Pfarrfrau hat gesagt: Gut, ich mach' es daheim auf der Schreibmaschine, die kam aber auch nicht dazu, darum hat sie, ohne den Briefinhalt gehört zu haben, ihn an ein öffentliches Vervielfältigungsbüro gegeben. Das war so dumm, daß es wirklich vom lieben Gott kommen mußte, da kommt ein Mensch sonst gar nicht drauf, weil es ein staatsgefährdendes Verbrechen war, solche Briefe zu schreiben. Dann kam die Polizei und hat sie abgeholt, sie kam als Geisel sofort in Haft, fünf Kinder daheim, der Mann im Krieg.

Ich habe es in Polen erfahren, daß die Frau erst freikäme, wenn sie die Adresse preisgäbe von der Verfasserin. »Sofort meinen Namen angeben!«, habe ich geantwortet, denn ich wollte ja nicht, daß diese Pfarrfrau meinetwegen da im Gefängnis sitzt.

In Posen bin ich sofort zum Oberkirchenrat gegangen und hab' ihm erzählt, brühwarm: »Ich werde jetzt verhaftet, umgebracht wahrscheinlich, und möchte mein Blut dort hingeben, wo ich so viele Fehler gemacht habe, möchte sozusagen dieser Gemeinde von Posen einen Zuwachs an Märtyrergeist verschaffen.« Worauf dieser Oberkirchenrat sofort entsetzt gesagt hat: »Machen Sie bloß, daß Sie fortkommen, wir haben ohnehin schon so viele Schwierigkeiten mit dem Staat, daß wir nicht noch eine unreife Studentin brauchen, die solche Mätzchen spielt.« Da bin ich tief gedemütigt abgereist, hab' mich in Halle angemeldet, daß die mich am Zug abholen sollten, weil ich mein Zimmer in Halle hatte, und die, anstatt mich abzuholen, haben mein ganzes Zimmer zusammengepackt, mir alles in den Eisenbahnwaggon geworfen und gesagt: »Mach, daß du fortkommst, bei uns in Sachsen wird alles so heiß gegessen, wie's gekocht wird. Die Schwaben sind da etwas gemütlicher, da kommst du noch mit dem Leben davon!«

Dann saß ich in der Wohnung meiner Eltern und hab' gewartet. Meine Stiefmutter hat mir noch jeden Tag mein Leibgericht gekocht, obwohl es im Krieg fast gar nichts mehr gab, bis eine Woche später die Polizei kam und mich abgeholt hat.

Es war mir irgendwo wohl dabei, daß ich jetzt auf der Liste der Verfolgten stand und nicht auf der Liste der Verfolger. Es war mir eine Notwendigkeit – und darum war auch die Verhaftung für mich gar nicht etwas Überraschendes oder Bedrückendes, sie war mir ein Zeichen, daß ich jetzt auf der richtigen Seite stehe, daß jetzt das Schicksal der Verfolgten das meinige wurde, denn über die Konzentrationslager und solche Projekte wie diese Umsiedlungsaktion dachte ich inzwischen anders als bei meinem ersten Aufenthalt.

Die Zeit im Untersuchungsgefängnis war für mich ungeheuer maßgebend, auch für mein damals so langsam angewachsenes Christentum. Die Mitgefangenen, die hatte ich einfach lieb von Anfang an. Und auch ihre Geschichten: Ich hatte natürlich keine Ahnung von all diesen Sexerfahrungen, die sie sich die ganze Nacht über ins Ohr laut geflüstert oder geschrieen haben, da hab' ich eine Welt kennengelernt, von der ich überhaupt nicht wußte, daß sie existiert. Das war wahnsinnig interessant für mich, weil ich gemerkt habe, daß ich zu jedem dieser Verbrechen genauso fähig gewesen wär', ganz klar, daß ich nur durch meine andere Erziehung einen anderen Lebenswandel geführt habe als die. Mir hat mal eine erzählt, wie sie ihrem Freund so richtig das Messer in der Brust rumgedreht hat, weil sie ihn mit einer anderen im Bett fand, das konnt ich also voll nachfühlen und hab' dann so richtig diese Wonne mitgespürt, mit der auch ich dieses Messer rumdrehen würd'. Und von da an war also meine Anmaßung, daß ich besser sei als die anderen, total weg. Da hab' ich genau gewußt, wir gehören zusammen. Es waren alles liebe, nette Frauen, alle höflich, alle rücksichtsvoll, jede hat versucht, der anderen etwas gutzumachen – auch wenn sie nebenher das Brot aus der Tasche gestohlen haben, weil sie alle Hunger hatten.

Nach etwa einer Woche Verhör im Untersuchungsgefängnis kam ich nach Stuttgart ins Polizeigefängnis, in Einzelhaft. Man saß da also praktisch seine 24 Stunden oder lag herum und hat gewartet auf das weitere Schicksal. Da habe ich mich an das Stundengebet erinnert. In Tübingen hatte ich nämlich zu einer Gruppe, der »Alpirsbacher Bewegung« gehört, die sich einmal in der Woche traf, um die Komplet zu beten. Es gab einen evangelischen Kantor, der hatte die benediktinische Liturgie vom Lateinischen ins Lutherdeutsch übertragen und mit Melodien untersetzt. Nach dieser Liturgie gestalteten wir unsere Gebete, oft trafen wir uns auch für ein ganzes Wochenende bei Pfarrer Goelz, bei ihm war sozusagen unserer Zentrum. Jetzt im Gefängnis erinnerte ich mich daran, was das für eine feine Sache ist, den Tag einzuteilen, so wie es auch von Benedikt her gemeint ist, mit dem Wort Gottes zu begleiten und mit Gebet, mit Meditation zu füllen. Ich hab' mir dann vom katholischen Priester das Brevier geben lassen, das alte lateinische Brevier, und mir die Schriftstellen und Psalmen alle aufgeschrieben, wann was gebetet wird. So hatte ich die Stundeneinteilung auf Papier, und habe das einfach von der Bibel her mitvollzogen, habe immer in der Bibel nachgeschlagen, welche Lesung, welcher Psalm, welches Responsorium drankam. Das war für mich eine Prachteinteilung des Tages. Ich habe angefangen morgens um 6, wir hatten eine Kirche in der Nähe, Uhr hatte ich ja keine, aber wir haben immer das Schlagen gehört, das war derartig schön. 6 Uhr, 9 Uhr, 12 Uhr, 3 Uhr, 6 Uhr, 9 Uhr und Mitternacht, einfach die Einteilung, wie die Klöster es ursprünglich gebetet haben.

Und das war mir dieses herrliche Erlebnis, in dieser klösterlichen Existenz: Jetzt darfst du wirklich im Corpus Christi eine Stimme sein, wenn sie noch so schlecht ist, aber du gehörst dazu durch dieses einfache Mitmachen. Es ging mir gar nicht so sehr um bestimmte theologische Ausdrucksweisen, sondern daß die Kirche der Leib Christi ist und daß die Klöster in diesem Leib Christi ja ein Stück von seinem Herzen sind.

Ganz stark ist mir aufgegangen, wie herrlich diese Existenz war: Hinter Gittern absolut ohne jede Freiheit, einfach angewiesen auf Gott und seine Helfer, und dann schon mit dieser allein vom Kulturellen her gewaltigen Leistung dieses Brevieraufbaus, den ganzen Tag praktisch als Gebet zu leben, nicht zu *leisten*, sondern zu *leben*. Mir ging auf: Das fehlt in der evangelischen Kirche, diese Art und Weise des Daseins als Kirche im Gebet, mit Christus in der Mitte seiner Kirche. Ich hatte vorher die ganze lutherische Psalmenauslegung studiert, die ja im Psalmenbeter eigentlich immer Christus sieht, Luther betet mit Christus und durch Christus die Psalmen. Und da ist mir dann auch die Situation der Gefangenschaft aufgegangen von der Bibel her, von den Psalmen her, von dieser Jesusgemeinschaft der Kirche her, die in ihrem kirchlichen Gebet versucht, ihr Leben dem des Herrn gleich zu gestalten. »Wenn ich je wieder rauskomme«, sagte ich mir, »dann muß ich sorgen, daß die evangelische Kirche auch solche Klöster oder wenigstens ein solches Kloster bekommt, wo das geschieht, was die Alpirsbacher Bewegung gewußt und gelehrt hat und was wir ja auch miteinander geübt hatten.« Drum war mir das einerseits sehr zeichenhaft, als ich dann wirklich lebendig herausgekommen bin, und andererseits natürlich auch eine ganz große Aufgabe, ich fühlte mich jetzt dazu berufen, der evangelischen Kirche ein kontemplatives Kloster zu schenken.

Der ›Wehrkraftzersetzung‹ war ich angeklagt, da gab es nur Todesstrafe drauf, das wußte ich. Das corpus delicti, diesen Brief, gab es ja, damit war mein Schicksal entschieden; ich konnte also mit gar nichts anderem rechnen als mit einer ziemlich plötzlichen Hinrichtung. Das Eigenartige war aber: Nichts passierte, viele andere kamen längst vorher weg, bei mir hat nicht einmal eine Verhandlung, kaum ein Verhör stattgefunden. Erst nach dem Krieg habe ich erfahren, daß der Staatsanwalt ein Freund meines Vaters war und sich vorgenommen hatte, mich zu retten. Er wußte ja bereits, 1944 ging die deutsche Front zurück, und man konnte absehen, daß im Laufe der nächsten Monate die SS andere Dinge zu tun haben werde, als so einer Anklage nachzugehen. So hat er den Prozeß einfach auf die lange Bank geschoben, bis er dachte, jetzt könnte da etwas geschehen, ohne daß die Ankläger noch nachfragten, was mit der Studentin eigentlich passiert sei. Auf eigene Faust – das war meine erste Lebensrettung – hat er den Prozeß von ›Wehrkraftzersetzung‹ auf ›Heimtücke‹, das nächst leichtere Verbrechen, umgeschrieben. Im Mai war ich verhaftet worden, die Verhandlung war erst im Dezember. Dann konnte er mich zu acht Monaten verurteilen, das war die Mindeststrafe, und diese Zeit hatte ich ja schon abgesessen.

Die ganze Nacht vor der Verhandlung hab' ich mir meine Verteidigungsrede als ein großartiges Glaubensbekenntnis ausgedacht, damit ich mir jetzt mein Martyrium verdienen konnte. Aber sowohl der Staatsanwalt als auch der Rechtsanwalt waren schlau genug, das zu ahnen; die ließen mich nicht ein einziges Wort sprechen. Das war ein solch köstlicher Prozeß, wenn ich heute noch daran denke: Die dumme Studentin, die noch im letzten Augenblick alles verderben will, während die Gutwilligen sich alle Mühe gegeben haben, mir das Leben zu retten, und ich wollte es natürlich hinopfern, das ist ja klar. Die sind mir jedes Mal übers Maul gefahren, kaum hatte ich den Mund überhaupt aufgemacht: »Halt den Mund, du freche Rotznase, hast hier überhaupt nichts zu sagen«, das hat mich natürlich sehr beleidigt in meinem Glaubenseifer, aber dann hab' ich gemerkt, daß das die einzige Möglichkeit war, mir das Leben zu retten. Auf diese Weise ist der Prozeß glänzend über die Bühne gelaufen. Das war das erste Wunder.

Und das zweite: Der Staatsanwalt hat viel später gefragt, als er meinen Vater traf, wo ich denn sei. – »Daheim, sie ist an Weihnachten entlassen worden.« – Der war baß erstaunt und sagt: »Ich hab mit eigenen Augen den Befehl der SS gesehen, daß Ihre Tochter direkt am Gefängnistor abgeholt und ins KZ gebracht wird.« Die SS hatte ja damals die Vollmacht, solche Schutzhaft‹ zu verhängen. Das ist nie passiert, ich weiß heute noch nicht, warum. Damals gab es Christen, die sich in die Büros der SS verdingt haben, oft unter falschem Namen, um solche Befehle verschwinden zu lassen. Es ist möglich, daß so etwas geschehen ist. Ich habe nie erfahren, wem ich da mein Leben zu verdanken habe. Den treffe ich mal im Himmel droben, dann können wir uns freuen.

Genau zu Weihnachten wurde ich entlassen, aber feiern wollte ich nicht mit meiner Familie, ich konnte diese bürgerliche Luft nicht mehr verkraften. Sie haben Plätzchen gebacken und schöne Lieder geübt, das kam mir vor, als wenn sie auf dem Pulverfaß saßen, bevor alles in die Luft ging, da konnte ich nicht mitmachen.

Mit einigen Bekannten und Freunden aus der Alpirsbacher Bewegung habe ich dann in der Tübinger Stiftskirche gefeiert, ein einmaliges Erlebnis: 40 Grad Kälte und keine Heizung. In der Sakristei mußten wir zusammenkommen, weil noch die Verdunklungsvorschrift galt. Die Heilige Nacht haben wir genau nach der Alpirsbacher Ordnung gefeiert, um 22 Uhr fing es an mit der Matutin, dann kam die Messe, danach die Laudes, kurzum, um 2 Uhr waren wir dann total erfroren. Jede von uns hat 3 Wolldecken gebraucht, eine über den Oberkörper gezogen, eine über den Schoß gelegt, in die dritte die Beine eingewickelt. So saßen wir die 4 Stunden da, die schönste Weihnacht, die ich mir vorstellen kann, Weihnachten 44. Alles gesungen, wir hatten das ja geübt, wir hatten schon zwei- oder dreimal vorher so gefeiert. Bei dieser Gelegenheit brachte ich den Klostervorschlag, und wir waren zu viert bereit, dieses Experiment nach Kriegsende zu wagen.

Unser Pfarrer Goelz erklärte sich bereit, uns als geistlicher Begleiter beizustehen. Er hat uns viel besucht, mit uns geübt und uns gepredigt; das war eine ganz herrliche Zeit. Wir haben in den Zellen des alten Zisterzienserklosters Bebenhausen gewohnt. Das Kloster gehörte damals der Königin von Württemberg, der alten Olga, und wir haben uns von ihr die Erlaubnis erbeten, diesen Klosterversuch bei ihr zu starten. Sie hat uns zugestanden, es ein Jahr lang zu versuchen, ohne daß wir ihr Miete zahlen mußten. Sehr bescheiden haben wir gelebt, Äpfel gesammelt auf einem von der Reichswehr hinterlassenen Übungsplatz, leiterwagenweise haben wir sie ins Kloster gebracht, geschält, geschnitzelt und dann an Schnüren durch unser ganzes Kloster aufgehängt, um auf diese Weise einen Wintervorrat zu haben. Genauso war es mit den Pilzen aus dem Wald, die haben scheußlich geschmeckt, waren aber wenigstens nicht giftig.

Wir haben meine Vorstellungen von dem Kloster, an der Benediktregel orientiert, in eine Regel gefaßt und dem Oberkirchenrat in Stuttgart eingereicht. Dort war man aber gar nicht begeistert, und wir bekamen eine deutliche Absage. Es hieß damals aber nur, der Landesbischof habe festgestellt, das sei einfach nicht mehr evangelisch, was wir da wollen, da sollen wir lieber gleich katholisch werden als so etwas der evangelischen Kirche unterzujubeln. Vor einigen Jahren habe ich das von mir eingesandte Exemplar wieder in die Hand bekommen – und was ich nicht gewußt habe: Da standen Randbemerkungen von dem Oberkirchenrat dran, der das Ganze zur Kritik übernommen hatte: Arrogant! Hochmütig! Unmöglich! Nicht annehmbar! Als ich diese Bemerkungen gelesen habe und wenn ich jetzt meine Schrift durchlese, muß ich dem vollkommen recht geben. Das muß für evangelische Ohren wahnsinnig hochmütig klingen, was ich da für geistliche Ansprüche gestellt habe, was wir der evangelischen Kirche sozusagen an Wohltaten erweisen würden, wenn wir als diese geistliche Gemeinschaft in Bebenhausen für diese arme Landeskirche beten würden. Das haben die natürlich nicht verkraftet, das kann ich mir heute gut vorstellen. Es ist so übersteigert, übertrieben, wie man es nur als junges Ding schreiben kann mit einem Sendungsbewußtsein, das über alles hinausgeht, was menschenmöglich ist. Und was er zu Recht kritisiert hat: Es ist kein Humor drin. Selbst die Benediktregel hat noch Humor, Einfühlungsvermögen in die Schwächen solcher Klosterbrüder, aber Humor hat bei mir total gefehlt, es war alles so wahnsinnig systematisch und von christlichen Grundsätzen durchpreßt, daß es nimmer schön war. Alles war nur drauf aus, daß es perfekt theologisch und moralisch zu verantworten ist und möglichst alle Leute übertrumpft und daß um Gottes Willen niemand was dagegen sagen kann. Hinterher sieht man das. Aber es war ein Anfang, man hat versucht, etwas zu machen. Und das ist dann so jämmerlich ausgegangen.

Nach diesem Bescheid haben wir gleich gesagt: Es geht nicht um uns, wir wollen jetzt nicht fromme Nonne spielen; sondern wir wollten für die Kirche von Württemberg eine Zelle bilden, die unserer Ansicht nach ganz wichtig und notwendig war für das innere Leben dieser Kirche, einfach als so eine Art Brunnen, aus dem dann das frische Wasser hinausfließen kann. Und nachdem uns das verweigert worden war, habe ich gesagt: Für mich brauche ich dieses Kloster nicht, ich kann mir selber eines suchen. Und nachdem uns der Landesbischof hat sagen lassen, ›da könnet ihr gleich katholisch werden‹, haben zwei von uns gesagt: Gut, dann werden wir katholisch, und zwei sind wieder zurück nach Tübingen in ihr evangelisches Theologiestudium.

Ins Kloster bin ich dann sehr bald gegangen, nachdem ich noch ein Jahr lang bei Ordensschwestern mitgearbeitet hatte, teils auf dem Bauernhof, teils in deren Erziehungsheim. Es ist sonst ein Unsinn, direkt nach der Konversion ins Kloster zu gehen.

Benediktinerin wollte ich werden, das war ganz klar, auch wegen der Liturgie; und nach diesem Jahr habe ich alle möglichen Klöster gesucht, nur nicht das hiesige, das war mir zu nahe an meinem Heimatort, da kennen mich alle Leute. Aber wo ich auch hinging, es gab immer ein Hindernis. Ein Pfarrer hat dann einfach einen Termin für mich hier vereinbart, ich bin hergefahren, habe mir das Kloster angeschaut und gesagt: Hier bleib' ich, da gehöre ich hin. Wahrscheinlich hätte ich auch nirgends anders sein können, denn so weitherzig wie hier, das hätte ich nirgends anders angetroffen.

Eine kleine Episode am Anfang: Zum Eintrittstermin sucht man sich meistens Feste aus, und ich wollte eigentlich am Samstag nach Epiphanie kommen. Aber in dem Heim, in dem ich arbeitete, wollten die gerade an dem Samstag ein Schwein schlachten, und bei Schwaben gibt's dann eine Metzelsupp', alle Hausangehörigen essen sich da mal richtig doll und voll, und das in der Hungerzeit. Der Pfarrer hat zu mir gesagt: »Das können Sie unmöglich der Oberin antun, an diesem Tag wegzufahren. Die möcht' Ihnen jetzt noch eine Freude machen zum Schluß, also müssen Sie an dem Tag noch dasein.« – »Und wie bringe ich das meinen Klosterleuten bei, daß ich wegen der Metzelsupp' meinen hochfeierlich festgesetzten Eintrittstermin verlege?« – »Ganz egal, aber Sie bleiben bei uns, das lassen wir uns nicht nehmen!« Dann habe ich also vorsichtig telefoniert und nur ausweichend gesagt, es ist mir etwas dazwischengekommen.

Also bin ich eine Woche später eingetreten, am 15. Januar, Fest des heiligen Maurus, der seines Gehorsams wegen so hoch gefeiert wird. Ich steige aus dem Auto, und die Novizenmeisterin empfängt mich sehr liebenswürdig: »Wir haben schon verstanden, daß Sie sich Maurus als Patron für den Klostereintritt gewählt haben, ein wunderbarer Heiliger.« Ich hätte diesen Grund nicht erfunden, aber nachdem sie es mir in den Mund gelegt hat, blieb mir gar nichts anderes übrig, als das zu bestätigen, und ich hab' innerlich gelacht und gedacht: Irgendwann sage ich ihr, daß es die Metzelsupp' war, aber für den Anfang ist es ein schöner Einstieg. Eine Woche später habe ich Lungenentzündung bekommen, und irgendwie sind wir im Gespräch auf diese Sache gekommen, daß ich gar nicht wegen Maurus, sondern wegen der Metzelsupp' später eingetreten bin. Da haben sie natürlich alle gelacht: Erst hat sie sich vollgegessen mit Metzelsupp', und jetzt liegt sie im Bett und spielt lungenkrank. Das war wirklich köstlich!

Ich hab mir immer eingebildet, jetzt bin ich im Kloster, da müssen alle gleich heilig sein. Das waren sie aber nicht gerade, und mir ist vieles schwergefallen. Hauptsächlich war noch eine wahnsinnige Arroganz in mir: Ich, erstens Pfarrerstochter, zweitens evangelische Theologiestudentin, drittens halbe Märtyrerin – die können ja froh sein, daß sie mich haben, das war so meine Grundeinstellung.

Als evangelisch gewesene Theologin hatte ich dieses absolute Überlegenheitsgefühl – die Katholiken sind noch von vor der Reformation und mit ihrer Theologie mindestens 100 Jahre zurück, manchmal habe ich mich sogar wie ein Rückläufer gefühlt: Die machen jetzt Dinge, über die wir schon teilweise drüber weg sind.

So war ich also schwierig und interessant für die Kommunität, – aber dann kam ein Stolperstein, an den ich gar nicht gedacht hatte: Ich konnte nicht singen! Im Benediktinerinnenkloster nicht singen zu können, das hieß nun nicht, daß man nicht eintreten durfte. Aber man mußte es wagen, falsch zu singen. Meine Schwester hatte mir schon mit acht Jahren gesagt: »Halt den Mund, sonsch verrecket alle Hühner«! Das hat mir damals einen so tiefen Schock ausgelöst. Eigentlich sang ich ganz gern, mit einer lauten Stimme und falsch, aber sobald das offiziell wurde, stand ich da und heulte. Schon in der Schule konnte ich nie vorsingen, hier ging es mir genauso, immer beim Solo. Hier im Kloster war noch der alte Anspruch: Jede, die hier eintritt, ist als Glied der Gemeinde aufgefordert, wenigstens Antiphonen und Psalmen anzustimmen. Auch die Unmusikalischsten, die haben das alle fertiggebracht, die haben die Demut besessen, dann halt falsch zu singen, und ich habe diese Demut nicht besessen, ich habe dann geheult und mich geärgert.

Mein Selbstbewußtsein ging immer tiefer, immer tiefer, immer tiefer herunter, daß ich gar nicht diese begehrenswerte Person war für das Kloster, wo sich alle die Finger lecken konnten, daß die mich hatten. Sie hätten mir alles zugestanden, auch falsches Singen, aber nicht, daß ich mich da hinstelle und heule. Das habe ich auch eingesehen, vollkommen. Darum bin ich erst einmal ein halbes Jahr von der ersten Profeß zurückgestellt worden, weil es noch zu riskant war – das hat mich natürlich noch einmal gedätscht, daß ich, ich! zurückgestellt werde. Aber es war notwendig, ich wär' sonst gar nicht richtig reingekommen in diese Gemeinschaft.

Mein Vater nahm meine Konversion nicht ohne Schmerz, aber eigentlich mit Gelassenheit. Die einzige Sorge war ihm, daß ich jetzt auf die guten Werke baue, da hätte er sich geniert vor seinem Gott, wenn ich mir den Himmel hätte verdienen wollen. Aber ich konnte ihn trösten und ihm beruhigend sagen, daß ich nach wie vor auf die Barmherzigkeit Gottes vertraue und nicht auf meine Verdienste, daß ich in dem Sinn ganz evangelisch bin.

Das Schönste war, wir hatten einmal während eines seiner Besuche ein Fest, und am Schluß des Gottesdienstes wurde ein Kreuz mit verschiedenen Reliquien zum Kuß gereicht, zur Verehrung. Ich hab' gedacht: Lieber Gott, wenn mein Vater das sieht, fällt er um vor Schreck, weil ich so etwas mitmache! Und ich hab' entsetzliche Angst gehabt und gebetet, daß der Vater das richtig auffaßt. Aber ich bin gar nicht auf die Idee gekommen, daß es ja ein Werktag war, und ein evangelischer Pfarrer geht da nicht in die Messe, so daß er den ganzen Gottesdienst gar nicht mitgekriegt hat.

Wie ich über Reliquien denke? Es geht nicht um das Holz, das Glas, das Papier oder die Knochen, es geht um den Geist der Liebe, der dahintersteckt, das habe ich akzeptieren können. Es ist so: Ich spreche mit dem betreffenden Heiligen: »Du, jetzt im Himmel droben, dich mag ich!« Es ist eben nicht *nur* die Erinnerung, es ist etwas Massives, das hab ich bei all diesen katholischen Praktiken empfunden, sicher. Auch die Kreuzreliquie ist so etwas. Es gibt so viele davon, daß man mindestens sieben komplette Kreuze draus machen könnte; es gibt so viele Blutstropfen an diesen Kreuzreliquien, daß das Blut von zweien kaum genügt, um all diese Spuren daran zu hinterlassen. Das spielt aber keine Rolle dabei, ob das historisch ist von der Materie her, sondern das ist der Gedanke von der Menschwerdung, bei den Heiligen auch. Daß die Heiligen nicht jetzt erst Verwandelte sind, die in der ewigen Herrlichkeit da rumschweben oder nur Gedanken oder nur Geist sind, sondern daß ihre Heiligkeit hier auf der Erde mit allem Fleisch und Blut von Christus gesegnet war. Das hat mir gefallen von der katholischen Praxis her, daß alles so massiv irdisch ist. Und die Idee, es könnte wirklich ein Stück vom heiligen Kreuz sein. Das muß nicht echt sein, aber ich greif ein Stück Holz an und sage: Das könnte – könnte – ein Stück von dem Holz sein, an dem Jesus gehangen hat.

Durch eine Notlage unseres Klosters bekam ich die Aufgabe, die ganze Klosterverwaltung zu managen, obwohl ich ja direkt von der Universität kam und davon überhaupt nichts verstanden habe. Da sehen Sie schon den Humor und das Gottvertrauen einer solchen Äbtissin. Meine Vorgängerin wurde krank und mußte für über ein Jahr in die Klinik, die konnte ich also auch nicht mehr befragen, und so kam Hals über Kopf die Äbtissin zu mir, nachdem ich gerade erst Profeß gemacht hatte, und fragte mich. Ich habe da eine Menge Einwände gehabt, auf die sie immer sofort die passende Antwort wußte: »Erstens kenne ich kein Geld mehr« – »Ach, das können Sie sich an der Pforte zeigen lassen!« – »Ich kann aber das Einmaleins überhaupt nimmer!« – »Dann schenke ich Ihnen gleich ein Buch, wo es drinsteht!« – »Von Verwaltung verstehe ich überhaupt nichts, da geht unser ganzes Kloster bankrott!« – »Da oben ist ja auch noch einer, der paßt schon auf.« So war die ganze Geschichte erledigt.

Im heiligen Gehorsam und im Vertrauen auf Gott habe ich diesen Dienst übernommen und es mit aller Kraft nicht fertiggebracht, dieses Kloster in 15 Jahren zu ruinieren. Nur hat meine Nachfolgerin dann sicher 15 Jahre gebraucht, bis sie wieder Ordnung in ihre Verwaltung gebracht hat. Daß sie mir das bis heute verziehen hat, rechne ich ihr ganz groß an, denn da ist wahrscheinlich einiges für immer verschlampt worden. Aber so war das. Mir hat diese Arbeit in der Verwaltung sehr gelegen, weil das vielleicht der Posten im Kloster ist, der am meisten Glauben braucht. Benedikt sagt vom Verwalter: Alle Dinge des Klosters soll er ansehen wie heilige Altargeräte, das heißt, gerade dieser Dienst an den reinen Sachwerten, am Putzen und was da alles kommt, ist einfach die Ausweitung des Gottesdienstes, der in der Liturgie gelebt wird. Das hat mich sehr gepackt, daß ich dafür die Berufung bekommen habe, darum hat es mir unheimlich viel Freude gemacht und Kraft gebracht.

Ein Auto hatten wir nicht – ich hab' mich unten an die Straße gestellt und gewinkt, bis mich jemand mitgenommen hat, damit ich die Behördenbesuche, Einkäufe, Bankbesuche und was so alles hat sein müssen, erledigen konnte. Und da habe ich wirklich erlebt, was bei Benedikt als Gottvertrauen aus seiner ganzen Verwaltungsanweisung kommt, daß es für mich eine Zeit richtiger geistlicher Schulung war. Es geht in Wirklichkeit gerade in der Verwaltung und in den Sachen der Versorgung um die Kommunität und um den Zusammenhalt der Schwestern untereinander.

In dieser Zeit, Anfang der 60er, haben wir dieses Gästehaus gebaut, dafür war ich verantwortlich, und es ist inzwischen schon zweimal umgebaut worden, weil es nie richtig genügt hat. Mir hat auch der Fachverstand gefehlt, aber wenigstens ist es gelaufen. Und weil niemand da war, der das Gästehaus dann verwaltete, ist es halt die Verwalterin des Klosters selber, die nach den Dingen schaut. So habe ich mich hier nützlich gemacht und war dann anscheinend auch ganz wichtig so. Danach hatte ich hier eine Zeitlang die Mitverwaltung, dann ging es aber bald in die geistliche Betreuung über, weil wir schnell gemerkt haben: Unsere Gäste wollen gar nicht nur kommen, um hier schöne Ferien zu verbringen, sondern wenn die schon in ein Kloster in Ferien gehen, dann wollen sie irgendwelche geistliche Hilfe und Anregung.

Es ist jetzt mein Glück und denen ihr Glück auch, daß ich der unsolideste und unmöglichste Mensch bin, der hier ein Klosterleben führt. Ich schlafe hier im Gästehaus und schaue einfach noch nach, daß die Lichter nicht grad alle durchbrennen – und wenn Gruppen und Kurse abends lang zusammensitzen, wird es schon oft spät, oft weit nach Mitternacht, so daß ich morgens nicht zur Laudes komme, sondern erst zur Messe um halb acht Uhr.

Anno 70 war eine Tagung in Trier für sämtliche kontemplativen Frauenklöster, zu der jedes deutschsprachige Kloster eine Teilnehmerin zu Vorträgen und Gesprächen über Liturgie und Stundengebet schicken sollte. Wir hatten aber damals überhaupt kein Geld für so etwas, das kostete eine Reise und Gebühren für den Aufenthalt, aber auf dem Anmeldeformular stand noch ganz klein dazugeschrieben, es könnten sich noch Referentinnen melden. Da hat meine Äbtissin zu mir gesagt, dann melden wir Sie mit einem Vortrag, dann kriegen wir's umsonst und noch ein Honorar dazu. Ich hatte damals nie einen Vortrag mehr gehalten, seit ich aus dem Studium weg war – und Todesängste, jetzt meinen Mund wieder öffentlich aufzumachen. Und ich hatte immer noch gewisse Minderwertigkeitskomplexe; in der damaligen Zeit war man als Konvertitin halt doch noch nicht so ganz vollwertig in einem katholischen Gremium. Das habe ich mir vielleicht eingebildet, denn gespürt habe ich nicht viel davon, aber es war mir doch nicht recht wohl, daß ich da jetzt vor 50 fromme Nonnen hintreten und etwas über Psalm 31 sagen sollte.

Aber das war für mich das Erlebnis meines Lebens überhaupt: Ich stand vor all den Schwestern, wo ich vor jeder einzelnen Angst hatte, wenn sie zu kritisch nach meinen theologischen Äußerungen fragt, das waren alles theologisch gebildete Damen. Ich hab' gedacht – also gut, ich hab' nichts gedacht, ich hab' halt geschwätzt. Nach fünf Minuten merkte ich, wie wenn ein Hubschrauber hochstartet, ging es nach oben, wir waren alle high, sind rumgeschwebt am geistlichen Himmel und haben uns dieses Psalms erfreut – und nach 40 Minuten war ich wieder unten, das war meine größte Leistung, denn das war die maximale Sprechzeit für die einzelnen Vorträge. Das hat keiner meiner Nachredner – alles Männer – nachher fertiggebracht, rechtzeitig aufzuhören, der letzte hat eineinhalb Stunden gebraucht.

Kurzum – nach dem Vortrag kamen dann soundsoviele Schwestern, meistens Oberinnen, und haben gesagt, ich müsse unbedingt auch zu ihnen kommen, denn mit den Psalmen war es halt immer schwierig, auch nach der Brevierreform. Viele hatten ja nur Latein gebetet und gemeint, es liegt am Latein, wenn sie es nicht verstehen, und jetzt haben sie deutsch gebetet und haben es noch schlechter verstanden. Ich habe auch gespürt, daß es wichtig wäre, aber ich sagte, gut, ich bin im Kloster wie Ihr auch, Ihr könnt meiner Äbtissin einen Brief schreiben, ich habe da keine Entscheidung über so etwas. Dann hat sie so viele › Drohbriefe‹ bekommen: Wenn man schon so eine Schwester... und wir sind doch auch... und wegen christlicher Nächstenliebe. Und sie mit ihrer großen inneren Freiheit hat dann gesagt: »Gut also, für drei Wochen kann ich Sie jetzt mal rundschicken«, die Vollmacht hat sie, obwohl wir ein geschlossenes Kloster sind, nach dem Konzil waren wir ja noch etwas freier. So hat sie mich losgeschickt zu all den Bittsteller-Klöstern, daß ich so zwei bis drei Tage etwas über Psalmen sage, und dann, dachten wir, haben wir das erledigt. Aber danach kamen, wie eine Lawine, so viele Anfragen; das konnte sie dann nicht mehr eigenhändig bestimmen, da brauchte man dann kirchliche Erlaubnis, weil wir durch die Konstitutionen und das Kirchenrecht ja festgelegt sind. Der Präses wurde eingeschaltet, ein kritisches Gespräch geführt, ob das jetzt richtig sei, wenn ich so viel auswärts gehe, weil wir dann unsere eigene Identität eigentlich verlieren; die Leute kommen zu uns zu Vorträgen und Kursen, aber es geht niemand von uns hinaus. – Ich wollte ja in so ein Kloster mit Gittern, die hatten wir noch, als ich hier eingetreten bin. Die Parallele zu dem Gefängnis war für mich so schön, ich wollte kein anderes Kloster als so eins – und jetzt wieder in der Welt herumzufahren, das war für mich ein völlig neues Erlebnis. Aber weil es eben zugleich so viele positive Erfahrungen gebracht hat mit den Schwestern, die einfach von Psalmentheologie noch wenig gehört hatten, und der neue Umgang mit dem Ersten Testament für sie so befreiend und erfreulich war, hab' ich es sehr gern getan; und unsere Äbtissin hat schon gemerkt, daß ich keine Hemmungen hab', die Klausur, um deretwillen ich in dieses Kloster eingetreten bin, für solche Aufträge auch zu verlassen.

Immer bei Nacht bin ich mit dem Zug gefahren, damit ich ja nie einen Tag als Reisetag verlor; morgens um 6 Uhr ist der Zug zum Beispiel in Köln, und um 9 Uhr konnte ich dort einen Kurs angefangen. Ich hab das so rasend gern gemacht, daß es mir leicht gefallen ist. Bis vor zwei Jahren hatte ich immer den Terminplan noch total voll, und plötzlich hat es aufgehört. Das war sicher notwendig, denn ich habe so ja langsam meine Gesundheit aufs Spiel gesetzt, und hier im Haus war ja auch noch viel los, und jetzt hab' ich nur noch ganz wenige Auswärtsreisen, und die Leute kommen hierher. Es gibt hier Psalmenkurse, und wir sind inzwischen fünf Referentinnen, so daß für mich auch nimmer so viel abfällt. Wenn Gäste da sind, biete ich meist morgens um neun einen Kreis an: Bibelgespräch, wer Lust hat, kann kommen, und es erstaunt mich immer, daß fast alle kommen. Aber irgendwie spricht sich's rum und dann freut's mich auch. Es ist ja für mich immer auch ein bissl ein Spiel, aber ein Spiel muß der Liebe Gott mitspielen. Es wird mir gesagt: Passen Sie auf, die Leute sagen, die will uns ja ganz evangelisch machen! Dann sag ich: Das will ich auch. Weil es mir ums Evangelium geht. Und ich leg daneben meine Belegbücher, die Konzilsdokumente, um den Menschen zu sagen, daß die katholische Kirche gar nicht so arg fremd ist für einen guten evangelischen Christen und umgekehrt, daß es da wirklich Möglichkeiten gibt, gemeinsam was zu tun.

Besonders wichtig ist mir das Erste Testament, das stand ja bis zum Konzil auf dem Index – mit völligem Recht! Fast würde ich es begrüßen, wenn diese Vorschrift wieder käme. Denn einem Christen, der von Theologie und Exegese noch nichts gehört hat, stehen die Haare zu Berge, was da für grausame Geschichten drinstehen – und dieser gräßliche Gott, dann lesen sie mir alle Stellen vor mit Gerichtsdrohungen – und so was soll man glauben, das soll ein guter Gott sein? – Man müßte viel mehr Vorbildung dazubringen, die Leute haben auch meist nicht die Zeit und die Vorkenntnisse.

Das Kriterium, ob der Umgang mit der heiligen Schrift echt ist, lautet nach dem zweiten Vatikanischen Konzil, daß »Gott aus überströmender Liebe die Menschen anredet als Freunde, um sie in seine Gemeinschaft einzuladen und aufzunehmen«, und weil ich bei der Linie bleibe, darum spricht sich das auch rum, und drum kommen die Leute, die wirklich Befreiung suchen und hauptsächlich mit ihren Ängsten nicht fertigwerden, dann öfters hierher, um auf diese Weise weiterzumachen. Es ist für mich so erschütternd, jeden Tag zu erfahren, daß dann die Menschen sagen: Aber wir wurden es doch ganz anders gelehrt.

Ich habe auch heute gerade wieder ein Gespräch gehabt – das ist total anders gelaufen, als ich mir je hätte vorstellen können. Wo ich Dinge sage, die mir nicht in den Kopf gekommen wären. Und ich sage in der Situation einfach: »Jetzt bitte sei Du dabei und guck danach und mach's wieder gut, wenn ich was falsch sag«. Bei diesen Gesprächen rede ich frei von meinem Herzen raus, wie ich mir das vorstelle, wo jeder erfahrene Exerzitienleiter manchmal sagen würde, »um Gottes willen, laßt die doch nicht auf die Leute los, die hat doch gar keine Ausbildung«. Es ist für mich etwas so Neues oft, was ich an Antworten gebe, daß ich selber sage, das bin nicht ich, ich bin halt ein Werkzeug, ein Durchlaufrohr, und staune, was da alles herauskommt und lecke selber davon, weil es mir so gut schmeckt. Das genieße ich schon auch, daß ich da Erkenntnisse habe, die ich vorher nie auszusprechen gewagt hätte. Es geht einfach nicht um meine eigene Perfektion und daß alles richtig ist. Wenn man sich mal aus dieser Fessel frei gemacht hat, auch um der anderen willen immer ein gutes Beispiel zu geben, dann wirkt es auch für die anderen befreiend. Ich möchte gerne Befreiung ohne Rebellion.

Jetzt bin ich schon beinahe 50 Jahre hier, ich kann nicht sagen, was sich in mir durch das Kloster direkt geändert hat, weil die ganze Zeit eine Entwicklung ist, religiöse Entwicklung, menschliche Entwicklung, wobei viele andere Dinge auch noch mitspielen, das habe ich psychologisch nicht analysiert; die große Veränderung ist wohl, daß ich froh und leichtsinnig geworden bin und das auch genieße. Und daß ich dadurch viel leichter auch andere ertragen kann. Ich lebe in dem Vertrauen: Es wird gut. Mißverständnisse sind ja oft Kleinigkeiten des Alltags. Es gibt bei Benedikt eine sehr praktische Regel: Vor Untergang der Sonne sollen Streitende sich wieder versöhnen. Das heißt also, bei denen muß auch gestritten worden sein.

Außerdem habe ich viel dazulernen müssen über christlichen Humor, denn man kann mit all diesen wahnsinnig ernsten Gaben nur existieren mit Humor. Eine Begebenheit – da hatte ich schon ziemlich viel Humor: Die erste Kantorin schrieb mir einen Zettel: »Singen Sie bitte doch immer gleich *zwei* Töne tiefer, dann ist es eine Terz!« Dann hat in der gleichen Woche noch eine Mitschwester zu mir gesagt, sie sei so froh, wenn ich eingeschlafen sei, weil dann das falsche Singen hinter ihr aufhört, und die dritte hat mir erzählt, daß ich nach dem Halleluja-Vers immer noch weiter diese Melismen vor mich hingesungen hätte, während Totenstille herrschte in der Kirche, – und nachdem ich diese drei Bemerkungen in einer Woche bekommen habe, dann war mir das ein Zeichen vom Himmel, daß ich jetzt wirklich aufhören dürfte. Ich hab mich dann einfach umgestellt auf Hören. An sich, vom alten Mönchtum her, ist das Chorgebet weitgehend ein Hören, die haben ja keine Bücher gehabt: Ein paar haben vorgesungen, die anderen haben die Antiphonen gesungen. Jetzt kann ich mich freuen, weil meine Mitschwestern sehr schön singen.

Freundschaften? Das ist eine sehr wichtige Frage. Zu unserer Zeit – das hat sich unheimlich gewandelt – war jede Privatfreundschaft absolut unter Verdikt, da hat man schon die schlimmsten Dinge vermutet, man durfte nicht zu zweit miteinander spazierengehen; und nur zu zweit miteinander gesehen zu werden, war schon suspekt, das steckte in der Ordenstradition drin. Heute wird es nicht hochgejubelt, daß jede eine Freundin haben müßte, gar nicht, aber gerade auch von der Theologie her wird die Freundschaft jetzt anders eingeordnet. Es ist nicht nur › Versuchung der Sünde ‹ , sondern eine Gabe.

Hier im Gästehaus ist es noch eine andere Sache mit der Freundschaft; sie ist absolut möglich – nur ich bin nicht geeignet dazu, weil ich immer von Anfang an stark ausgerichtet bin auf *alle*, es geht mir wirklich um die Verkündigung. Ich habe wirklich keine Gabe für einzelne intensivere Freundschaften. Das nehmen mir manche sehr übel, die sind einmal hier, ich spüre, jemand hat ein großes Gesprächsbedürfnis, ich bin vielleicht auch mehr mit ihm zusammen als mit den andern. Und im nächsten Jahr, wenn sie hier läuten, dann frage ich: Wer sind Sie, kennen wir uns? Dann sind sie also schwer beleidigt, weil wir uns doch vorher so gut verstanden haben. Aber ich hab' die Gabe nicht. Das wäre aber bei der Art und Weise, wie das hier läuft, auch zeitlich nicht möglich, mit irgendjemand noch etwas intimer zu sein, Briefe zu schreiben – ich schreib' nie Briefe, die Leute sind tief gekränkt, schicken mir die schönsten Päckchen und alles mögliche, ich sag' aber, ich kann höchstens anrufen. Seitdem ich aber jetzt die Sonntagsbriefe schreibe, ist das natürlich einfacher, dann kleb' ich einen Gruß drauf oder ein Zeichen.

Das Wesen unseres Lebens ist nicht nur die Freude an seinen Gaben. Wichtig ist doch, daß ich nicht immer frage, was muß ich tun, um noch mehr Gaben zu bekommen, was will Er mir mit diesen Gaben sagen, was muß ich damit tun? Sondern die Freude an *Ihm selber,* das ist eine richtige Verliebtheit, und wenn Sie verliebt sind, dann wollen Sie auch nicht dauernd Geschenke haben! Das ist ganz nett und kann ein Zeichen der Liebe sein, aber dann langt Ihnen der Mann selber, was wollen Sie dauernd seine Gaben haben? Und das ist genau dasselbe. Und das ist auch in den Psalmen drin, für den Beter ist es immer die Freude in Gott, und bei einer so nahen Du-Beziehung können Sie sich erlauben, wenn es Ihnen mal dreckig geht, dann ruhig auch mit Ihm zu schimpfen und Ihm Vorwürfe zu machen.

Was ich für Gefühle habe, daß ich eine › Braut Christi ‹ bin? – Keinerlei Gefühle, leider, weil ich überhaupt in jeder Hinsicht mehr vom Intellekt her komme. Aber die Theologie begeistert mich, weil der Mensch ernstgenommen ist als ein Wesen, das nur mit dem Du leben kann, und daß dieses Du von Anfang immer Gott ist. Das Du im Menschlichen, der Partner in der Ehe, ist also immer zugleich ein Hinweis darauf, daß Gott der eigentlich Liebende und Geliebte ist. Mich erfreut eben die Theologie als eine Denkmöglichkeit des Unmöglichen. Es ist ein Spiel, einfach ein heiliges Spiel; die ganze Liturgie ist Spiel, das ist ein Stück des liturgischen Spiels, was wir da machen. Die Kirche ist Braut, und an der einzelnen wird das einfach symbolisch anerkannt oder wie man das sagen soll.

Aber daß ich nicht heirate, kann ich Ihnen ehrlich sagen, kommt vielleicht einfach auch von meinem ›jungfräulichen Hochmut‹ – weil mir die Männer, denen ich begegnet bin, einfach zu dumm waren, das hat mich irgendwie so abgeschreckt, – wenn ich einen gefunden hätte, dann hätte es eine sehr schöne christliche Ehe geben können. Das ist gar keine Empfehlung, das ist auch kein eigentlicher Grund, um ein Klosterleben zu führen, aber für mich war es tatsächlich nun die

Führung, der ich mich auch ausgeliefert habe: Gut, Herrgott, es gibt sehr verschiedene Möglichkeiten, und für mich war es einfach meine scheinbare Überlegenheit. Blöd, gell?

Ja, es wäre auch schrecklich nett, eigene Kinder zu haben, aber wenn ich vor das Entweder-Oder gestellt bin, dann sage ich: Jetzt ist es nun einmal so, beides kann ich nicht. Und das wichtigste ist: Ohne Hoffnung auf das Ewige Leben wird alles verkrampft. Aber von daher heißt es: »Sie werden nicht mehr heiraten, Familienbande werden weg sein, weil sie dann dieses Urbild, diese Fülle haben«. Und von der Fülle her *schon jetzt* zu leben ist für mich weitgehend eine intellektuelle Sache, das ist ganz richtig, also, wozu hab ich sonst diese Gabe bekommen?

Natürlich, es sollte keiner nun aus Tugend und Verzicht diese Ehelosigkeit erwählen. Manch eine kriegt es durch das Schicksal, das ist sehr hart – junge Frauen, die einfach keinen Mann finden, obwohl sie wahnsinnig gern geheiratet hätten, – denen kann dann zum Trost gesagt werden: Schau, es gibt da auch Frauen, die es selber erwählt haben. Es ist also eine Möglichkeit, als Mensch menschlich und sogar glücklich zu leben, auch wenn einem die Ehe versagt bleibt oder wenn der Mann sehr früh stirbt. Für die könnte das Beispiel von Klosterfrauen eine Hilfe sein, denen man aber anmerken sollte, daß die glücklich sind und die nicht mit vor Opfer herabhängenden Mundwinkeln herumlaufen.

Die Ehe ist nämlich nicht schon die eigentliche Wesenserfüllung von Mann und Frau, sie ist nur der Vorgeschmack, das Vorgeschenk. In der Ehe erleben wir das Geheimnis der Gottmenschlichen, Kirche-menschlichen Liebe zwischen Christus und der Kirche, das in der Ehe zeichenhaft vorgebildet ist von zwei Menschen, deren beider Lebensmitte Christus ist. Das ist der eigentliche Sinn.

Frauen als Priester? Man kann als Frau nur Priester*in* werden wollen, und wenn das nicht möglich ist, dann kann ich die Frage nicht beantworten. Ich kann sagen: Ich würde es eventuell befürworten, daß auch die Frauen priesterliche Aufgaben bekämen. Da müßte man ganz andere Strukturen finden. Das, was der Priester heute macht, das wollte ich als Frau einfach nicht tun. Da habe ich mir bisher noch keine konkreten Gedanken gemacht, aber ich würde es sehr gern weiblich gestalten.

Als Theologin würde ich die ganze Verkündigung auf die Praxis der Frau und der Familie umschreiben, auf die Praxis auch des Liebens, der Liebe und der Ehe. Damit man endlich von dem Erbe der Kirche wegkommt, daß jede Sexualität von vornherein schon eine Erniedrigung bedeutet.

Die Jungfräulichkeit ist ein Zeichen auf die Zukunft hin, auf die Ankunft des Reiches Gottes, wo nicht mehr geheiratet wird, aber nur ein Zeichen, während die Ehe, die von der katholischen Kirche als Sakrament erklärt wird – wobei niemand weiß, was das eigentlich für ein Unterschied ist –, unmittelbar die Erfahrung der Gegenwart des sich offenbarenden Christus ist.

Natürlich bin ich in der Gefahr, alles von meiner Theologie her zu sehen. Selbstverständlich! Das ist eine herrliche Gefahr, ich bin ermächtigt zu dieser Sicht, weil die christliche und die biblische Theologie das von Anfang an so gemacht hat, kann ich sagen, das ist zumindest möglich. Wenn diese Leute so daraus gelebt haben, daß sie auch dafür gestorben sind, ist es gar keine schlechte Lebensweise.

Gabriela

Zisterzienserinnenkloster St. Marienstern,
Panschwitz-Kuckau bei Dresden (kontemplativ)

Alter: 33
Alter bei Ordenseintritt: 20
Jahre im Orden : 13
frühere Tätigkeit: Krankenschwester
jetzige Tätigkeit: Cellerarin,
»Wirtschaftsministerin des Klosters«
Kleidung: Habit

*Schon eine halbe Stunde vor meinem Ziel fallen mir die zwei-
sprachigen Ortsschilder auf, und im Bus, dessen Endstation
Bautzen sein wird, höre ich eine fremde Sprache. Manche alten
Frauen tragen Trachten, auch an einem ganz normalen Werktag. Hier in der Lausitz lebt die Volksguppe der Sorben, die ihre
eigene Sprache und Kultur auch in DDR-Zeiten bewahren
konnten.*

*Das Zisterzienserinnenkloster St. Marienstern liegt am Rande
eines winzigen Dorfes, dem Heimatort Cisinskis, des bedeu-
tendsten sorbischen Dichters. Eine lange Mauer zieht sich um
Kirche, Kloster- und Wirtschaftsgebäude, der Turm überragt
alle Punkte des Ortes, und seine Glockenschläge scheinen das
einzige Zeitmaß dieser Gegend zu sein. Abgeschiedenes Klosterleben, seit 1248, wie man es sich vorstellt.*

*Aber nicht ganz. Ab und zu parkt auch ein Reisebus im Klo-
sterhof, dessen Reisende eine Führung durch das Kloster besuchen und zum Schluß einige Souvenirs kaufen können, und auf
der anderen Seite des Hofes weist ein Schild zur Schule und zum
Wohnheim für Behinderte, Einrichtungen, die das Kloster schon
lange betreibt.*

Schwester Gabriela kommt mir schon bei unserer ersten Begeg-

nung ohne Umschweife entgegen. In unseren Gesprächen erzählt sie lebhaft, sie fragt mich öfter auch zu meiner Meinung über ein Thema und kommt an den folgenden Tagen auf meine Antworten zurück, wenn sie sich erneut damit auseinandergesetzt hat. Unseren Gesprächsraum, einen kleinen Erker, der vom großen Besuchszimmer in der Klausur abzweigt, betritt sie immer mit wehendem Schleier. Schwester Gabrielas freundliches rundes Gesicht ist von der Stirn bis zum Kinn umrahmt von einer weißen Haube, darüber trägt sie einen schwarzen Schleier. Ansonsten sind nur ihre Hände zu sehen. Sie spricht Berlinerisch, und es fällt mir nicht schwer, sie mir als »Berliner Göre« vorzustellen.

Zu den Gebetszeiten, die im Altarraum der Kirche stattfinden, darf ich bei den Schwestern im Chorgestühl sitzen. Wenn sie einziehen, angeführt von Äbtissin und Priorin in der Reihenfolge ihres Ordenseintritts, dann liegen auf meinem Platz schon Psalmen und Antiphonen aus den verschiedenen Büchern aufgeschlagen, damit ich mich in dem Ablauf zurechtfinden kann. Die Abfolge des Stehens, Sitzens und Verbeugens ist mir bald geläufig. Als ich jedoch am ersten Tag fast automatisch dem Zug der Schwestern in die Klausur folgen will, bedeutet mir Schwester Gabriela mit einer Kopfbewegung und einem leisen Pfiff, daß unser Miteinander jetzt beendet ist.

Obwohl ich nur wenig Gelegenheit habe, mit anderen Schwestern zu sprechen, erfahre ich viel Freundlichkeit und Aufmerksamkeit. Die Kommunikation mit Blicken ist rege, besonders, wenn die Schwestern am Ende einer Gebetszeit an meinem Platz vorbeiziehen. Im kleinen Gästehaus, das seit der Wende auch vereinzelt Urlauber aufnimmt, werde ich verwöhnt und umsorgt.

Fangen wir an? Ik brauche einfach nur erzählen, oder? Aber wenn ik een bißchen aufjeregt bin, dann berliner ik ooch noch! Das feinste Hochdeutsch gelingt mir nicht. – Ein riesiger Fragebogen! Da hab' ich ja Betrachtungsstoff für die ganze Woche.

Kurzcharakteristik von mir selbst? Ein sehr lebendiges Temperament habe ich und kann mich schnell begeistern. Ich denke, daß ich auch was bewegen kann, aber oftmals bin ich zu ungeduldig, um alle Konsequenzen durchzutragen. Nicht, daß ich mit meinem Schädel ständig durch die Wand will, das kann ich wunderbar, ich kann durch Granitwände gehen! Mein Ego ist unwahrscheinlich stark ausgeprägt. Da mußt du lachen, was? Das ist manchmal gar nicht zum Lachen. Dann wackeln Wände oder Türen, da mache ich mir viel kaputt. Was ich oft mit Mühe aufgebaut habe, das kann in so einem Augenblick total einreißen. Damit habe ich mir nicht gerade immer Freunde gemacht. Da habe ich noch ein unwahrscheinliches Stück Arbeit vor mir; Selbstbeherrschung steht als großes Wort da – mit ein paar Ausrufezeichen! Kontaktfreudig bin ich, obwohl ich eigentlich im Innersten schüchtern bin. Ich muß mich oft überwinden, auf den andern zuzugehen, mir fehlen die Worte, aber wenn der Kontakt hergestellt ist, dann habe ich keine Schwierigkeiten.

Meine Eltern sind, Gott sei Dank, noch am Leben, es ist ja nicht selbstverständlich, daß man sie noch hat. Für mich sind sie die liebsten Leute, die es gibt. Sie haben meinen Klostereintritt anfangs schon schwergenommen. Aber inzwischen merken sie doch, daß ich glücklich bin und daß sie mich woanders nicht hätten glücklicher haben können. Einmal im Jahr kommen sie hierher und verbringen ihren Urlaub in Marienstern. Sie tanken wieder auf für ein Jahr; ein Stückweit leben sie mit und nehmen an allem Anteil. Sie verwöhnen mich, wo sie können, schreiben mindestens jede Woche einmal, so bin ich immer auf dem neuesten Stand über Familie und Verwandtschaft. Auch in materiellen Dingen, sie schicken Pakete, geben für alle etwas mit, wecken uns Gurken ein und machen extra für uns Leberwurst. Sie haben das Bedürfnis, mir ihre Liebe auch auf diese Art zu zeigen. Ich kann es ihnen nur – was heißt nur – dadurch vergelten, daß ich viel für sie bete und ihnen schreibe.

Mein Vater ist eigentlich ein nach außen hin schüchterner Mann, wenn man ihn aber kennt, ist er sehr humorvoll, kann gut beobachten und treffend charakterisieren. Von seiner Veranlagung her kann er sich schnell aufregen und wird dann ärgerlich. Wenn er etwas als falsch erkennt, dann kann er das klipp und klar sagen, ob das zum Pfarrer ist oder wem auch immer. Komisch, auch wenn ich im Kloster erst richtig gemerkt habe, wie lieb mich mein Vater eigentlich hat, aber wenn ich jetzt eine Weile mit ihm alleine sitze, auf einmal wissen wir nicht mehr, was wir reden sollen, da fällt mir vor lauter Schreck schon gar nichts mehr ein; mit meiner Mama könnte mir das gar nicht passieren. Sie ist das ganze Gegenteil von ihm – und von mir auch: ruhig und ausgeglichen; die beiden sind für mich das ideale Ehepaar, von Kindheit an hab' ich gemerkt, wie lieb sie sich haben. Man kann sich den einen nicht ohne den anderen denken. Sie haben sich so gut aufeinander eingespielt, daß es keine großen Auseinandersetzungen gibt, auch wenn sie sich mal nicht verstehen. Beide sind Sudetendeutsche, sie haben sich in der Gemeinde kennengelernt, die bei uns im Havelland ja fast nur aus Umsiedlern bestand.

Geboren bin ich 1960 in Premnitz, das ist eine kleine Chemiearbeiterstadt bei Brandenburg; das große Chemiefaserwerk hat den ganzen Ort geprägt, der eigentlich dadurch erst entstanden ist. Die Abwässer wurden durch Kanäle einfach in die Havel gelassen, dann wußte man, heute ist wieder Grün dran oder Rot, und im Volksmund hieß es: Was in den Säuregraben reinfällt, ist durchlöchert. Die Luft war nicht gerade die beste, aber das haben wir als Kinder nicht registriert, das war sowieso nie ein Thema.

Meine Eltern haben auch in dem Werk gearbeitet, mein Vater als Betriebsschlosser, meine Mutter war unsere ersten Kinderjahre ganz für uns da, später hat sie zu Hause Schreibarbeiten gemacht. Mein Vater hat nicht viel verdient, wir waren eine Familie, die keine großen Sprünge machen konnte. Wir wohnten in einer Zweieinhalbzimmerwohnung aus den 50er Jahren. Gleich hinter dem Haus begann der Wald, so daß wir ein wunderbares Auslaufparadies hatten. Von den Kindern ringsum war ich die Älteste, ich hab immer gerne den Anführer gemacht. Ich mußte auch immer meinen ein Jahr jüngeren Bruder beschützen, bildete ich mir jedenfalls ein, und er hat nicht gewagt, seiner »großen« Schwester von der Seite zu weichen, ganz im Gegensatz zu heute – aber das ist wieder ein Thema für sich.

Unser Familienleben spielte sich in der Wohnstube ab. Ich habe als Kind Geige gelernt, und natürlich nicht immer die größte Lust gehabt, was ich heute bedaure, aber da konnte man mit Engelszungen mit mir reden... Mein Bruder hat Trompete gespielt, und wenn wir uns gestritten haben, dann übten wir natürlich gleichzeitig Geige und Trompete, meine Mama sollte dann noch Schreibmaschine schreiben, also das war schlimm.

Wenn mein Bruder mich sehr geärgert hat, bin ich schnell aggressiv geworden, hab ihm manchmal mit dem Geigenbogen eins übergezogen. Heute schäme ich mich richtig, aber mein Temperament war unkontrollierbar, nicht zu steuern. Das passiert mir manchmal heute noch, nicht gerade, daß ich mit dem Geigenbogen um mich haue, aber auf andere Art und Weise ist das schon nicht immer angenehm mit mir. Ich war mit allen schlechten Wassern gewaschen – merkt man das schon, nicht?

Ich war auch frech, nicht einfach führbar, und wenn ich wieder über die Stränge geschlagen bin, haben meine Eltern so leicht nichts durchgehen lassen. Die ganz normalen Tugenden, wenn ich's mal so sagen darf, im Umgang, waren schon wichtig, wir haben da eine ganz solide Erziehung gehabt. Überhaupt, wenn ich als Kind manche Gespräche abgelauscht habe, dann habe ich immer gestaunt: Guck mal, was die sich für Gedanken über uns machen!

Allerdings sehe ich heute, daß sie manches nicht richtig gemacht haben, wo ich weiß, sie sind selbst so aufgewachsen; da ist einiges, ich will nicht sagen, verbogen, aber ich habe mit einigem zu kämpfen. Aufgeklärt werden war so ein schwieriges Thema. Ich habe meiner Mutter manchmal die Pistole auf die Brust gesetzt, aber sie war dann so schockiert, daß sie nicht mehr reden konnte. Und Selbstbefriedigung zum Beispiel. Als Kind konnte ich das überhaupt nicht einsortieren. Später hab ich irgendwo gelesen, daß schon kleine Kinder damit anfangen, überhaupt, daß sie keine Ahnung haben. Und ich wurde bestaft dafür, wenn man mich erwischt hatte, eingesperrt, nicht mit mir geredet. Hätte man mit mir darüber gesprochen, dann hätte ich das ganz anders annehmen können. So habe ich immer Schuld bei mir gesucht, als Kind dachte ich sogar, ich bin verhext. Ich war vielleicht schon vierzehn, fünfzehn, als ich begriffen habe, was Selbstbefriedigung eigentlich ist. Als mir das erstemal jemand gesagt hat, daß es andern Leuten auch so geht, konnte ich das gar nicht glauben; ich dachte, ich bin der einzige Mensch, der davon geplagt wird. Aber gerade als Ordensfrau habe ich mein Erbe daran zu tragen, denn der Umgang mit Sexualität ist nicht so einfach, wenn man ehelos lebt.

Geschwister – jetzt doch etwas zu meinem Bruder. Wie gesagt, als Kinder waren wir unzertrennlich, aber als wir in die Pubertät kamen, war kein Reden mehr miteinander. Er hat mich links liegen lassen. An dem Tag, als ich ins Kloster ging, hat er nicht mal die kleine Zehe aus dem Bett rausgestreckt, um auf Wiedersehen zu sagen, und seitdem ist jeder, wirklich jeder Kontakt abgebrochen. Wenn ich schreibe, zum Geburtstag oder zwischendurch, reagiert er überhaupt nicht. Eigentlich kann ich solche Abneigung nicht begreifen, daß er meinen Weg auf diese Art so... irgendwie belächelt, oder sagt: Die ist nicht ganz normal. Ich leide da schon ganz schön drunter.

Natürlich, ich hab' viel falsch gemacht, gerade mit meiner

Aggressivität, und dann geht ausgerechnet so jemand ins Kloster. Das mag unglaubwürdig wirken auf ihn, aber ob das schon die Erklärung ist? Da stehe ich wirklich mit leeren Händen. Sicherlich beschäftigt er sich mit mir, das ist aus Andeutungen von meinen Eltern doch zu spüren. Manchmal phantasiere ich, daß er vielleicht doch hierher kommt, dann steht er vor mir, und ich weiß gar nicht, wie ich mich verhalten soll. Ob ich ihm um den Hals falle? Wie wird er reagieren? Ich gebe die Hoffnung nicht auf, daß er irgendwann sagen kann: »Ist doch dumm, was ich mache; ich fahre mal hin und rede mit ihr.« Vielleicht dauert das aber noch Jahre.

Schulzeit und Jugendorganisationen? Bei den Jungen Pionieren, haben meine Eltern gesagt, machst du nicht mit, kommt nicht in Frage. Oh, das hab' ich nicht eingesehen als Kind, wenn alle dabei sind! Zu den Thälmann-Pionieren, etwa in der vierten Klasse, durfte ich aber dann, weil ich wollte. Und auch über die FDJ, den nächsten Schritt, habe ich mir keine Gedanken gemacht. Es wäre schwierig gewesen, da nicht mitzumachen. Der evangelische Christ aus meiner Klasse war als einziger nicht dabei. Das rechne ich ihm heute noch hoch an, nur konnte ich es damals nicht begreifen. FDJ-Veranstaltungen und politische Arbeit in der Klasse, das war auch so ein Thema. Es stand ja immer im Zeugnis, wie man seine gesellschaftliche Arbeit leistet, da mußten die Lehrer ihre Punkte abhaken – und ich bin wunderbar um alles herumgekommen, weil ich jahrelang das Essengeld kassiert habe!

Warum ich bei der Jugendweihe nicht mitmachen sollte, habe ich meine Eltern gefragt, und sie haben mir erklärt, daß es mit unserem Glauben nicht vereinbar ist. »Du sagst in der Schule einfach: Das trifft für mich nicht zu, fertig. Brauchst dir überhaupt keine Gedanken zu machen.« So war es wirklich, niemand hat mich belästigt. Zu der Zeit habe ich im Jugendorchester des Kreises mitgespielt, auch öfter bei Jugendweihefeiern. Lieber Gott, habe ich gedacht, was für ein Theater; diese Parolen, diese Reden, dieses Auftreten haben mich abgestoßen. Auch weil ich wußte, die meisten stehen nicht dahinter, die wollen nur eine schöne Feier haben. Ich kenne überhaupt niemanden, der aus Überzeugung zur Jugendweihe gegangen ist. Ein, zwei aus meiner Klasse vielleicht – aber sonst? Die Eltern sind wochenlang herumgefahren, damit ihre Kinder schicke Kleider kriegen, und um schöne Geschenke zu ergattern.

Dann gab es noch die ›Politinformation‹. Man mußte wichtige Artikel aus der Zeitung vorbereiten und diskutieren: was unser Staat in anderen Ländern macht, wie die DDR anerkannt und international tätig ist, so ein Zeug, oder die Beschlüsse des neunten Parteitags. Richtig furchtbar eigentlich, politische Agitation ... aber man hat mitgemacht! Und weil sich meine Eltern weigerten, diese Wurschtblätter zu abonnieren, habe ich mir die Zeitung immer von meiner Oma geholt. – Zum Glück erst, als ich aus der Schule kam, fing diese Wehrerziehung an, da wäre ich echt in Konflikte gekommen, da haben dann viele auch nicht mitgemacht, aber ich bin, Gott sei Dank, noch drumherum gekommen.

In der Schule wurden neben mich immer die Allerschlechtesten gesetzt, Jungen, die schon einmal sitzengeblieben oder verhaltensmäßig schwierig waren. Das war für mich eine Aufgabe, die mitzuziehen und aufzupassen, daß die nicht ständig irgendeinen Blödsinn machten, da war ich prädestiniert dafür. Wenn die nicht pariert haben, dann kriegten sie von mir öfter eben mal eine drübergezogen, das war schon bekannt.

Meine Mitschüler und Lehrer wußten alle, daß ich katholisch bin, sagen wir mal: richtig katholisch. Dann gab es noch welche, die ich jede Woche zum Religionsunterricht – außerhalb der Schule – abgesammelt habe; wenn ich die nicht ständig getreten hätte, auch sonntags zur Kirche zu gehen, wäre da nichts gewesen, weil die Eltern auch nicht dahintersteckten, aber wir haben zusammengehalten.

Eigentlich war mir irgendwie klar, daß mich alle gerne haben müssen, bis ich dann merkte durch Gespräche gegen Ende der Schulzeit, daß das nicht der Fall war. Es war schon hart, das einzusehen, manches macht man im besten Wissen, und der andere legt es ganz anders aus, aber ich denke, daß es auch ein Charakterzug an mir war oder ist. Ich habe gerne die erste Geige gespielt, im übertragenen Sinn, daß ich mich immer auch gerne vorrücke, unbewußt oft. Ich muß mich manchmal zurückpfeifen und mir sagen: Hier nicht weiter.

Meine zehnte Klasse habe ich mit Auszeichnung abgeschlossen und hätte eigentlich auch noch Abitur machen können, von den Zensuren her war das gar keine Frage, aber ich habe mir überlegt, was ich denn studieren könnte, in diesem Staat, in diesem System ist das ja echt eine Schwierigkeit. Kannst du das mit deinem Gewissen vereinbaren? Da habe ich den Versuch gar nicht erst gestartet.

Eigentlich wollte ich Krippenerzieherin werden, wie das zu DDR-Zeiten hieß, weil ich Kinder sehr gerne habe und selber viele Kinder wollte, mindestens zehn, na, da bin ich im Laufe der Jahre etwas zurückgegangen. Ich denke, daß ich diese Ausbildung nicht bekommen habe, weil ich nicht bei der Jugendweihe war. Aus meiner Gemeinde hatten sich drei Mädchen als Krankenschwester im kirchlichen Dienst beworben, da hab' ich gedacht, das mache ich auch, und ich kam als einzige nach Berlin. Was hab' ich zuerst geheult! Aber dort war eine familiäre Atmosphäre, und ich hatte das erste Mal richtig intensiven Kontakt mit Ordensleuten. Aber jetzt bin ich schon so bei der Berufungsgeschichte, macht das nüscht?

Also – im ersten Lehrjahr ging ich mit meiner Freundin zu Einkehrtagen. Ich hatte nicht viel Ahnung von Meditation; wir sollten einfach dasitzen, auf die Atmung achten – und auf einmal wußte ich, daß Gott etwas Besonderes mit mir vorhat. Nicht, daß jetzt eine Stimme gesprochen hätte, aber ich war ziemlich erschrocken. Mit zitternden Knien bin ich zu dem Pfarrer hin. »Mensch, das ist doch was Tolles«, sagt der, »stell dir vor, unter Tausenden hat Gott seine Hand auf dich gelegt. Wenn du Entscheidungen treffen willst, auch wenn es um eine Ehe geht, sei vorsichtig, daß du nicht vorschnell Beziehungen eingehst, du wirst schon bald wissen, was du machen wirst.« Das erzählte ich meiner Freundin, und auch bei ihr wurde was ausgelöst. Wenn wir es nun einrichten konnten, haben wir bei den Schwestern gebetet, bald waren wir schon so gut wie angemeldet – Ausbildung fertig und dann hin.

Im zweiten Jahr kam für uns Schwesternschülerinnen ein eigener Seelsorger, ein Jesuit, der sehr viel mit uns unternommen hat. In einem Gespräch kamen wir darauf, was er wohl über meine Zukunft denkt. Weil er mich so erlebt hat, daß ich allem auf den Grund gehe, sagt er: »Du gehst in ein kontemplatives Kloster«, und ich wußte nicht mal, was das genau ist. Na, da hat er mich völlig aus der Bahn geworfen. Die nächsten Wochen waren schlimm, ich wußte überhaupt nicht mehr weiter. »Ich bin im Kontakt mit Marienstern, schreib denen doch einfach mal, brauchst keinem was zu sagen«, hat er vorgeschlagen.

Sogar meiner allerbesten Freundin, mit der ich ins Kloster wollte, habe ich nichts davon gesagt. Ich fuhr hierher und war über alles erstaunt. Aber ich wußte sofort: Das ist es, hier muß ich her. Beim Abschied sagte mir eine Schwester: »Sie können bald schon schriftlich um Aufnahme bitten«, das habe ich auch gemacht, und erst dann habe ich es meiner Freundin verraten. Die ist fast ausgerastet, ich war erschrocken, aber konnte es nicht ändern, ich wußte jetzt, was ich wollte, damit mußte sie klarkommen. Dann habe ich noch zu Ende lernen müssen, bin ab und zu hierher gefahren, einmal auch mit ihr zusammen, aber sie wußte, ihr Weg ist woanders. Das wäre auch nicht gut gewesen, wir beide im selben Kloster, ich hätte immer das Regiment geführt. Die göttliche Vorsehung konnte es nicht besser einrichten, als daß wir getrennte Wege gingen.

In der Ausbildung, haben wir uns normal verhalten, die andern hatten schon bald erspürt, daß mit uns zwei irgendwas anders war, aber das blieb unser Geheimnis, etwas ganz Kostbares. Sie haben uns auch nicht verspottet, weil wir oft in die Kirche gegangen sind. Vor unserem Abschluß sind wir sogar noch alle in eine Nachtbar gegangen. Zu DDR-Zeiten war das ja harmlos. Damit will ich nur sagen, ich wollte den andern beweisen, ich bin normal, obwohl wir es nicht waren, wir waren immer ein Stück herausgehoben.

Die Ausbildung hat natürlich uns auch ganz schön gefordert, denn wir waren im Vierschichtsystem eingesetzt, hatten schon ab dem zweiten Jahr Nachtwachen, und wenn man zu viert zusammenwohnt, muß man beim Lernen auf die Ruhezeiten der anderen Rücksicht nehmen. Das Pflichtfach Marxismus/Leninismus während der Ausbildung? Das habe ich zwar über mich ergehen lassen, gelernt und bei Arbeiten hingeschrieben, aber daß ich mich intensiv damit auseinandergesetzt hätte, kann ich eigentlich nicht sagen. Meine Einstellung war klar: Ich hatte eine tiefe Abneigung gegen dieses ganze Zeug, weil es mir nur Schauspiel war. Da habe ich auch nicht sortiert, was gut oder schlecht gewesen wäre. Man war schon richtig bis zum Erbrechen voll manchmal.

Ich war froh, das Kapitel › Ausbildung‹ abzuschließen, und mit dem Examen war ich zufrieden. Aber mich hat das alles so aufgeregt, daß ich dachte, nee, auf Dauer liegt mir das nicht. Wenn plötzlich ein Notfallpatient kam, und alles mußte rennen und flitzen, da wurde ich nervös. Auch körperlich hat mich das sehr angestrengt, ich habe dabei schon meine Grenzen erfahren, weil ich gar nicht wußte, wie kaputt man von der Arbeit sein kann. Nicht daß ich meinen Beruf nicht gerne gehabt hätte, aber mir war klar, was anderes ist richtig.

Manchmal ärgert mich jetzt, daß ich das Angebot der Stadt nicht ausgekostet habe. Aber ich hatte auch nicht so viel Freizeit, und wenn ich dann noch täglich zur Messe ging, war der Tag schon ziemlich verplant. Ich bin zwar schon in Museen gewesen, aber nicht übermäßig viel, auch in Theatern, aber ich hatte immer was anderes vor Augen, danach habe ich mich ausgerichtet in meinem ganzen Verhalten und meinem Lebensstil. Meine Sehnsucht ging woanders hin. Natürlich mußte ich aufpassen, daß Berlin erstmal mein Standort war, und durfte nicht immer mit den Träumen woanders sein. Wenn ich Zeit hatte, da wußte ich genau, wo es was zu kaufen gab, da habe ich natürlich organisiert und geschleppt, das ging vom Waschpulver bis zu Salzheringen. Das haben manche schon ausgekundschaftet gehabt, das hat sich rumgesprochen, die Mundpropaganda ging gut. Dann habe ich auch für zu Hause was mitgebracht. Da konnte man schleppen, ich hatte jedesmal die Taschen voll, wenn ich nach Hause gefahren bin.

Der Westen war für uns völlig unerreichbar. Meine Oma fuhr zwar zu Verwandten, aber bei sieben Enkeln mußte sie die Kaugummis gut verteilen. Klar, hätte ich manches gerne gehabt, schöne Westseife statt unserer häßlichen Dinger! Alles erschien einem besser – mit einem abgetragenen Westpullover sind wir schon stolziert. Das ist blöd, aber so war's. Und Mode war natürlich ein schwieriges Thema, es gab ja nicht immer gleich alles. Was sind wir nach einem Paar moderner Schuhe gerannt! Aber meine Oma konnte nähen, und so hatte ich immer mit als erste das Neueste, und meine Tante ist Friseuse, ich hatte immer die neuen Moden auf dem Kopf, hübsch gemacht hab ich mich schon gerne.

Was Verliebtsein heißt, das weiß ich schon, das ist auch wichtig. Denn die Beziehung zu Gott ist ja, wenn er auch nicht in dem Sinne eine Person ist, ein Liebesverhältnis, etwas ganz Intimes und Intensives; gerade die Zeit der ersten Liebe. Das kann man ruhig so sagen, wenn man merkt, Gott hat seine Hand auf dich gelegt, der will was ganz Besonderes von dir, und wie man hineinwächst in diese Beziehung, das ist wunderschön, man sollte sich das immer wieder mal vor Augen führen, wenn man meint, im Trott zu versinken oder alles als Last empfindet.

Ich lebe auch davon, daß ich Braut Christi bin, von ihm geliebt, angenommen bin, das ist ja eine ganz innige Verbindung. Dann dieses Wissen, daß Gott mich gerufen hat, ich bin ganz besonders wichtig für ihn – jeder ist wichtig, aber ich auf eine Art und Weise, die ich mir nie hätte aussuchen können, die das reinste Geschenk ist. So nehme ich das an und versuche, dem zu entsprechen und immer tiefer meine Liebe wachsen zu lassen, weil ich genau weiß, wie schlampig ich da manchmal bin, wie schlecht ich ihm seine Geschenke vergelte, wie schnell ich an meine Grenzen stoße. Das ist eine Lebensaufgabe für mich.

Wie ich mich sonst verhalten habe? Heute sage ich mir: Warst du noch zu retten? Ich habe wirklich oft sofort ausgesprochen, was ich gedacht und empfunden habe. Und natürlich habe ich die Leute manchmal damit vor den Kopf gestoßen und verletzt. Meine Stationsschwester hat sich um die Patienten unwahrscheinlich gemüht und gekümmert und ist deswegen manchmal nicht zu den Gebetszeiten gegangen, hat schnell irgendwo gebetet. Das fand ich nicht richtig, und ich habe gesagt: »Wissen Sie, so wie Sie ihr Ordensleben gestalten, möchte ich nie leben. Sie sind immer nur am Rennen, und Beten und die Gemeinschaft ist Ihnen gar nicht so wichtig.« Mir reicht schon die Erinnerung an ihr wirklich tiefes Erschrecken. Eigentlich habe ich ihr Unrecht damit getan, denn für sie war es die richtige Lebensweise.

Und wenn ich jetzt mich selber angucke, wo ich dreizehn Jahre erst – erst! im Kloster bin, mache ich es besser? Schnell schnell, lieber das noch fertigmachen und dann rennst du zum Chorgebet, kommst angehechelt – holst du dich wirklich zurück, bist du jetzt ganz da? Und am Tage, wie oft nimmst du andere Dinge wichtiger und läßt den Lieben Gott den Lieben Gott sein? Obwohl du ja hier eigentlich Gelegenheit hast? Das ganze Leben, die ganze Tagesordnung ist darauf ausgerichtet, daß Gott der Mittelpunkt sein sollte, aber man kann sehr schnell, wenn man nicht aufpaßt, an der Oberfläche versanden. Und da schäme ich mich, wenn ich so daran denke, daß ich ihr doch sehr Unrecht getan habe. Und ich habe es ihr, so wie ich halt war, an den Kopf geknallt. So wie ich immer hohe Maßstäbe an andere gesetzt habe, gerade an Ordensfrauen vorher, legen die anderen vielleicht auch einen Maßstab an dich; also bitte, strenge dich an, du bist vielleicht ein Vorbild für manch andere, einfach wie du bist, wie du mit deinen Mitarbeitern umgehst. Da habe ich noch ein Stück Arbeit. Ich merke zwar an den Rückmeldungen, daß sie mit mir klarkommen, aber deshalb ist nicht gesagt, daß ich mich nicht mehr anstrengen brauche. Meine Aufgabe ist sowieso eine Stück Gratwanderung.

Bevor ich von zu Hause wegging, habe ich noch ein paar Fotos gemacht, und wenn ich mir die heute angucke, meine Mama, wie deprimiert sie war, daß sie und mein Vater mich hergeben sollten! Eher hätten sie es verstanden, wenn ich in eine Kongregation eingetreten wäre, wo ich nach außen eine Aufgabe habe. Sie haben damals noch keinen Sinn darin gesehen, daß man sich in ein Kloster einschließt, nie mehr nach Hause kann – und was eigentlich dort tut? Ich habe alles locker gesehen, am Ziel meiner Sehnsucht, darauf hatte ich ja nun Jahre hingelebt, daß ich mich Gott zur Verfügung stellen kann, endlich richtig Zeit habe für Ihn, nicht mehr getrennt bin und abgelenkt. Als der erste Brief von zu Hause kam, sind natürlich auch bei mir die Tränen gekullert. Meine Eltern haben wirklich ein Opfer gebracht. Die andern haben gedacht, was ich für Opfer bringe! Aber für mich war selbstverständlich, daß ich dies nicht mehr darf und jenes nicht mehr brauche. Heute denke ich auch manchmal: Hast du gedacht, du lebst hier von Luft und Liebe? Weil ich alles weggegeben habe, bis auf die letzte Kleinigkeit.

Aber wenn die Eltern alt sind, frage ich mich manchmal, wie wirst du dich um sie kümmern können? Das muß ich einfach Gott überlassen, Er wird es ihnen mal lohnen, daß sie jetzt meine Großmutter versorgen, und ihnen in ihrem Alter auch helfen, daß sie nicht alleine dastehen, das Vertrauen habe ich, das beruhigt mich und macht mich froh. Und wie ich jetzt lebe und umgehe mit den alten Schwestern, was ja auch nicht immer einfach ist, das wird sich auf eine andere Art auch auf meine Eltern auswirken, Gott ist so groß, der sieht ja alles, gerade das Verborgene, wo ich mich mühen muß, da wird Er eine Lösung finden, da darf man nicht kleinmütig sein. Aber man ist ja nicht immer in der Verfassung, so zu denken.

Das Noviziat war streng; man durfte mit niemandem sprechen außer mit der Meisterin und den Vorsteherinnen – Äbtissin, Priorin, Subpriorin – die andern haben schon aufgepaßt, daß man nicht herumschwatzt, was ich ja auch einsehe. Das Noviziat soll ein Stück Wüste sein, ich soll mich prüfen, die anderen prüfen mich, das Abgeschlossene ist schon richtig, aber manchmal fand ich es übertrieben, so kleinlich habe ich dann manche Sachen nicht mehr gesehen, als meine Meisterin krank wurde und ich mich oft selber um alles kümmern mußte. Da hatte ich nun mit allen möglichen neuen Sachen – zu kämpfen will ich nicht gerade sagen – und habe versucht, alles vollkommen zu machen, überhaupt nicht aufzufallen. Gesagt habe ich auch nicht viel, habe alles über mich ergehen lassen; na, wenn ich da gestorben wäre, dann wäre ich bestimmt direkt in den Himmel gekommen! Manches hat mich innerlich schon ein bißchen – na, abgestoßen, verwundert, mit all den Vorschriften mußte mich erst anfreunden. Ich hab erst eine Zeit gebraucht, um wieder wie vorher zu werden, das ist natürlich bald gekommen und auch massiv. Einmal kriegte ich eine Kritik gesagt, keine große Sache, aber ich bin explodiert, hab' meine Meisterin angeschrien, die wußte vor lauter Angst und Schrecken nicht, wie sie mich bändigen sollte. Dann hat sie mir manchmal haarsträubende Bußen aufgetragen, das war nur ihre Machtlosigkeit!

Bußen gibt es auch sonst noch, da bittet man die Äbtissin drum, wenn es einen Grund gibt. Meistens im Refektorium beim Mittagessen hinknien und ein Vaterunser beten, und dann muß man sich hinterher dafür bedanken. Wenn ich durch Unachtsamkeit was kaputt gemacht habe, das sehe ich noch ein, aber wenn ich mich mit jemandem öffentlich gestritten habe und mir dafür eine Buße erbitten und mich hinterher noch bedanken muß, dann ist das nicht so einfach – aber es schadet nicht und gibt auch keinen seelischen Knacks. Ich brauch' so was manchmal, ich habe erfahren, daß es nicht schlecht war, auch wenn ich mich innerlich dagegen aufgelehnt habe. Wie kriegt man sich denn in den Griff? Das ist nicht einfach, wenn man so veranlagt ist.

So ein Kloster ist irgendwie ein Mikrokosmos. Alles spielt sich auf engem Raum ab, man kann sich nicht ausweichen, auch wenn der Raum relativ groß ist. Oft lösen Lappalien ein wochenlanges Stimmungstief aus. Eine blöde Kleinigkeit gab es am Anfang, heute kann ich drüber lachen: Außerhalb unserer Zelle dürfen wir uns nicht ohne Haube bewegen; gehe ich mal schnell ins Bad, dann muß ich ein Kopftuch oder eine Haube aufsetzen. Das Kopftuch sollte man vorne zubinden, ich habe es aber nach hinten gebunden, und auf solche Sachen haben manche geachtet und sich bei der Äbtissin beschwert. Ich dachte, ich spinne, wo bin ich denn hier hingeraten? Ich habe einen ganzen Abend geheult wie verrückt. Meine Meisterin hat gesagt: Versuch', drüber zu lachen, ich konnte aber nicht. Wochenlang konnte ich nicht mehr lachen, das ist jedem aufgefallen. Sogar die Organistin hat schon aufgehört, mir Unterricht zu geben, weil sie dachte, das hat sowieso keinen Zweck, die haut ja wieder ab. Ich weiß gar nicht, wie ich wieder aus diesem Tief rausgekommen bin, die Zeit heilt auch diese – Wunden kann man fast nicht sagen. Dann habe ich gedacht, so ein Quatsch mit den Kopftüchern, jetzt setze ich einfach die Haube auf.

Das Schweigen ist mir überhaupt nicht schwergefallen, aber ich merke, wie schnell ich doch meine, ich muß etwas gleich sagen, sonst vergesse ich es. Im Kloster gibt es nur bestimmte Orte, wo man redet – ich bin da immer noch in einem ganz harten Lernprozeß. Nun ist mir auch da Gott entgegengekommen, denn ich war früher ein unheimlicher Morgenmuffel. Jetzt komme ich gar nicht in Konflikte, früh übel gelaunt zu sein, der Tag fängt ganz anders an. Natürlich muß ich aufpassen, daß man, gerade wenn man chronisch müde ist, den anderen nicht seine Müdigkeit spüren läßt, oder ihm irgendwas hinknallt, das passiert auch schon, aber das hält sich in Grenzen gegenüber früher. Schweigen ist einfach notwendig, sonst kann ich nicht auf Gottes Stimme hören, kann nicht beten. Nun ist es für mich natürlich sehr schwierig durch meine Arbeit. Aber seit einiger Zeit erledige ich den größten Teil der Arbeit innerhalb der Klausur, ich merke schon, daß ich nicht mehr so zerrissen bin, denn gerade nach der Wende war es manchmal katastrophal. Ich bin schon wieder ruhiger und ausgeglichener geworden.

Die ersten Jahre hatte ich arge Schwierigkeiten, so zurückgezogen zu leben, hätte gerne mehr Besuche oder Kontakte gehabt. Das gibt man dann auch nicht so ehrlich zu, weil ich es mir ja so ausgesucht hatte. Aber jetzt merke ich doch, daß die Tendenz ein bißchen rückläufig ist. Ich möchte ja schon ein zurückgezogenes Leben führen, und gerade, weil ich viel mit der Außenwelt Kontakt habe, sehne ich mich danach, nicht ständig so gefordert zu sein. Wie viele Leute am Tag nach mir fragen, manchmal ist es schon nicht mehr schön. Eine ganz neue Erfahrung habe ich machen müssen, als ich letztes Jahr krank war. Ich brauchte nicht ins Chor gehen, hatte also viel freie Zeit und wenig Kontakt zu andern, war nur auf mich zurückgeworfen, das habe ich fast nicht mehr ausgehalten. Ich war richtig in einer depressiven Phase, wegen jeder Kleinigkeit kamen mir gleich die Tränen. Gar nicht so leicht, mich und die Situation anzunehmen.

Bald habe ich mir nichts gefallen lassen, und wenn ich etwas nicht richtig fand, habe ich es unsortiert einfach rausgelassen, mit einer Naivität habe ich alles gesagt, was mir nicht paßt, bis ich dann auch harte Erfahrungen machen mußte. Wer hier schon viele Jahre lebt – und dann kommt so ein grünes Gemüse her und hält einem sonstwas vor!

Bei manchen Gelegenheiten konnte ich so wild werden, daß ich rausgerannt bin, Tür geknallt, erstmal eine Runde geheult, bis ich mich wieder gefangen habe, gedacht, das geht so nicht und fertiggebracht, wieder reinzugehen und zu sagen: Ich bitte jetzt alle um Entschuldigung, das war nicht richtig, wie ich mich vorhin verhalten habe. Das wurde auch angenommen, das habe ich ihnen hoch angerechnet. Jede hat irgendwo ihre Schwachstellen, und es ist wichtig, daß man dem andern verzeiht, wenn er sich danebenbenommen hat, man kann es ihm ja nicht ständig und ewig nachtragen. Ich selber habe keinen Frieden, wenn ich nicht von Herzen verzeihe und den andern wieder annehme. Das ist vielleicht auch eine Gabe Gottes: Ich vergesse ganz schnell, wenn mir jemand was Böses getan hat, ich kann mich nicht mehr genau an seine Worte erinnern, auch wenn ich es versuche. Und ich schreibe es mir ja nicht auf. Es gibt natürlich auch Mitschwestern, die einem hart zusetzen können, aber ich versuche es immer wieder von vorn und sage: Die hat mir der Liebe Gott jetzt auch hierhergestellt, wir müssen sie aushalten, daran kann ich schon ein Stück meine Heiligkeit auch verdienen – in Anführungsstrichen. Der Heilige Bernhard sagt, wenn eine Gemeinschaft keine schwierigen Mitbrüder hat, dann muß man sie reinholen, sonst wird ja alles oberflächlich.

Inzwischen bin ich diplomatischer geworden. Ich überlege jetzt doch öfter, wie ich es anstelle, daß etwas zum Erfolg führt, daß ich nicht an der ungeeignetsten Stelle gleich alles hinaussage. Aber manchmal platzt man doch daneben. Ich bin schon ein Stück älter und reifer geworden, habe viel gelernt, denn die Gemeinschaft prägt ja auch. Aber ich habe immer meine Eigenständigkeit versucht zu bewahren, mir nicht etwas überstülpen zu lassen. Das merken die andern schon.

Müde ist man, immer müde. Gestern war mein Verhängnis: ein Buch nehmen – eines über einen politischen Häftling – dann fange ich an zu blättern, schon sind zwei Stunden rum. Schlimm, das ist eine schwache Seite von mir, weil ich so gerne lese. Die Tagesordnung sagt, so halb neun, neun sollte man das Licht aushaben. Da war es natürlich etwas spät. Das muß ich büßen heute und morgen...

Auf meine Einkleidung habe ich mich unwahrscheinlich gefreut, schon vorher habe ich immer wieder meinen Schrank aufgemacht und den Habit angeguckt, weil ich es nicht mehr erwarten konnte. Mein Ordenskleid bedeutet mir unwahrscheinlich viel. Ja, auch die enge Haube, die ist sehr praktisch. Draußen ist jetzt vielleicht der Trend, daß viele Ordensleute ihren Habit abschaffen, weil sie meinen, sie können dann eher mit den Leuten reden, das finde ich Quatsch zum Teil. Es heißt doch: »Gleicht euch nicht dem Geist dieser Welt an« – und man fällt immer auf, man kann sich nun nicht im Verborgenen irgendwo durchschlingeln. Aber ich gebe mit meinem Kleid schon Zeugnis für viele.

Für meine Eltern war das ein Schock, als ich dann im weißen Habit ankam, und ihre erste Frage war: »Wie heißt du denn jetzt?« – »Ich heiße jetzt Schwester Gabriela, aber für euch bin ich immer noch Barbara.« Die Tränen, die kullerten ja, ach, ... meine Freude konnten sie natürlich damit nicht trüben, aber ich habe schon gemerkt, wie ihnen zumute war.

Nun hatte ich im Noviziat schon angefangen, mir richtig Schreibmaschine beizubringen, und nach der einfachen Profeß hieß es dann, daß ich mit ins Rentamt sollte, so heißt bei uns die Verwaltung. Schwester Mauritia war ausgebildete Buchhalterin, die hatte den Überblick und viel Verantwortung zu tragen, ich sollte ihr helfen. Dabei habe ich mich dermaßen dusselig angestellt, ehe ich alles kapiert hatte – meine liebe Schwester Mauritia wurde manchmal hart auf die Geduldsprobe gestellt. Ungefähr nach einem Jahr stellte sich heraus, daß sie ein Bronchialkarzinom hatte, sie mußte oft zur Chemotherapie, und drei Jahre später starb sie. Am Krankenbett habe ich noch gelernt, wie man Lohn rechnet und dies und jenes, ich stand plötzlich wirklich alleine da, nun mußte ich ja alles wissen, denn niemand anders kannte sich aus. Da mußte ich mich reinknien, und ich hab mich da wirklich durchgeboxt, es hat mir Spaß gemacht und ich wüßte nicht, daß ich Riesenschaden angerichtet hätte.

Im Kloster konnte ich mehr meine Fähigkeiten entdecken und entwickeln, als wenn ich im Krankenhaus geblieben wäre, dort hätte ich vielleicht eine Stationsschwesternausbildung gemacht, aber dann hätte ich ständig dieselbe Arbeit gemacht, so vielseitig wäre das nie gegangen, auch nicht, wenn ich eine Familie gehabt hätte. Hier spiele ich Orgel, dann habe ich entdeckt, daß ich gerne Handarbeiten mache, das ist eine schöne Geduldsübung. Früher war ich ungeduldig, wenn es nicht schnell genug ging oder nicht klappte. Nähen habe ich auch gelernt. Ich kann mir wirklich nicht vorstellen, irgendeine Arbeit zu bekommen, die mir keinen Spaß macht oder wo ich von vornherein sage: Das werde ich überhaupt nie packen. Manche Dinge ergeben sich auch so: mal einen Vortrag halten oder was ausarbeiten, man hat so viele Gelegenheiten im Kloster. Seit sieben Jahren habe ich das Amt der Kantorin, für so ein monastisches Kloster ist das eine wichtige Aufgabe. Das hat mich so gefreut, daß Mutter Äbtissin mir diese wertvolle Aufgabe gegeben hat, das freut mich bis auf den heutigen Tag, und da habe ich mich auch richtig reingekniet.

Wie wir vor der Wende unsere dringenden Renovierungen geschafft haben? Da mußte man Tricks anwenden. Wir hatten eine große Champignonzucht, die Pilze konnten gar nicht so schnell wachsen, wie wir sie gebraucht haben; wenn wir Baumaterial wollten, dann haben wir in den letzten Jahren auf diese Weise einiges gekriegt. Aber daß wir andere Kompromisse eingegangen sind... Vor der Wende gab es eigentlich nur über die Caritas einen bestimmten Fonds, von dem man Schuhe und Kleiderstoff kaufen konnte. Dann gab es aber Leute, Wohltäter, die mit dem Kloster bekannt waren, die haben Süßigkeiten geschickt, Seife, Zahnpasta, da hatten wir nie Mangel. Und weil Kinderheime – wir betreiben ja auch eines – immer etwas besser beliefert wurden, waren wir in der glücklichen Lage, daß wir öfter mal eine Banane hatten als andere, die anstehen mußten, aber unsere Lebensführung war sowieso schon anders, unsere Bedürfnisse waren schon geringer als die von jemand draußen. Wenn wir auch manche Westsachen hatten, wir waren mit einem guten Stück Seife wirklich zufrieden.

Nicht wählen gehen, damit hätten wir uns nichts Gutes getan! Sonst wurden wir im Grunde in Ruhe gelassen, mir ist auch nicht bewußt, daß sie unsere Telefonanlage abgehört haben. Die sind mit ihrer Urne hierher gekommen und haben immer versucht, Fernsehen oder Radio einzuschleusen oder uns Schwestern zu fotografieren, da gab es bei jeder Wahl irgendeinen Knatsch, und die arme Pfortenschwester hatte immer damit zu tun, Reporter abzuwimmeln.

Nach der Wende war es interessant, in die Zeitungen zu gukken, wie dieselben Leute, die vorher dort ihre Artikel schrieben, sich plötzlich gerechtfertigt haben, das haben wir intensiv mitverfolgt. Und dann diese Unsicherheit, gerade die Spekulationen über die Umbewertung des Geldes. Da hatte man Sorge, vielleicht haben wir über Nacht mal alle wieder nichts. Unser Konto war auf die Hälfte zusammengeschmolzen, da habe ich manchmal nicht mehr schlafen können. Schlimm war auch, daß wir fast alle unsere Arbeiter entlassen mußten, wir hatten so eine richtige Bauhütte, Maurer, Tischler, Maler, sonst gab es ja keine Handwerker. Die Gärtnerei mußten wir zumachen. Die Einnahmen fielen weg – und die Landwirtschaft, ehe das geklärt war –, dann folgte eine Beratung nach der anderen, man konnte manchmal schon nicht mehr sitzen. Stundenlang dieses Reden! Wir wußten gar nicht mehr, wie wir finanziell weitermachen sollten. Wir haben Bettelbriefe geschrieben, weil wir uns ja auch keinen Rat wußten, – und es gab dann viele Leute und verschiedene Initiativen, die uns finanziell und ideell mit Rat und Tat geholfen haben. Und in der Vewaltung war es schlimm, da war ja nichts mehr richtig! Angeblich haben wir alles falsch gemacht vorher. Eine normale Überweisung war ja schon nicht mehr möglich. Vorher konnte man die Rechnungen zusammenfassen auf einen Sammler, da gab es nur eine Bank und jetzt: für jede Rechnung eine Überweisung. Was das für ein Aufwand war, ehe alles funktionierte! Jetzt mache ich mir ums Geld keine Sorgen mehr.

Seit der Wende hat sich bei uns im Kloster noch einiges geändert. Wir veranstalten zum Beispiel Jugendvespern. Vorher war das vom Konvent her gar nicht denkbar. Es brauchte viel

Überzeugungsarbeit, daß alle mitziehen, und wer nicht direkt mitmacht, soll wenigstens dafür beten. Seitdem haben wir auch ein schönes Liederheft angelegt, das wir auch öfter im Konvent mal singen. Und früher wäre es undenkbar gewesen, daß eine Schwester eine Führung durch das Kloster macht, schon der Gedanke daran! Jetzt haben wir uns ein Stück geöffnet, haben auch das Chorgestühl unten, das hat aber zum Teil auch heftige Reaktionen ausgelöst bei denen, die nicht runtergehen wollten. Man muß es diplomatisch machen, langsam anfangen, nur einzelne Teile, dann immer mehr. Das ist natürlich auch nicht einfach, vor den Leuten zu stehen, aber wichtig ist, daß sie uns sehen und mitmachen können. Manchmal stört es mich aber, daß manche Besucher mit offenem Mund hier rumrennen. Wir sind doch keine Modepuppen und auch nicht im Zoo, ich mag es dann gar nicht, wenn wir herausgehoben oder bewundert werden. Wir sind ganz normale Leute und haben auch unsere Kämpfe durchzustehen.

Ob ich nicht lieber in ein Kloster wollte, wo mehr junge Schwestern sind? Die jüngste Schwester hier war immerhin zehn Jahre älter als ich. Aber ich habe keine Angst gehabt. Ich habe mir mal gesagt: Auch wenn ich die letzte bin, ich gehe dorthin. Klar, es kamen auch Anfechtungen, und begreifen konnte ich es selbst nicht, aber ich wußte genau, ich muß es machen. – Ja, ein anderes Kloster hatte ich mir schon angeguckt, eigentlich wäre ich lieber dorthin gegangen, ich wußte aber genau, daß der Wille Gottes sagt: Marienstern. Wie soll man das erklären? Geht nicht, rational kann ich das nicht. Der Liebe Gott hat mir keinen Brief geschrieben, ich habe es gemerkt, meine Sehnsucht ging hierher. Schon als ich das erste Mal in diesen Bereich kam, schon die Atmosphäre, diese Luft, die ich hier geatmet habe. Gott kommt unseren Wünschen auch entgegen, weil diese Gegend mir schon immer gefallen hat, und jetzt hat er mir dieses Kloster ausgesucht, diese alten Mauern. Ich habe mich schon immer für Geschichte interessiert, für alte Dinge, schon von daher mußte ich mir keinen Zwang antun.

Dieses alte Gebäude mag ich sehr, und wenn ich mir vorstelle, wie Jahrhunderte hindurch so viele Generationen vor mir hier gelebt haben, faszinierend, wenn die erzählen könnten! Und wenn ich dann manchmal alte Schränke und ihren Inhalt sehe, dann haut mich das immer noch vom Sockel. Ich fühle mich hier wirklich wohl, dies ist jetzt mein Zuhause.

Wir sind ja ein sehr altes Kloster, und Tradition ist was Wertvolles, das muß man als junger Mensch erstmal begreifen, aber man schleppt auch immer ein Stück Last mit. Wenn ich merke, manche hängen an etwas, das war immer so und deshalb sollte es auch so bleiben, das stört mich schon sehr, wenn ich ehrlich bin, meist Kleinigkeiten, die man nicht überbewerten sollte. Vielleicht neigt man mit zunehmendem Alter auch dazu, sich eher an Festeingefahrenes zu halten als was Neues anzunehmen? Ich wünsche mir eben doch, daß man da schneller loslassen kann. Ich sage immer: Man muß hören, was die Kirche sagt, das ist unser Maßstab, und nicht, was wir meinen, was hier in Marienstern wichtig ist oder immer so war.

Schwer auszudrücken, wie ich meine innere Entwicklung sehe. Je älter man wird, desto mehr meint man, daß man nicht vorwärts kommt, immer auf derselben Stelle rumtrampelt oder nachlässiger wird, wenn man nicht aufpaßt. Manchmal durchzuckt es mich richtig heiß, wenn mir klar wird, wie weit ich noch von Gott entfernt bin, ich wollte Ihm ja radikal dienen, hab' alles weggegeben, alles habe ich Ihm geschenkt. Aber nun holt man sich manchmal Stückchen für Stückchen wieder zurück, ob es nun materielle Dinge sind oder Freiheiten, die man sich rausnimmt – und da heißt es dann immer: Holzauge sei wachsam! Dann muß ich immer wieder versuchen, meine ganze Sehnsucht auf Gott auszurichten, daß meine Liebe zu Ihm größer wird und nicht kleiner, auch wenn Er mir nach außen hin kein Zeichen gibt. Ich will nicht sagen, daß der Alltag im Kloster grau und monoton ist – das habe ich noch nie erfahren.

Es ist immer was los, manchmal ist es mir schon zu viel, jeder Tag bringt mir was anderes durcheinander; aber daß man doch durch Müdigkeit so eine Last empfindet und dann sagt: Ich hab zwar im Moment nicht die größte Lust, gerade jetzt mußt du durchhalten, das ist ja die Treue, die du jetzt zu beweisen hast, auch wenn du gar nicht bei der Sache bist, wenn dir alles bis hier steht – gerade dann weiter und den andern ein Zeichen damit geben, die es vielleicht gar nicht merken oder wissen.

Was ich vermisse? Manchmal möchte ich schon gerne in die Arme genommen werden. Da gibt es auch mal Gelegenheiten, aber das ist der seltenere Fall, und wenn man einen Bekannten hat, muß man damit feinfühlig umgehen, weil die Älteren das schlecht verstehen. Für mich ist klar, ich kann, auch wegen einer Erkrankung, keine Kinder mehr haben, selbst wenn ich vielleicht aus dem Kloster – was Gott verhüten möge – austreten würde, aber das ist ein Opfer, das ich mit meiner Profeß gebracht habe. Weil Gott auch größer ist als alle meine Wünsche. Aber wenn ich vielleicht gerade Sehnsucht habe, einfach zu lieben oder geliebt zu werden – wie oft denke ich da auch ein Stück weiter: Zu Anfang ist alles schön, aber guck dir manche Katastrophen-Ehen an, wo die Eheleute sich angiften, wo dann jeder Reiz weg ist, und die müssen es auch miteinander aushalten. Du kannst doch nicht nur das rein Körperliche in dem Moment sehen, auch wenn es viele so überbetonen.

Natürlich, meine Geschlechtlichkeit ist eine Gabe Gottes, auch wenn ich ins Kloster gehe, aber ich habe lange gebraucht, das so anzunehmen. Ich hätte vielleicht vor zwei Jahren über manche Dinge nicht so locker reden können, da war ich verkrampft, hab' mich geschämt, aber inzwischen nehme ich das als Teil von mir, damit muß ich lernen umzugehen. Das gelingt mir nicht immer, aber deshalb werde ich nicht in bodenlose Traurigkeiten versinken. Wenn ich das Bedürfnis nach Liebe habe oder merke, die Gefühle regen sich, dann muß ich erstmal versuchen, dem nicht gleich nachzugeben, das gelingt mir nicht immer. Ich weiß, ich habe immer eine große Klappe nach außen hin, aber daran merke ich echt meine Schwachstellen. Man kann sich ja davon gefangennehmen lassen, und davon loszukommen, ist keine Kleinigkeit. Wer verheiratet ist, lebt seine Sexualität anders. Wenn mich meine Phantasie gereizt hat und mir alles mögliche durch den Kopf gegangen ist, versuche ich, mein ganzes Vertrauen auf Gott zu setzen, ich bitte Ihn, mir zu helfen, und da durfte ich schon wirklich die Erfahrung machen, daß ich die Kraft auch bekommen habe, mich zu beherrschen. Dann erlebt man Freiheit, wenn man schafft, über sich zu stehen, das ist so was Faszinierendes, das kann ich nicht beschreiben. – Nee, am Ordensleben würde ich deshalb nie zweifeln, ich habe ja mit Leib und Seele, alles habe ich Gott geschenkt, und daher verzichte ich freiwillig auf diese Freuden, und wenn ich sie mir jetzt aber selber wieder zurückhole, dann ziehe ich ja anderes Ihm vor, und da ist die Grenze. Aber deshalb am Ordensleben zweifeln? Nee. Nur wenn ich es annehmen kann, dann kann ich es normal und unverkrampft sehen. Früher war das im Kloster auch so, wenn ich alte Andachtsbücher oder Verhaltensregeln lese, die durften zum Beispiel nicht nackend baden, sondern mußten ein Hemd anziehen. Die Einstellung zum Körper war früher in der Kirche ziemlich feindlich, und dadurch ist dann im Kloster immer noch was verbogen worden, nicht?

Priestertum der Frau? Ob ich mir vorstellen kann, daß ich dieses Amt... nee, das finde ich nicht so gut. Erstmal lebe ich auch ein Stück aus der Tradition heraus, und Jesus hat das Apostelamt nur Männern übertragen. Die Frauen hatten schon eine wichtige Aufgabe, sie verkörpern eigentlich auch, daß sie liebesfähiger sind. Und da sehe ich schon ein Stück Aufgabe darin, mein Frausein anzunehmen und zu leben, deshalb ist nicht gesagt, daß ich keine Identitätskrisen hatte oder habe – hatte eigentlich. Ich denke, da stehe ich jetzt schon ein Stück drüber. Auch wenn ich weiß, das habe ich freiwillig gewählt, ich habe gewußt, worauf ich mich einlasse. Aber wenn man es dann ein Leben lang leben muß, ist das schon oft anders, als wenn man sich in jungen Jahren dazu entscheidet und letztlich die ganze Konsequenz nicht abschätzen kann.

Ich empfinde es so, daß eine Frau auf irgendeine Art und Weise immer zurückgesetzt wird, den Männern ist das oft nicht bewußt. Dann wundert es mich doch manchmal, wenn mich ein Mann so annimmt als Frau, wie ich bin. Aber eigentlich ist es doch so: Die Frau ist immer – so fühle ich mich einfach – minderwertig. Ich bin sicher, ich *bin* es nicht. Ich weiß nicht, woher das kommt, ich kann mir das nicht erklären.

Männer sind besser ausgebildet, gerade auch in der Kirche, durch ihr Studium, da fühle ich mich oft zurückgesetzt. Ich hätte gerne mehr lernen wollen, aber das ging nicht, und da kriege ich schon manchmal Minderwertigkeitsgefühle, ich weiß ja nicht so viel. Dann kann ich mich oft auch nicht so ausdrücken, habe Hemmungen, was zu sagen, werde vielleicht rot, und dann bin ich schon ganz stille, vor allem in einer fremden Runde oder bei einem schwierigen Thema. Ja, es gab Zeiten, da wäre ich lieber ein Mann gewesen, mit anderen Chancen. Aber dann habe ich mir gesagt: Erstmal hast du auch Grenzen, das mußt du ganz klar sehen, du kannst nicht unbegrenzt meinen, du könntest alles; und mach mal das richtig, was du alles angefangen hast – damit hast du wohl genug zu tun – und das hat dann gereicht.

Als Kind wollte ich immer alles ganz genau wissen, ich wollte mir unbedingt vorstellen, daß das Weltall nie aufhört. Da bin ich manchmal dran verzweifelt. Dann habe ich mir irgendwann gesagt: Quatsch, was du hier machst, das begreifst du nicht. Heiligste Dreifaltigkeit, das ist auch ein absolutes Geheimnis, und wenn ich das unbedingt begreifen will, würde ich mich ein Stück versündigen. Aber wenn ich mir so manche Theologen angucke, was die studieren und versuchen, alles auseinanderzunehmen, Riesenerklärungen drüberzuschreiben, nee, da klappe ich die Bücher zu. Wenn ich auch sonst denke, ich bin nicht ganz dumm, aber da, nee.

Wenn man ins Alte Testament guckt, da gibt es ja schon Stellen, wo die Frau eine minderwertige Stellung hat, aber ich könnte nicht sagen, weil es da so war, empfinde ich das auch so. Wir hatten das ja schon gestern beim Thema Kindheit, daß es in mir drinliegt, zu bestimmen und irgendwie immer den Ton anzugeben, aber da habe ich manchmal Schwierigkeiten, komischerweise. Meine Eltern habe ich in ihrer Partnerbeziehung eigentlich so erlebt, daß sie gleichwertig nebeneinander standen. Da muß ich noch mal drüber nachdenken.

Feministische Theologie – finde ich oft albern. Da wird die Heilige Schrift neu übersetzt, die männlichen Begriffe fliegen raus, damit alles weiblich wird, ganze Bibliotheken werden vollgeschrieben, nee, alles hat seine Grenze. Wenn ich singe: › Laßt uns loben, Brüder, loben‹, dann fühle ich mich genauso angesprochen, man kann auch alles übertreiben. Ich will mich auch gar nicht so bis ins Kleinste damit befassen, weil ich da keinen Sinn drin sehe. – Ich wußte, daß das jetzt kommt: Einerseits fühle ich mich als Frau minderwertig, aber dann sage ich so was! Aber die übertreiben alles, das kann doch nicht sein, genau wieder eine Gegenrichtung, da muß doch ein Mittelweg denkbar sein!

❖

Erstmal Luft holen – was bin ich gerannt! Zwischendurch fällt mir immer so viel ein, dann kann ich es aber nicht aufschreiben, weil ich nichts zum Schreiben dahabe oder es gerade nicht geht...

Meine Rollschuhe – wer hat denn da geplaudert? Die wollte ich ja eigentlich gar nicht groß erwähnen! Letztes Jahr habe ich mal zu Verwandten gesagt: »Hier müßte ich eigentlich Rollschuhe haben«, so aus Quatsch. Das hat meine Mutter mitgekriegt und nachgefragt. Ich hab erstmal die › oberhirtliche Genehmigung‹ eingeholt, – und dann habe ich auf Weihnachten gewartet wie in Kindertagen! Wir hatten schon so viel Spaß, die Rollschuhe haben sich schon hundertmal bezahlt gemacht, weil ich so viele Leute zum Lachen gebracht habe. Wenn ich Lust habe, dann fahre ich abends noch mal so richtig los, innerhalb der Klausur, wo ich niemanden störe. Im Habit. TÜV – geprüft.

Auch wenn ich nicht ständig auf den Knien liege, versuche ich, immer mit Ihm in Verbindung zu bleiben, die Antenne in Seine Richtung zu halten, ich merke, wie ich Ihm sofort alles wie eine Art Stoßgebet sage, das kann ich nicht steuern, da denke ich auch nicht ständig drüber nach. Wie Er antwortet? Nicht, daß ich jetzt eine Stimme höre, sondern ich spüre genau, in vielen alltäglichen Dingen sind einfach Antworten, andere Menschen oder Begebenheiten, und wenn man ein bißchen aufmerksam ist, hat man ein feines Gespür dafür. Manches halte ich für eine Strafe, aber das kann auch eine Versuchung des Teufels sein, denn ich glaube an die Existenz des Teufels. Es ist für mich eine reale Person. Viele leugnen ihn, aber ich habe schon genau gespürt, daß es ihn wirklich gibt, daß er mich herausfordern kann, und ich muß ihm dann mein Gutsein entgegenhalten, ihm den Kampf ansagen. Aber so einfach den Bösen zu leugnen, nicht das Böse, sondern den Bösen, das machen sich viele zu einfach. Das ist etwas, woraus er scheinbar seinen Nutzen zieht. Da wickelt er viele um den Finger, bildlich gesprochen. Aber wer sich wirklich bemüht, gut zu sein, auch nach dem Willen Gottes zu leben, der wird immer die Kraft dieses Bösen zu spüren und auszuhalten haben. Die Gegenkräfte sind einfach da. Wir sind von der Erbsünde her belastet, kein Mensch, auch wenn er sich noch so anstrengt, ist gut, kein großer Heiliger war ohne Fehler.

Das Gebet gehört zu mir, ein Leben ohne Beten kann ich mir nicht vorstellen. Es gibt den Ausdruck »Atmen der Seele«, aber der ist zu hochtrabend; im Gebet drücke ich einfach meine Verbindung mit Gott aus. Wenn ich jetzt für jemanden bitte, habe ich das große Vertrauen, daß Gott wirklich jedes Gebet erhört, natürlich nicht immer, wie *ich* es möchte, Gott läßt sich nicht zwingen. Wenn ich schwere Dinge durchstehen muß oder Ärger und Kummer hatte, ist mein erster Weg in die Kapelle. Natürlich kann ich auch mit Menschen darüber reden, aber die erste Stelle sollte doch Jesus sein.

Mit dem Latein habe ich zuerst Schwierigkeiten gehabt, obwohl wir im Noviziat etwas gelernt haben und ein Grundstock da ist. Wenn ich mal nicht im Chor war, habe ich alles aus dem Deutschen zusammengestellt, wir hatten ja das deutsche Stundenbuch noch nicht. Aber nach einer Kirchenmusiktagung über den Choral und seine Entstehung, da habe ich langsam begriffen, wie schön er wirklich ist, der Choral! So wie wir die Ordnung jetzt haben, einige Gebetszeiten auf Deutsch, einige auf Latein, finde ich sie gut. – Ich finde es übrigens nicht nötig, daß ich immer genau weiß, was ich bete, weil erstmal wichtig ist, daß ich aufmerksam bin mit meinem ganzen Sein. Wenn ich ständig versuche, alles rational zu durchdenken, das ist irgendwo auch ein Stück Ablenkung. Natürlich schließt das nicht aus, daß ich mich mit einem Psalm beschäftige, aber daß ich jetzt unbedingt jedes Wort verstehen muß – nee.

Ich zähle mir nicht jeden Morgen auf, für wen ich bete, an manchen Tagen für meine Eltern, ein wichtiges Anliegen hier bei uns, oder für jemanden, der sich meinem Gebet empfohlen hat. Aber sonst bin ich für alle da, die nicht beten können, die keinen Muckser machen, um Gott zu loben oder an ihn zu denken. Das ist meine Aufgabe, deshalb hat Gott mich hierher gerufen. – Ja, den Rosenkranz bete ich auch, das ist ein meditatives Gebet. Alles ist da drin: Bitten, preisen, einfach durch das ständige Wiederholen selbst auch ruhiger werden. Ein Seil, an dem ich mich festhalten kann, mit dem ich mich zurückhole, um bei der Sache zu sein. Nicht, daß ich eine Quantität erledigen muß, sondern ich schenke Gott meine Zeit für das Gebet. »Betet ohne Unterlaß!« hat Jesus auch gesagt, dann denke ich manchmal an den Mann, der bei seinem Freund ständig anklopfte und Brot wollte, und weil er ihm auf die Nerven ging, hat der Freund es ihm gegeben – ich wiederhole es immer, damit Gott auch wirklich... Er hört mich auf jeden Fall, na, du stellst Fragen! So kompliziert, wie du meinst, ist das nicht, wahrscheinlich denkst du zuviel.

Mir ist auch immer wichtiger geworden, für die Armen Seelen zu beten, so heißen bei uns die Verstorbenen – die selber können sich nicht mehr helfen, aber sie können anderen helfen, so sagt das unser Glaube. Wenn wir gestorben sind, kommen wir ja zuerst an einen Reinigungsort, denn wir können nicht gleich Gott, so wie wir sind, anschauen, und für diese Menschen muß ich beten, und ich bin mir auch sicher, daß es denen auf irgendeine Art hilft. Und wenn ich auch 50 Jahre im Kloster gelebt habe, bin ich nicht so heilig, um sofort in den Himmel zu kommen, aber dahin will ich! Da strenge ich mich an. Ich muß auch was dazu tun, ich kann doch nicht sagen, ich verlasse mich auf Gottes Gnade und tue nichts. Kein Mensch allerdings kann sagen, wer in der Hölle landet und wer sofort in den Himmel kommt. Das liegt einzig und allein in Gottes Barmherzigkeit, der hat den Plan, der weiß es. Ich kann das nie beurteilen. Aber daß es die Hölle gibt, ist klar, das steht auch im Evangelium, ewige Feuer, steht drin.

Wir fasten und üben auch Verzicht auf vieles. Ich rechne aber nicht vor: Jetzt habe ich wieder auf einen Schokoladenriegel verzichtet – das sind die kleinen Dinge des Alltags, die kein Außenstehender je sehen wird. Aber Gott sieht das Verborgene, ich brauche Ihm meine Opfer gar nicht zu sagen. In der Ewigkeit werde ich wissen, wem ich mal geholfen habe, da werde ich vielleicht platt sein, wenn einer kommt und sagt: Du hast was für mich gemacht. Da bin ich schon heute gespannt. Mit dem Fasten habe ich mir so ein System geschaffen, daß ich gut noch dabei arbeiten kann; körperlich schadet es auf keinen Fall, mal einen oder zwei Tage einzuschalten, wo ich weniger esse. Nee, Bußgürtel oder Geißel gab es nur bis Anfang des Jahrhunderts. Heute haben wir genug andere Opfer, zum Beispiel ein gerütteltes Maß an Arbeit. Wer das in der rechten Meinung annimmt, hat eine größere Buße, als wenn er ständig mit einem Bußgürtel herumläuft.

Ich habe in den letzten Tagen noch mal drüber nachgedacht: Als ich eingetreten bin, habe ich noch so viele alte Vorschriften erlebt, da war überhaupt nicht dran zu rütteln, es hieß immer »in saecula saeculorum. Amen«. Im Noviziat konnte ich meinen ganzen Frust darüber auch raussagen und rausschreien. Und jetzt, wenn ich auf die 13 Jahre zurückblicke: Enorm, was sich alles schon geändert hat, vielleicht nie so viel wie in den letzten Jahren, schon unsere neue Tagesordnung seit Montag. Zuerst wollte ich immer gleich alles ändern, oder ich hätte zeitweise alles einreißen können, aber habe begriffen, daß man dann überhaupt nicht vorwärtskommt, man verbaut sich selber alle Wege. Immer den Weg der kleinen Schritte gehen, das ist viel schwieriger, aber man kommt weiter damit.

Schon jetzt passe ich auf, daß ich mich nicht zu sehr an etwas kette, wo ich mich unabkömmlich mache, ich finde es ganz schrecklich, wenn man im Alter nicht loslassen kann. Es kann doch sein, daß ich ab morgen alles hier lasse und in den Garten gehe, Unkraut zupfen, dann muß das andere auch weitergehen. So mußt du leben, daß du dich nicht so festbeißt an deiner Aufgabe und meinst, ohne dich geht es nicht, und ich denke, wenn ich so versuche zu leben, dann wird mir im Alter das Loslassen auch leichter fallen.

Sterben gehört zum Leben dazu, so gehe ich an die ganze Sache ran, das ist unser Weg, und darauf leben wir hin. Ich habe viele Schwestern hier schon sterben sehen. Immer ist es ergreifend gewesen, ich wußte, jetzt ist sie am Ziel angelangt. Wenn es dem Ende entgegen geht, läutet die Glocke, dann sind wir alle an ihrem Bett. Man gibt ihr die Sterbekerze in die Hand, dann beten wir Sterbegebete, Rosenkranz – es ist schön, wenn alle dabei sind. Das geht nicht immer, aber ich wünsche jeder, daß sie zu Hause sterben kann.

Ich lebe jetzt, wie Gott es mir gibt, aus seinen Gaben schöpfe ich aus dem vollen. Aber das ist es ja eben, was viele heute vergessen: Wo mein Ziel hingeht, da ist das eigentliche Leben. Hier ist nur die Vorstufe, die Chance, die Gott mir gibt. Trotzdem, das Leben ist einfach ein Geschenk. Wenn ich jetzt wüßte, ich werde schwerkrank, unheilbar, ich kann natürlich nicht sagen, wie ich mich verhalten werde, aber ich denke schon, daß ich versuchen würde, es anzunehmen und darauf hinzuleben, daß es ein gutes Ende wird, nicht mich festbeißen oder gegen den Willen Gottes auflehnen. Der weiß ja, wann die Zeit für dich abgelaufen ist.

Ha, das ist merkwürdig, wir kennen uns kaum und ich erzähle dir wirklich schon die dollsten Sachen, gerade so, als ob ich hier alles auspacken würde. Aber wiederum habe ich mir gesagt, ich habe schon Vertrauen und muß mir keine Vorwürfe machen, daß ich zu viel oder zu dummes Zeug erzählt habe. Aber mich wundert eigentlich, daß ich gleich so loslege. Wichtig ist, daß du auch was dazu sagst, daß man nicht nur selber redet, man kreist dann wirklich immer nur um sich, und sieht überhaupt nicht mehr richtig, wie es denn nun ist.

Ja, gibt es noch was? Gar nicht so leicht, über sich selbst zu reden. Ein anderer sieht einen völlig anders, und ich bespiegel' mich ja nicht ständig selber.

Hedwig

Missionsbenediktinerin von Tutzing,
Ordenshaus Bernried

Alter: 49
Alter bei Ordenseintritt: 20
Jahre im Orden: 29
frühere Tätigkeit: Apothekerin
jetzige Tätigkeit: geistliche Begleiterin, Novizenmeisterin
Kleidung: Habit

Während meiner Woche in Bernried hatte ich zum ersten Mal die Gelegenheit, einen katholischen Festtag auf dem Lande mitzuerleben, die Fronleichnamsprozession. Der Zug aus Dorfbewohnern, Nonnen und Feriengästen begann und endete im Klosterhof, wo die Pfortenschwester einen üppigen Blumenteppich auf dem Rasen ausgebreitet hatte.
Schwester Hedwig kommt aus dem Münsterland, und man hört ihrer Sprache diese Herkunft durchaus erfrischend an, sowohl vom Tonfall als auch von manchen sprachlichen Wendungen her. Mir fällt der Begriff »bodenständig« ein. Sie ist groß und kräftig, ihr Schleier läßt viel von ihrem Gesicht und Haar frei, und die knielange schwarze Tracht betont ihre Sportlichkeit. Ich denke mir, eine Wanderung bei Wind und Wetter würde sie einem Spaziergang bei Sonnenschein wohl vorziehen.
Belustigt erzählt sie, daß manche »weltfremden« Gäste den direkt vor dem Kloster liegenden Starnberger See gar nicht wahrnehmen. Schwester Hedwig zeigt Realitätssinn, sie ist offen für ihre Umgebung. Einige Jahre war sie Pharmazeutin in der Krankenhausapotheke ihres Klosters.
Die gemeinsame Zeit hat etwas Selbstverständliches, als würden wir uns schon lange kennen. Unsere abendlichen Gespräche in meinem Gästezimmer dehnen wir aus, solange wir beide Ener-

gie haben; die Zeit verfliegt schnell, auch wenn draußen die Gewitter toben.

Immer wieder fällt mir auf, daß Schwester Hedwig auch die schwierigsten Sachverhalte schlicht und leicht verständlich darstellen kann, ohne daß diese etwas von ihrer Komplexität verlieren, eine Fähigkeit, die auf eine lange Schulung schließen läßt. In den meisten Gesprächssituationen eher sachlich, etwa, wenn sie Grundfragen an das klösterliche Leben stellt, ist sie gleichzeitig warmherzig und persönlich in ihrer Art zu sprechen.

Etwa einhundert Gäste, die zu Kursen oder Exerzitien kommen oder einfach ihren Urlaub dort verbringen, kann das Kloster Bernried aufnehmen. Der Orden der Missions-Benediktinerinnen von Tutzing besteht seit gut hundert Jahren. Benediktinisches Leben und missionarischer Dienst in der Dritten Welt sind in dieser Kongregation verbunden worden. Die Gemeinschaft ist sehr international; die zahlenmäßig größte Gruppe ist heute die der Koreanerinnen.

Vielleicht ist es ganz sinnvoll, mit der Kindheit anzufangen. Geboren bin ich 1945, gerade zum Ende des Zweiten Weltkriegs, auf einem Bauernhof im Münsterland. Meine Eltern stammten beide auch von Bauernhöfen, beide waren sehr katholisch, die ganze Umgebung war katholisch, man konnte gar nicht anders als katholisch großwerden.

Ich habe drei Brüder, die damals für meine Erinnerung sehr viel älter waren als ich, vier, sechs und sieben Jahre, dann eine Schwester, die zwei Jahre jünger ist und einen acht Jahre jüngeren Bruder, aber die Orientierung lag mehr an den Großen. Die waren aber natürlich nicht so daran interessiert, eine kleine Schwester im Schlepptau zu haben.

Wenn man sich vorstellt: Die Eltern haben 1937 geheiratet, unglaublich, welches Vertrauen sie trotz dieser Zeit hatten, um sechs Kinder in die Welt zu setzen. Daß Kinder nicht geplant wurden, war sowieso klar, trotz vieler Sorgen. Mein Onkel, ein Pfarrer, hat sich eine Weile vor den Nazis verstecken müssen, weil er gegen sie gepredigt hat. Ein anderer Verwandter meiner Mutter war Direktor einer Behinderteneinrichtung, er ist richtig an gebrochenem Herzen gestorben, weil dort Transporte abgeholt wurden, obwohl er versucht hat, das zu verhindern. Das hat die Mutter durchaus mitgeprägt, aber sie sprach nicht so viel darüber. Ich hatte den Eindruck, daß sie die Stärkere war, ich kann das gar nicht belegen durch große Ereignisse. Sie war die Unternehmungslustige, die Tonangebende. Wenn ich manchmal etwas wollte und zum Vater ging, endete das immer mit der Antwort: »Rede mit Mutter.« Sie war, was ich vage in Erinnerung habe, sehr großzügig, wenn es darum ging, irgendwo zu helfen und hängte das auch nicht an die große Glocke.

Zum Vater hatte ich ein zärtlicheres Verhältnis; er hat oft

und gern erzählt, daß er täglich acht Kilometer mit dem Fahrrad Milch in die Stadt zum Krankenhaus gefahren hat, als ich als kleines Kind sehr krank war, und auch später hat er mich immer ein bißchen verwöhnt – seine erste Tochter nach drei Söhnen. Aus meiner frühen Kinderzeit habe ich noch ein Bild vor mir: Mein Vater hat im Stall die Kühe gemolken – noch mit der Hand – und wir Kinder saßen auf Melkschemelchen um ihn herum und hörten zu, wie er uns Märchen erzählte. Wehe, er hat nur ein Wort verändert! Trotz der vielen Arbeit, das hat er immer gemacht.

An meinen Eltern hat mir sehr imponiert, daß sie viel gelernt haben. Sie waren zum Beispiel nie im Beisein von uns Kindern zärtlich miteinander, das hat man nicht so gezeigt, aber als die Brüder sich verlobten, trauten sich plötzlich die Eltern auch, zärtlich zu sein, auch im Wohnzimmer. Ich fand das sehr schön, daß sie bis ins Alter hinein Konventionen, die vorher wichtig waren, zur Seite legen konnten. Ich glaube, sie haben eine gute Ehe geführt. Allerdings ist mir schleierhaft, wie sie Konflikte ausgetragen haben, jedenfalls haben wir es nicht mitbekommen, und so etwas wie »dicke Luft« gab es eigentlich nicht.

In ganz besonderen Fällen, wenn man Bauchweh hatte, konnte man abends bei den Eltern im Bett auf der Ritze schlafen. Sie haben dann, bevor sie ins Bett gingen, miteinander gebetet, und wenn die Mutter spät am Abend noch mal nach uns guckte, hat sie uns ein Kreuz auf die Stirn gemacht, wenn sie den Eindruck hatte, wir schliefen, das hat sie nicht getan, wenn wir wach waren, da war sie eher zurückhaltend.

Nach dem Krieg haben Flüchtlinge aus Schlesien bei uns gewohnt. Die Frau kochte so manche Sachen, die es bei uns nicht gab, das fand ich ganz spannend. Was durch die Flüchtlinge neu in den Blick kam: Sie waren evangelisch. Andere Evangelische gab es in der Gegend nicht. In meiner Klasse war ein Flüchtlingsjunge, der war hin und wieder etwas besser im Rechnen als ich, das konnte ich nicht besonders gut haben – da denke ich heute noch: unmöglich, aber das war so –, und beim

Krippenspiel sollte ich die Maria spielen, das fand ich auch noch ganz nett, aber eben dieser Hansi, der sollte Josef sein. Das hat mich geärgert, und ich bin zur Lehrerin gegangen und hab' gesagt: »Der Hansi kann doch nicht den Josef spielen, der ist doch evangelisch!« Aber es ist für mich irgendwie typisch, so was mitgekriegt zu haben, es war fremd, wir wußten überhaupt nicht, was das ist, evangelisch. Damit waren die kuriosesten Vorstellungen verbunden. Evangelisch waren also die ärmeren Leute, dann kriegte man mit, daß die sonntags nicht in die Kirche gingen, so daß sich leicht eine Wertung damit verbunden hat. Außerdem kam der evangelische Diakon mit einem alten verrosteten Moped, und unser Kaplan kam immer mit einem Auto, das war für uns Kinder schon ein Beweis dafür, daß das Katholische irgendwie besser war! So etwas hab' ich in Erinnerung. Gut, in der Schule war das dann kein Problem mehr, und auch später habe ich so etwas nicht erlebt. Im Gegenteil, da war ein gutes Verhältnis zu evangelischen Pfarrern in der Nachbarschaft, aber als Kind zunächst habe ich so einen Eindruck gehabt.

Wenn ich Bücher erwischt habe, hat man mich nicht so leicht gefunden. Karl May war eine Zeitlang der große Favorit, sicher auch durch meine Brüder. Sonst ist nicht überliefert, daß ich schrecklich still war, eher, daß meine gleichaltrigen Cousinen und ich etwas unternahmen, auch Streiche ausgeheckt haben.

Bei den Mahlzeiten waren wir mit unseren Angestellten immer zehn bis zwölf Leute am Tisch. Wir hatten eine riesige Küche, die war von dicken Balken durchzogen, so daß im Winter, wenn geschlachtet wurde, auch das Schwein eine Weile dort gehangen hat, bis es verarbeitet war. Normalerweise hing aber eine Schaukel an diesen Haken, so daß wir dort in der Küche viel geschaukelt haben. Ich kann mich noch daran erinnern, daß eine Angestellte ganz verrückt wurde, weil meine Schwester und ich schaukelten, die Brüder mit Rollschuhen herumfuhren und sie Pfannkuchen backen sollte – und wir zwischendurch dauernd Pfannkuchen genommen haben. Sie wurde ganz nervös dabei, und wir sagten: Das ist vielleicht eine komische Ziege, die regt sich auf, weil man schaukelt und Rollschuh fährt! Mutter ließ sich nicht aus der Ruhe bringen, die war da besser.

Auf dem Hof hatten wir Pferde, Kühe, Schweine, Hühner, alles, was man sich so vorstellen kann. Später gab es dann Traktoren statt der Pferde. Es war selbstverständlich, daß wir Kinder unsere Pflichten hatten. Ich mußte zum Beispiel immer die Eier einsammeln. Und zur Erntezeit hatten wir auch morgens vor der Schule schon mal einen Wagen mit Korn mit abzuladen. In den Ferien war das ganz nett, auf dem Kornwagen oben mit nach Hause zu fahren, aber es hatte doch einen ziemlichen Grad von Ernsthaftigkeit, keineswegs nur so, daß man sagte: Ich mach' das, wenn ich mal Lust habe. Und ich erinnere mich, so mit acht Jahren auf dem Feld langsam schon mal den Trecker weitergefahren zu haben. Das war keine schwere Arbeit, aber das hieß schon auch, eingebunden zu sein. In den Ferien verreisen, wie das manche Klassenkameradinnen taten, das hätte ich sehr viel reizvoller gefunden in der Zeit.

Wir Mädchen wurden ziemlich ferngehalten, wenn der Bulle zum Decken kam, wir haben immer spekuliert, was da eigentlich lief, andererseits war uns vieles selbstverständlich: Geburt von Kälbern oder kleinen Ferkeln, wie die eins nach dem andern kamen. Das Schlachten fand man nicht so doll, aber das gehörte eben auch dazu, und zu Schweinen hat man keine so tiefe Beziehung. Karnickel waren schon schlimmer. Doch ich habe nicht in Erinnerung, daß es mir Probleme gemacht hat, so wie man Gemüse gegessen hat, aß man auch das.

Mein Verhältnis zu den Geschwistern? Die eigene Perspektive ist natürlich ein bißchen anders als die der anderen. In Erinnerung habe ich Abgrenzung gegen die Brüder als kleineres Kind. Mit meiner Schwester habe ich mich nicht besonders gut vertragen, das kam später. Ich bin die einzige von den Geschwistern, die das Abitur gemacht hat. Das ist, glaube ich, zum Teil auch ein bißchen beneidet worden, zur Schule zu gehen und etwas eine Sonderrolle zu haben. Aber ich selbst habe das durchaus nicht als Privileg wahrgenommen.

Die letzten sechs Jahre meiner Schulzeit habe ich, um zum Gymnasium zu gehen, in der Stadt bei dem Onkel gelebt, der Pfarrer war. Er war sehr großzügig und hat mich nicht bevormundet. Ich habe manchmal schon das Gefühl gehabt, bei allem Guten in der Zeit beim Onkel, etwas abgestellt worden zu sein, mit vierzehn von zu Hause weg zu gehen, das ist eigentlich relativ früh. Mir hat doch die Mutter gefehlt, ohne daß ich das damals so hätte benennen können. Im nachhinein hab ich ihr da manches übel genommen, das ist mir erst später bewußt geworden, so daß es gerade mit der Mutter sehr zwiespältig war. Daß sie gut war, das war überhaupt keine Frage, aber das hat es manchmal auch schwergemacht, sich hinterher damit auseinanderzusetzen. Ich habe sie weicher und zärtlicher erst erlebt, als ich schon im Kloster war.

Religiöses Leben war für mich zunächst eher formal, es gehörte dazu, wenig hinterfragt. Aber für meine eigenen Erfahrungen hat der Religionslehrer eine wichtige Rolle gespielt, als wir in ein Benediktinerkloster zu Einkehrtagen gingen. Völlig unvorstellbar, *drei Tage* zu schweigen, »sich Gott auszusetzen«, wie es hieß! Das ist auch nicht so ganz gelungen, aber immerhin habe ich es doch als eindrucksvoll in Erinnerung. Da auch zu merken, was Beten eigentlich meint. Bis dahin war Gebet oft etwas Vorformuliertes, Morgen- und Abendgebet hatte man auswendig gelernt, Tischgebet und Gebet in der Kirche, das waren alles Formen von Gebet, die festgelegt waren, und da gab es erste Hilfen, ins private Gebet zu kommen. Was meint das für mich, was provoziert das an Antwort?

In dieser Zeit gab es viele Freundschaften unterschiedlicher Intensität, Schwärmereien für Mitschüler, auch Enttäuschungen, aber nicht die ganz große Liebe. Ich muß sagen, daß ich tiefere Beziehungen später erst im Studium erlebt habe. Wichtige Gesprächspartner waren mir auch zwei Kapläne, deren Leben mir glaubhaft vorkam, sie wohnten ebenfalls bei dem

Onkel. Dann gab es häufig Besuch von Missionaren, die aus dem Ort stammten, die predigten und sammelten für Missionsgebiete in Afrika und Lateinamerika.

Ich war recht unternehmungslustig, hatte auch Lust dazu, Verantwortung zu übernehmen, ich denke, das auch durchaus zuverlässig gemacht zu haben und mit einigem Durchhaltevermögen. Alles mögliche probiert habe ich da, Nachhilfestunden gegeben, eine Jugendgruppe geleitet. Zu der Zeit kamen die Fragen, was christliches Leben meinen kann. Ich habe einiges gelesen, mit den jüngeren Kaplänen einiges an Fragen besprochen und gesucht. Was Zukunftsperspektiven oder Glaubensfragen anging, war die Familie nicht mein erster Ansprechpartner, auch nicht mein Onkel.

Dann kamen auch die Auseinandersetzungen damit, was es heißen kann, so einen religiösen Weg einzuschlagen – der kann nur Sinn haben, wenn Glaube tatsächlich wahr ist, sonst ist das verrückt –; stimmt das, stimmt das nicht, Zeiten, wo ich gedacht habe: Ja, das mache ich, und andere, wo ich dachte: Ich glaube, ich spinne! Aber gleichzeitig wollte ich keineswegs als fromm angesehen werden, das lief so parallel.

Mich hat zu dieser Zeit ein Buch über einen flämischen Missionar, einen Bauernsohn, sehr beeindruckt. Er kam auf eine Leprainsel irgendwo auf den Molukken und ist zum guten Schluß selber an Lepra gestorben. Und als ich das erste Mal in Tutzing war, habe ich sogar gefragt, ob es denn auch eine Station auf den Molukken gäbe, denn das war mir damals immer im Bilde: wenn schon, dann aber auch richtig – so. Wobei ich auch glaube, es hat sehr viel an Abenteuerlust mitgespielt, was dann nachher tatsächlich die Motivation zum Eintritt anging. Vorstellungen wie: Hawaii in der Nähe und so was, daß Mission etwas mit Löwen und mit Urwald zu tun hat. Ohne zu wissen, was das genau nun eigentlich soll, aber Ausland, das war mir klar.

❖

133

Benediktiner fand ich von meinen Exerzitien her eindrucksvoll, und Mission faszinierte mich. Ich habe also eine Kombination von beidem gesucht, und tatsächlich gab es so einen Orden, in Tutzing. Dorthin habe ich auch geschrieben, gleich am Ende der Schulzeit.

Vorher gab es noch einen Versuch bei einem anderen Missionsorden – die weißen Kleider fand ich einfach ganz gut, ohne sonst Näheres über den Orden zu wissen. Denen hatte ich geschrieben, aber ihre Reaktion war mir viel zu freundlich. Ein begeisterter Brief, ich soll doch kommen, und sie würden auch einen Kuchen backen und Fotos zeigen. Weil es nicht weit von zu Hause war, habe ich mir sonntags das Auto geliehen, mein Ziel aber nicht preisgegeben. Als ich in den Klosterhof hineinfuhr, liefen dort gerade Schwestern entlang. Plötzlich wurde mir ganz schlecht – ich habe eine große Kurve gedreht und bin wieder nach Hause gefahren, ohne überhaupt auszusteigen! Wer weiß, was die gedacht haben? Ziemlich komisch. Damit war dieser Orden fertig für mich – also keine besonders ausgeklügelte Entscheidungsfindung!

Nein, ich hatte keine große Vision. Nur der Gedanke an Ordensleben ließ mich nicht mehr los, ich war unruhig, heute würde ich sagen, das war eher der Wunsch, ich will das Kapitel abgeschlossen haben, ich muß das jetzt machen, und wenn es nichts ist, ja gut, dann war's das wenigstens. Ich habe auch meine Sachen verschenkt, es ist nicht so, daß ich dachte, ich leg was auf die Seite und im halben Jahr kann ich das wieder aus der Kammer holen, sondern: Ja gut, dann muß ich sowieso wieder neu sehen, aber jetzt probiere ich das auch ganz. Mit 20 Jahren bin ich eingetreten, kurze Zeit nach dem Konzil, als Änderungen im Ordensleben eigentlich noch nicht stattgefunden hatten.

Zwei Tage nach meinem Eintritt hat mich eine Schwester gefragt, wie es mir denn gefällt, und ich sagte: »Ach, ich glaube, ich gehe bald wieder«. Ich habe mir selber dann aber eine Frist gesetzt, drei Monate, bis nämlich mein ältester Bruder auf der

Hochzeitsreise vorbeikommen wollte, das war schon ausgemacht. So lange wollte ich mir das anschauen, denn nach drei Tagen wieder zu gehen, fand ich nicht fair und auch viel zu großen Aufwand.

Mein Noviziat war kaum ein wirklich bewußter Prozeß, sondern mehr ein Dabeisein und Hineinwachsen. Bis auf das letzte Jahr war die Leitung noch sehr von altem Schrot und Korn. Man hatte eher so eine Haltung, das Noviziat muß man jetzt hinter sich bringen, dann kann man besser leben. Das ist eine sehr schlechte Ausgangsbasis, um wirklich zu einer Entscheidung zu kommen. Vieles ist mir schwergefallen, und ich habe auch den Sinn nicht begriffen: daß man im Schlafsaal war und kein eigenes Zimmer hatte, daß es noch Briefzensur gab. Der ganze Tag hatte kaum eigene Gestaltungsmöglichkeit. Das ist mir sehr schwer gewesen, auf der anderen Seite habe ich gedacht, vielleicht muß man das erst mal tun, um davon was zu begreifen. Die erste Zeit war sehr stark von Unsicherheit gekennzeichnet.

Wie heilfroh war ich, als ich merkte, wie mir die Benediktregel entgegenkam, die sehr nüchtern ist, sehr realistisch, vielleicht oft wenig aufregend, aber auf der anderen Seite sehr konsequent. Benedikt kann an manchen Punkten großzügig sein, wenn er sagt: Eigentlich sollten die Mönche überhaupt keinen Wein trinken, aber die heutigen kann man ja nicht davon überzeugen, – die heutigen! – aber dann sollen sie es doch mit Maß tun. Oder er sagt: Gut, wenn einer verschläft – man soll den ersten Psalm etwas langsamer singen, damit aber wirklich hinterher alle da sind. Und auf der anderen Seite ist er sehr konsequent, wenn er sagt, was er überhaupt nicht leiden kann, das Murren, unzufrieden leben, und zwar nicht offen, sondern so unterschwellig. Was Armut angeht, ist er nie so radikal wie Franziskus, sondern meint eher bescheidene Lebensweise. Also, man soll in seiner Umgebung mit dem zufrieden sein, was es gibt, man soll bekommen, was man nötig hat, mehr aber nicht. Nicht alle unbedingt das gleiche, sondern jeder, was er braucht, und dafür ist man zunächst selber verantwortlich. Das hört sich auf Anhieb vielleicht gar nicht so heroisch an, aber ich finde es vernünftig. Die Eigenverantwortung ist stark gefragt, es geht nicht darum, was ich möglichst noch alles entbehren kann, oder was ich alles noch haben kann, sondern ich soll wirklich gucken, was ich brauche, und das soll ich, wie er sagt, vom Abt des Klosters erwarten. Wer mehr braucht, muß eben die Demut aufbringen und seine Bedürfnisse sagen, und die anderen sollen froh sein, daß sie es nicht brauchen, aber sie sollen es nicht gegeneinander ausspielen.

Warum ich dann geblieben bin? Ich denke heute, daß es Kriterien gibt, ob das Leben, das ich lebe, so stimmt. Damals waren mir die sicher nicht so klar, sie sind uns auch nicht gesagt worden. Mir ist das sehr viel deutlicher, seitdem ich selber in der Aufgabe bin, Novizinnen auszubilden und auch für andere sehen muß: stimmt das oder stimmt das nicht? Wird mir in dieser Lebensform das Herz weiter oder enger? Das ist etwas Grundlegendes. Und wenn es enger wird, so grundsätzlich, dann kann es nicht stimmen. Wenn Gott wirklich ein Gott ist, der Leben will, dann will er kein Schmalspurleben in Enge und Kleinlichkeit. Das heißt nicht, daß es nicht auch schwierige Zeiten gibt, aber von der Grundtendenz her.

Dann, das ist sicher wichtig: Benedikt sagt, man soll sehen, ob jemand wahrhaft Gott sucht, und das ist natürlich gar nicht so leicht festzumachen. Nicht einfach an Äußerlichkeiten, was weiß ich, ob einer jetzt immer in der Kirche ist. Sondern wie gelingt es, Alltag durchsichtig zu bekommen für das Wirken Gottes? Ist das für mich etwas, woran ich mich orientieren möchte, was so traditionell »Wille Gottes« heißt? Ich denke es gerade vom Evangelium her: Wenn Jesus sagt: Meine Speise ist es, den Willen Gottes zu tun, dann heißt es: Ich lebe davon, das ist wie Brot, ich muß das wissen, weil ich überzeugt bin, das ist für mich der Weg zum Leben. So in dieser Richtung, drauf zu kommen: Wird das für jemanden immer wichtiger? Kommt jemand immer mehr auf den Geschmack?

Kann ich einiges auch in enger Gemeinschaft aushalten, habe ich auch Lust, mich einzubringen, nicht nur unter der Überschrift: Was bringt mir das? Die Blickrichtung bin nicht ich selber, sondern die richtet sich letztlich auf Jesus Christus und welchen Weg er mit uns geht. Da können viele andere Akzente reinkommen, als wenn ich dauernd um mich selbst besorgt sein muß und gucken muß, wie komme ich jetzt nicht zu kurz, wird jemand anderer vorgezogen oder was es alles auch an Ängsten gibt. Es geht bei allen Kriterien auch nicht darum: Kann jemand das? Sondern: Macht sich jemand mit auf diesen Weg? Und was für Erfahrungen macht jemand da? Hilft der Weg zum besseren Leben oder nicht? Sicher auch in diesen Formen, was den Gottesdienst angeht: Ist das etwas, was mir liegt? Das sind Dinge, die auch wichtig sind.

Ich glaube, eben gerade dieses Kriterium, daß das Herz weiter wird, hat durchaus eine wichtige Rolle gespielt, so ein Gefühl, es stimmt. Mindestens im Augenblick, der nächste Schritt stimmt. Ob für alle Zeiten, das wußte ich auch noch nicht unterwegs, aber während des Noviziates konnte ich nicht weggehen. Ich würde mal sagen, daß die Entscheidung sehr viel stärker von der Intuition her gefallen ist als vom Verstand. Die Leute, mit denen ich eingetreten bin, die haben sicherlich eine große Rolle gespielt, es war ein guter Zusammenhalt, das hat es sicher erleichtert. Auch vieles an Zukunftshoffnungen mitzukriegen, was nach dem Konzil gerade an Veränderungen vor sich ging, auch gegenseitige Ansteckung, da mitzumachen. Und in der Zeit fing es an, daß eine ganze Menge Leute ausgetreten sind, das war schon eine kräftige Anfrage, mitzukriegen, das sind fitte Leute, keineswegs einfach solche, von denen man sowieso dächte, sie waren hier nicht richtig. Ich glaube, daß damals aber auch noch mal deutlich geworden ist, die anderen sind sehr wichtig, auch in der Entscheidung, aber ich kann mich dabei nicht von der anderer abhängig machen. Und ich kann nicht dableiben, weil ich irgendwen nett finde.

Ein Problem war manchmal sicher die Konfliktfähigkeit,

denn ich hatte zu Hause kaum erlebt, daß Konflikte ausgetragen wurden, außer mit Geschwistern, mit denen man sich mal gekloppt hat, aber ich hatte eher so den Eindruck, streiten gehört sich nicht. Das sehe ich im nachhinein als großes Manko an. Ich habe erst später lernen müssen, was es heißt, auch gut zu streiten, wirklich. Ich war in dem Ruf, daß man mit mir gut auskommen kann, was ja nicht nur schlecht ist, aber ich sehe da sehr wohl auch ein Defizit. Durch junge Mitschwestern im Noviziat herausgefordert zu sein, das finde ich einfach gut, weil ich merke, daß mir das von vornherein eher schwerfällt. Da bin ich immer noch auf dem Weg, denke ich.

Wie ich das Zusammenleben verkrafte? Man muß sich klar vor Augen halten: Die Mitschwestern lieben heißt nicht, alle sympathisch finden, das geht nicht, und das ist auch nicht gemeint. Mir hat sehr geholfen, gerade in der Auseinandersetzung mit einer Mitschwester, mit der es mir sehr schwer wurde, daß jemand gesagt hat: »Ich muß nicht immer sagen können, › es ist gut, daß du da bist‹, aber, was ich kann: › Du bist da – und ich unternehme nichts dagegen, ich werfe dir auch keine Knüppel zwischen die Füße‹« Das ist zwar nicht eine Hochform von Liebe, aber durchaus etwas, das in meiner Macht liegt. Ich muß ja nicht über jemanden herziehen, ich kann mindestens den Mund halten. So. Es liegt aber nicht in meiner Macht, was ich für Gefühle habe. Das ist auch befreiend. Das wäre ein Krampf, wenn ich sagen müßte »Ich muß jetzt alle lieben.«

Es ist ein Irrtum zu denken, wenn ich mich binde, bin ich unfrei. Entscheidung gehört zum Leben dazu; ich bin überzeugt, daß geglücktes Leben entschiedenes Leben ist. Daß es dazu Wege braucht, daß es überlegt sein will, ist richtig, aber irgendwann gibt es einen Punkt, da tut es gut, sich zu entscheiden und festzumachen. Das kann auch viel an Energien freisetzen. Das heißt nicht, daß ich alle Regeln zu jeder Zeit besonders praktisch finde und nicht morgens manchmal liegenbleiben möchte. Ich erlebe auf der anderen Seite, daß es ganz viel an Energie freisetzt, wenn ich nicht jeden Morgen überlegen muß,

stehe ich jetzt auf oder nicht. Das heißt ja nicht, daß nicht
Verzichte deutlich wurden, so auf dem Weg zur ewigen Profeß
oder auch hinterher oder jetzt immer wieder. Das ist keine
Frage. Eine Entscheidung für irgend etwas heißt immer auch,
daß ich anderes ausschließe. Gehorsam, das heißt, etwas von
der Selbstbestimmung aufzugeben, so daß nicht mehr letztlich
ich festlege, wie es weitergeht, das war sicher am schwerwie-
gendsten. Ehelosigkeit wird gewöhnlich schwierig, wenn es
konkreter wird. Ich kann mir auch vorstellen, es wäre schön,
Kinder zu haben, aber brisanter wird es, wenn da jemand ist,
den ich sehr gerne habe. Solange der nicht in der Nähe ist, ist
das eher theoretisch.

Nach der ersten Profeß war für mich eine Zeit der Krankheit
sehr wichtig. In einem Jahr habe ich fünf Operationen gehabt,
Darmverschlüsse, ziemlich aufregend, weil ich immer innerhalb
kürzester Zeit wieder operiert werden mußte. Da habe ich
einmal mitbekommen, wie das ist, angewiesen zu sein auf Hilfe
anderer, ich habe Gemeinschaft noch mal anders erlebt, sehr
viel an Interesse, Aufmerksamkeit, Zuwendung. Das ist sicher
eine sehr wichtige Sache gewesen. Auf der anderen Seite war
das eine Zeit wirklich intensiver Gotteserfahrung, die Sicherheit, im Grunde gehalten zu sein.

Die Frage, was ich beruflich machen soll, fiel auch in diese
ersten Jahre im Orden. Ich habe es als sehr positiv erlebt, daß
meine eigenen Überlegungen, was das Fach Pharmazie anging,
sehr offen gehört wurden, auch als ich die Idee hatte, in Tübingen zu studieren. München wäre natürlich viel naheliegender
gewesen als Tübingen, aber ich kannte eine Mitschwester aus
dem Noviziat, die studierte dort schon, und ich fand es gut, zu
zweit zu sein. Auch was Zivilkleidung anging, habe ich viel
Großzügigkeit erlebt. Das war auch noch mal die wichtige
Erfahrung, Gehorsam meint nicht einfach: irgendwer denkt
sich was aus und ich tu das, sondern: man überlegt miteinander.
Meine Idee war damals, mich nach dem Studium vielleicht in
Afrika an der Suche nach Wirkstoffen zu beteiligen, die es im

Land gibt und die man bei der Herstellung von Medikamenten nutzen kann, statt daß alles importiert werden muß. In Tansania gab es damals nicht mal Aspirin im Land.

In Witten habe ich ein Praktikum gemacht, bei einem jungen Apothekerehepaar, es ist ein schönes Jahr gewesen. Beide waren sehr daran interessiert, daß ich viel lernte, und wir haben abends immer wieder fachlich etwas gemacht. Beide waren evangelisch und fanden es zunächst recht abstrus, daß ich Ordensfrau war, und die Frau fand eigentlich, es wäre doch gescheiter zu heiraten. Einmal kam sie und fragte: »Ist es Ihnen wirklich ganz ernst, daß Sie das weiter machen wollen mit diesem Kloster?« – »Ja, natürlich schon, wie kommen Sie darauf?« – »Es gibt da einen Kunden, der wäre sehr interessiert, aber wenn das überhaupt keine Aussicht hätte, ja dann...«

Die Zeit in Tübingen war eine sehr wichtige Zeit, was Beziehungen anging. Mein Studium ließ mir nicht die Zeit, viel nebenher zu machen, aber als meine Mitschwester neben ihrem Studium ein Seminar über das Gebet bei Hans Küng mitgemacht hat, ging ich mit, denn es blieb nicht nur beim Seminar. Viele wollten auch einen Gebetskreis probieren, weil sie nicht nur theoretisch über das Gebet reden wollten. Die meisten waren zunächst Theologiestudenten, aber das weitete sich aus. Das waren die Anfänge eines sehr intensiven Freundeskreises, aus dieser Zeit gibt es heute noch Freundschaften. Wir haben viel zusammen unternommen, da gab es zum Beispiel unsere Samstagmorgen-Aktivitäten mit Leuten aus dem Studentenheim: Erst joggen, dann schwimmen, dann miteinander frühstücken. Wir sind auch viel zusammen weg gewesen. Im Winter waren wir skilaufen – allerdings war für mich ein Gipsbein die Folge – oder im Sommer auf einer Hütte am Vierwaldstätter See. Wobei ich sagen muß, daß ich mir manchmal auch überlegt habe: Sag' ich das in Tutzing oder nicht? Aber ich habe gedacht, es ist blöd, das nicht zu sagen. Ich habe dann mit der Priorin geredet, und die war sehr großzügig, muß ich sagen.

Es gab relativ bald durch eine gute Freundschaft, die sich entwickelte, noch mal eine große Herausforderung, die mich auch einiges gekostet hat, die Frage: Stimmt mein Weg oder nicht? Ich habe noch gut in Erinnerung, wie ich dann zu einer Entscheidung kam, auch mit Hilfe von guten Freunden: Ich kann nicht immer neu alles in Frage stellen, es gibt mal einen Punkt, hinter den ich nicht zurück kann, so, und ich fang' jetzt nicht mehr von vorne an. Das war vielleicht etwas rigoristisch, es hat mir aber sehr geholfen und auch der Beziehung zu diesem Mann, einem Priester, der auch studiert hat. Wir haben miteinander einen Weg gefunden, und die Freundschaft gibt es bis heute.

Wir haben jedenfalls sehr viel miteinander unternommen. Es war nicht die ausdrückliche Frage, heiraten wir, so weit nicht. Aber ich denke mal, diese Frage fängt auch nicht erst mit dem Heiraten an, sondern auch damit, was an Nähe möglich, an Distanz nötig ist, um das leben zu können. Einerseits nicht ängstlich zu werden und zu erleben, daß Freundschaft eines der schönsten und wichtigsten Geschenke ist, die es überhaupt gibt, – und ich bin damit sehr verwöhnt worden. Und andererseits nicht nur blauäugig zu sein – na ja, gut, dann ist eben alles möglich. Auch zu spüren, bindet solche Freundschaft Kräfte, oder setzt sie Kräfte frei? Und wenn ich merke, sie besetzt mich so, daß ich dauernd beschäftigt bin – was er jetzt macht, wann wir uns sehen –, dann wird es fragwürdig.

Es gab zwischendrin auch Geschichten von gegenseitigen Verletzungen, so daß es auch mal so aussah, als würde es überhaupt nicht mehr gehen. Aber daß nach Streit und Auseinandersetzung noch mal auf einer ganz neuen Ebene etwas möglich wird, das war eine schöne und wichtige Erfahrung.

Ich war lange Zeit von Tutzing weg, fünf Jahre, so daß sich schließlich die Frage stellte: Wie wird das, wenn ich bald wieder zurückgehe? Besonders gegen Ende des Studiums, als ich ein Angebot bekam zu promovieren. Kurze Zeit hat mich das gereizt, aber ich habe dann gemerkt, daß es weniger das große

Interesse an der Wissenschaft war als die Vorstellung, meine Zeit in Tübingen zu verlängern. Da wurde mir sehr deutlich, daß das jetzt eigentlich nicht dran war, und ich habe das Angebot nicht angenommen. Aber damals habe ich ziemlich Angst gehabt: Wie kann ich die guten Freundschaften weiter pflegen? Wie geht das, wenn man sich gar nicht sieht? Wir waren sehr weit verstreut, und ich habe gedacht, meine Güte, wie das wohl wird, wieder in relativ enger Gemeinschaft. Aber ich war erstaunt, wie gut es mir hinterher doch ging.

Die Arbeit, gerade auch das Zusammenarbeiten in unserer Krankenhausapotheke, war die ganze Zeit sehr erfreulich. Von meiner Mitschwester, die die Leitung hatte, habe ich viel gelernt, nicht nur fachlich, sondern auch menschlich: sie hat zum Beispiel nach einem Jahr gesagt, sie möchte mir die Leitung der Apotheke übertragen: »Du bist viel näher am Studium, das ist einfach sinnvoller, außerdem hab' ich mitgekriegt, wie das ist, wenn Leute Posten nicht abgeben, auch innerklösterlich, und ich möchte das rechtzeitig machen.« Das hat mir damals sehr imponiert.

Als ich zehn Jahre dort war, kam die Anfrage, ob ich die Ausbildung der Novizinnen übernehme. Ziemlich schnell wurde aber klar, daß das heißt, man muß die Apotheke schließen – und man kann sie eben nicht nach fünf Jahren einfach wieder aufmachen. Ich wußte zwar, in der Apotheke, das kann ich, aber ob ich das andere kann, weiß ich nicht. Und auf der anderen Seite: Wenn ich so etwas gefragt werde, kann ich nicht einfach sagen: Ach, da habe ich jetzt keine Lust. Sondern das ist eine ernsthafte Frage, auch eine Glaubensentscheidung, weil das ganze Leben davon betroffen ist – und es ist natürlich auch schön, so ein Vertrauensangebot.

Ich habe dann eine Ausbildung gemacht für geistliche Begleitung und Exerzitienleitung, die sich an Ignatius von Loyola orientiert. Was Exerzitien sind? Es geht darum, wenn man das in einem Satz sagen will, das eigene Leben im Licht des Wortes Gottes neu zu ordnen. Nicht nur reflektierend, sondern auch betend und eben mit Begleitung. Das ist sehr prozeßorientiert, nicht so, daß es einen festen Rahmen gibt, wie das abzulaufen hat und was man am zweiten, dritten, vierten Tag macht. Aber es gibt Erfahrungen, wie diese Prozesse laufen können. Wichtig ist es beispielsweise, mit dem Fundament anzufangen, neu in den Blick zu nehmen, daß ich Geschöpf Gottes bin und über alles geliebt, und nicht zu sagen: Jetzt fangen wir an und gucken mal, was bist du für ein armer Sünder. Das kann überhaupt erst deutlich werden vor dem Hintergrund dieser Zusage Gottes. Es ist günstig, von diesen Prozessen einfach einiges zu wissen, es kann vieles in Bewegung kommen, man kann auch einiges falsch machen. Manchmal wird es von Leuten so angesehen wie eine Minitherapie, aber das ist ein anderer Ansatz. Es geht nicht um Therapie, aber natürlich kann auch etwas heilen.

Konflikte können auftauchen, aber Exerzitien sind nicht in erster Linie dazu da, um Konflikte zu lösen. Sondern ich probiere, mein eigenes Leben etwas durchsichtiger zu bekommen in Zusammenhang mit Glauben. Zum Beispiel, wenn es stimmt, ich bin von Gott geliebt. Gibt es Anhaltspunkte dafür? Das ist eine schöne Zusage, aber wenn das nicht konkret wird, hilft das wenig. Es geht nicht darum, mit Gewalt irgendwas an den Haaren herbeizuziehen und zu sagen, irgendwie muß das immer fromm gedeutet werden. Wenn ich mir den Finger klemme, muß ich nicht sagen, der Liebe Gott hat mir die Tür auf den Daumen gehauen, so. Auf der anderen Seite, wenn nichts erfahrbar wird, dann stimmt irgendwas nicht. Vieles ist natürlich eine Frage von Deutung. Wenn mir jemand eine Rose auf den Schreibtisch stellt und ich sage, immer steht da was herum, der Schreibtisch ist nicht aufgeräumt, dann begreife ich nicht, was das meint. Und mir kommt es so vor, als ob es uns in unserer Gottesbeziehung immer wieder so ginge.

Ich kann sagen: Das ist Zufall. Wenn jemand lieber dabei bleibt, ja gut. Ich für mich finde sehr viel schöner, sehr viel mehr an Lebensqualität, wenn ich sehen kann, daß mir das von einem liebenden Du entgegenkommt. Und ich meine nicht, daß das einfach eingeredet ist, sondern mir kommt es so vor, als wenn es viele Hinweise dafür gibt; und noch mal, mir scheint, ich befinde mich damit in guter Gesellschaft, es ist schon vielen Leute so gegangen.

Oft haben Leute aber schwere Voraussetzungen, ganz klar, wenn sie überhaupt nicht erfahren, daß jemand treu ist. Oder ich habe einmal erlebt, daß jemand gesagt hat bei Exerzitien: »Nehmen Sie ja nicht das Wort ›Vater‹ in den Mund! Ich kann nicht hören, ›Gott ist Vater‹, weil es ganz fürchterliche Vatererfahrungen gab«. Das macht es natürlich viel schwerer. Und natürlich gibt es äußerstes Elend. Ich bin auch sehr vorsichtig, das einfach so für andere zu formulieren, sondern ich meine, daß Ignatius recht hat, wenn er immer wieder vom Wahrnehmen spricht. Große Aufmerksamkeit. Es geht jetzt nicht drum, jemandem in Bosnien zu sagen, jetzt guck doch mal, ob du nicht eine Rose siehst. Vielleicht kann ich, wenn mir jemand so begegnet, in solcher Not, überhaupt nur dasein und zuhören. Ein Wort wie »Zuwendung Gottes« kann ich überhaupt nicht in den Mund nehmen, ich kann vielleicht etwas erfahrbar machen, dadurch daß ich bei jemandem bleibe, nicht weglaufe, versuche, zu helfen. Es geht auch nicht darum, andern das jetzt vorzureden, sondern für mich selber aufmerksam zu werden, und ich bin überzeugt, dann zeigt sich vieles von selber.

Ich bin sehr dankbar für das, was mir zukommt von Gott, was ich entdecke und was mich auch staunen läßt, immer wieder einmal, und manchmal merke ich auch überhaupt nichts, oder es ist sehr mühsam, aber das gibt es in Beziehungen, das gehört zur Lebendigkeit von Beziehungen. Das gibt es in der Ehe auch, Zeiten, in denen ich sehr viel spüre und fühle, und dann Zeiten, da spüre ich wenig, aber weiß im tiefsten um die Treue des Partners, ich glaube daran und halte mich daran fest.

Wie ich über das Gebet denke? Wir müssen uns davon frei machen, daß Beten immer nur Denken und Reden ist. Auch zu merken, das braucht ein bißchen Übung, im Grunde aufmerksam zu sein. Es ist erstaunlich, was uns da entgegenkommt und wie persönlich das ist. Aber Beziehung braucht Zeit, gar keine Frage. Das gibt es vielleicht, daß Paulus zu Boden stürzt, aber das ist eher die Ausnahme. Es ist leicht zu überhören. Das ist nicht so eine Stimme mit Donnerhall, eher wie Elia: nicht im Sturm, sondern in diesem verschwebenden Schweigen. Benedikt sagt das im Vorwort seiner Regel: »Horche mein Sohn, neige das Ohr deines Herzens.« Darum geht es ganz genau.

Ich denke mal, daß mir sehr deutlich wird, Gott ist nicht einfach verfügbar. Und immer wieder zu staunen, er ist völlig anders. Ich weiß nicht, was noch alles passiert, ich bin da auch vorsichtig, aber im Augenblick kann ich mir nicht vorstellen zu denken, es gibt Ihn nicht. Im Augenblick. Ich bin nur sicher durch so viele Erfahrungen. Nicht so, daß ich einfach schulterklopfend herumgehen könnte. Beten heißt für mich nicht, daß ich Ihm immer alles richtig erzählen müßte, damit Er es richtig versteht. Informationen braucht Er nicht. Aber eher manchmal eine Hilfe, um ins Hören zu kommen. Es geht ja nicht darum, daß ich Ihm einfach was erzähle, Punkt, jetzt kann ich ins Bett gehen, sondern das ist ja erst die Chance, daß es anfängt. Aufmerksam sein, was kommt mir denn entgegen von Ihm. Habe ich den Eindruck, Er hört? Was ist denn da an Antwort? Die weiß ich nicht. Manchmal kommt es mir so vor, wir tun so, als wüßten wir die. Die wissen wir ja nicht.

Ich finde, ein sehr schönes Bild für Kirche ist die Geschichte der Begegnung von Maria und Elisabeth. Diese Verkündigungsgeschichte meint, wenn man das etwas platt sagt: Gott hat sich in dich verliebt und durch dich soll sein Wort lebendig werden. Das war Zusage an Maria, aber ich denke, das gilt dann auch für mich und für jeden Christen. Nur wenn ich ja sage, dann passiert das. Gott macht sich da unheimlich abhängig, und, wenn man es bildlich ausdrückt: Kinder haben Ähnlichkeit mit ihren Eltern, und Wort Gottes, das durch mich lebendig wird, hat viel Ähnlichkeit mit mir, das ist gar nicht mehr auseinander zu dividieren. Und wenn man jetzt denkt, da begegnen sich zwei Frauen, in denen Wort Gottes heranreift, und in der Begegnung geraten die in Bewegung, es fängt an zu hüpfen, wie das beschrieben ist. Ein schönes Bild für Kirche, daß Leute unterwegs sind, in denen Wort Gottes wächst, da ist, und dadurch daß sie sich begegnen, kann das in Bewegung geraten. Und hin und wieder kann man das erleben.

Wenn da steht: Der Herr ist mit dir, du bist voll der Gnade, das reißt doch keinen vom Hocker; aber das griechische Wort, charis, das hat den gleichen Wortstamm wie das französische »Charme«, das hat was mit Beziehung zu tun. Nicht: Ich kriege Gnade, sondern: Gott ist bezaubert von deinem Charme, er verliebt sich in dich. Und ich kann den Eindruck haben, da hat er einen komischen Geschmack so hin und wieder, aber das ist sein Problem. Ich meine, daß das genau Zusage ist an jeden Christen.

Meine Aufgabe in der Novizinnenausbildung? Einerseits freue ich mich, wenn Leute kommen und eintreten wollen, und insofern finde ich es schade, wenn es wenig sind. Wenigstens versuche ich immer wieder, mir das bewußt zu machen, daß wir uns gerade jetzt von kleinen Zahlen nicht unter Druck setzen lassen dürfen. Das wäre ganz fatal. Mir geht es darum, daß ich gerne Menschen begleite auf unserem Weg der Gottessuche, daß ich dankbar bin, mitzuerleben, wie Gott sie führt, daß ich ihnen helfen darf, ihre Erlebnisse und Situationen glaubend zu deuten. Aber wir erleben auch, es gibt eine ganze Menge Anfragen von Leuten, die Geborgenheit suchen, ein Nest, psychisch angeschlagene Leute, und da zu fragen, kann das in Gemeinschaft gehen? Und so irreale Hoffnungen zu haben, vielleicht wird da alles ganz anders, ist nicht gut, für keinen. Ich habe natürlich auch Erfahrungen gemacht inzwischen, ich mache das jetzt acht Jahre. Auch andere lernen die Novizinnen kennen. Ich halte mich ja auch nicht für unfehlbar. Es gibt den Grundsatz, im Zweifelsfalle lieber nicht. Ich meine, der bewährt sich. Aber in diesem Fall tendiere ich dazu zu sagen: Kommen Sie noch mal, seien Sie einfach länger da, daß man sich näher kennenlernt.

Was für mich Glück ist? Mir fällt ein Wort aus dem Philipperbrief ein, das kann so übersetzt werden: »Der Friede Gottes, der alles Begreifen übersteigt, wird eure Herzen und Gedanken schirmen.« Und so in diese Richtung denke ich: zu erleben, daß es etwas gibt wie einen tiefen Frieden, der unangreifbar ist, der auch schwere Zeiten übersteht, der unabhängig ist von Wetter und Stimmungen. Letztlich würde ich mir das wünschen. Es gibt kleinere Wünsche, einzelne, aber das wünsche ich mir wirklich, was ich ansatzweise schon ahnen kann, was nicht einfach Phantasievorstellung ist, was ich ein bißchen kenne, nicht endgültig, nicht unangefochten, aber schon. Ein anderer Wunsch würde sich in Richtung Frieden und Gerechtigkeit bewegen; daß wir es lernen, angstfreier miteinander umzugehen, auch in der Welt, was dann nicht mehr nötig macht, mit Gewalt aufeinander loszugehen, daß ich auf Kosten anderer leben muß. Ich glaube, wenn wir angstfreier leben könnten, würde sich vieles an Problemen erledigen.

Ich denke einfach, immer wieder spielt uns die Vorstellung einen Streich, daß Ewigkeit irgendwann anfängt und dann ganz lange Zeit ist. Aber es gibt schon hier Erfahrungen von Himmel – und Erfahrungen von Hölle auch. Sicher, Vollendung gibt es erst in der Ewigkeit, das ist auch schön – aber wir tun uns selber nichts Gutes, wenn wir nicht aufmerksam sind für das, was jetzt an manchen Stellen immer mal wieder durchleuchtet. Es gibt doch so etwas wie tiefe Übereinstimmung zwischen Menschen, manchmal nur kurze Augenblicke, sie ist nicht festzuhalten, aber sehr wirklich und eine Ahnung davon, was Himmel dann endgültig meint. Deshalb kann es nicht darum gehen: jetzt ist alles schlecht, und irgendwann kriegen wir dann den Honig – das stimmt einfach nicht. Damit tun wir uns auch gegenseitig nichts Gutes. Es geht nicht um Verharmlosung, sondern um schlimme Not und schlimmes Elend; aber daß vielleicht gerade daraus, daß ich ansatzweise erlebt habe, was das meint, dieser Friede Gottes, der alles Begreifen übersteigt, daß das helfen kann, vielleicht etwas barmherziger und gütiger mit anderen umzugehen und auch etwas davon zu vermitteln. Ich glaube, daß genug übrigbleibt an Sehnsucht, die hier nicht gestillt ist, die letztlich nur in Gott zur Ruhe kommen kann, und daß das aussteht und verheißen ist, aber daß Himmel nicht erst da oben anfängt.

Ja, ein Echo auf meine Arbeit krieg' ich immer wieder, das ist auch schön, gerade manchmal in der Exerzitienbegleitung. Manchmal denke ich hinterher, ob das für jemanden gut war, wie geht das weiter? Und diese Leute schreiben nach einiger Zeit, können rückmelden, es ist was Neues möglich geworden. Zu erleben, daß Leute Vertrauen haben, ist auch sehr wichtig. Aber ich plage mich nicht mit einer Überverantwortung. Für den Glauben anderer habe ich nicht die Verantwortung, das ist Gott selber. Ich kann es sagen, aber ich kann es nicht machen – und ich muß es nicht. Das heißt nicht, daß es mich nicht interessiert, und es ist schön, davon zu hören.

Die Diskussion um Frauenordination – wie lange wird die noch gehen? Es gibt doch keine theologischen Gründe dagegen. Was da manchmal an den Haaren herbeigezogen wird, scheint mir einfach dumm zu sein. Daß ich Kleinkariertheit erlebe, finde ich ärgerlich manchmal, oder ich fühle mich nicht ernstgenommen. Mir kommt es manchmal bei einigen römischen Stellen vor, als bekämen sie tatsächlich nicht mit, was überhaupt passiert in der Welt, daß sie sehr weit weg sind, daß es manchmal aussieht, als wenn sie mit ziemlicher Arroganz umgingen mit Fragen, die anderen auf den Nägeln brennen, das finde ich schlimm.

Zum Beispiel die Stellung der Frau, wie damit umgegangen wird, oder die Familientraditionen in Afrika: daß Polygamie nicht auf Anhieb nur schwere Sünde ist, Punkt, fertig, ohne näher hinzugucken. Was ist der Hintergrund dieser ganzen Entwicklung? Es geht nicht darum, daß ich die Polygamie gerne hätte, aber ich meine, daß ernster und differenzierter mit verschiedenen Kulturen und Sitten umgegangen werden müßte.

Und das sieht manchmal recht überheblich aus. Vielleicht gibt es manche Gründe, die ich auch nicht sehe, das kann ja sein, aber so kommt es mir vor, und das finde ich ärgerlich. Das sage ich auch, und da habe ich kein schlechtes Gewissen.

Opfer? Ich habe selber wenig Zugang zu Opfern. Ich halte es für sinnvoll, zum Beispiel bei dem Thema Fürbitte, füreinander einzustehen, auch betend jemanden mit vor Gott zu nehmen, und ich weiß, das tut mir selber gut, wenn ich das von anderen weiß. Das ist mir eine sinnvolle Sache. Andere Opfer – das kann vielleicht für manche Leute stimmen, aber ich selber habe damit Schwierigkeiten. Es gibt ja auch Geschichten von Heiligen. Von der Heiligen Hedwig wird berichtet, sie sei immer barfuß gelaufen, auch im Winter; und ihr Beichtvater habe ihr gesagt, sie solle Schuhe tragen – da hat sie die Schuhe in der Hand getragen. Mir kommt das etwas abstrus vor. Nur, wenn das tatsächlich Ausdruck von Liebe ist, gut, das ist eine andere Zeit gewesen, man hat manches anders gesehen, dann meine ich, das ist recht. Aber nicht, um irgendwelche Hochleistungsdinge zu produzieren, oder auch nicht, um Gott in die Hand zu kriegen, zu sagen: Wenn ich aber jetzt nichts mehr esse, dann mußt du. Liebe kann sich unterschiedlich ausdrücken, und ich muß sehen, was mein Ausdruck ist. Ob das alle anderen verstehen, ist nicht so wichtig.

Die Theologie hat sich auch gewandelt. Es gibt alte Inschriften »Rette deine Seele«, die kann man manchmal an Kreuzen noch lesen – eine seltsame Sache, als wenn ich das überhaupt könnte! Ich denke, das ist einfach ein völlig falscher Ansatz: Ich muß nicht etwas tun, damit ich gerettet werde, das ist mir längst zusagt, ich kann ja sagen – oder nein. Ich denke, das liegt in der Natur der Liebe: Liebe kann nur anbieten oder werben, sonst wird es Vergewaltigung.

Nein, ich bin nie selbst in der Mission gewesen, wenn man darunter einen Einsatz in Afrika, Asien oder Lateinamerika versteht. Es war tatsächlich immer so, daß es gerade nicht ging. Zunächst einmal, ohne Ausbildung kann man nicht zu den

Löwen fahren, dann war es lange gesundheitlich eine unruhige Zeit, und als ich dann Examen hatte, war man in Tutzing darauf eingerichtet, daß ich dort arbeite, keine Frage, jetzt konnte ich da nicht weg. Dann wurde es nochmal ganz anders, als ich das Noviziat übernehmen sollte, aber das hatte dann auch zur Folge, daß man die Apotheke geschlossen hat, was eine große Sache war damals; so kamen immer Dinge dazwischen, die das zunächst mal nicht weiter möglich machten.

Es hat sich überhaupt einiges geändert im Missionsverständnis. Daß es natürlich schön wäre, mal auf die Philippinen zu fliegen, das ist nicht die Frage, aber was ich auch sinnvollerweise tue, muß ja nicht auf den Philippinen sein. Insofern habe ich nicht den Eindruck, jetzt ist alles völlig schiefgegangen, weil ich nicht da gelandet bin. Aber ich erlebe auch bei jungen Schwestern, es ist sehr deutlich im Blick, daß es nicht Afrika sein muß. Vor 30, 40 Jahren war das sicher noch mal eine andere Motivation, um einzutreten.

Kirche ist wesentlich missionarisch, und das heißt nicht, irgendwelche Leute zu überreden, sondern in dem Sinn: wenn ich glaube und wenn mir das am Herzen liegt, kann ich gar nicht anders als davon zu erzählen, den Leuten, die es wissen wollen. Aber nicht anderen. Nur im Sinn von Angebot. Ich kann sagen, warum ich denke, so lebe ich gut. Aber nicht in dem Sinn, das ist die einzige Möglichkeit, um – nach altem Sprachgebrauch – in den Himmel zu kommen. Es ist sehr deutlich, auch noch mal in der Entwicklung der ganzen Gemeinschaft bei uns, daß das eben nicht meint, auch nach Afrika zu gehen, sondern an dem Platz, an dem wir sind, Zeugnis vom Evangelium zu geben.

Natürlich werde ich oft gefragt: Kann man nicht so arbeiten wie wir, ohne im Orden zu sein? Natürlich! Nur, wie schwer ist es, allein zu glauben. Wir ziehen zwar nicht einfach zusammen, damit das Glauben leichter ist, aber es ist eine gute Form, miteinander zu leben, auch gerade mit dem Chorgebet. Wenn man mal zusammenzählt, wieviel Zeit wir »vertun«, indem wir in der Kirche singen und beten! Statt dessen könnte man doch lieber fünf Kranke waschen. Aber daß es Orte gibt, wo zweck-freies Dasein für Gott sichtbar wird, das ist wichtig für Kirche und Welt. Ich finde so etwas wie Gotteslob sinnvoll, das be-deutet, Zeit in Beziehung zu investieren. Denn so erleben wir uns tatsächlich als Geschöpfe Gottes, – und ihn zu loben ist eine gute Beschäftigung. Es kann nicht alles verzweckt werden. Ich denke, man muß es wahrscheinlich selber erfahren: Es hilft, präsenter zu leben. Auch in der übrigen Zeit. Und es tut gut, Ordnung ins eigene Leben zu bringen. Es muß nicht so struk-turiert sein, natürlich, aber es ist eine Möglichkeit.

Isa Vermehren

Sacré-Coeur-Schwester, Sophie-Barat-Haus, Bonn

Alter: 76
Alter bei Ordenseintritt: 33
Jahre im Orden: 43
frühere Tätigkeit: Kabarettistin, Filmschauspielerin
jetzige Tätigkeit: Publizistin
Kleidung: Habit

Auf Schwester Isa Vermehren wurde ich aufmerksam, nachdem ich ihr Buch »Reise durch den letzten Akt« gelesen hatte, ihren Bericht über eineinhalb Jahre in Ravensbrück, Buchenwald und Dachau, der schon 1946 veröffentlicht wurde. Die Portraits ihrer Mithäftlinge und Bewacher hatten mich vor allem deshalb überrascht, weil sie ein differenziertes Bild beider Seiten zeigt. Sie beschreibt, was sie erlebt, und sie stellt dabei die eigene Befindlichkeit nicht in den Mittelpunkt. Ich wollte von ihr erfahren, inwieweit solche Extremerfahrungen ihr Menschenbild und ihre eigenen Ideale beeinflußt haben, und mich interessierte, ob sie später als Lehrerin und Schulleiterin in Hamburg aus diesen Erfahrungen auch Grundsätze abgeleitet hat.
Trotz anfänglicher Bedenken lud Schwester Vermehren mich zu Gesprächen nach Bonn ein, wo sie seit ihrer Pensionierung lebt, und als günstiger Termin bei ihrem vollen Kalender eignete sich nur die Zeit von Weiberfastnacht bis Faschingsdienstag. »Eine Papierschlange stifte ich«, verkündete sie, »notfalls auch zwei, aber mehr Karneval dürfen Sie hier bei uns nicht erwarten!«
Neun ältere Schwestern aus verschiedenen Häusern des Ordens leben in der Gemeinschaft in einem ruhigen Bonner Stadtteil zusammen, einige tragen Habit, einige Zivil. Am Nachmittag meiner Ankunft sehen wir, auch auf meinen Wunsch hin, den

Film »In jenen Tagen« von Helmut Käutner aus dem Jahre 1946, in dem Isa Vermehren mitspielt, der einzige Film, so sagt sie, der ihr auch heute noch etwas bedeute, ein Spielfilm, der mutige und unkonventionelle Menschen während des Naziregimes zeigt.

Als eine gute Beobachterin kann Schwester Vermehren sich in andere hineinversetzen und Situationen schnell einschätzen, oftmals auch durch eine kleine ironische Bemerkung entkrampfen. Wenn sie spricht, ist ihre norddeutsche Herkunft noch ganz deutlich zu hören. Sprachwitz und Ironie beleben ihre Aussagen, und sie formuliert fast druckreif. »Nicht zu persönlich werden!« ermahnt sie mich manchmal lachend mit einem scherzhaften Stoß gegen mein Schienbein.

Manche unserer Gespräche im geräumigen Besucherzimmer der Kommunität wurden durch Klaviermusik untermalt, weil eine Schwester sehr gekonnt Schumann und Rachmaninoff übte. Die Schwestern der Kommunität haben mich sehr herzlich aufgenommen und die gemeinsame Zeit über als willkommenen Gast behandelt: Das spürte ich immer wieder; bei den gemeinsamen Mahlzeiten, bei Küchenplaudereien, bei Gesprächen en passant und auf einer kleinen Fahrradtour.

Ich soll einfach so erzählen, Sie fragen überhaupt nicht? Das ist zu schwierig! Geben Sie mir einen Gesichtspunkt, der das Ganze etwas objektiviert! Denn wenn ich meine Kindheit erzähle, bin ich mitten in einer biographischen Skizze, und in die will ich ja nicht hinein.

Was ich als sachliche Einsicht von mir geben kann, erzähle ich gerne, ja, aber wenn es mein ganz persönliches Leben angeht, bin ich nicht so dafür. Schon oft bin ich gefragt worden, ob ich nicht mein Leben aufschreiben will oder Material dafür hergebe. Ich würde die Zeitereignisse, die ich wichtig fand, durch das Prisma meiner Lebenserfahrung sehen und beschreiben, denn es ist ganz viel Geschichte, die man von 1918 bis jetzt erlebt hat. Manchmal denke ich, das möchte ich furchtbar gern; denn ich schreibe gerne, muß ich ehrlich zugeben, ich formuliere gern, aber dann denke ich: »Mein Gott, du weißt doch gar nichts mehr, dein Gedächtnis läßt dich dabei im Stich.«

Gerade jetzt habe ich eine Biographie gelesen, die fand ich so beneidenswert! Dabei habe ich gedacht, ich lasse doch die Finger davon. Peter von Zahn: »Die Stimme der ersten Stunde.« Wissen Sie, wer das ist? Eine Autobiographie, so amüsant, so pointiert, mit so entzückenden Details, faktenreich, personenreich, namenreich, situationenreich. Er hat sich alle Augenblicke auf ein Tagebuch berufen. Wer kann das denn? Ich habe früher zwar auch Tagebuch geschrieben, aber irgendwann habe ich alle weggeworfen, ich glaube, als ich ins Kloster eingetreten bin. Nun weiß ich das alles nicht mehr. Deshalb kann ich auch keine Biographie schreiben. Und ich habe auch niemanden, mit dem ich kramen kann.

Ich kann sicher sagen, daß die totale Veränderung des gesamten Lebensklimas ab 1933 für uns damals, vielleicht nicht für alle in meinem Alter, aber doch für viele eine Art Herausforderung war, Position zu beziehen gegenüber dieser geistigen Vergewaltigung, die damals dem ganzen Volk zugemutet wurde. Durch die Aufhebung der Pressefreiheit und die Einschränkung der Meinungs- und Geistesfreiheit waren wir einer Gehirnwäsche ausgesetzt. Besonders in der Schule wurde dieses neue Denken sehr aufdringlich. Die Nazis haben ihre Ideologie als neue Weltanschauung verkauft, als eine Art Para-Religion; die Mythologisierung der Führerpersönlichkeit hat eine ganz starke Wirkung gehabt, vor allen Dingen bei Menschen, die keinem irgendwie artikulierten Glauben anhingen, die sind glatt darauf reingefallen. Mit Begeisterung haben viele den Bluts- und Rasseglauben aufgenommen und dieses »aus dem Urgrund des Volkes steigt der berufene Führer auf«, das wurde alles ernsthaft geglaubt von erwachsenen Leuten. Und bei diesen furchtbaren Rassegesetzgebungen hat man das Gefühl gehabt, jetzt wird Geschichte geschrieben, jetzt wird Geschichte enggeführt und zum Würgegriff. Meine beiden Brüder und ich waren von vornherein gegen diese Ideologie geimpft. Für uns war das Herausforderung zur Opposition. Mit fünfzehn Jahren kann man zwar nicht viel bewegen, aber die Weltanschauungsfrage war sozusagen auf dem Tisch.

Das ging gleich los bei der Verbrennung von Büchern, Bildern und Noten. Diese Bücher, die verbrannt wurden, standen doch alle bei uns im Regal, und an der Wand hing »entartete Kunst« jede Menge. Wir waren froh, daß wir eine treue Angestellte hatten, ein ganz engagiertes SPD-Mitglied, die dachte nicht daran, uns zu verraten. Wir waren völlig fassungslos: Wie ist das möglich in einer gebildeten Nation? Und die Leute jubeln, sind begeistert und sagen endlich, endlich, endlich.

Ich bin sicher, Ähnliches kann sich jederzeit wiederholen, es muß nur einer kommen und an die Nerven oder die Ängste appellieren, die so im inneren Schweinehund verborgen sind. Ein Politiker, der an unsere Angst appelliert, ganz egal, welche Angst das ist, vor dem Ozonloch, vor dem Weltjudentum oder vor irgendwelchen Infarkten – mit dem Hervorrufen von

Angst, Neid oder Minderwertigkeitskomplexen fundiert man eine Diktatur. Neulich hat mir zwar ein Jüngling gesagt, es gebe die Komplexe heute nicht mehr, an die man überhaupt appellieren könnte, aber ich glaube, da irrt er sich. Der Mensch hat solche Komplexe. Es muß nur einer kommen, sozusagen zufällig, und den richtigen Namen dafür finden.

Daß ich mit fünfzehn von der Schule geflogen bin, hatte an sich einen ganz banalen Anlaß. Für den Ersten Mai 1933, Tag der deutschen Arbeit, mußte man in allen Schulen auf dem Schulhof den deutschen Gruß üben: Den rechten Arm mit flach ausgestreckter Hand in Augenhöhe anheben, in Achterreihen im Gleichschritt gehen. Alle Schüler mußten an der Tribüne auf dem großen Sportplatz vorbeiziehen, dort hatten sich die Lehrkollegien aufgebaut, und jede Menge Fahnen wehten. Beim Passieren der Fahnen mußten wir den Arm heben. Vor mir ging eine Schülerin, der man vorher gesagt hatte: »*Sie* dürfen den Arm natürlich nicht heben, Sie sind ja nicht arisch«. Das hat mich innerlich so aufgebracht. Ich dachte, wenn die nicht darf, dann will ich auch nicht. Das fiel natürlich auf.

Man hatte wahrscheinlich schon abgewartet, was ich wohl machen würde, denn es hatte schon vorher Schlägereien in der Klasse zwischen einigen von uns gegeben. Wir wußten voneinander und von den meisten Lehrern, welcher Partei sie vorher angehört hatten. Dank der vielen Parteien, die wir vor 1933 hatten, gab es damals sehr lebhafte politische Diskussionen, die nicht eben zimperlich verliefen: »Du Sozi«, »Du Nazi«, »Du Idiot«, das fiel dann eben auf. Mir wurde bedeutet, daß es besser sei, ich würde weggehen, das würde so nicht mehr gehen. Das fanden meine Eltern auch, und damit war die Schulzeit erst einmal zu Ende.

Damals war ich mir der Konsequenzen gar nicht bewußt, ich wollte nur Solidarität zum Ausdruck bringen und meinen Ärger über diesen Zwang. Stellen Sie sich einmal vor, daß auf einem Gestus wie dem Heben der Hand ein solches Bedeutungsgewicht liegt, daß einer verhaftet werden kann, wenn er das nicht tut! Schlimmer geht es doch gar nicht. Es gab x Kleinigkeiten, die in dieser Weise belegt waren. Wenn ein Junge sich die Haare lang wachsen ließ, wurde er angepöbelt, verprügelt unter Umständen. Alles Eingriffe in das ganz private, persönliche Leben; diese kleinen Freiheiten, die man im persönlichen Geschmack hatte, wurden alle weltanschaulich befrachtet. Wer da nicht mitspielte, mußte es teuer bezahlen. Aber das ist eine Erfahrung, die man jungen Leuten heute überhaupt nicht klarmachen *kann*. Da fassen sich alle an den Kopf: »Seid ihr denn blöd gewesen, das mitzumachen?« Ja gut, die meisten waren vielleicht blöd, aber man hatte nicht damit gerechnet, daß die Nazis vom ersten Tag an mit ganz brutaler Gewalt und mit einer offen zugegebenen Rechtlosigkeit ihre Ziele und Ansprüche durchsetzen würden. Das konnte man sich überhaupt nicht vorstellen in unserem Land. Wir waren doch ein intakter Rechtsstaat mit einer guten Beamtenschaft. Ich kann das auch heute nicht begreifen, außer ich ziehe ganz andere Erklärungen hinzu. Schließlich – wir waren eine gebildete Nation, wir hatten alle lesen und schreiben gelernt, wir wußten alle, wer Goethe, wer Beethoven war, das wußten auch ungebildete Leute, es war ja auch nicht schlecht gegangen in der Weimarer Republik, es hatte große Lichtpunkte gegeben, so 1928/29. Das kann mich heute noch aufregen.

Man kann sich heute auch kaum mehr vorstellen, wie schnell man es einem anderen angemerkt hat, wes Geistes Kind er war. Sie brauchten nur zwei Sätze mit jemandem gesprochen zu haben, dann wußten Sie: Mit dem kann ich weiterreden, mit dem kann ich nicht mehr reden. Wenn man das Gefühl hatte, jemand war ein Nazi, dann war das Gespräch eben zu Ende.

Wir sind noch in demselben Winter aus Lübeck weggezogen. Das war damals eine Kleinstadt, wo jeder jedem in den Topf guckte. Hast du geflaggt? Was hast du geflaggt? Schwarz-rot-gold oder schwarz-weiß-rot oder Hakenkreuzfahne? Oder gar nicht? Nein, das ging nicht. So sind wir nach Berlin gegangen, als ich diese Möglichkeit hatte, an das Kabarett von Werner Finck zu kommen, das war eine Chance, die wir ergriffen haben.

Irgend jemand hatte mal vorgeschlagen, ich sollte doch mit meiner Ziehharmonika und meinem Lied nach Berlin an Werner Fincks »Katakombe« gehen, da würde ich gut hineinpassen, aber meine Eltern meinten: »Was für ein Unsinn, die Isa geht doch hier zur Schule!« Als wir dann aber wegwollten, war es doch interessant, so daß wir nochmal nachgefragt haben. Dann gab es zwar großen Aufstand bei allen Bekannten und Verwandten. »Seid ihr verrückt geworden? Erst 15 Jahre alt und nach Berlin ins Kabarett?« Aber das muß einen ja nicht abhalten, man hat schließlich noch sein eigenes Urteil. Ich durfte mal probeauftreten in der »Katakombe«, und das hat zu einem Vertrag geführt. Meine Mutter ist mitgegangen nach Berlin und ist dort Journalistin geworden.

Wir hatten sehr früh Musikunterricht zu Hause bekommen, uns wurde eine Blockflöte in den Hals gesteckt, und wir mußten singen und Takt schlagen, bekamen also einen schönen grundlegenden Unterricht. Wir haben viel Musik gemacht, ich habe anfangs Geige gespielt, eine Zeitlang, aber ich war nicht fleißig genug, daraus ist dann nichts geworden. Aber die Ziehharmonika... da war ich wirklich gut. Ich mochte den Ziehharmonikaklang schon als Kind so gerne, da habe ich mir zu Weihnachten eine Ziehharmonika gewünscht. Die kriegte ich mit zehn oder elf Jahren, so ein kleines Ding, das ich in einem Jahr in Grund und Boden gespielt hatte. Dann bekam ich eine größere, die mich überall hinbegleitet hat, bis ins Kloster. Es gibt sie immer noch in meiner Nähe, aber ich spiele sie nicht mehr.

Man entwickelt einen individuellen Stil, wenn man so ein Instrument viel spielt und ein bißchen musikalisch ist. Mein Repertoire wuchs dann durch Lieder, die ich hier und da gehört habe. Oh, ich konnte italienische Lieder, französische Lieder, englische Lieder, russische Lieder, selbstgemachte Lieder, oh, oh, oh. Und getextete Lieder, das war eine schöne Bandbreite.

In der »Katakombe« hatte ich meinen Auftritt mit ein, zwei Liedern, und ich wurde natürlich auch als Mitglied des Ensembles in verschiedenen Sketchen eingesetzt. Zwei Lieder waren original aus meinem Repertoire, die andern Lieder wurden von einem Textdichter gemacht.

Die »Katakombe« war *das* politische Kabarett. Sie legte Wert auf eine Mischung aus Klamauk, witzig, komisch, albern sein, einfach so harmlos-menschlich hin und her oder eben sehr gezielt politisch witzig. Das war eine schöne Mischung. Da gab es nie eine Anzüglichkeit unter der Gürtellinie, das war strengstens verboten. Es hat auch nie einen ordinären Stich gehabt, so im Sinne von Revue, sondern es war hochintellektuell, schön, richtig witzig. Der politische Witz, der aggressive, kam von Werner Finck.

Ich habe da ganz sicher sehr profitiert, schon durch Werner Fincks Umgang mit der Sprache, der ja an keinem Wort vorbei *konnte*, das man doppelsinnig verstehen kann. Das hat mir selber eine neue Aufmerksamkeit für Sprache gegeben. Und diese Schauspieler und Künstler haben eine grundsätzlich andere Einstellung zum Leben als zum Beispiel Beamte oder Lehrer oder so. Da konnte man sich richtig wohlfühlen, sie lassen die andern frei, keiner muß in eine Schablone passen. In der Zeit war das viel wert. Dennoch bin ich nie ein richtiger Profi in dem Kreis geworden. Einerseits war ich zu jung, und andererseits wollte ich das auch gar nicht. Aber sie waren sehr nett und haben mich dazugerechnet.

Die Suggestion, die damals politisch in der Luft lag, war ungeheuerlich. Ich kann mich an einen Vorfall erinnern: Es war die letzte Vorstellung der »Katakombe« gewesen, das Programm war zu Ende, alle waren erleichtert. Wir sind mit zwei oder drei Autos zu Werner Finck gefahren, in sein Häuschen außerhalb von Berlin, und haben noch geredet. Am nächsten Morgen fuhren wir um 5 oder 6 wieder nach Berlin zurück und wollten irgendwo frühstücken. Wir gingen zu Kranzler, Unter den Linden, es war schönes Wetter, Erster Mai oder etwas Ähnliches, und unten auf der Prachtstraße wurde ein Aufmarsch vorbereitet. Sie können sich gar nicht vorstellen, mit welchem Raffinement solche Großaufmärsche durchgeführt wurden! Die Schaulustigen waren zum Teil schon da, und es kamen immer mehr dazu. Dann fuhr ein Krad auf der mittleren Allee sausend zum Schloßplatz und kam zurück, dann kamen zwei Krads und kamen zurück. Dann passierte lange nichts. Dann kam berittene Polizei und galoppierte die Straße hinauf. Und so steigerte sich das langsam. Dann kamen vier Automobile, dann kamen sechs Automobile und so weiter – und schließlich kam, nach langer großer Pause, langsam, feierlich, Motorräder vorn, Motorräder hinten, das Führerauto! Das hätten Sie mal erleben müssen: Alles sprang auf, riß die Arme hoch und schrie »Heil!« Alles. Und wir haben uns am Geländer festgeklammert, um nicht aufzuspringen, weil das so mitriß. Man war ja schon so aufgeheizt von diesen Aufzügen.

Das war eine Massensuggestion, der man sich nur mit größter Anstrengung entziehen konnte. »Nein, ich will das nicht, nein, ich will das immer noch nicht.« Wir waren alle einig. Aber wer da nicht aufpaßte, der hatte plötzlich gegrüßt, ohne es zu wollen. Sagenhaft.

Das Kabarett konnte nur bis 1935 auftreten, dann wurde es geschlossen. Im Mai kam ich abends und wollte in die Vorstellung, das Licht war aus, die Stühle noch nicht heruntergestellt, der Laden war tot. Werner Finck verhaftet, der verhaftet, jener verhaftet – sieh zu, daß du wegkommst, so ungefähr. Da war ich siebzehn.

Einen Winter habe ich noch in dem Nachfolgeensemble mitgewirkt, eher aus Kameradschaftsgründen, aber dann habe ich mir gesagt, also das ist kein Beruf – ich will da nicht jetzt schon meine Karriere festlegen für Ewigkeiten. Ich habe dann den Anschluß an meine Schulausbildung vorbereitet und an einem Berliner Abendgymnasium mein Abitur nachgemacht.

1936 war die Olympiade in Berlin. Das fanden wir verzweiflungsvoll. Das ganze Ausland war gekommen, obwohl man dort viel besser über die Rassengesetzgebung und die Pogrome Bescheid wußte als wir. In der Zeit bin ich weggegangen aus Berlin, diese Stadt in ihrer Euphorie war mir unerträglich.

Ich fühlte damals Hochachtung für die Juden und gleichzeitig eine unbegreifliche Beschämung und richtige Wehmut über das entsetzliche Unrecht, das ihnen angetan wurde – und man konnte nichts machen! Es ist ja schlimm, daß man sagt, man konnte nichts machen – hätte man vielleicht mit auf den nächsten Lastwagen springen müssen und sagen: »Ich gehe mit!«? Aber die Nazis hatten eine unfehlbare Art, solche persönlichen Zeugnisse verschwinden zu lassen. So hatte auch keiner von den Märtyrern damals die Möglichkeit, öffentlich zu bekennen, warum er nun gehenkt werden sollte. Dieses Verschweigen des Zeugnisses, dieses Nicht-Zulassen, das war mit das Härteste, was diese Leute durchmachen mußten. Sie saßen in ihrer Zelle und wußten: Alles wird falsch und verlogen nach draußen gegeben, niemand rechtfertigt mich, niemand verteidigt mich, niemand bekennt sich zu dem, wozu ich mich bekenne. Eine furchtbar bittere Sache, vor allem für diejenigen, die aus weltanschaulichen Gründen sterben mußten, wie z.B. viele Priester. Es ist nicht einfach, Menschen das heute klarzumachen. Man kann sich zwar vorstellen, daß einer oder zwei so pervers sein können, aber daß ein ganzes Volk zur Perversität umgestimmt werden könnte... Es gibt viele Leute, die sagen, das gibt es heute nicht mehr, das kann nicht wieder passieren, während ich sage, oh, das kann sofort passieren, da müssen nur die Vorbedingungen entsprechend sein.

An der Geschichte meiner jüdischen Freundin und ihrer Familie habe ich wirklich Schritt für Schritt mitverfolgen können, wie deren Leben eingekreist und verengt wurde, bis sie die Konsequenz ziehen mußten und auswanderten. Eine fabelhafte Familie war das, ganz streng in ihrer jüdischen Religion, loyal, ohne Haß, ohne Ressentiments, von einer menschlichen Würde, die tief beschämend war. Eine Familie, die ich aus tiefstem Herzen geliebt und bewundert habe. Der Vater war hochdekorierter Offizier gewesen im ersten Weltkrieg, so richtig gesättigt mit deutscher Geschichte, deutscher Kultur, von einer staatsbürgerlichen Loyalität, die ihresgleichen sucht. Sie haben sehr harte Zeiten durchleben müssen, bevor sie wegkamen, und auch in Mittelamerika schließlich war es nicht leicht. Das war so ein Erlebnisstrang in dieser Zeit, der auch persönliche Qualitäten herausgefordert hat, bei dieser Freundin und sicher auch bei mir. Damals war ich mir dessen nicht bewußt, daß diese Treue, die man da gehalten hat, etwas Besonderes bedeutet hätte, ich fand sie ganz selbstverständlich. Aber es hat sich natürlich als Schwierigkeit erwiesen, daß ich niemandem davon erzählen konnte. Ganz wenige Personen wußten nur, daß diese Freundschaft bestand und daß ich bereit war, für diese Freundschaft noch etwas zu tun und ihr, Gott sei Dank, auch noch bestimmte Dienste leisten konnte, aber das mußte alles unter dem Mantel der Verschwiegenheit vor sich gehen.

Vor dem Krieg habe ich meine Freundin noch einmal in Rotterdam getroffen, da konnte ich ihr den Schmuck geben, den sie mir anvertraut hatte. Damals habe ich sie das letztemal gesehen, das war 1938. – Und vor ein paar Jahren hat der Hamburger Senat alle Juden, die damals aus Hamburg ausgewandert sind, eingeladen. Da bin ich nach Hamburg gefahren, und wir haben uns wiedergesehen, das war schön.

Die Frage nach dem, was man glauben kann oder glauben muß oder glauben darf oder glauben soll – die hat mich bewegt. Ich war auf der Suche nach »dem Höheren«, oder ich hatte den Zug zum Höheren, wie soll ich sagen. Aber diese Frage: Was ist Wahrheit, welches ist die Wahrheit, die Wahrheit schlechthin, die einzige, die es gibt, vielleicht war sie auch provoziert durch diese Gewalt, mit der uns eine bestimmte Wahrheit aufgedrückt werden sollte, daß man dachte: Also nee, die herrschende kann es nun wirklich nicht sein! Aber welche ist es dann? Und der elterliche Humanismus war da nicht befriedigend, der war zu vage, da blieb zu vieles dem subjektiven Geschmack überlassen.

Das Buch »Das Religiöse in der Menschheit« von Otto Karrer hat mir den ersten Hinweis in Richtung Christentum gegeben. Da werden die verschiedenen Religionen der Reihe nach

vorgestellt, zuletzt auch die christliche, und da fiel mir doch
auf, wie sie sich von vornherein grundsätzlich von anderen
unterscheidet durch ihr Auftreten in der Geschichte. Sie wird
ja wirklich greifbar im Sinne von Namen und Daten und der
uns vertrauten Realität, und gleichzeitig übersteigt und über-
windet sie diese Realität und vollendet sie dann eben auch. Dann
bin ich Leuten begegnet, die ich fragen konnte, und schließlich
gibt es den Lieben Gott ja auch noch, der irgendwann seinen
Satz dazu sagt. So, das ist jetzt haarscharf... nicht noch autobio-
graphischer werden!

❖

Im Februar 1944 war bekannt geworden, daß mein jüngerer
Bruder auf die Seite der Alliierten gegangen war. Unsere ganze
Familie kam daraufhin in sogenannte »Sippenhaft«, und ich
lebte zunächst in Ravensbrück in einer Einzelzelle.

Sie ahnen nicht, was man in so einem Zellenbau alles mit-
kriegt! Von wegen Abgeschlossenheit! Man wird empfindlich
für jedes Geräusch, jeden Schritt kann man unterscheiden, jedes
Fenster, jede Türklappe, da gibt es kaum tote Momente. Das
war beeindruckend, wie man ein immer aufmerksameres und
lebendigeres Glied in diesem Zellenbau wurde. Wir waren auch
darauf angewiesen, daß wir uns Nachrichten weitergaben. Das
war für jeden gleich wichtig.

Ich habe nie in meinem Leben so viel gebetet wie dort,
entweder frei aus dem Herzen oder Rosenkranz ohne Zahl; ich
habe jeden Tag meine Heilige Messe gebetet, das dauerte mindestens anderthalb Stunden. Eigentlich alles, was ich erlebte,
habe ich mit hineingenommen, das Gebet dagegen an gesetzt
oder wie immer man das macht.

Es hat irgendwann einmal so einen Moment gegeben, als ich
sah, wie draußen wieder jemand zusammengeschlagen wurde,
da ist mir eingefallen: Genau dieses hat Jesus Christus sich
gefallen lassen, genau das. Bespuckt worden ist er, geschlagen,
geprügelt, gegeißelt – und die Tatsache, daß der Heiland sich

des Menschen angenommen hat, der so etwas tut, zu dessen Lebensgefühl das offenbar gehört, das ist mir eine große Lektion für den Glauben gewesen. Mein Glaube war bis dahin sozusagen noch »humanistisch verhalten.« Aber diese Überzeugung, der Mensch ist von Natur aus gut und nur die Gesellschaft und die schlechte Erziehung haben ihn verdorben, habe ich in Ravensbrück endgültig verloren. Ich sage heute: Der Mensch ist nicht von Natur aus gut, er hat eine Neigung zum Guten, ja, aber auch eine Neigung zum Bösen, er muß geführt werden, oder er wird verführt, eines von beiden. Das war eine Nachhilfestunde für den Glauben, wessen Gott sich nun wirklich erbarmt hat, was das für ein Mensch ist, dessen er sich angenommen hat, der in seine Bosheit verstrickte und ausweglose Mensch, der sich noch Auswege zu verschaffen sucht durch Gewalt, der wird von der Barmherzigkeit Gottes aufgefangen. Da hat man viel Stoff zu beten, das können Sie sich ja vorstellen.

Oft werde ich gefragt, wieso man in so einer Situation den Glauben an Gott nicht verliert, sondern ihn gewinnen kann. Ich habe tieferen Glauben gewonnen aus diesem Gedanken heraus: In dieser Hölle gibt es einen einzigen, auf den man noch hoffen kann, und das ist Gott. Das taten ja auch viele. Wenn *wir* das schon alles nicht mehr übersehen, was dem einzelnen geschieht und wer wem etwas tut, dann gibt es dennoch einen, der es weiß. Es gibt einen, der uns nicht aus der Hand fallen läßt, auch nicht in einer Situation, in der einer der Wolf des andern ist. Es gab viele glaubensstarke Frauen, die mit einer beeindruckenden inneren Sanftmut und Geduld das angesehen, ausgehalten und hingenommen haben. Wirklich im Vertrauen auf Gott allein, anders kann man das nicht mehr erklären. Da kann der Glaube wirklich kräftiger werden. Gott allein genügt.

Der Wert des eigenen Lebens wird sehr stark relativiert in solch einer Situation. Man sagt sich dann: »Na gut, wenn es jetzt zu Ende gehen soll, dann geht es halt jetzt zu Ende, irgendwann muß es das ja sowieso.« Die Maßstäbe verschieben sich, auch die Empfindlichkeiten.

Sicher, man hat Angst um sein Leben, vielleicht noch nicht einmal so um das Leben – aber die Art, wie es zu Ende geht, kann einem Angst machen, Angst vor Gewalt ganz einfach. Wenn man so umringt ist von Lebensverneinung wie dort, dann kommt der Gedanke, es könnte dich ja auch treffen, sehr nahe. – Kennen Sie diese schöne jüdische Geschichte? Ein Mensch, von Leid getroffen, tritt vor Gott hin: Warum das mir? Warum muß mir das geschehen? Da hört er eine Stimme vom Himmel: Warum nicht dir? Wer bist du, daß es dir nicht passieren soll? – Das war an sich eine gute Erfahrung, ich möchte keinen Tag aus dieser Zeit missen, eine ungeheuer reiche Zeit, schwer auch, aber sie ist so richtig in den Bodensatz hineingegangen.

Die Aufseherinnen wurden von uns sehr genau wahrgenommen, sie waren uns nicht gleichgültig, denn sie hatten über uns zu bestimmen und zu befinden. Einen flüchtigen Sommer hat es gegeben, vor dem 20. Juli, Stalingrad war schon gewesen, da war eine Aufseherin verliebt in einen Kommandanten, das wirkte sich ungeheuer wohltuend auf das Verhalten dieser Leute aus.

Mich interessierte zu erfahren, wie denkt so eine Aufseherin in ihrem Kopf, wenn sie sich so brutal aufführt, wie kommt jemand in diese Rolle. Man konnte leicht herausfinden, daß sie auch nicht so glücklich waren, daß sie ihr jetziges Leben auch nicht so schön fanden oder daß es früher viel schöner war. Später, bei der Verurteilung einiger dieser Leute in Hamburg vor einem englischen Militärgericht, wurde ich als Zeugin gebeten. Da habe ich auch diese kleine dusselige Mevis wiedergesehen, unsere erste Aufseherin im Zellenbau. Sie sah immer noch so erzdumm aus mit ihren aufgerissenen Kinderaugen: »Ich weiß gar nicht, was los ist, wie ich da hereingekommen bin.« Einmal habe ich sie im Gefängnis besucht. Da hat sie mir erzählt, wie sie vorher gelebt hat und wie sie geworben wurde und daß sie wirklich da reingestolpert ist, ohne etwas zu begreifen. Einfach so: Sie zog diese Stiefel an und ordnete sich ein. Von ihrem persönlichen Schuldigsein... da war nichts Ernsthaftes. Aber es konnte sich nur schwer absetzen, wer in so einem Geschirr drin war. Wer den Häftlingen nicht energisch genug gegenübertrat, wurde unter Umständen von den anderen Aufsehern zur Rechenschaft gezogen. Unter ihnen hat es sicher entsetzlich schuldige und boshafte Menschen gegeben. Es gibt grauenhafte Geschichten, die Sie in andern KZ-Büchern nachlesen können – ich habe sie nicht erlebt, deshalb habe ich solche Vorfälle auch nicht beschrieben. Bei einigen waren einfach keine Hemmungen mehr da, so daß man es wirklich mit völlig anders funktionierenden Menschen zu tun hatte. Und wenn man sich fragt: Warum hat einer keine Hemmungen mehr, wer hat es versäumt, sie ihm einzupflanzen, dann kommt man in lauter Einzelschicksale hinein. Gott sei Dank müssen wir sie nicht beurteilen, das können wir auch gar nicht. Aber man muß grundsätzlich tiefe Angst haben vor Menschen, die kein Grenzbewußtsein haben, denen keine Hemmungen eingebaut wurden.

Das Leben im Konzentrationslager, soweit ich das in der kurzen Zeit, die ich dort war, beobachten konnte, war schwierig aus vielen Gründen. Einmal die Angst, wem kann man trauen, wem kann man nicht trauen, zweitens gab es nationale und soziale Vorbehalte unter den Häftlingen, weil ja alles gemischt war: Kriminelle, Asoziale, Juden, Bibelforscher, alle Nationen, Alte, Junge, Kranke, Schwache, Intellektuelle und Analphabeten. Die hygienischen Verhältnisse waren so, daß man eigentlich nicht mehr von Hygiene sprechen kann, und wer den Kampf um das Waschbecken oder um den Bettplatz nicht bestand, wer da resignierte, der ging unter. Das sagten einem auch die alten Häftlinge als erstes: »Gib dich selbst nicht auf, sorge für dich!« Ein gewisses Niveau von Selbstachtung muß erhalten bleiben. Wenn aber die Verhältnisse so sind, wie sie in den deutschen KZs am Ende des Krieges waren, dann ist das sehr schwer.

Als ich nach dem Krieg nach Hause kam, war ich bis obenhin voll von Eindrücken, Erlebnissen, Überlegungen und habe, glaube ich, wie ein Wasserfall erzählt, und immer fiel mir noch etwas ein. Mein Vater bat mich damals: »Schreib das doch mal auf!« Ich habe dann eine erste Niederschrift gemacht, zwei Tage

und drei Nächte saß ich an der Maschine, habe 90 Seiten voll-
getippt und meinem Vater zum Geburtstag geschenkt. Diese
Blätter bekam der Verleger Christian Wegener in die Hand, und
der schlug vor: »Machen Sie ein Buch daraus.« Das habe ich
dann versucht. Damit habe ich ungefähr zwei, drei Monate
verbracht, aber dann hat es noch lange gedauert bis zur Veröf-
fentlichung – ein Buch mußte ja von der englischen Militärbe-
hörde genehmigt werden. Das Papier kam aus der französischen
Zone in Süddeutschland, die Druckerschwärze aus Nord-
deutschland, und die Druckmaschinen standen in Schleswig-
Holstein, unglaublich kompliziert. Aber immerhin, 1946 ist es
dann erschienen, mit einer kleinen Auflage von 10.000, glaube
ich. Es wurde noch einmal aufgelegt, dann verschwand es vom
Büchermarkt. 1979 wurde es bei Rowohlt neu aufgelegt. Seitdem existiert es einfach.

Ich habe versucht, einerseits chronologisch zu erzählen und
gleichzeitig den Inhalt unter gewisse Gesichtspunkte zu bringen. Wie ich das gemacht habe? Im wesentlichen habe ich diktiert, dann habe ich durchgelesen, was ich gesagt hatte, und neu
diktiert. Wie heißt es doch bei Kleist – die Gedanken entfalten
sich beim Reden. Dieses Vorgehen hat mich damals sehr angeregt und gefordert. Es war der Versuch, das, was ich in diesen
eineinhalb Jahren gesehen oder verstanden zu haben glaubte,
so weit zu sagen oder zu artikulieren, wie es mir möglich war.
Damals waren die Empfindungen, die ich gehabt hatte, noch
sehr präsent. Ich versuchte, sie etwas diskreter zu benennen,
denn ich wollte nicht von mir schreiben, sondern von der Sache.
Diese Niederschrift hat mir sicher bei der Verarbeitung dieser
Zeit sehr geholfen.

Aber wie gesagt, mein Schicksal in dieser Zeit ist ja so glimpflich gewesen, daß ich mich gar nicht in die Reihe derer stellen
darf, die mal im Konzentrationslager waren. Ich war da zwar
auch, aber mehr als Zuschauer, das ist ganz etwas anderes. Es
ist mir auch heute immer etwas peinlich, wenn ich auf die Zeit
so angesprochen werde, weil ich einfach zu viel von dem weiß,

was da wirklich ausgehalten und durchgestanden wurde oder eben nicht mehr durchgestanden wurde. Vielleicht ist es ja ganz gut, daß es einer aus einer solchen Distanz etwas unbetroffener sagen konnte, weil es so den Wert einer gewissen Neutralität hat. Mich kann das freuen, wenn ich höre, daß auch junge Leute dieses Buch tatsächlich lesen und etwas davon haben. Die mehr dokumentarisch aufgemachten Bücher mit den unendlichen Zahlenkolonnen vermitteln dennoch wenig von der gelebten Wirklichkeit.

Ich habe »Reise durch den letzten Akt« zwar jetzt nicht wieder gelesen, aber ich denke, ich würde es heute etwas anders schreiben vom Stilistischen her. Ich finde es manchmal sehr befrachtet, ein bißchen › clumsy‹ ; es könnte etwas eleganter geschrieben sein. Aber vom Inhaltlichen her – ich wüßte nicht, wo ich heute etwas ändern würde. Ich kann von den Erfahrungen und von den Einsichten eigentlich keine zurücknehmen, die habe ich nun mal, sie müssen so stehenbleiben.

Mir kommen diese zwölf Hitlerjahre, die ich doch sicher ganz intensiv so miterlebt habe, im Grunde vor wie ein furchtbarer Spuk, der plötzlich wieder vorbei war, aber die Spuren sind nicht vorbei.

Bis zu meinem Klostereintritt 1951 war es mir bei der Begegnung mit anderen Menschen sicher interessant zu wissen, wie jemand sich in den zwölf Jahren innerlich und äußerlich verhalten hatte, man hatte einen ausgesprochenen Instinkt für die Anschauungen, die einer gehabt hatte: »Mit dem will ich mich gar nicht weiter unterhalten, hier ist einer, der mich interessiert.« Im Kloster war es dann tabu, überhaupt von sich selbst, von seiner Vergangenheit, von seiner Familie zu sprechen, auch das Thema Politik war ausgeklammert. Da liefen die Gespräche über so völlig andere Spulen, da kam einem die Frage nach der politischen Einstellung gar nicht mehr. Das wurde erst später wieder erheblich, als ich durch den Unterricht mit Kindern und Eltern ins Gespräch kam, da tauchte der Gedanke gelegentlich wieder auf. Jeder schleppt seine Geschichte mit sich herum, und irgendwann kommt davon mal etwas zum Vorschein. Aber dieses Freund-Feind-Denken, wie während der zwölf Jahre, auch als Selbstschutz, gab es da nicht mehr.

Sowie Sie etwas tiefer in eine Biographie hineinschauen und wissen, wer in einem Menschen die Weichen so oder so gestellt hat, werden Sie sehr nachsichtig und vorsichtig in Ihrem Urteil. Bei der Vorgabe, die einer vom Elternhaus bekommen hat, z.B. von der gekränkten nationalen Seele seines Vaters, der den ersten Weltkrieg nicht verwunden hat, da gewinnt man Verständnis, warum einer geglaubt hat, kompensieren zu müssen oder eine höhere Gerechtigkeit walten zu sehen. Aber wir machen uns ja oftmals gar nicht die Mühe, so weit ins Biographische zu gehen. Viele Bekanntschaften bleiben zu oberflächlich. Da ist man dann nicht mehr so ängstlich mit seinem »mag ich nicht, will ich nicht.«

Als ich mich diesem Orden annäherte, war es mir vollkommen egal, was er aus mir machen würde. Ich stellte mich dem Orden zur Verfügung, nun möge er. Da wurde mir dieser Lehrerberuf sozusagen aufgedrückt. Ich habe ihn aus reinem Gehorsam angenommen, nicht aus Neigung. Von mir aus wäre ich nie Lehrerin geworden, nie. Das war wie eine Briefmarke, die nicht geklebt hat, so ungefähr. Ich habe das Studium gemacht, das war eine Art Bedingung, die der Orden mir gestellt hat, wenn ich eintreten wollte. Ich konnte ja wirklich nichts, als ich mich mit 30 Jahren wieder bei ihm meldete. Schon sehr viel früher hatte ich mich vorgestellt, aber man hatte große Bedenken, weil ich damals gerade erst katholisch geworden war. »Alle Konvertiten wollen so etwas, also warten wir mal ab!«, hieß es. Und sicher war ich ihnen nicht ganz geheuer wegen meiner sehr anderen geistigen, kulturellen und bildungsmäßigen Herkunft. Dann kam der Krieg dazwischen, dann kam das KZ dazwischen – es hat zehn Jahre gedauert, bis mir die Aufnahme zugesprochen wurde.

Also gut, mußte ich erst ein Studium machen, das war so eine Art Eintrittskarte in den Orden. »Dann können wir Sie gebrauchen, Sie können Lehrerin werden.« Wir hatten ja Schulen und ein sehr hohes erzieherisches Ideal, eine gute erzieherische Tradition, sehr viel pädagogisches know-how, das fand ich schon toll. Als ich dann Lehrerin war – ich glaube, ich habe alles in meinem Leben, was ich je getan habe, gern getan! Die Begeisterung kam mit dem Tun. Da habe ich es vielleicht sehr leicht, nicht? Und Kinder begeistern, Kinder anstecken wollen mit der eigenen Begeisterung, das war ja nicht schwer.

Die erzieherischen Ideale? Sofern ich nicht welche aus meiner eigenen Erziehung von zu Hause mitbrachte, war die Erziehung, die mir im Noviziat selbst zuteil wurde, auch ein Vorbild. Sie war sehr streng, aber sehr gesund. Wie man sich als Ordensfrau vom Heiligsten Herzen Jesu zu verhalten habe, worauf es letztlich ankäme im Umgang mit den Kindern, mit der Religion, das war faszinierend und inspirierend und hat mich richtig begeistert. Das ändert nichts an der Tatsache, daß Abgänger von Internaten, von katholischen Schulen einen hohen Prozentsatz von Apostaten haben, also Leuten, die vom Glauben abfallen. Das ist erwiesen, darüber gibt es auch Untersuchungen. Ich verstehe das, weil die Gefahr, eine Ghettomentalität zu erzeugen, groß ist, die war auch bei uns durchaus gegeben, aber es war sicher nicht meine besondere Gefahr. Ich war schon 33 Jahre alt, als ich eintrat, und ich hatte keine Internatserziehung gehabt, hatte darum eine größere Unbefangenheit im Umgang mit den Idealen, auch eine andere Vorstellung von Freiheit, um es mal sehr pauschal zu sagen.

Ich fand mich immer eine schlechte Lehrerin. Ich war zu unsystematisch – mir fiel im Unterricht so viel ein. Ich konnte es oft nicht abwarten, bis den Kindern etwas einfiel, da hatte ich es selber schon dreimal gesagt. Die Kinder hingen an meinen Lippen, waren ganz fasziniert. Aber wenn man sie hinterher fragte: »Was habt ihr heute gelernt?«, dann konnte es passieren, daß sie sagten: »Weiß ich nicht, aber es war toll!« Ich habe mir zwar Mühe gegeben, ich hatte ja auch eine anständige Referendarausbildung bekommen, aber auf dem Gebiet fand ich mich immer schlecht. Es gibt einige Schülerinnen, die sagen, es war schön, sie hätten viel gelernt, bitte schön, aber die etwas dümmeren oder langsameren? Und der gute Lehrer hat einen Blick für die Schwächeren!

Als Schulleiterin war ich, glaube ich, etwas besser. Da sitzt man genau an der richtigen Stelle, kommt an alle Hebel, die nach oben, nach unten, rechts und links, ins Kollegium, in die Elternschaft, in die Schülerschaft, in die Behörde reichen, fabelhaft!

Ich muß lachen, wenn ich jetzt daran denke: Als ich Schulleiterin wurde, war ich als Assessorin noch gar nicht fertig gebacken, aber es war nun mal keine andere da, so wurde ich es erstmal provisorisch. Ich wußte zunächst gar nicht, was ich zu tun hatte. Ich blieb weiterhin Lehrerin und ging gelegentlich ins Büro, um zu fragen: »Ist hier was?« Ich habe das Amt so richtig von der Pike auf gelernt. Da war keine Vorgängerin, da war keine Sekretärin, ich mußte mir alles zusammensuchen und habe wahrscheinlich deswegen alles so ein bißchen nach meiner Mütze machen können. Kein »das macht man so«, sondern ich konnte mich fragen: Wie will ich das machen?

Als Schulleiterin habe ich sicher noch viele Stunden gegeben, aber ich tat das gerne. Dabei lernt man die Kinder kennen. Solange ich noch in Pützchen war, wo wir Internat und Schule in einem hatten, waren die Grenzen zwischen Internats- und Schulerziehung fließend, mit ungefähr 120 Kindern im Internat, und etwa 500 in der Schule. Die Externen gingen mittags weg, die Internen blieben im Haus. Mit ihnen haben wir natürlich viel angefangen. Ich selber habe mit ihnen viel Theater gespielt. Diese Internen lernte man sehr gut kennen, es gab persönliche Beziehungen, ein sehr gutes Zusammenspiel auch unter den Ordensfrauen, die beteiligt waren.

Was mich immer wieder beeindruckt hat: die Autorität, die Schule bei Eltern hat. Die kommen und fragen: Was sollen wir tun? Unter Umständen kann man auch tief in die Eheprobleme hineinwirken. Es gibt so viele Eltern, die sagen: »Wir erlauben unserem Kind gar nichts, es ist doch so schön zu Hause.« Aus lauter Angst vor schlechter Gesellschaft binden sie ihre Kinder viel zu eng an sich. Diese Kinder laufen als erste weg. Den Eltern muß man dann Mut machen. Als Schulleiterin oder auch als Lehrer genießt man einen Vertrauensvorschuß, von dem man ganz beschämt ist.

Als ich 1969 nach Hamburg versetzt wurde, gab es den internen Bereich nicht; dort lag das Schwergewicht ganz auf der Schule. Diese war sehr viel größer und wurde immer größer. Mein Hauptaugenmerk lag zuerst auf dem Kollegium, dem Geist im Kollegium, der Koordinierung der Begabungen und der Qualitäten. Immer wieder muß man sie von der Würde, der Wertigkeit, der Schönheit und dem Ärger, den der Beruf nun mal macht, überzeugen; man muß sie dazu immer neu motivieren.

Da gibt es sehr viele Möglichkeiten, die man als Schulleiter hat. Wenn ich einen Kollegen sehe mit ganz blasser Nase und einem bitteren Zug um den Mund, dann sag' ich: »Was ist denn mit Ihnen los? Sie sehen so aus, als hätten Sie sich geärgert. Trinken Sie mal einen Kognak und erzählen Sie.« Oder man holt eine ganze Klasse zusammen und spricht mit den Kindern. Unzählig viele Konferenzen muß man halten, kleine, mittlere, große, intime, nicht-intime.

Man muß die Lehrer stützen, ganz sicher. Auch loben, man muß sie ermutigen, encouragieren! Und viele Feste feiern. Wir haben so viele Feste gefeiert, wie man überhaupt nur konnte, Ausflüge mit Schülern und für das Kollegium organisiert. Viel Theater spielen, viele Feste feiern, kleine Ausnahmen machen – all das war wichtig. Das gibt viel Korpsgeist in einer Schule. Ein Full-time-Job! Der hat viel Freude gemacht. So langsam verklärt sich das jetzt, wissen Sie? Wenn ich ernsthaft daran denke, war es sehr schwer, besonders zu Anfang in Hamburg. Die antiautoritäre Welle, die damals durch die Universitäten und die Schulen zog, verursachte große Spannungen, die auch durch unser Kollegium gingen. Und ich kam aus Pützchen. Diese letzten Jahre dort waren so sonnig gewesen, die Kollegen wurden immer heiterer und unbefangener, immer unbeschwerter, Schule mit Familienatmosphäre, hätte ich fast gesagt. Sicher, hier und dort mal ein Ärger, aber ... Hamburg war dann zunächst ganz anders. Mit der Zeit wurde es auch da immer gemütlicher.

Ich habe jedes Semester im Kollegium mit einem eigenen kurzen Statement eingeleitet, Positionslaternen gesetzt. Jedes Jahr haben wir eine pädagogische Tagung gemacht, zu der von außerhalb ein Referent eingeladen war. Die Zeugniskonferenzen habe ich nach Möglichkeit selbst präsidiert und, wenn von schwierigen Kindern die Rede war, versucht zu sagen: Welches ist der Maßstab, unter den wir es rücken? Dem Kind gerecht werden, das geht über alles; bei den vielen Bestimmungen, die es so gibt; das Kind nicht aus den Augen zu verlieren, das bleibt doch das wichtigste Moment in der Schule. Paragraphen sind dazu da, um den Schülern zu dienen und nicht umgekehrt. So muß man sie lesen. Das kriegen Sie nur hin, wenn auch das Kollegium sagt, es geht um den Schüler und nicht nur um Paragraphen und Verwaltungsakte.

Gucken Sie sich die Schulbehörden an: Da geht es nur noch um die Pfennige, nicht mehr um Geist, nicht mehr um Pädagogik, nicht um Werte, sondern nur noch darum, was kostet das, wo können wir noch sparen. Jetzt müssen die Lehrer wieder 24 Stunden geben statt 23, und das bei diesem Mehr von Wissensstoff, den die Lehrer ja zur Kenntnis nehmen müssen, auch wenn sie den Schülern gar nicht alles davon beibringen können.

Sie müssen bedenken, die Schule muß heute ihre Erziehungsarbeit in einem derartig dicht besetzten Umfeld leisten, sie ist ja bei Gott nicht mehr die einzige Wissensvermittlerin, die es gibt. Und wie viele Schüler zucken die Achseln über das, was in der Schule gemacht wird, das haben sie doch am Computer viel schneller raus. Da wird die Schule von links und rechts und oben und unten überholt. Das einzelne Fach, der einzelne Lehrer, er kämpft ständig gegen Unbekannt, und er weiß es nicht. Von daher ist die schulische Arbeit viel schwieriger geworden, als sie es noch vor 50 Jahren war.

Allein schon zu erreichen, daß man Schüler dazu bringt, ehrlich zu arbeiten – früher war das selbstverständlich, da kriegten sie einen roten Kopf, wenn sie ertappt wurden beim Mogeln, heute nicht mehr. Die Schüler heute sind von der moralischen Selbsteinschätzung oder -bewertung her anders gelagert als früher, und diese anonymen Miterzieher, die die Schule hat, Mit-Lehrer, sind unübersehbar geworden. Wenn ich bedenke, der Deutschlehrer müßte eigentlich alle Fernsehfilme gesehen haben, weil seine Schüler sie gesehen haben – das kann er nicht. Aber Literatur, den Genuß gelesener Literatur gegen Filme durchsetzen, wenn gar keine Lesekultur mehr da ist, das ist nicht leicht. Da gibt es viele Leute, die sagen, die Schule muß ganz umdenken, muß ganz anders werden; ich sage: Nein, die Schule leistet mit ihrer Art, Kinder zu unterrichten, eine Grunderziehung. Lesen und Schreiben, das muß ich erstmal lernen. Genau besehen, sind wir damit von der Eingangsklasse bis zum Abitur beschäftigt. Sprachen lernen: nicht nur Fremdsprachen, auch Zeitungssprache, lyrische, politische, theologische Sprache; die Sprache der Naturwissenschaften sowie die der Werbung. Die Entwicklung ihres Verstandes muß ihnen zur Erfahrung werden: Ich habe einen Verstand, mit dem ich umgehen kann. Ich glaube nicht, daß das erreicht wird, wenn man die Kinder gleich ans Fernsehen oder an einen Computer setzt.

Es hat mal in England ein gutes Buch gegeben, in dem ein Team untersucht, in welche Schule Kinder gerne gehen, welche positiven Momente es Schülern leichtmachen. Da kamen die ganzen alten Kamellen heraus: Unterricht, der pünktlich beginnt, ein Lehrer, der sagt, das werden wir lernen, das kommt dabei heraus. Eine saubere Schule, wo Blumen stehen, Bilder hängen, wo ein gutes Klima und freundliche Stimmung herrschen, wo man Guten Tag sagt, lauter Selbstverständlichkeiten, nur – die sind ganz unselbstverständlich geworden bei dieser Gleichsetzung von Wissen mit Faktenwissen und multiple choice, und der Rest zählt nicht mehr. Die Schule ist, was ihr erzieherisches Konzept angeht, so ausgedünnt und farblos geworden, daß sie es nicht mehr leisten kann, erzieherisch zu wirken. Auch das Arbeitsverhalten der Schüler, ihr soziales Verhalten untereinander, ihr Umgang mit Kenntnissen – das sind doch auch alles Dinge, die verantwortet werden müssen. Wichtigste Voraussetzung für die erzieherische Effizienz ist der pädagogische Konsens im Kollegium. Es gibt, Gott sei Dank, noch Schulen, in denen ein guter Geist herrscht und vieles von dem auch erfahren werden kann von den Schülern, aber in staatlichen Schulen fehlen dafür oft die Voraussetzungen.

Mein Menschenbild? Der Mensch ist ein verführbares Wesen und darum eines, das der Führung bedarf. Was will Erziehung leisten, wenn nicht, den Menschen instandzusetzen, sich selbst zu führen, ein menschenwürdiges, rücksichtsvolles, mitmenschliches Leben zu führen. Daß er es führen kann, dafür muß ich ihm bestimmte Hilfen geben, Orientierungspunkte, Positionslaternen, damit er in der Menge der Wahlfreiheiten, die er heute hat, zu einer Orientierung kommt, die auch eine Kontinuität ermöglicht. Sonst ist es aus mit seiner Entwicklung. Entwicklung ist immer auf Kontinuität angewiesen. Und, bei aller Sehnsucht nach dem Guten, diese Konkupiszenz im Menschen, seine leicht zu irritierende Begierlichkeit und Anfälligkeit für Irrtümer – die Verdunklung des Verstandes, die Folge der Erbsünde, wollen wir auch nicht vergessen, die Schwächung des Willens auch nicht – aber gut und liebevoll geführt, stetig geführt durch die schwierigen Entwicklungsjahre kann er lernen, in seinem eigenen Laden ein bißchen Ordnung zu halten. Wenn Sie mich fragen, geht es mit dem Glauben an den Lieben Gott alles besser und einfacher und richtiger und schneller und verläßlicher, aber der ist nicht so leicht zu verkaufen, den kann man anderen Menschen nicht so einfach ›aufpinnen‹.

In meiner eigenen Erziehung spielte der Liebe Gott keine

Rolle, darauf berief man sich eigentlich nicht. Gut, die zehn Gebote hat man schon mal gelernt – daß man nicht stehlen oder lügen durfte, das war klar. Das erregte auch große Empörung zu Hause, wenn so etwas vorkam. Aber wenn ich denke, mit welcher Selbstverständlichkeit nicht nur ich, sondern alles rundum davon durchdrungen war, daß man gut sein soll, daß Wahrheit ein unentbehrlicher Wert ist und daß Anstand und Rücksicht selbstverständlich dazugehören, ohne das weltanschaulich oder religiös besonders zu fundieren, das finden Sie heute gar nicht mehr. Das Leben ist für viele junge Leute kein Wert mehr, den es unter allen Umständen zu respektieren gilt. Das hat mir neulich noch jemand mit Entsetzen erzählt, mit welcher Kaltblütigkeit Kinder mit zehn, zwölf, vierzehn Jahren sagen: »Ja und... dann ist er eben tot, das macht doch nichts.« Das wäre für uns unmöglich gewesen. Die Gründe dafür? Oh, meine Liebe, was Sie da fragen, reicht aber tief in unsere Geistesgeschichte zurück. Ich denke, daß die Gottesferne – ich sage nicht Gottlosigkeit – daß die Gottesferne eine Nachwirkung des letzten Jahrhunderts ist. Man hat meiner Meinung nach mit der Theologie und dem Lieben Gott so gründlich aufgeräumt, vor allem in der deutschen Philosophie, daß der Gottesverlust dadurch vorbereitet worden ist, und wir haben ihn durch die entsetzliche Geschichte dieses Jahrhunderts dann auch kräftig betätigt und bestätigt. Ich finde, daß die gesamte geistesgeschichtliche Entwicklung, in der eine Aufklärungswelle die andere ablöst, wo wir immer wissenschaftsgläubiger werden, immer eindimensionaler in unserer gesamten Ausrichtung – das hat das Dasein Gottes in unserer Welt außerordentlich erschwert. Und wenn man bedenkt, welchen Ansehensverlust die Kirche erlitten hat, die zur Zeit scheinbar unfähig in der Vermittlung des Glaubens ist; es glaubt ja keiner mehr, was sie sagt, es ist nicht mehr interessant, was die Kirche sagt. »Ich weiß doch selber, was ich glauben soll«, heißt es dann. Aber das wird noch ein bißchen dauern, bis die Unvergleichlichkeit der christlichen Botschaft wieder geschmeckt und gerochen und gesucht wird. Die ist so stark vereinnahmt worden, säkularisiert und umgemünzt – »können wir auch so, da brauchen wir den Lieben Gott nicht«.

Wir sehen es heute auch in Schulen – wenn ein Schüler seiner Lehrerin ein Messer in den Oberschenkel jagt, was ist denn das? Das ist in der Schule in Bad Saarow vorgekommen. Aggressionslust. Er hat sich über die Lehrerin geärgert, dann hat er so ein stehendes Messer, und zack! Meiner Meinung nach ist das bei jungen Leuten ein Ausbruch von Ekel und Langeweile. Ganz schlicht. Übrigens hat Ratzinger diese Bereitschaft zur Gewaltanwendung einmal in der gleichen Weise eingeordnet wie auch die Neigung zu Terror, die Neigung zu Drogen: das sind ›verirrte Transzendenzbedürfnisse‹. Mir steht etwas im Wege, ich brauche Freiheit, weg mit dir. So. Die irregeleitete Transzendenzsuche, die so wie ein Huhn guckt, wirklich nur so auf den nächsten Meter, das ist meiner Meinung nach wirklich Mangel an Erziehung und Bildung. Kinder müssen so nicht werden, denke ich.

Wenn ich zurückdenke, wie anders sich die Wirklichkeit, das Leben und die Gesellschaft angefühlt haben, als ich jung war. Sicher, wenn ich mit jungen Leuten zusammenkomme, wäre es schwer, einen zu finden, mit dem ich mich nicht unterhalten und wo ich nicht nach einer längeren Zeit Affinitäten entdecken könnte. Sprachlich müßte ich mich wahrscheinlich etwas anstrengen – aber es ist sehr anders geworden. Ich denke, der Bruch liegt in der Mitte unseres Jahrhunderts. Ich halte immer noch die 60er, 70er Jahre für so eine kleine Achsenzeit. Da ist gründlich aufgeräumt worden mit den letzten aus der europäischen Geistesgeschichte stammenden Begriffen wie dem Personenbegriff, dem Wahrheitsbegriff, dem Vernunftbegriff. Die sind durch die Frankfurter Schule alle aufgelöst und ad absurdum geführt worden, so daß die nicht mehr funktioniert haben. Das hat man ja bei der Adaptation des Zweiten Vatikanischen Konzils gemerkt. Die Väter hatten alle noch ganz selbstverständlich in ihrer von der klassischen Philosophie geeichten Terminologie gesprochen. Bei der Vermittlung dieser Konzilsbeschlüsse jedoch stellte sich heraus, daß keiner der Begriffe mehr aufgenommen wurde, wie er vermittelt werden sollte. Das war damals überaus dramatisch! Das waren die schwierigsten Jahre. Meiner Meinung nach sind wir mit dieser Umwälzung bis heute nicht fertig.

Zu Anfang meiner Zeit in Hamburg wurde ich ganz gewaltig hineingezogen in diesen völligen Wandel des Bildungsdenkens, der in den 70er Jahren von oben herunter diktiert wurde. Es ging nicht mehr darum, den Kindern ein Sachwissen von A und B und C zu vermitteln, sondern sie zu Kritikbewußtsein zu erziehen. Alles in Frage stellen, keine Selbstverständlichkeit mehr hinnehmen von vornherein: zuerst Kritik am Bestehenden. Das hat sich sehr negativ ausgewirkt. Sicher, wir als Privatschule brauchten das nicht alles mitzumachen, haben wir auch nicht, aber man mußte höllisch aufpassen, sich nicht ins Abseits manövrieren zu lassen, mußte sehr bewußt gegensteuern. Das hat uns damals ganz schön in Atem gehalten.

Wie ein Mensch kritisch wird? Er muß es selber ordentlich, das heißt, mit Verstand wollen. Und wenn ihm das zu mühsam ist, ein selbständiger kritischer Mensch zu sein? Gehen Sie davon aus, daß jeder das möchte? Ich nicht. Dann können Sie es ihm auch nicht beibringen. Wenn er das gar nicht als eigentlich sein Soll oder Muß empfindet und es ihm gar nichts ausmacht, daß er nicht selbständig ist, was wollen Sie da machen? Das ist ja eine der Schwierigkeiten. Beim intelligenten Schüler kann man das sicher wecken, das Bewußtsein. Aber es gibt doch so viele Schleichwege für die menschliche Trägheit – und Nachdenken und Selbständigsein kosten Energie.

Die Schule war, wenigstens bisher, für den Heranwachsenden das erste große Angebot, vielen Menschen zu begegnen. Kinder brauchen ganz viele Vergleichsmöglichkeiten, müssen viele Gesichter sehen, Affinitäten entdecken, sie müssen sympathisch und unsympathisch unterscheiden lernen, an Stimmen, Gesichtern und Augen. Deshalb ist es so wichtig: Welche Leute stehen da vor ihnen? Welche menschlichen Qualitäten haben sie? Den

Kindern reife Menschen vorzusetzen, die in sich ein bißchen Ordnung geschaffen haben, das halte ich für ganz wichtig. Diese Reife hat nicht jeder Lehrer. Wenn Sie mal nachfragen: In der Regel hat jeder Erwachsene wenigstens einen Lehrer, bei dem er glücklich war. Der kann unter Umständen die ganze Erinnerung »Schule« retten; aber Reife ist ein Aspekt vom Lehrerberuf, der in der Lehrerausbildung gar nicht vorkommt.

Es ist ein schwerer Beruf, das wollen wir feststellen. Und wenn man selber auf wackeligen Füßen steht und noch persönliche Sorgen hat... Man kann eigentlich nur Lehrer sein, wenn man keinen anderen Beruf hat. Der zölibatäre Lehrer eignet sich darum am besten, Entschuldigung, wenn ich das so einfach sage. Aber wenn man es wirklich ganz ernst nimmt, dann ist man mit seiner Klasse wie verheiratet; sie ersetzt die Familie.

Ich kann es nur sehr gut und richtig finden, wenn ein Junge oder ein Mädchen irgendwann für irgendeinen Erwachsenen eine richtige Schwärmzeit hat. Ich habe das auch beobachten können, an mir selber und meinen Mitschülerinnen früher, das ist ein erster Schritt zur Reife. In der Pubertätsphase, in der ich anfange, sensibel zu werden für Werte, für das, was ein bißchen mehr unsichtbar ist, klammere ich mich irgendwann für eine Zeit mit dieser Affinität an einen Menschen, von dem ich mich sehr positiv angesprochen oder berührt fühle, und denke und arbeite mich in das Positive hinein und versuche, das in mir selber festzumachen. Warum zieht der mich so an? Das weckt in uns selber auch ein gutes Wollen, vor diesem Menschen zu bestehen. Solche Wechselwirkungen sind kostbar.

Unsere Sophie-Barat-Schule in Hamburg war, bis ich wegging, eine reine Mädchenschule. Homogene Gruppen kann man besser und leichter erziehen. Die Vorurteile, Mädchen sind gut für Sprachen, Jungen für Naturwissenschaften, die stecken in Lehrern und Kindern drin. Wir haben zum Beispiel in der Schule in Hamburg einen mathematisch-naturwissenschaftlichen Leistungszweig gehabt. Ein Kollege, der mit anderen Schulen vergleichen konnte, hat gesagt, die Ergebnisse bei uns seien besser. Mädchen sind fleißiger, haben eine andere Art von Ehrgeiz auch, es richtig zu können und müssen sich nicht gegen diese selbstverständlichen Vorurteile »das können wir Jungen besser« durchsetzen. Die Mädchen, die von Mädchenschulen kommen, sind in den naturwissenschaftlichen Fächern in der Universität nachher besser als die Jungen.

Ein Mädchen bringt einen Computer nicht zum Erliegen, Jungen spielend. Mädchen sind sensibler, vorsichtiger, abwartender auch. Und sie können mit einem guten Selbstbewußtsein von der Schule gehen, sie bewähren sich dann und sind gar nicht so tief zu beeindrucken von der männlichen ›Überlegenheit‹, die ihnen so gerne entgegengehalten wird.

Auch die Sensibilität für, sagen wir mal, menschliche Bedingtheiten ist bei Mädchen größer. Sie können eine Mädchenklasse dazu bringen, auch mit einem schwachen Lehrer vernünftig umzugehen. Jungen mit elf oder zwölf schaffen das offenbar nicht. Und dann gibt es ja auch wirklich Kinder, die in einer gemischten Klasse untergebuttert werden, Mädchen, die es allein von ihrer physischen Erscheinung her schwer haben. Außerdem, die Freundschaften zwischen Mädchen, die an reinen Mädchenschulen entstehen, können sich an gemischten Schulen kaum mehr entwickeln. Das sind oft Freundschaften fürs Leben. Die werden unterbrochen, gestört sozusagen, durch die anderen Beziehungen.

Kontakt zum andern Geschlecht kommt schnell zustande. Was glauben Sie, wieviel Jungen stehen mittags vor der Mädchenschule? Die Koedukation beginnt dann sofort. Nein, nein, die sollen schon ihre Eindrücke haben und ihre Erfahrungen machen. Das fand ich nicht so problematisch. Selbstverständlich hatten wir gemischte Arbeitsgemeinschaften. Die Kochkurse, die wir an unserer Schule eingerichtet haben, waren von vornherein für Jungen und Mädchen, die Tanzstunden natürlich auch. Und wir haben einen gemischten Chor und ein gemischtes Orchester gehabt. Bei der Trennung ging es mir vor allem um Unter- und Mittelstufe.

Religiöse Erziehung in unserer Schule? Sie müssen bedenken, 90 Prozent unserer Hamburger Schüler waren katholisch, und bei den anderen zehn Prozent wollten die Eltern unbedingt für ihre Kinder diese Erziehung. Es gab ein gewisses katholisches Selbstverständnis, das ist der Vorteil einer Schule in der Diaspora. Da wußten die Eltern, daß sie katholisch sind, das haben sie ihren Kindern auch beigebracht: »Und deshalb gehst du auf die Schule! Da hast du zwar eine Stunde Schulweg, aber das macht nichts.«

Die Kinder haben vom ersten bis zum letzten Tage Religionsunterricht, davon kann man sich auch nicht abmelden. Das Thema Religion ist einfach drin und dran. Wir haben versucht, das weiter zu entfalten, was die Kinder aus dem Erstkommunionunterricht und dem Initialunterricht der Grundschule mitbringen. Man muß dazu sagen, was sie als Voraussetzungen von der Familie her mitbringen, ist meist furchtbar dürftig; der Glaube ist in den seltensten Familien ein Thema. Ich will gar nicht den Eindruck erwecken, als wenn ich von einem sehr erfolgreichen Bemühen um den Glauben der Kinder ausgehen würde, aber unsererseits war das Bemühen da. Das ist übrigens auch so ein Punkt, wo der Konsens im Kollegium schwer herzustellen ist: Die Unkenntnis von erwachsenen Christen über ihren eigenen Glauben ist haarsträubend! Manche sind kaum in der Lage, zu irgendeinem der Glaubensgeheimnisse, auch nicht zu den wesentlichen, etwas Gescheites zu sagen. Trostlos eigentlich. Aber da ist sehr schwer dranzukommen. Wenn einer nun findet, er wüßte genug, dann hört er es gar nicht, wenn ihm gesagt wird: Nein, du weißt leider zu wenig! Du kannst den Kindern nicht Rede und Antwort stehen. Wie dem auch sei, das ist immer ein schwieriges Feld gewesen, vor allem bei jüngeren Lehrern, die waren noch ahnungsloser.

Können Sie überhaupt etwas mit dem Geschwätz anfangen? Na, so was. Ich bin gespannt. Aber nicht wörtlich schreiben! Ich drücke mich gelegentlich etwas unbedacht aus.

❖

Ein Wunsch? Darüber habe ich noch gar nicht nachgedacht. In schönem Einvernehmen mit Gott und meinen Mitmenschen möchte ich eines Tages Ihm mein Leben zurückgeben dürfen. Wer wünscht sich das nicht, das ist doch die selbstverständlichste und einfachste Bitte, die man überhaupt als Mensch haben kann. – Ein bißchen mehr Freude in der Kirche, an dem, was ihr geschenkt ist. Das fände ich schön, wenn die christliche Siegesgewißheit etwas mehr zum Vorschein käme, im Unterschied zur heute üblichen Nörgelei, die ich unerträglich finde und ganz unqualifiziert. Es werden schon mehrere Wünsche, wie Sie sehen.

Utopische Wünsche kann man ja jede Menge haben: Daß der Liebe Gott mal ein halbes Dutzend Heilige vom Himmel fallen läßt, die sich der Jugend annehmen, wie es das in der Kirchengeschichte mehrmals gegeben hat. Was unsere Zeit dringend braucht, ist der Heilige dieser Zeit. Ob das nun jemand ist, der sich so profiliert, wie es der Heilige Franz in seinem Zeitalter getan hat, oder Don Bosco in seiner Zeit oder Charles de Foucauld – der ist noch nicht heiliggesprochen. Ich hätte auch nichts gegen einen zweiten Thomas von Aquin. Das würde ich der Kirche und der ganzen Christenheit schon wünschen. Übrigens bin ich überzeugt, daß es viele Heilige heute gibt, Menschen, die mit einer totalen Hingabe an Gott und seinen Willen leben, so wie es auch zahllose Märtyrer gibt zur Zeit, in diesem Jahrhundert mehr als in einem anderen. Menschen, die mit großer innerer Gewißheit für den Glauben, im Glauben ihr Leben zurückgegeben haben oder es sich haben nehmen lassen. Und daß es viele Heilige der Nächstenliebe gibt, davon bin ich auch überzeugt, in aller Verborgenheit, in aller Unauffälligkeit, aber unglaublich segensreich und beglückend für ihre Umgebung. Gott sei Dank nicht spektakulär, denn dann würde sich die Presse darauf stürzen, und der Verderb wäre nicht mehr fern. Insofern bin ich gar nicht skeptisch oder hoffnungslos, aber ich ärgere mich natürlich über überflüssiges Theologengezänk, weil ich denke, dafür hat man gar keine Zeit, in dieser

Bedrängnis, in der die Kirche heute lebt, in der die Menschen leben. Ein halbes Dutzend Heilige, das würde ich schön finden, es kann auch ein Dutzend sein.

Ja, das müssen schon katholische Heilige sein. Es gibt Christen, bei denen kommen Sie mit der Definition aus, er ist zu seinem Nächsten wirklich so hinreißend gewesen, der hat es in der Nachfolge Christi getan. Das gibt es sicher, das gibt es überall da, wo es Christen gibt. Aber für mich hat das Christsein in der katholischen Kirche immer noch eine andere Dimension, eine sakramentale, in das Geheimnis Kirche hineinreichende. Daß Sie z.B. ein Heiliger werden können wie ein Charles de Foucauld, der in der Wüste vor der Monstranz gekniet hat. Da war gar kein Nächster, dem er gut sein konnte. Die paar Eingeborenen, die zu ihm kamen, wußten, daß er gut ist, und haben ihn trotzdem erschlagen. Er hat kein soziales Werk aufgerichtet, kein caritatives, nichts von der Art. Dennoch, auch auf diesem Wege kann man heilig werden, und das ist ein Beitrag zum Zeugnis für den Glauben und für die eigentlich verborgene Seite der Kirche, die richtig ins Fleisch der Menschen hineinreicht. Sie ist ja nicht nur eine Institution oder eine Organisation, sie ist ein uns bis ans Mark gehender Organismus. Da geht es um Fleisch und Blut in der Kirche, um Tod und Leben, das vergißt man, das ist alles so entmystifiziert, aber so wird man den Geheimnissen nicht gerecht.

Die Kirche muß eine Institution sein, wenn sie überleben will, das sehe ich ein. Sie muß institutionellen Charakter haben, es muß Kompetenzen geben, das ist alles furchtbar einfach und selbstverständlich. Aber schließlich ist das doch nur die Außenseite und eine Konzession an die irdischen Daseinsbedingungen mit dummen und irrtumsanfälligen und faulen und verschlagenen Menschen – so himmlisch sind wir ja alle gar nicht – da muß eine tragfähige Ordnung hineingebracht werden.

Die Rolle der Frau in der Kirche finde ich hinreißend, und ich begreife keine Frau, die meint, es sei eine mindere Rolle. Für mich bleibt die Mutter Gottes wirklich das Urbild, Idealbild, Vorbild für Kirche überhaupt, für Männer wie für Frauen. Die Grundhaltung Marias, daß man empfangen muß, was man leben will. Man hat es ja nicht aus sich, man kann es sich nicht nehmen, es muß mir geschenkt werden. Wo die Bereitschaft zum Empfangen nicht gegeben ist, kann überhaupt keine Gnade Fuß fassen. Das ist heute so stark verdunkelt durch dieses »wir müssen leisten, wir müssen bestimmen, wir müssen Posten haben, wir müssen Karriere machen« – völlig abwegig.

Man muß sich nur den Beitrag der Mutter Gottes zum Erlösungswerk einmal ansehen, die unmittelbare Nachfolge ihres Sohnes, die sie vorgelebt hat! Wie sie ihm auf seinen Wanderungen gefolgt ist, ihm gefolgt ist bis unters Kreuz. Sie hat seine dreitägige Abwesenheit überlebt, wie, das wissen wir nicht, aber sie hat geglaubt. › Selig bist du, die du geglaubt hast‹ . Die Kirche stellt sie über die Engel. Die Mutter Gottes kommt zuerst, dann die Engel, dann die Propheten, dann die Heiligen, und so weiter, schöne Reihenfolge. Und Maria steht auch als Ersterlöste am Horizont der Geschichte. Wenn wir auf ein positives Ziel unserer Geschichte überhaupt hinleben und hindenken, dann tritt uns die Mutter Gottes entgegen als diejenige, an der das Erlösungswerk des Sohnes zuerst seine volle Verwirklichung gefunden hat, außer an ihm selber.

Wenn wir an Auferstehung glauben, dann haben wir auch ein positives Geschichtsverständnis, in dem Sinne: Die Schöpfung ist nicht aus Versehen und auch nicht umsonst, nicht für nichts und wieder nichts, sondern hat einen Anfang, einen gewollten zielgerichteten Anfang. Wozu hat Gott die Welt geschaffen? Kennen Sie Ihren Katechismus noch? › Zu seiner eigenen Verherrlichung und zum Besten seiner Geschöpfe‹ . Der Mensch soll leben, soll seine Vollendung finden, soll in die Fülle des göttlichen Lebens hineingenommen werden. Das glauben wir nun mal, dafür ist uns die Auferstehung Christi die letzte Garantie. Eine zweite Garantie ist die Mutter Gottes, die in den Himmel aufgenommene. Von daher fällt das ganze Licht auf den Glauben und auf die christliche Existenz. Ich denke, die Weise, wie Frauen diese Dinge wissen können, lieben können, leben können, da bringen sie Wärme und Licht in die Kirche hinein, was Männern gar nicht so gut gelingt, die sind oft zu sehr am Organisatorischen interessiert.

Wie ich über das Priestertum der Frau denke? Wenn ich als Junge zur Welt gekommen und mir selbst ein bißchen ähnlich geworden wäre, wie ich jetzt so bin, dann hätte ich sicher Geistlicher werden wollen. Ich hätte den zölibatären Weg gewählt der totalen Hingabe an Gott. Aber um Gottes Willen – dann hätte ich ja ein Amt! Ein Amt bindet ja viel mehr. Jetzt habe ich doch alle Freiheit. Ich meine, wir Frauen brauchen nicht das Amt, wir brauchen den Geist.

Wenn ein Theologe behauptet, die Frau könnte ihrer Natur nach kein Amt ausführen? Dann gucke ich ihn mitleidig an und frage: Junge, wo hast du denn das gelernt? Von Eva her wird das begründet? Ach, der Stoffel Adam, der ist wohl der Bessere gewesen? Natürlich hat die Schlange sich an die Frau gewandt, weil sie intelligenter ist, listiger, gescheiter, initiativreicher als der unbeholfene Adam, der daneben steht und jammert: »Meine Frau hat mir den Apfel gegeben, die Frau, die du mir gegeben hast!« Da schneidet Eva noch besser ab als Adam, wenn ich die Geschichte betrachte. Wenn man sich fragt, wer ist besser ausgestattet, der Mann oder die Frau, würde ich sagen: Die Frau, eindeutig. Das kommt schon gleich in dieser Geschichte heraus. Ich halte Frauen für klüger als Männer, ehrlich gestanden. Natürlich sehe ich an den Männern eine ganze Reihe von köstlichen Eigenschaften und Begabungen, aber im Sinne des Umgangs mit dem Lebendigen, wo es um Kinder geht, um Personen, um Menschen, da halte ich Frauen für klüger. Auch in der Beurteilung von Situationen, in der Lösung von Schwierigkeiten.

Eine von unseren Ordensfrauen, die viel in Indien zu tun hatte mit allen möglichen kirchlichen Einrichtungen, hat mal gesagt: »Wo eine Frau an der Spitze steht, geht alles ganz schnell und glatt. Männer bauen erst einmal ein Hindernisrennen aus

Paragraphen auf, während Frauen viel unmittelbarer auf die Situation gucken.« Aus einer großen inneren Sicherheit heraus eigentlich. Hören Sie mir auf mit dem Priestertum der Frau.

Bei dem Schrei nach dem alternativen Leben, denke ich, die Ordensexistenz sei ein solcher Entwurf. Im Ordensleben geht es nicht um Karriere, auch nicht um Geld oder Besitz, nicht um Herrschaftsausübung, sondern es geht ganz schlicht um Dienst, und zwar an Menschen, die in irgendeiner Form diesen Dienst brauchen.

Zweitens denke ich, daß Ordensleben, da wo es authentisch gelebt wird, die Voraussetzung für ein ideales Zusammenspiel von persönlicher Freiheit und Gemeinschaft ist. Das heißt nicht, daß die Lösung immer ideal gelingt. Jetzt, wo wir das Modell der Familie so gründlich gestrichen haben aus unserem Gemeinschaftsdenken, ist es schwierig geworden. Früher haben sich die Ordensgenossenschaften sehr selbstverständlich unter dem Bild Familie verstanden. Aber das ist mit dem Verlust der Vater- und Mutterfigur schwierig geworden. Jetzt sind wir eine Reihe von Geschwistern, eigentlich lauter Waisenkinder, weil wir den Vater nicht mehr haben und die Mutter nicht mehr wollen. Das schlägt sich deutlich nieder in dem Stichwort: »Geschwisterliche Kirche.« Ich habe das nicht so gerne.

Außerdem denke ich, daß die drei Gelübde nach wie vor einen unglaublichen Entwurf von Freiheit enthalten. Sie bilden auch die Grundlage für das Ordensleben, in dem der einzelne in diesem Befreitsein eine neue Bindung eingeht.

Ein endloses Thema in jedem Noviziat lautet: Welches Gelübde ist nun das grundlegende? Das verschiebt sich nach meiner Erfahrung mit dem Älterwerden, wenn man länger in diesem Stand lebt. Für mich ist das Keuschheitsgelübde das Tragende, weil es die Basis für die sehr persönliche Christusbeziehung ist, der ja wirklich um seiner selbst willen und weil *er* es ist, geliebt wird. Mit der ganzen Liebe, zu der man fähig ist, liebt man ihn, obwohl man ihn nicht sieht und nicht hört. Er ist wahr, er ist wirklich. Diese innerste Herzensbindung an Jesus Christus legt es nahe, daß man im Gehorsam lebt, das ist dann gar nicht mehr so kompliziert. Nun, man kann eine schwierige Oberin haben, das will ich gar nicht abstreiten. Aber das Vorbild Christi läßt einen nie, wirklich nie im Stich.

Das Gemeinschaftsleben im Kloster hat seine eigenen Reize und Schwierigkeiten. Mehrere Heilige haben gesagt, das Leben in Gemeinschaft sei die größte Buße. Manchmal ja, aber manchmal ist es auch anders. Finden Sie es sehr »bußehaft« hier bei uns?

Das Sacré Coeur war 1951 ein sehr strenger Orden. Stillschweigen war eine der beeindruckendsten Regeln. Man redete nur das sachlich Notwendige: »Schwester, gehen Sie bitte heute um fünf in die Aufsicht statt um halb sechs!« in einer bestimmten Sprechecke, mit wenigen Worten und leiser Stimme, und im übrigen sprach man nicht miteinander. Es gab zwei, dreimal am Tag eine sogenannte Erholung, wo mehrere zusammen waren, in der man miteinander sprach, und es war immer jemand dabei, entweder die Oberin selbst oder die Novizenmeisterin. Es gehörte dazu, daß man einmal am Tag zu dritt oder zu viert im Garten eine halbe Stunde auf und ab ging. Da gab es, ganz entzückend eigentlich, einen Katalog von Themen, die man auf jeden Fall vermeiden sollte. Nationalität war tabu, keine politischen Gespräche, wir waren sehr international, Heimat, Herkunft und Krankheit waren auch tabu, unpersönlich, nicht? Aber geistliche Themen ohne Ende.

Das Stillschweigen war immer eine schwierige Sache. Es gab nur ganz wenige, die das wirklich konnten, ohne zu platzen. So zu schweigen, daß man gleichzeitig ein ganz offener und gelassener Mensch blieb, das war schwierig, vor allen Dingen, wenn man so bedrängt von Gedanken war, die man gern mal aussprechen wollte. Damals hat sich eine meiner Grundüberzeugungen ausgebildet: Der Gedanke ist erst fertig, wenn ich ihn formuliert habe.

Dann wurde eines Tages, ohne große Übergänge, das Stillschweigen aufgehoben. Da wurde das Zusammenleben erst richtig schwierig. Und wenn für jede Kleinigkeit alle gefragt werden wollen, wenn plötzlich die Abwicklung des gemeinsamen Lebens Diskussionsgegenstand wird, dann leidet das Gemeinschaftsgefühl. Damals setzte die Flucht in die kleinen Gruppen ein, von sehr viel Euphorie beflügelt, sehr oft auch gekoppelt mit dem mutigen Aufbruch einzelner in ein neues, bisher unbetretenes apostolisches Arbeitsfeld.

Ob ich mich als ›Braut Christi‹ bezeichnen würde? Wer kann denn heute mit dem Stichwort ›Braut‹ noch etwas anfangen? Mit Bräutigam schon gar nicht. Aber damit ist diese Entschiedenheit füreinander bezeichnet, wirklich aus der Herzmitte – und die Erfüllung der Zusammengehörigkeit steht noch aus. Der Himmel ist nachher sozusagen der Hochtzeitssaal oder die Erfüllung von Ehe oder was immer. Diese Mischung von ganz gebunden sein und ganz frei bleiben, das ist in diesem Mysterium zum Ausdruck gebracht. Außerdem wird die Kirche selber ›Braut Christi‹ genannt, und die Orden haben ihren Platz in diesem Mysterium Kirche. Der Heiland muß auch um seiner selbst willen geliebt und angebetet werden, nicht nur, weil er mir Gutes tut oder weil er andern Gutes tut, sondern als diese Offenbarung, als diese Selbsthingabe Gottes! Sie muß doch beantwortet werden von uns. Das kann doch nicht einfach, ich weiß nicht wohin, fließen, ohne Echo bleiben, ohne feed-back, um es ganz platt zu sagen. Ich denke, das ist wirklich die Aufgabe der kontemplativen Orden an erster Stelle, dieses Mysterium Christi in seiner Kirche aufzufangen, zu beantworten, sich ihm zur Verfügung zu stellen, mit Zeit, mit Kraft, mit Innerlichkeit. Darin realisiert sich dieses Braut-Mysterium der Kirche über das Brautmysterium derer, die da eintreten. Das gilt für die Männer genauso, das ist gar kein Privileg für Frauen. Sich in den Strom der Liebe Christi stellen, einfach um sie zurückzugeben. Das ist das Faszinierende und Schöne daran. Es gibt viele Bezeichnungen für das Mysterium Kirche. Ich finde dieses ›Kirche als Braut Christi‹ am schönsten. Christus liebt die Kirche wie seine Braut, und da muß doch einer stehen und sagen: Ich antworte dir.

Ökumene, Zusammenarbeit mit den Protestanten – auf dem Gebiet bin ich nicht gut, das sage ich gleich. Ich finde eigentlich, die könnten alle katholisch werden, das wäre das allereinfachste. Dann wäre all das, was sie als Protestanten glauben, völlig rein erhalten geblieben, nur ein bißchen besser gebettet in einer etwas größeren Schale. Ich finde, daß die Annäherungen, die die katholische Kirche an die protestantische gemacht hat, erheblich sind, in meinen Augen zu erheblich. Theologisch gibt es meines Wissens nurmehr zwei Klippen, das Kirchen- und das Amtsverständnis. Aber die trennende Verschiedenheit liegt im Empfinden, darin, was ich assoziiere, wenn ich den Begriff Kirche, den Begriff Pfarrer oder Priester höre – das fällt weit auseinander.

Die ersten großen ökumenischen Annäherungen gab es in der Nazizeit. Ich weiß, nach den ersten Bomben auf Berlin erschien Niemöller am nächsten Tag bei dem katholischen Pfarrer in Dahlem und sagte: »Ich biete Ihnen für Ihre Gottesdienste meine Kirche an, Ihre ist ja kaputtgegangen diese Nacht.« Von da an gab es den gegenseitigen Gebrauch der Gotteshäuser, was vorher ganz undenkbar war. Oder auch in den Konzentrationslagern, da fielen diese Unterscheidungen weitgehend weg, da hat man sich einfach als Christen gegenseitig zu trösten versucht. Aber wie soll in einer protestantischen Gemeinde die Weckung für dieses etwas tiefere, reichere, mysteriösere Kirchenverständnis geschehen?

Es gibt eine Richtung in der Christenheit, die steuert auf eine Universalkirche zu. Da sitzen nicht nur Katholiken und Protestanten in einem Kirchenschiff, sondern Buddhisten und Moslems gleich daneben. Wer noch irgendwie religiös denkt, kann dazukommen. Das halte ich für die größte Versuchung für den kirchlichen Glauben heute, denn das geht nicht.

Ich bin kein Gottsucher, ich bin eine, die ihn gefunden hat – und gefunden worden ist. Für mich ist Christus die alleinige und einzige und wirklich göttliche Wahrheit, alle anderen profitieren von seinem Licht. Das Vaticanum II hat sich schön und klug über die anderen Religionen ausgesprochen, in allen ist mehr oder weniger Licht von der göttlichen Wahrheit aufgefangen. Aber wie Christus seine alleinige Autorität betont: › Ich bin es, ich bin der Weg, ich bin das Leben‹, daneben läßt sich nichts mehr stellen. Das ist doch das Aufregende, daß es diese *eine* Wahrheit *gibt*, die sich uns geoffenbart hat.

Das Etikett »konservativ« lasse ich mir gern gefallen. Ich denke auch vom Wortsinn her ist das völlig in Ordnung. Wir haben einen uns geoffenbarten Glaubensschatz zu verkündigen, zu verteidigen und danach zu leben. Wir haben nichts neu zu machen, wir haben auch nichts wegzulassen oder auszuradieren, sondern wir haben das zu bewahren und weiterzugeben, was uns geschenkt wurde. Ich bin konservativ mit großer Überzeugung. Sicher, wenn man als so konservativ gilt wie ich, dann gibt es viele, die sagen, »das hat doch keinen Zweck, mit der zu reden. Da weiß man schon vorher, was kommt.« Gut, dann reden sie nicht mit mir, das muß ich dann hinnehmen. Ich selber mache selten die Erfahrung, daß, weil ich konservativ bin, ich nicht mehr ad hoc antworten oder Stellung beziehen kann. Es ist ja nicht ein formelhaft festgeklopfter Glaube, sondern ein ganz lebendiger. Deshalb fühle ich mich gar nicht unfrei, im Gegenteil, ich fühle mich gut aufgehoben, gelassen und vergnügt.

Also gut, ich kann eigentlich nicht in die Stadt gehen, ohne daß ich von irgend jemandem angesprochen werde: »Sie sind doch die...« Ich bin sehr bekannt, das weiß ich. Aber das ist etwas, das mich schon sehr früh begleitet hat, ich bin ja schon in meiner Karriere mit 15 und 16 Jahren sehr bekannt gewesen, über Plakate, über Grammophon und Rundfunk. Daran habe ich mich gewöhnt, und es macht mir keinen Eindruck mehr. Ich denke selber nie daran, muß ich sagen. Wenn Leute mich so nett ansprechen, antworte ich auch nett, dann ist der Fall erledigt. »Oh, ich habe Sie im Fernsehen gesehen!« – »Ich Sie auch, Sie haben im Stuhl gesessen, ich weiß es genau.« Dann sind sie ganz zufrieden. Sehr viele Probleme habe ich, glaube ich, nicht damit, weil ich auch sehr sorgfältig registriere, wenn etwas nicht so gut war. Wenn es gut gewesen ist – deo gratias. Ich bin ja nicht Herr über das Gelingen.

Ich bin vielfach ärgerlich über das Fernsehen, und ich habe mich auch neulich in einer Sendung sehr geärgert, aber an sich sehe ich völlig ein, daß wir die Medien nicht links liegen lassen können. Wie ein Geistlicher mal sagte: »Was im Fernsehen nicht vorkommt, das gibt es nicht mehr für den Normalverbraucher – also müssen Leute wie Sie im Fernsehen erscheinen.« Bisher habe ich ja das Glück gehabt, nur in Sendungen verpflichtet zu sein, wo ich ein Wort des Glaubens loswerden konnte, ob das jetzt ein Interview mit Heidi Kabel war oder das Wort zum Sonntag. Etwas anderes würde ich auch nicht machen, ich nehme ja keine Spielfilmrollen an.

Neulich hat mir jemand gesagt: »Sie haben in zwölf Spielfilmen mitgespielt«, da habe ich gesagt: »Wie bitte?« Ich habe sie fast alle vergessen, bis auf den Film »In jenen Tagen«. Das waren meist winzige Rollen mit meiner Ziehharmonika. Da habe ich keine Wehmut oder dergleichen. Zu der Zeit hatte ich auch gar nichts anderes zu sagen als nur zu singen. Vor meiner Konversion hätte ich auch gar nicht gewußt, was ich da sagen soll. Heute denke ich: Wenn schon, dann vom Glauben etwas sagen, von der Wahrheit Gottes, und daß der Mensch keinen Grund hat zu verzweifeln.

Der Mensch von sich aus hat kein eindeutiges Verhältnis zu Gott. Gott ist ihm zu groß, zu aufdringlich. Der Mensch will nicht immer gesehen werden. Das ist schon eine von den erbsündlichen Aufmüpfigkeiten, die wir so mit uns herumtragen. Aber es geht ja um die Offenbarung Christi. Und da ist es anders. Da ist zwar Gott immer noch derjenige, der alles sieht und alles weiß, aber die Gesinnung Gottes uns gegenüber ist in Jesus Christus so eindeutig ausgesprochen. Und *die* gerät mehr und mehr in Vergessenheit.

Daß Gott straft, ist ein überholtes Gottesbild, das sich nicht mehr aus der Quelle der christlichen Offenbarung nährt. Die

Menschen haben immer schon gewußt, daß man kein Unrecht begehen darf, weil man gestraft wird, wenn nicht von Menschen, dann von Göttern. Aber daß unser Gott eben *nicht* ein strafender Gott ist im letzten, sondern ein verzeihender, das ist doch die große Botschaft Christi, und *die* haben wir vergessen – deshalb kann das andere Gottesdenken so um sich greifen. Gott vergibt. Das ganze Neue Testament ist voll davon, nur davon. Daß er zu dem Sünder gekommen ist, der sagt: › Ich möchte von dir aufgenommen werden‹, das genügt schon.

Jetzt fallen Ihnen auch keine Fragen mehr ein!

Das Älterwerden fand ich schön, ich bin immer gerne älter geworden. Gut – es geht mir gut. Und wenn es mir mal schlecht gehen sollte, wenn ich so richtig Altersbeschwerden bekomme, nicht mehr hören und nicht mehr sehen und nicht mehr gehen kann, dann werde ich wahrscheinlich anders über mein Alter denken. Und da es mir mein Leben lang gerade in puncto Gesundheit sehr gut gegangen ist, denke ich, irgendwann werde ich dann doch ein bißchen zur Kasse gebeten. Dazu bin ich auch ganz bereit, das habe ich dem Lieben Gott auch schon gesagt. Aber ich denke nicht viel darüber nach. Älterwerden im Sinne von etwas reifer, etwas überlegener, etwas erfahrener, nicht mehr so bedrängt von innen, das fand ich richtig schön. Das heißt nicht, daß ich nicht gerne heute noch mal dreißig wäre – ich würde sofort ein Internat aufmachen. Aber wenn Sie mich so direkt fragen – nein, no problem.

Ich bin glücklich, mehr kann ich nicht sagen. Es gibt ein schönes Gebet, ich glaube, vom Heiligen Benedikt: »Gott, ich danke dir, daß ich bin, denn jetzt erkenne ich, daß du bist.« Ich denke, das ist eine unversiegbare Quelle des Glücks.

Maria Christina

Katharinawerk Basel

Alter: 45
Alter bei Eintritt in die Gemeinschaft: 36
Jahre in der Gemeinschaft: 9
frühere Tätigkeit: Fernsehredakteurin
jetzige Tätigkeit: Psychologin, Projektbetreuerin
Kleidung: Zivil

Das Katharinawerk in Basel hieß zu Beginn dieses Jahrhunderts noch »katholisches Rettungsheim« und widmete sich der Arbeit mit sogenannten »gefallenen Mädchen«. Heute hat sich nicht nur der Sprachgebrauch verändert, auch die Aufgaben und Projekte dieses Säkularinstitus haben sich erweitert. Wesentlichen Anteil daran hat Pia Gyger, die ehemalige Zentralleiterin der Gemeinschaft. Während ihrer Amtszeit hat sie die Gemeinschaft vollständig reformiert und die Spiritualität neu formuliert, so daß die Gelübde neu definiert wurden. Maria Christina erläutert mir diesen Aspekt sehr genau.

Maria Christina und ich führten unsere Gespräche in ihrem Zimmer, auf dem Boden sitzend, bei Wein und meditativer Musik bis in die Nacht hinein. Ihre persönlichen zehn Quadratmeter Raum hat sie in dem sonst nüchternen Zweckbau sehr originell eingerichtet. Ein Blick auf ihr Bücherregal weist auf ihre Begeisterung für Sprachen und andere Länder hin.

Mit Maria Christina einen Ausflug zu unternehmen, war bei der ersten Frühlingswärme ein großes Vergnügen, zumal sie beim Fahrradfahren über eine außergewöhnlich gute Kondition verfügt. Auf unseren gemeinsamen Touren zeigte sie mir »ihr« Basel und einige ihrer Lieblingsplätze der Umgebung.

Als Gesprächspartnerin ist Maria Christina sensibel und ruhig, sie stellt sich auf ihr Gegenüber ein. Sie kann sich gut in den andern hineinversetzen, bezieht aber bei aller Empathie immer klar ihre eigene Position. Sie läßt sich und dem anderen in Gesprächen Zeit, und ihre innere Ruhe und Gelassenheit kann anstecken wirken: Später, in einigen schwierigen Phasen meiner Arbeit, hat sie mich sehr ermutigt und an mein Selbstvertrauen appelliert.

Kindheit? Oh, das ist eine schwierige Frage. 1949 bin ich in Hamburg als zweites und jüngstes Kind geboren, mein Bruder ist viereinhalb Jahre älter. Wegen der Wohnungsnot der Nachkriegsjahre haben wir mit meinen Eltern und einem alten Kindermädchen, das schon meinen Vater großgezogen hatte, auf engstem Raum bei der Großmutter gelebt. Zu der Zeit war es wohl so, daß mein Bruder mehr Mutters Kind und ich mehr Großmutters Kind war.

Meine Mutter ist Holländerin, aus Amsterdam, und mein Vater stammt aus Hamburg. Er war Germanist, rundum, ganz und gar Wissenschaftler. Die Germanistik war sein ein und alles, er hat ganz dafür gelebt. Er war viel auf Reisen. Er war für mich schon wichtig, als Vorbild, aber mehr in Abwesenheit, und die Mutter hat eher die Konflikte und das Schwierige abgekriegt, wie das oft so ist. Sie ist so ganz unwissenschaftlich, kontaktfreudig, humorvoll, lebt stark nach außen und hat einen Riesenbekanntenkreis. Beide waren sehr verschieden und haben sich auch ergänzt.

Die Oma ist gestorben, als ich acht Jahre alt war. Das war ein ziemlich starker Einschnitt. Ich habe sie sehr geliebt. Sie war krebskrank, was mir damals natürlich nichts gesagt hat. Da bin ich erstmal krank geworden und lag zwei Monate im Krankenhaus. Scharlach habe ich gehabt. Äußerlich hat sich sonst nicht so viel verändert. Etwas mehr Platz in der Wohnung. Es war mehr, daß eine wichtige Bezugsperson weg war. Sie war eher streng in ihrer Art, ehrgeizig. Aber sie hat mir viele Märchen vorgelesen, Andersens Märchen, und aus ihrer Bonbonniere hat sie mir immer etwas zugesteckt.

Die Elbe ist eine meiner stärksten und schönsten Kindheitserinnerungen. Einfach Wasser, Weite und diese Art von Weltoffenheit, mit großen Schiffen aus allen Ländern. Manchmal gingen wir sonntags zum Schulauer Fährhaus, wo einlaufende Überseeschiffe mit ihrer Nationalhymne begrüßt wurden. Mein Bruder und ich hatten Blätter, auf denen alle Landesflaggen erklärt waren, und wir kannten uns gut aus.

Ich bin in einer evangelischen Familie großgeworden. In Hamburg gab es damals kaum Katholiken. An religiöse Erziehung kann ich mich nicht erinnern. Kann sein, daß die Großmutter Nachtgebete gelehrt hat: Müde bin ich, geh zu Ruh... Ich bin klein, mein Herz ist rein... Das habe ich gekonnt. – Getauft wurde ich mit knapp sechs Jahren, kurz bevor meine Eltern, mein Bruder und ich für ein Jahr nach Amerika gingen. Mein Vater hatte dort eine Gastprofessur. Die Taufe war im Haus, wir hatten keine Pfarreianknüpfung. Der Geistliche, ein Kollege vom Vater, kam zu uns. Ich bekam den Taufspruch: »Gott ist Sonne und Schild«, das weiß ich noch. Eine Erklärung, was Taufe eigentlich bedeutet, gab es, soweit ich mich erinnern kann, nicht. Ich glaube, ich hätte gerne gewußt, um was es ging. Mit sechs ist man alt genug und hat das Bedürfnis zu verstehen.

Welche Werte in der Familie bestimmend waren? – Schwer zu sagen. Harmonie war ein großer Wert für meine Mutter. Mein Vater liebte eine gewisse Freiheit des Geistes. Er hatte Mühe, als ich später katholisch wurde, er hatte Angst, ich würde den freien Geist aufgeben. Bei meiner Studienortwahl, Schweden, hat er mich unterstützt: Ausland weitet den Geist. Diese Haltung kam mir sehr entgegen. Die Harmonie finde ich eher schwierig. Sie kann einen hohen Preis haben, wenn es nicht auch mal richtig krachen darf.

Amerika – das war rundum schön. Zunächst einmal war es ja schon aufregend, zur Schule zu kommen. Es war mein erstes Schuljahr und ein sehr freies Schulsystem. Ich habe viel Freundlichkeit von den Kameraden erlebt, was vielleicht auch damit zusammenhing, Ausländerin zu sein, denn in den 50er Jahren war Reisen noch außergewöhnlich. Es hätte aber auch anders sein können, so bald nach dem Krieg. An Sprachschwierigkeiten kann ich mich gar nicht erinnern. Mein Vater sagte mal, ich hätte sechs Wochen überhaupt nicht gesprochen und dann plötzlich Englisch gekonnt.

Wir sind sehr viel gereist in der Zeit. Ich habe den Atlantik gesehen, den Grand Canyon, diese großartige Natur von Amerika. Die Niagara-Fälle waren beeindruckend. Man konnte sogar zwischen dem Felsen und dem Wasserfall auf einem Holzbrückchen entlanggehen, aber ich war noch ein paar Monate zu jung, dorthin durfte ich nicht mit. Das war ein beträchtlicher Frust. Was noch sehr schön war: Wüste aus weißem Sand, eine große weiße Sandkiste, und die Indianer-Kultur in Neu-Mexiko. Das sind meine kindlichen Erinnerungen. Für die Eltern war es auch ein besonderes Jahr, mal für sich zu sein. Von daher lebten sie in gelöster Stimmung.

Das Zurückkommen war furchtbar. Diese Hamburger Volksschule in den 50er Jahren nach der Freiheit in Amerika! Die Mentalität war so anders, schwer zu beschreiben im nachhinein. – Unseren Umzug von Hamburg nach Saarbrücken würde ich als das Ende meiner Kindheit betrachten. Da war ich fast zwölf. In den Jahren in Hamburg war in mir das Gefühl gewachsen, ich bin jemand, ich wußte, was ich konnte und was nicht. Dieses Persönlichkeitsbewußtsein ging in Saarbrücken völlig verloren, in einer Riesenklasse mit 49 Kindern, unter denen ich keine gewachsenen Freundschaften hatte. In Hamburg durften wir die Lehrer wenigstens noch mit Namen anreden, in Saarbrücken hieß es »Herr Studienrat.« Wir saßen auf Klappsitzen, für jede Antwort mußte man hochschnellen, dann klappte der Sitz, und morgens klappten alle hoch und sagten im Chor: »Guten Morgen, Herr Studienrat!« Ich war nur ein Jahr auf dieser Schule, dann wechselte ich aufs deutsch-französische Gymnasium, das damals im Zeichen der Aussöhnung zwischen Deutschland und Frankreich gegründet wurde.

Mein Religionsunterricht in der Schule? Den konnte man wirklich vergessen. Vom ersten Pfarrer erinnere ich vor allem die Kriegserzählungen von den bösen Amerikanern. Die Katholiken habe ich beneidet um ihren ganz anderen Unterricht, auch um ihre spannenden Sünden. Sie hatten einen richtigen Katalog, in dem stand zum Beispiel › Sodomie‹ . Als ich einen Klassenkameraden gefragt habe, was das ist, wurde er ganz rot. Das erzähle ich jetzt nur am Rande, aber irgendwie habe ich gemerkt, die machen schon etwas anderes als wir. Ein anderer Pfarrer hat eine Schrift von Paul Tillich einfach laut vorlesen lassen. Zum Besprechen war keine Zeit. Zwischendurch hatten wir noch einen Pfarrer, der sagte, er wolle den ganzen Zirkus hinwerfen und in die Politik gehen, der hat die Stunden einfach verbummelt. Wenn ich es so erzähle, klingt es lustig, aber wenn ich bedenke, wie offen und hungrig ich zu der Zeit war, wie prägsam – und sicher nicht nur ich – da ist es schon traurig.

Gefreut hatte ich mich auf den Konfirmandenunterricht – ich hatte wirklich ein Bedürfnis nach Auseinandersetzung und Information –, aber der fiel flach, weil wir entsprechend dem französischen Schulsystem auch nachmittags Schule hatten, und unsere Klasse hatte lediglich eine Religionsstunde mehr in der Zeit.

Als ich Abitur machte, wollte ich einfach nur weg von zu Hause. Dieser Wunsch nach Freiheit und Selbständigkeit ist relativ normal. Damals habe ich mich für Kafka begeistert, für Landstreicherromane, für Gorki und Hamsun, einfach für das Landstreichermotiv. Das war auch mein Berufswunsch in der Zeit: Herumkommen. Reisen. Unterwegs sein. Unabhängig sein. Zu den »Nesties« habe ich nicht gehört. Vielleicht war das wenigstens noch ein Hauch von ‘68, den ich mitgekriegt habe, wenn ich schon nicht politisch engagiert war. Das politische Engagement kam erst viel später.

Damals kannte ich nur die Berufe, die man aus den Schulfächern macht. Deutsch war mein Lieblingsfach, von daher hat Germanistik auf der Hand gelegen, andererseits fand ich das auch doof mit einem Vater, der Germanist ist.

Psychologie und Medizin waren dann meine engere Wahl. Der Medizin traure ich noch ein bißchen nach. Ich wäre heute sicher keine Schulmedizinerin, aber ich hätte eine Basis für vieles andere, womit ich mich jetzt auseinandersetze und was mich in hohem Maß interessiert – alternative Heilmethoden und Körperarbeit. Im Kontakt miteinander in der Gemeinschaft habe ich übrigens entdeckt, daß ich viel Kraft in den Händen habe. Da werde ich öfter gesucht, um Massagen zu machen, wenn jemand einen verspannten Rücken hat oder unter Streß steht.

Kurz vor meinem Abitur hatten wir Besuch von einer Dozentin aus Schweden, die sagte: »Uppsala ist schön!« Irgendwie hat es sich im Gespräch am Mittagstisch so ergeben, daß mein Vater fragte: »Möchtest du in Uppsala studieren?« – »Ja.« – »Jetzt oder später?« – »Jetzt.« Dann war das klar. Gleich nach dem Abitur bin ich erstmal für zwei Jahre nach Uppsala gegangen. Dort habe ich mich dann für Psychologie entschieden. Ein komisches Fach – wir haben nur etwas über Ratten, Katzen und Hunde gelernt. Und dann bin ich nach sechs Wochen durch die erste Prüfung gefallen, ich konnte auch noch nicht genug Schwedisch. Da war ich so glücklich, ich bin auf der Straße gehüpft, daß ich die Psychologie los war. Dann konnte ich anfangen, Schwedisch zu studieren. Sprachen lerne ich leicht. Ich habe auch eine starke Motivation zu lernen, wenn ich im Land bin und mich mit den Leuten verstehen will.

Mein Lebensgefühl war getragen von viel Leichtigkeit, von Freunden oft eingeschätzt als lustig, wobei ich sicher nicht nur diese Seite hatte. Auch die schwedische Natur hat mich einfach sehr beeindruckt. Einmal war ich mit einem Freund in Lappland zum Skilaufen. Diese Weite, dieses Licht, der Schnee, die Wälder haben mich begeistert. Ich habe gute Freunde gefunden, mit denen ich zum Teil jetzt noch verbunden bin.

Schwedisch hat mir einen Riesenspaß gemacht. Das Studienfach hieß › Nordische Sprachen‹, Schwedisch, Dänisch, Norwegisch. Anderes wollte ich im Moment nicht. Damals war ich sehr in Versuchung, einfach in Schweden zu bleiben. Aber ich bin doch zurückgekehrt, vielleicht, weil es allzusehr am Rande von Europa liegt und ich mehr im Zentrum sein wollte.

Mit sechzehn war ich das erste Mal in Schweden, auf einer Ferienreise mit einer evangelischen Jugendgruppe. Damals verstand ich mich als atheistisch und fuhr nur mit, weil meine Freundin dabei war. Wir wurden von einem deutschen Priester, der dort tätig war, zum Kaffee eingeladen. In der Begegnung mit ihm habe ich gespürt: Wenn es den Gott, den er vertritt, nicht gäbe, dann würde er ein sinnloses Leben führen, aber seine Ausstrahlung war eher die eines erfüllten Lebens. Es war ein sehr starkes Erlebnis, das über den konkreten Menschen schon hinausging. Das war mein erster Kontakt mit der katholischen Kirche.

Während meiner Studienzeit in Schweden habe ich wieder mit ihm Kontakt gesucht, weil mich religiöse Fragen beschäftigten und ich bis dahin überhaupt keinen Gesprächspartner in diesem Bereich hatte. Irgendwann war einfach die Frage in mir: Warum bin ich eigentlich nicht katholisch? Er hat nicht versucht, mich zu beeinflussen, die Frage kam einfach. Das war ein riesiger Schreck, ich habe sie erstmal für vier, fünf Jahre weggesteckt.

Als ich nach Deutschland zurückkam und in Würzburg studierte, fand ich, es wäre doch eigentlich intelligent, wenn ich erst einmal die evangelische Kirche kennenlerne, bevor ich mich auf etwas anderes einlasse. Deshalb bin ich in die evangelische Studentengemeinde gegangen. Die hatte sich in einen frommen und einen politischen Teil gespalten, und bei beiden war mir nicht ganz wohl. Ich habe mich dann in dem politischen engagiert, Kindern aus Obdachlosensiedlungen bei den Hausaufgaben geholfen, und trotzdem war ich dort innerlich nicht zu Hause.

Es gab auch einen ökumenischen Arbeitskreis. Der katholische Studentenpfarrer fragte mich eines Tages, ob ich nicht Interesse hätte, in der Schola zu singen. Ich hatte nicht den blassesten Schimmer, was eine Schola ist, ich habe nur »singen« gehört und gesagt, ja, da mache ich mit. Dann hat sich herausgestellt, daß die Schola jeden Sonntag im katholischen Gottesdienst sang. Auf die Weise bin ich wie die Jungfrau zum Kind sonntags in die katholische Messe gekommen. Dort war mir viel wohler, und ich habe nette Leute gefunden. Jedenfalls bin ich praktisch nur noch in die katholische Studentengemeinde gegangen. Die katholische Kirche habe ich von der positiven Seite kennengelernt. Der Schock kam später. Der Papst oder Dogmen haben für mich eigentlich keine Rolle gespielt.

Gottesliebe habe ich immer durch Menschen hindurch gespürt, durch Beziehungen, nicht durch Lektüre. In Schweden war es dieser Pfarrer, und in Tübingen, meinem nächsten Studienort, war ich einfach verliebt. Mein damaliger Freund war nicht der Grund, aber er war sicher ein wichtiger › Katalysator‹ für meine Konversion. Heute denke ich, nicht seinetwegen bin ich katholisch geworden, denn es stimmt nach wie vor, aber ich wäre es wahrscheinlich ohne ihn nicht.

Einige katholische Freunde haben sich von mir zurückgezogen, sie konnten nicht nachvollziehen, wie man überhaupt noch konvertieren kann. Für sie war ich eine Brücke zwischen den Konfessionen gewesen, und nun beging ich Fahnenflucht. Das war in den 70er Jahren, zur Zeit des Aufbruchs der Kirche. Ich meine bis heute noch, daß man nur Brücke sein kann, wenn man einen festen eigenen Standpunkt hat.

Nach dem Studium fand ich eine Redakteurstelle bei einer Fernseh-Produktionsgesellschaft in München. Die Gesellschaft machte unter anderem Filme für die kirchlichen Abteilungen der Sender, »Gott und die Welt«, und wie sie so heißen. Dort habe ich acht Jahre gearbeitet und vor allem Meditationen und Dokumentarfilme zu kirchlichen Themen gemacht.

Meine Aufgabe war zunächst, Themen zu finden und sie den Sendern anzubieten. Wenn die Sender sie nahmen, hieß es für mich, ich mußte recherchieren, was wie wo zu drehen ist, dann konnte ich mit einem Kamerateam drehen. Zurück in München, habe ich mit der Cutterin geschnitten und die Musik ausgesucht. Zuletzt habe ich den Kommentar geschrieben.

In jedem Film steckte enorm viel Zeit, Monate oft. Pro

Drehtag rechnete man damals etwa drei Sendeminuten, dazu kamen Vorbereitungszeit und Schnitt. In der Regel hatte ich ein aktuelles Projekt, und steckte schon in Überlegungen für das nächste. Für meine Themen habe ich vor allem von dem gezehrt, was ich bis dahin kennengelernt hatte, was mich interessierte. Das war eine spannende Zeit mit vielen Reisen innerhalb von Deutschland und Europa.

Die Arbeit war eine ganz eigene Welt. Die Kameramänner, deren Beruf ja Reisen ist, sind spezielle Menschen. › Freak‹ ist das, was mir am ehesten einfällt, viel unterwegs sein, davon erzählen, was sie hier und da erlebt haben.

Gedreht wurde immer unter Druck, weil jeder Drehtag enorm teuer ist. Ich habe diese Art von Streß durchaus gerne gehabt. Ich denke, er müßte nicht sein, aber er gehört dazu, wenn alles klappen muß. Alleine an einen Ort zu fahren und zu recherchieren, das war einfach. Aber die Arbeit mit einem Team war mir erstmal eine Schuhnummer zu groß. Vor allem war es schwer, für die Männer Autorität zu sein; denn von der Rolle her war ich ja diejenige, die sagen mußte, wo es lang geht, von der Erfahrung waren sie mir aber in manchem voraus. So ein Team ist hierarchisch aufgebaut. Ein Kameramann fragt den Regisseur bei jeder Einstellung. Dabei gab es auch kleine Machtkämpfe, nämlich wenn ich meine Vorstellungen hatte und der Kameramann sagte: »Das geht nicht.« Ich habe erstmal angenommen, er hat recht, und ihn nach seiner Vorstellung gefragt. Nach vielem Hin und Her war es manchmal genau das, was ich am Anfang gewollt hatte.

Sicher bin ich oft zu wenig bestimmt aufgetreten. Ich habe nachträglich gesehen, wie schwer das auch für die Männer gewesen sein mußte. Aber Autorität sein und das, was man gemeinhin als › männlich‹ bezeichnet, zu entwickeln, zum Beispiel etwas klar durchsetzen, das konnte ich noch zu wenig. Das habe ich erst in der Gemeinschaft gelernt.

Einer meiner ersten Filme war ein Interview mit dem evangelischen Theologen Helmut Thielicke. Damals habe ich mir keine großen Gedanken gemacht, daß er ein bekannter Theologe ist und ob ich ihm überhaupt gewachsen bin. Ich habe gemerkt, unser Gespräch über die Bergpredigt macht ihm auch Spaß. Ich war ganz unbefangen. Er war schon ein alter Mann, hatte etwas recht Väterliches, und ich war in den Zwanzigern. Am meisten hat mich immer berührt, was Leute von sich ganz persönlich erzählt haben. Heute würde ich mich sicher noch mehr trauen, persönlich zu fragen.

Kürzlich wurden wir vom Schweizer Fernsehen angefragt. In einer Serie über religiöse Gemeinschaften wollen sie auch über das Katharinawerk berichten. Da habe ich gedacht, ich bin ganz froh, jetzt auf dieser Seite zu sein und nicht auf der anderen. Das ist abgeschlossen für mich, es fehlt mir nicht mehr. Beim Dokumentarfilm hatte ich immer wieder das Gefühl, man tut zwar so, als würde man die Wirklichkeit aufnehmen, aber durch den ganzen Aufwand ist es nicht die Wirklichkeit.

Gute Frage, ob ich ein Augenmensch bin. Schwer zu sagen. Ich habe das Gefühl, ich hätte damals außen etwas gesucht, was ich jetzt innen finde. Die inneren Bilder sind mir mit der Zeit immer wichtiger geworden. Später habe ich eine Ausbildung in Psychosynthese gemacht, das ist eine psychotherapeutische Richtung, die stark mit Visualisierung der inneren Bilder arbeitet. Damit arbeiten wir viel in der Ausbildungsgruppe, also in Kandidatur und Noviziat der Gemeinschaft.

Ob das Fernsehen etwas bewirken kann? Man hat zwar ein großes Publikum – ich weiß von einem meiner Filme, daß acht Millionen Leute ihn gesehen haben. Aber das sind acht Millionen, die einzeln oder bestenfalls zu zweit vor dem Fernseher sitzen. Ich glaube, daß das Fernsehen durch die Vereinzelung nicht viel bewirkt. Wenn die acht Millionen beieinander wären, wäre es vielleicht anders.

Ich sehe sehr selten fern – aber bei hölzernen Dialogen habe ich sofort vor Augen, wie Autor und Redakteur mit dem Drehbuch vor sich sitzen und diskutieren. Ins Kino gehe ich mit Begeisterung, das ist etwas anderes, meist eine andere Qualität, die Atmosphäre, eine große Leinwand, ein dunkler Raum, wo man ganz in den Film eintauchen kann. Gerne habe ich Filme mit starken Naturaufnahmen, chinesische Filme und ruhige Schnitte. Ich bin froh, daß in der Schweiz nicht synchronisiert wird, so daß man die Darsteller in ihrer Originalsprache hört.

Irgendwann bin ich bei meiner Arbeit an eine Grenze gekommen. Ich wollte nicht mehr suchen, was die beim Sender nehmen und Filme darüber machen. Was nun? Ich bin als Redakteurin zum Auslandsradio nach Stockholm gegangen. Da wurde es wieder schwierig. Ich liebte Schweden, wollte dort leben, und gleichzeitig habe ich gespürt, ich habe noch eine Aufgabe, und das Leben vollzieht sich nun mal nicht zentral in Schweden.

Im Dezember 1981 bin ich zurückgekommen und habe einen Urlaub in der Schweiz gemacht, in dem Skiferien, Zen-Meditation und Körperarbeit kombiniert waren. Dort habe ich die Leiterin des St. Katharinawerks, Pia Gyger, wiedergetroffen. Sie hat mich gefragt: Wie geht es denn so? Dann geschah, was ich später noch oft mit ihr erlebt habe: Man meint, man plaudert nur, aber man ist plötzlich ganz beim Existentiellen. Ich habe gesagt: Mir geht es nicht so gut. Eigentlich möchte ich mehr mit Menschen arbeiten, aber ich habe dafür keine Ausbildung. – Mach doch eine, hat sie gesagt. Das war der Schlüssel. Ich wäre gar nicht auf die Idee gekommen, daß ich mit über dreißig das noch könnte. Sie hat mir das »Institut für angewandte Psychologie« in Zürich vorgeschlagen. Dort bin ich hingegangen.

Pia Gyger hatte ich schon in meinem ersten Studium kennengelernt und dann in sehr großen Abständen immer mal wiedergesehen. Als ich noch bei der Fernsehgesellschaft war, fragte sie mich, ob ich nicht einen Fernsehfilm über die Gemeinschaft, deren Öffnung und über den Universalen Christus machen wollte. Keine Ahnung, habe ich gesagt, noch nie gehört, das muß ich kennenlernen, sonst kann ich keinen Film machen. Sie hat vorgeschlagen, daß ich alle halbe Jahre zu den Informationswochenenden komme. Ich war sehr angesprochen von der Weite dieser Spiritualität, die ich dann kennenlernte – und gleichzeitig habe ich es dringend gebraucht, mir immer wieder zu sagen: Ich bin nur aus beruflichen Gründen hier, es ist zum Recherchieren für den Film! Sonst wäre ich sicher nicht gekommen. Darüber haben wir später noch oft gelacht: Den Film hat es nie gegeben, aber ich bin Mitglied geworden!

Bevor ich in die Gemeinschaft kam, hatte ich gehört von Jesus, dem Menschen, der vor 2000 Jahren gelebt hat, und Christus, dem Auferstandenen. Heute gibt es für mich noch ganz andere Dimensionen: den kosmischen Christus, der in der ganzen Schöpfung lebt, der das Herz der Welt ist, und den universalen Christus, der alle Bereiche umfaßt: den historischen, den kosmischen, den eucharistischen, also Christus in Brot und Wein, das ist wieder ein anderer Aspekt. Es ist auch eine Erfahrung, daß es dem Gebet eine andere Dimension gibt und andere Antworten, welchen Aspekt von Christus ich anspreche. Das Gemeinschaftsgebet zum kosmischen Christus hat, glaube ich, auch viel in die Richtung bewirkt, daß die Gemeinschaft sich in ein globales Denken hinein entwickelt hat.

Als ich nach Zürich umzog, habe ich die meisten meiner Sachen verschenkt. Meine paar Ersparnisse mußten reichen für die drei Jahre Studium. Soweit es möglich war, habe ich während des Studiums noch in Deutschland gearbeitet und ab und zu einen Film gemacht. Wenn ich heute zurückdenke, dann staune ich über meinen Mut. Ich hatte keine Ahnung, wie teuer die Schweiz ist, und allem Ermessen nach konnte das Geld vorn und hinten nicht langen, aber es hat genau gereicht.

Ich habe es sehr genossen, nach acht Jahren Beruf einfach wieder lernen zu dürfen. Was das für ein Privileg ist, war mir früher gar nicht so bewußt gewesen. Bis zu vierzig Wochenstunden standen auf dem Plan. Ich war viel in Vorlesungen, hatte drumherum aber noch Zeit zum Leben: Schwimmen im Zürichsee, Ausgehen mit Studienkollegen, ›eins ziehen‹, wie man hier sagt, ein Stück studentischer Freiheit.

Die erste Zeit hatte ich überhaupt keinen Kontakt zur Kirche. Ich habe aber auch Erholung gebraucht. Meine Firma hatte ja für katholische Bereiche gearbeitet, ich hatte also recht viel mit der Instituion Kirche zu tun gehabt. Da gab es so viel Enge. Als ich aus München wegging, habe ich mir geschworen: Ich will nie wieder das geringste mit Kirche zu tun haben. Das habe ich sicher gut zwei Jahre durchgehalten.

Bevor das letzte Studienjahr anfing, war ich zu Ostern hierher in die Gemeinschaft eingeladen. Zu der Zeit machte ich ein Praktikum in der psychiatrischen Klinik. Ich bin am Gründonnerstag abends nach der Arbeit in den Gottesdienst gegangen – die Kar- und Osterliturgie hatte ich immer schon sehr gern. Anschließend wollte ich noch einen Moment in der Kirche sitzen bleiben und habe gemerkt, ich kann nicht weggehen. Fast bis Mitternacht bin ich geblieben, etwas existentiell Wichtiges tat sich, als wenn es um Leben und Tod ging, aber ich hatte keine Ahnung, was. Seltsam. Am Karfreitag habe ich mich ein bißchen krank gefühlt und habe überlegt, soll ich überhaupt wegfahren? Noch im Zug nach Basel dachte ich, was soll ich überhaupt da? Dann waren wir hier im Osternachtsgottesdienst. Hinterher haben wir zusammengesessen, Pia, eine Freundin und ich. Wieder hat Pia gefragt: Wie geht es dir denn? Ich habe gesagt: »Mir geht es nicht so gut, ich weiß gar nicht, warum.« Und ich habe mich selber sagen hören: »Vielleicht hat es mit euch zu tun, vielleicht sollte ich bei euch mitmachen.« Ich war total erstaunt, daß ich so etwas sage. Erstaunt und erschrocken. Kurz darauf waren Pia und ich mitten im Eintrittsgespräch. Zunächst war es ein Schock, o je, jetzt hat mich der Zölibat erwischt! Ich habe auch geweint. Jedenfalls habe ich zu Pia gesagt, ich will bis zum nächsten Tag überlegen, ich kann mich im Moment noch nicht freuen. Am nächsten Tag habe ich ihr gesagt: »Wenn du mich nehmen kannst, wie ich jetzt bin, nicht mit fliegenden Fahnen, dann komme ich.« Bereut habe ich es nicht.

Dann habe ich noch ein Jahr studiert, habe weiter in Zürich gewohnt und bin zu den Ausbildungswochenenden einmal im

Monat nach Basel gefahren. Diese Distanz war mir noch wichtig. In der ersten Zeit hatte ich viel zu lernen, was nicht einfach war. Zum Beispiel, ganz äußerlich, die Verpflichtung, zu den Ausbildungswochenenden zu gehen. Anfangs hatte ich viele Widerstände. Ich hatte ja sehr unabhängig gelebt und war niemandem Rechenschaft schuldig außer mir.

Es war auch nicht leicht, ein Teil solch einer Gruppe zu sein und sich so existentiell mit sich selber auseinanderzusetzen. Am Anfang habe ich nur meine Grenzen gespürt. Gefühle austauschen, und überhaupt, der erste Schritt, *was* fühle ich denn eigentlich? Ich habe gemerkt, das weiß ich oft gar nicht so genau. Ich mußte erstmal lernen, wahrzunehmen und eine Sprache dafür zu finden.

Von der Ausbildungsleiterin bin ich sehr herausgefordert worden, bis hin zu dem Satz: »Wenn du dich als Opfer fühlst, kannst du wieder gehen. Opfer brauchen wir keine.« Das war hilfreich, mir einfach wieder klar zu werden: *Ich* habe das gewählt, es ist *meine* freie Entscheidung, ich könnte ja auch anders leben.

Bestimmte Klischeevorstellungen haben mir anfangs große Mühe gemacht. Manche Leute, sogar Freunde, dachten, so und so ist eine Nonne, und jetzt bist du auch eine. Frömmelnd, Flucht aus der Welt, Verzicht, Verdrängung, ich weiß nicht, was noch alles dazugehört. Die Vorstellung ist bei vielen im Kopf, wenn es um religiöse Gemeinschaften geht. Bei einigen habe ich es auch positiv erlebt, die sagten: Wenn du dich irgendwann mal negativ veränderst oder weltfremd wirst, dann werden wir dich darauf hinweisen.

Das Schwerste für mich war anfangs der Zölibat. Ich wäre nie auf die Idee gekommen, zölibatär leben zu wollen. Pia hat damals etwas ironisch beim Eintrittsgespräch gesagt: Vielleicht kommt der Prinz ja noch! Ich wußte aber schon, das ist mein Weg, und trotzdem war er furchtbar schwer anzunehmen, weil ich mir noch keine Vorstellungen machen konnte. Ich konnte nur den Verzicht sehen.

Würde ich immer denken: Vielleicht kommt noch jemand für eine Partnerschaft, dann hänge ich in einer ewigen Ambivalenz und kann im Grunde nichts wirklich gestalten. Die Lebensausrichtung im Zölibat ist anders. Ich habe einfach viele Möglichkeiten der Arbeit, große Flexibilität, bin viel auf Reisen – alles Dinge, die ich in der Familie nicht könnte, und die mir sehr entgegenkommen. Inzwischen habe ich erfahren, daß es ein schöner Weg ist. Die Hoffnung, vielleicht kommt noch jemand für eine nahe Freundschaft, die hat immer noch Raum.

Ich habe in der Gemeinschaft angefangen, Zen-Meditation zu machen und regelmäßig zu Kontemplationskursen zu gehen, wo wir eine Woche lang täglich sechs bis sieben Stunden im Schweigen stillsitzen. Die meisten von uns, auch die älteren Schwestern, üben diese Gebetsform und möchten sie nicht mehr missen. In die Gemeinschaft hineingetragen wurde sie von Pia, die ausgebildete Zen-Meisterin ist. Die Wirkung dieser Gebetsform ist sehr stark, weil sie einen in die eigene Tiefe führt, wo es darum geht, leer zu werden und sich füllen zu lassen. Man kann vor sich selber einfach nicht weglaufen. Wenn man ein paar Stunden sitzt und nur atmet, dann ist das eine ganz intensive Selbstbegegnung, ein Reinigungsweg, wo vieles hochkommt, das man ausatmen und loslassen kann.

Das schweigende Gebet führt in diese Einheit, wo Gott und ich und die Schöpfung, die Welt alles eins ist. Das ist auch die tiefe Erfahrung zu spüren: Ich bin auch der Baum, ich bin auch die Erde, ich bin eins in und mit Gott. Die andere Dimension ist das Gegenüber, das Du, das ja im Christlichen ganz stark ist, und die soll und darf nicht verlorengehen. Aber während des Sitzens geht es um die Erfahrung der wortlosen Einheit.

Was mir Mühe macht? Vielleicht, daß ein beträchtlicher Teil des Lebens in ein und demselben Haus stattfindet: Wohnen, Leben, Mahlzeiten, meine Arbeit, viele meiner Kontakte, die Ausbildungswochenenden. So ein Stück Alltag geht dadurch verloren. Zum Beispiel Wege, alltägliche Wege, einkaufen oder zur Arbeit gehen. Ein Spaziergang zwischendurch ist nicht dasselbe. Daß gekocht wird, ist einerseits eine große Entlastung, es ist aber auch ein Verzicht, selber einzukaufen und für Freunde zu kochen, so daß ich ab und zu einfach mal in einen Laden gehe, um mir bewußt zu werden, was die Sachen kosten, damit es nicht ein Stück Realitätsverlust gibt, weil ich selber zuletzt vor zehn Jahren eingekauft habe.

Unentdeckte Fähigkeiten – das ist ein weites Feld, würde der Vater von Effie Briest sagen. Manches habe ich auch wiederentdeckt, z.B das Schreiben. Ich habe es nie als besondere Begabung angesehen, sondern als etwas, das ›man‹ eben kann, und habe erst in der Gemeinschaft durch das feed-back gemerkt, das ist tatsächlich eine Begabung. Ich habe jetzt die Redaktion unserer Zeitschrift, das ist recht viel Arbeit. Selber schreiben, Themen entwickeln, Artikel redaktionell bearbeiten.

Was mir ebenfalls nicht bewußt war: Ich vermittle auch gerne über die gesprochene Sprache, zum Beispiel in Vorträgen, über unsere Spiritualität. Seit einigen Jahren bin ich im Ausbildungsteam – wir haben nicht *eine* Novizenmeisterin, sondern sind ein Dreierteam – das ist eine schöne, intensive Arbeit. Jede Kandidatin, jede Novizin, jeder Novize wird persönlich begleitet, das mache ich sehr gerne. Es geht um eine spirituelle Begleitung. Und es ist auch wichtig, klarzustellen, diese Ausbildungsgruppe ist keine Therapie- oder Selbsterfahrungsgruppe, sondern es ist eine spirituelle Ausbildung, die Vorbereitung auf die Gelübde. Trotzdem ist es gut, den psychologischen Hintergrund zu haben.

Theologie und Psychologie sind für mich nicht unvereinbar, sie gehören zusammen. Sicher spielt Psychologie bei uns in der Gemeinschaft auch eine wichtige Rolle, zum Beispiel bei der Frage: Wo ist meine tiefste Berufung? Folge ich mit dem Eintritt in die Gemeinschaft einem tiefen Impuls, dem Ruf Christi, oder will ich einer eigenen oder fremden Idealvorstellung entsprechen? Oder sind Verletzungen so stark, daß sie mich hindern, zum Leben und zu einem lebensfördernden Gottesbild zu kommen? Aber die Grenzen der Psychologie sind auch ganz klar.

Es gibt viele Bereiche, in denen Psychologie nicht mehr weiterhilft, wo man ins Spirituelle hineinkommt.

Innere Entwicklung ist natürlich ein weites Thema. Ich habe das Gefühl, ich bin freier geworden, froher. Auch durch Krisen, die gehören dazu. Mit großer Lebensintensität, die manchmal anstrengend ist und viel in Selbstbegegnung hineinführt. Ich denke, ich habe früher eher so eine Lustigkeit nach außen gezeigt, die aber nicht immer meiner Stimmungslage entsprochen hat. Jetzt passe ich auf, wenn ich in solcher Stimmung oder Verfassung bin, und frage mich: Wie geht es mir wirklich? Oft ist damit eine Traurigkeit überdeckt. Mit › froher‹ meine ich eine gelassene Lebensfreude, die immer mal zum Ausdruck kommt, und in der zwischendrin auch Traurigkeit Platz haben darf.

Das Zentrum unserer Spiritualität ist Versöhnung. Die versuchen wir miteinander zu leben und in der Ausbildungsgruppe zu lernen. Versöhnung auf allen Ebenen, bis in die politische, aber die ist im Grunde die letzte. Zunächst Versöhnung mit sich selbst, Versöhnung auch mit der Herkunftsfamilie.

Es ist eine psychologische Einsicht und eine Erfahrungssache aus unserem Zusammenleben, daß die größte Verletzung aus der Kindheit gleichzeitig zur größten Begabung wird. Wie die Muschel, in der die Perle ist. Das ist ganz erstaunlich. Aber so ist es tatsächlich. Pia Gyger, die ja auch Psychologin ist, hat dem den Namen › Kernschatten‹ gegeben. Das heißt, es gibt die Kernverletzung, und drumherum haben wir ein Abwehrsystem errichtet. Wenn etwas die alte Verletzung anrührt, wird es aktiv. Dann reagieren wir oft aufeinander wie früher in der Familie als Kinder. Es ist für die Gruppe sehr schwer, jemanden in dieser Phase durchzutragen. Es ist dann, als ob das Blickfeld eingeengt wäre. Wir reagieren aggressiv und merken es nicht einmal. Aber es ist ein guter Weg, heil zu werden und herauszufinden, was meine tiefste Begabung und Berufung ist. Da kann man lange studieren und Therapie machen, man wird nie an diese Dinge so herankommen wie live, im engen Zusammenleben, wo man sich bereiterklärt, offen miteinander umzugehen.

Ob wir alle eine große Psychogruppe sind? Das wäre sicher nicht gut. Das ganze Dasein in der Gemeinschaft, in allem, was ich unternehme, wird gemessen an der Frage, ob es hinführt zu Christus oder von ihm weg. Macht es mich liebesfähiger, oder macht es mich egozentrischer? Bringt es etwas für mich und durch mich für andere? Das ist das Kriterium.

Dazu gehört mein Gottesbild, das ich mit der Gemeinschaft teile, daß Christus in jedem Menschen lebt, daß jeder Mensch dabei ist, immer mehr Christus zu werden, und daß in jedem eine Tiefe ist, die Christus ist und zugleich die ganz individuellen Züge dieses Menschen trägt. › Immer mehr ich selber werden‹ ist also auch eine Form von Christusverwirklichung. Wie bin ich gedacht? Was ist meine Aufgabe im Universum, für die Welt und in der Welt?

Christus lebt in meiner Tiefe, und er ist alles, er ist auch ich, und ich bin er. Aber ich bin auf dem Weg, mich zu entwickeln, wie alles, wie die ganze Schöpfung auf dem Weg ist, sich zu entwickeln. Die Unterscheidung zwischen dem egozentrischen Ich, also dem oberflächlichen Äußeren, und dem ganz tiefen Selbst ist in dem Zusammenhang wichtig. In der Tiefe bin ich eins mit Christus. Es ist seltsam, aber auch das ist ein Entwicklungsweg, anzuerkennen, wie groß ich eigentlich in ihm bin. Das hat Konsequenzen. Es bedeutet mehr Verantwortung. Komischerweise ist es manchmal leichter zu denken, ich bin ja so klein und so schwach und so unnütz, als zu sagen, ich bin berufen, Christus zu sein. Je mehr ich Gott gefunden habe, desto drängender und sehnsüchtiger wird das Suchen.

In unserer Gemeinschaft haben wir verschiedene Projekte, die Pia Gyger eingeführt hat. Eines davon ist das Projekt zur Begegnung der Weltreligionen. Es gibt einen immer intensiveren Kontakt mit Buddhisten, einen Erfahrungsaustausch, nicht nur intellektuell.

Es gehört auch zu meinem Gottesbild, daß die Religionen verschiedene Aspekte *einer* Wahrheit sind. Der Sinn unseres Erfahrungsdialogs besteht darin, daß die Buddhisten bessere

Buddhisten und Christen bessere Christen werden. An den jährlich stattfindenden gemeinsamen Tagungen wird nicht vermischt, es soll keinen Einheitsbrei geben, sondern jeweils eine Seite lädt ein. Morgens laden die Buddhisten die Christen zu Meditationen ein, am Nachmittag halten wir einen christlichen Gottesdienst. Ich war mir nie der Texte und Inhalte so bewußt, ich werde wirklich klarer in meiner eigenen christlichen Identität und die Buddhisten hoffentlich für sich. Das Gemeinsame suchen und die Unterschiede nicht verwischen: das ist das Ziel. Und dann darauf vertrauen, daß beide Religionen sich durch die Begegnung verändern.

Die Buddhisten sind offen, das macht es leichter. Ich selber würde mich sehr gerne auch ins Judentum vertiefen, das ist mir nah, und ich hoffe und glaube, daß das noch kommt. Zum Islam haben wir auf einer anderen Ebene viel Kontakt durch eine Frau in der Gemeinschaft, die sich politisch engagiert für Flüchtlinge – oft sind es Moslems.

Wir werden immer mal wieder von außen angefragt, zum Beispiel zum Thema Konfliktbewältigung. Oder wir werden gebeten, die Gemeinschaft in Vorträgen darzustellen. Das mache ich auch. Dann kommen Anfragen für Artikel in Zeitschriften. Früher habe ich auch einzelne Leute, die nicht zur Gemeinschaft gehören, spirituell oder therapeutisch begleitet, jetzt begleite ich nur noch innerhalb der Gemeinschaft.

Dann bin ich Mitarbeiterin in den Projekten zur Begegnung der Weltreligionen und zur spirituell-politischen Bewußtseinsentwicklung. Das ist ein schöner Teil der Arbeit, der mir sehr liegt. Da kommt das Weltoffene, Internationale hinein. Es ist für mich eine riesige Freudenquelle, mit Leuten zusammenzusein, anderen Sprachen, Kulturen, Religionen zu begegnen. In dem Zusammenhang war ich jetzt zweimal auf den Philippinen und in Hawaii.

Das Philippinen-Projekt ist auch ein weites Feld. Wir stehen im nahen Kontakt zu einem Slum am Stadtrand von Manila, Ibayo. Da muß ich weiter ausholen. Pia hat bei ihrer Zen-Ausbildung in Japan eine Filipina kennengelernt, Mila, die mit den Armen in ihrem Land arbeitet und meditiert. Sie hat von der Not in ihrem Land berichtet. Pia hat von der neuen Spiritualität der Gemeinschaft erzählt. So hat sich über diesen Kontakt ergeben, daß Mila in den Slum, in dem sie arbeitet, Pia eingeführt hat. Dann fuhr eine kleine Gruppe von uns dorthin. Das ist jetzt schon einige Jahre her, mittlerweile haben wir eine Hütte dort und eine Schule, die nennt sich »Sister Pia's green house school.« Das ist eine Hütte, grün angestrichen, gleichzeitig heißt › green house‹ auch Treibhaus, eine Schule, wo Wachstum möglich sein soll. Mila hat übrigens jetzt ihre ersten Gelübde abgelegt, sie ist unsere erste philippinische Mitschwester.

Mindestens ein, zwei Monate im Jahr ist eine Gruppe von uns da, mehr Kapazität haben wir einfach im Moment noch nicht. Der Sinn ist nicht, daß *wir* etwas dorthin bringen, sondern daß wir dort lernen, und zwar voneinander lernen. Es gibt einen ganz klaren Tagesablauf. Wir stehen morgens um sechs auf, schweigend, im Schweigen essen wir Frühstück miteinander. Das Frühstück fangen wir an mit dem Lied »Du Licht vom Lichte«, einem Christushymnus, der uns stützt und trägt. Nach dem Frühstück haben wir eine sogenannte Wir-Runde: Wie geht es mir jetzt? Wie geht es mir in der Gruppe und mit den anderen, sind irgendwelche Spannungen da? Was löst es in mir aus, was ich erlebt habe?

Anschließend wird geputzt, und zwar sehr gründlich, da hat auch jedes seine Ämtli, z.B. an der Wasserpumpe. Wir putzen mehr, als es an sich äußerlich nötig wäre, und trotzdem ist das eine Handlung, die nach innen und nach außen strahlt, gerade in dem Chaos, in dem Dreck und Gestank, in der Unordnung des Slums. Nach dem Putzen wird meditiert, dann haben wir am Vormittag noch zwei Stunden, wo wir miteinander an den zehn evolutiven Prinzipien arbeiten, die Pia ausgearbeitet hat, wo es um zehn ganz konkrete Schritte geht, was wir Menschen jetzt lernen müssen, damit Frieden werden kann. Anfangs waren wir dabei unter uns, inzwischen kommen auch Filipinas dazu.

Vor allem versuchen wir zu lernen, was müssen wir bei uns, in unserem Land ändern, damit dort andere Zustände kommen. Wie können wir hier, in der Schweiz, in Deutschland, politisch aktiv werden und auch strukturell Dinge in Bewegung bringen, damit es sich dort ändert?

Am Nachmittag sind wir mit den Leuten dort zusammen, einfach so, wie es sich ergibt und wie sie auf uns zukommen. Wir haben ein Nähprojekt. Was die Frauen aus dem Slum nähen, verkaufen wir hier, und das Geld fließt dort in die Gemeinschaft. Sie können dafür zum Teil das Land kaufen, auf dem die Hütten stehen. Dadurch sind sie nicht ständig in der Gefahr, daß eines Nachts die Bulldozer kommen und die Hütten einfach abreißen.

Inzwischen hat dieser Slum schon fast eine Dorfstruktur, das hatte er ursprünglich nicht. Im Moment leben dort etwa 800 große Familien. Sie haben sich organisieren können und betreiben inzwischen eine Kooperative, einen Dorfladen, eine Nachbarschaftshilfe. Mila arbeitet nun schon lange dort, sie hat eine Jugendgruppe aufgezogen, und sie meditiert mit den Jugendlichen. Wir stärken den Prozeß, die eigenen Strukturen zu finden, sich zusammenzuschließen. Der Sinn ist keinesfalls, daß wir dort eine Institution aufmachen oder Projekte aufziehen und sonstwas tun. Wir sind einfach da, lernen, greifen auf, was sie an uns herantragen.

Es gibt auch viel, von dem wir nichts wissen, viel unter der Oberfläche, auch Prostitution von Kindern. In Manila kommt das sehr häufig vor, das ist ein furchtbar trauriges Kapitel. Ich weiß in dem Slum keinen Fall, aber daß es da gerade im Bereich der Sexualität furchtbar schlimme Dinge gibt, ist ganz klar. Die Arbeit mit den Frauen wird uns immer wichtiger. Sie haben ja keinerlei Intimsphäre, in ihren Hütten sind die Familien zusammengepfercht, teilweise müssen sie zu verschiedenen Zeiten schlafen, weil nicht Platz ist für alle, selbst wenn sie am Boden nebeneinander liegen. Daß da Mißbrauch in vieler Hinsicht passiert, ist uns auch schon begegnet.

Zu Verhütungsmitteln habe ich eine andere Meinung als die offizielle kirchliche Linie, die hat in der Hinsicht viel Leiden geschaffen. Ich denke, Verhütungsmittel sind auch nicht alles, es geht auch darum, größere Bewußtheit zu lernen, mit Sexualität und Lust umzugehen, aber das ist ein langer Weg, und bis dahin würde ich sagen, man braucht Verhütungsmittel, gerade in Ländern wie der dritten Welt. Dort, wo die Menschen so offen sind für das, was die Kirche sagt, finde ich es wichtig, daß die Kirche auch so offen ist, die Not der Menschen zu sehen.

Für uns ist es hart, mit dieser Armut konfrontiert zu sein, und gleichzeitig weiß ich, es gibt noch schlimmere Slums, gar nicht weit entfernt. Zum Beispiel smoky mountains, wo die Leute auf Müllbergen hausen, Slums, die keine Struktur haben, wo die Leute furchtbar ausgebeutet werden. Wer auf dem Müll arbeitet, dort lebt, sich davon ernährt, hat nichts, – und für andere ist das ein blühendes Geschäft, die werden daran reich.

Das philippinische Projekt ist ein Teil des Projektes zur spirituell-politischen Bewußtseinsentwicklung. Das hat auch einen Ableger für Jugendliche bekommen, eine dreijährige schul- oder berufsbegleitende Ausbildung, wo es um die Frage geht: Wer bin ich, was ist meine Aufgabe auf dieser Erde, in diesem Leben, wer bin ich im Kosmos? Wir machen immer ein Pfingsttreffen mit den Jugendlichen. Ich bin im Leitungsteam und übersetze auch, das macht mir viel Spaß. Jeden Sommer machen wir ein peace camp mit den Jugendlichen und Erwachsenen. Im Sommer waren Menschen aus acht Nationen zusammen und haben in Gruppen das eigene Land dargestellt, die Stärken und die Schwächen, immer in bezug auf die ganze Welt gesehen. Was braucht die Welt, was haben wir beizutragen als einzelne, als Nation? Das war das Thema letztes Jahr.

Wir haben Jugendliche und in den letzten Jahren auch Frauen aus der philippinischen Kooperative zum peace camp eingeladen – dieser Austausch ist auch ein Versöhnungsprozeß. Die Philippinen sind ein Volk, das hundert Jahre kolonisiert war, in dem es unter der Oberfläche viel Haß gegen die Weißen gibt. In dem Maß, wie wir uns näher aufeinander einlassen, kommt das auch zum Tragen. Es ist auch ein Teil von dem Versöhnungsprozeß miteinander, daß wir unseren Teil dieser Kollektivschuld annehmen, dafür stehen, was die Weißen, zu denen wir ja auch gehören, gemacht haben. Gleichzeitig ringen wir mit ihnen darum, aus diesem Haß herauszukommen, aus dem pauschalen Verurteilen. Schön war es, jetzt zu sehen, daß die Gruppe vom letzten Sommer wirklich viel in den Slum zurückgetragen hat und es dort verwirklichen konnte. Eine der Frauen hat gesagt, die Sauberkeit der Schweiz habe sie so beeindruckt. Sie selber hat angefangen, ihre Umgebung anders zu gestalten. Wenn eine mal anfängt, wirkt das weiter, und das macht viel aus, wenn jemand anfängt, in der Armut Ordnung zu schaffen, das schafft auch Ordnung nach innen. In Manila sprechen wir Englisch. Mila dolmetscht ins Tagalog, ihre Sprache. Ich versuche das auch zu lernen. Am liebsten würde ich einfach mal ein paar Wochen dort sein und es ganz intensiv lernen, aber das liegt bei mir zeitlich nicht drin.

Priestertum der Frau? Es gibt einige Theologinnen bei uns, die sich eigentlich berufen fühlen, Priesterinnen zu sein. Es ist klar spürbar, sie sind es durch und durch, aber sie dürfen es nicht leben. Wir haben viel Spielraum bei uns in der Gemeinschaft, daß zum Beispiel die Frauen eine Kommunionfeier gestalten, wo die von einem Priester vorher geweihten Hostien ausgeteilt werden. In Kontemplationskursen ist es oft so, daß eine Theologin jeden Tag Gottesdienst mit Kommunion feiert, dann spüre ich, wie absurd es ist, daß Frauen nicht Priester sein dürfen. Ich merke es ja daran, daß zwar Brot, aber kein Wein ausgeteilt wird. Frauen dürfen ja nicht konsekrieren. Das wird sich auch ändern, davon bin ich überzeugt. Ich selber fühle mich nicht berufen, Priesterin im Amtssinne zu sein. Wenn ich Mann wäre, wäre ich nicht Priester. Ich wäre auch nicht lieber Mann...

Über feministische Theologie kann ich nicht viel sagen, weil ich mich in dem Sinn nicht damit auseinandergesetzt habe. Aber ich bin einfach sensibilisiert für das Thema ›Stellung der Frau‹ – nicht nur in der Kirche, auch in der Gesellschaft. Einerseits habe ich das Gefühl, bei uns haben wir viel Raum, unsere Stärke zu entwickeln, und andererseits machen wir immer wieder die Erfahrung, daß es Männer gibt, die Angst vor starken Frauen haben. Wichtig für mich in der feministischen Bewegung ist es, selber stark zu werden, sich zu entfalten als Frau – aber nicht *gegen* die Männer. Vielleicht war das eine Zeitlang auch wichtig als Gegenbewegung, um ein Stück Identität zu finden, aber das ist für mich nicht das Ziel. Nicht Abgrenzung ist das Ziel, sondern wirklich ein Miteinander. Es ist unbedingt nötig, daß Frauen verantwortungsvolle Positionen einnehmen und dabei Frauen bleiben.

Von dem, was Glück ist, wird man in jeder Lebensphase eine andere Definition finden. Im Moment freue ich mich an meiner Gesundheit. Ich habe Freude an der eigenen Körper- und Lebenskraft. Bei älteren Schwestern habe ich aber auch erlebt, daß sie in ihrer Krankheit noch so etwas wie Glück gefunden haben, das sie an andere weitergeben konnten.

Ich kann übrigens eher sagen, welche Momente mich glücklich machen: Momente in Beziehungen, wo viel Nähe möglich ist. Wo man miteinander Visionen teilen kann und sich begeistert, Wege sucht, wie es mal werden kann. Glück ist für mich immer Reisen. Wenn ich die Vielfalt der Menschen sehe, Natur, Kultur und Sprache – das macht mich schlichtweg glücklich. Freiheit auch. Glück ist für mich auch manchmal in der Meditation zu finden.

Mein Wunsch? Diese Frage macht mich gerade traurig. Frieden und humane Lebensbedingungen für alle, das wünschte ich mir. Gestern habe ich in der Zeitung gelesen, daß bei einer internationalen Konferenz in Kopenhagen die Entwicklungshilfe wieder ein Thema war. 47 Milliarden Dollar jährlich würden genügen, damit alle Menschen genug zu essen, gute Lebensbedingungen und die Frauen in der dritten Welt eine Ausbildung hätten. Das wären weltweit nicht ganz drei Prozent der Militärausgaben! Das ist für mich so irrsinnig, unfaßbar, daß wir statt dessen das Geld für Waffen und Kriege ausgeben. – Einen persönlicheren Wunsch? Den finde ich sehr persönlich!

❖

Anfang der 80er Jahre hat Pia Gyger die Gemeinschaft reformiert und die evangelischen Räte neu definiert. Gehorsam, Armut und Jungfräulichkeit haben mehrere Aspekte, einen Sach- und einen Wesensaspekt.

Sachgehorsam heißt: Meine erste Verfügbarkeit ist für die Gemeinschaft. Bei Ehepaaren ist es zuerst die Familie, die Gemeinschaft in zweiter Linie. – Ich hatte zum Beispiel nach dem Studium eine Arbeit im Kinderheim, bei der ich mich sehr wohlgefühlt habe. Dann kam die Anfrage: Bist du bereit, die Stelle zu kündigen und ganz hierher zu kommen? Wir brauchen dich für Aufgaben in der Gemeinschaft. Ich mußte nicht unbesehen zustimmen, aber ernsthaft erwägen schon. Ich arbeitete damals erst zwei Jahre dort und wußte, es ist auch für das Heim schwierig, wenn ich nach so kurzer Zeit wieder gehe. Wir haben einen Kompromiß gefunden. Ich blieb noch ein knappes Jahr im Kinderheim und kam dann ganz in die Gemeinschaft.

Im Gehorsam liegen große Wachstumschancen. Auch die Ältesten bekommen manchmal noch andere Aufgaben, die in einen ganz existentiellen Prozeß hineinführen. Und das ist die andere Seite vom Gehorsam, der Wesensgehorsam. Wesensgehorsam wird in der Ausbildung stark eingeübt. Es geht darum, in der spirituellen Begleitung für sich herauszufinden: Was ist mein tiefstes Wesen? Wer bin ich in Christus? Wie ist sein Bild in mir, wie will das Ausdruck finden? In dem Rahmen ist es zum Beispiel auch möglich, neu entdeckte Fähigkeiten zu entfalten.

Es ist schwierig, es so herausgegriffen zu erzählen, denn das hat etwas zu tun mit dem evolutiven Weltbild, das wichtig ist für die Gemeinschaft. Für uns ist in der Evolution Christus die treibende Kraft, und die ganze Menschheit bewegt sich darauf hin, zu seinem Leib zu werden. Auf diesem Weg der Evolution kommt es auf jeden einzelnen Menschen an, jeder, jede ist wichtig. Und deshalb ist es wichtig, alle Begabungen so gut wie möglich zu entfalten. Das ist auch ein neues Askeseverständnis. Nicht mehr: Askese der Verdrängung, sondern Askese der Entfaltung. Das klingt sehr schön, ist auch schön, aber es braucht viel Disziplin. Es führt in Identitätskrisen hinein, braucht auch Beschränkung, daß man sich auf bestimmte Dinge konzentriert, andere losläßt, damit man sich nicht verzettelt.

Armut hat auch zwei Aspekte, zunächst materielle Armut, Gütergemeinschaft, Leben in Relation zu dem, wie andere auf der Welt leben. In der Hinsicht sind die Philippinen für uns eine ganz wichtige Schule. Dann gibt es die Wesensarmut. Ich lerne anzunehmen, daß ich Geschöpf bin, abhängig von Gott, von Christus. Ich bin nichts aus mir selber heraus. Und andererseits, wenn ich mich einlasse auf Christus, bekomme ich eine Größe, von der ich vorher vielleicht noch nichts geahnt habe.

Außerdem ist die sogenannte ›Armut in Beziehungen‹ sehr wichtig bei uns. Wir lernen immer mehr, uns ohne Masken zu zeigen, so wie wir sind, mit Schwächen und Stärken. Die meisten von uns sind ja nicht so erzogen. Das ist ein Ziel und ein Weg, auf den sich alle in unserer Gemeinschaft verpflichten.

Unser Lebensstil ist in die eigene Verantwortung gestellt. Wer in der spirituellen Ausbildung ist, drei bis vier Jahre vor den ersten Gelübden, gibt noch kein Geld ab. Aber man fängt mit dem Eintritt an, ein Budget zu machen, aufzuschreiben, wieviel man braucht im Monat. Das wird besprochen, und die Ausgaben sollten sich dann im Rahmen von dem Budget halten. Manche gönnen sich zu wenig und kriegen zum Beispiel auch die Anregung: »Kauf dir doch mal ein neues Kleid!« Andere haben einen hohen Posten für Kleidung, so daß gefragt wird, wofür brauchst du sie? Das führt oft auch zu spannenden Fragen: Was ist das Bedürfnis, das dahintersteht? Ist es der Wunsch nach Anerkennung? Kann man sich die auch gegenseitig geben? Bei manchen kann es wirklich zeitweise notwendig sein, daß sie, z.B durch die Auseinandersetzung mit der eigenen Geschlechtlichkeit, ihr eigenes Frausein erst richtig entdecken und dann das Bedürfnis haben, sich schön zu kleiden. Dann ist es wichtig, auch dafür Raum zu haben. Daß dafür relativ viel Geld ausgegeben wird, kann aber nur eine Übergangsphase sein.

Nach den Gelübden gibt man ab, was über das Budget hinausgeht. Wer keinem Beruf nachgeht, sondern innerhalb der Gemeinschaft arbeitet, wie ich zum Beispiel, bekommt ein Taschengeld. Das ist unterschiedlich hoch, wir haben verschiedene Bedürfnisse und Ausgaben. Meine Telefonrechnung ist zum Beispiel höher, weil meine Gespräche oft nach Deutschland gehen.

Jungfräulichkeit heißt für die zölibatär Lebenden in der Gemeinschaft sexuelle Enthaltsamkeit, aber das ist längst nicht alles. Jungfräulichkeit wird verstanden als Hingabe der ganzen Person an Gott. Maria ist das Leitbild – nicht auf der körperlichen Ebene, sondern von ihrer Haltung: Mir geschehe, wie Du willst. Zur Jungfräulichkeit gehört auch die Entfaltung der Geschlechtlichkeit. Jede und jeder setzt sich in der Ausbildung damit auseinander wie sie als Frau, wie er als Mann geprägt ist. Vielen kommen auch Verletzungen ins Bewußtsein, die sie im Bereich der Sexualität erlitten oder anderen zugefügt haben. Das ist ein intensiver, oft schmerzhafter Prozeß.

Flirten? Jein. Das war auch ein Teil meiner Auseinandersetzung zu Anfang. ›Flirten ist doch schön, es ist doch nichts dabei, und wenn der andere Interesse zeigt, na ja, dann schnell wieder weg!‹ Aber das ist eine Form von unehrlichem Umgang, das habe ich recht schmerzlich in der Ausbildungsgruppe gelernt. Flirten ist erlaubt in dem Sinne, den anderen Menschen ›nach oben hin‹ zu verführen. Nicht eine Beziehung einleiten und dann abzuwehren: ›Nee, so war das nicht gemeint, ich bin doch im Orden, was willst du denn?‹ Das wäre die ungute Form. Aber verführen in dem Sinne, daß ich durchaus attraktiv sein darf, Charme haben darf und den auch zeige, in dem Sinne: Schau, wie schön Gott ist, wie schön das Leben ist, schau, wie schön der Weg ist. Gegengeschlechtliche Beziehungen sind nicht ausgeschlossen. Einige von uns haben ganz tiefe Liebesbeziehungen, allerdings ohne die Sexualität auszuleben. Das geht in der Regel nur, wenn die andere Person auch einen zölibatären Weg geht.

Sexualität ist wirklich eine Urkraft, eine heilige, schöpferische Kraft, wo Mensch und Gott ganz nahe beieinander sind. Zur Jungfräulichkeit gehört auch, diese Kraft anzunehmen. Für viele ist sie von der Erziehung her etwas Negatives, schlecht und unanständig. Wir lernen meditative Übungen, in denen wir in uns selber die sexuelle Kraft begrüßen, sie als heilige Kraft ansprechen und ihr erlauben, daß sie durch den Körper nach außen strömt als schöpferische Kraft. Solche Übungen helfen, daß die Sexualität zu einer kreativen Kraft auch auf der psychischen Ebene werden kann.

Das Gemeinschaftsleben hat verschiedene Ebenen. Gut für mich ist die Gütergemeinschaft, in der jede hat, was sie braucht, und abgibt, was sie nicht braucht, damit es in Projekte fließen kann. Das wäre für mich ein Modell überhaupt für die Welt.

Gut ist es für mich auch, das spirituelle Leben mit anderen zu teilen. Wenn eine ganze Gruppe gemeinsam meditiert, führt das jede einzelne in eine ganz andere Tiefe, und durch das Austauschen-Können, den gemeinsamen spirituellen Weg, kann man miteinander mehr bewirken als alleine.

Und, das ist ein dritter wichtiger Punkt: Alleine, das erlebe ich auch bei anderen, fühlt man sich oft ohnmächtig, man denkt: Ich kann nichts machen. Als Gemeinschaft hat man ganz andere Möglichkeiten. Wir erfahren wirklich, wir können etwas bewirken, und zwar rein praktisch, wie die Schule für spirituell-politische Bewußtseinsentwicklung auf den Philippinen und die peace camps mit den Jugendlichen aus dem ehemaligen Jugoslawien. Und die alten Schwestern, die an den Aktivitäten nicht direkt teilnehmen, unterstützen uns mit ihrem Gebet. Auch auf der Reise nach Kroatien und Bosnien, die wir zu dritt im letzten Jahr gemacht haben, war es für die Leute dort wichtig, daß eine ganze Gemeinschaft dahintersteht. Daß wir nicht nur als Privatpersonen kamen. Das stützt sehr und wirkt durch uns hindurch auf die Leute, die mit uns zusammen sind.

Auch im Großzügigsein habe ich Möglichkeiten, die ich allein nie hätte. Neulich bin ich mit dem Velo in die Stadt gefahren. Kaum abgestiegen, hat mich eine Frau nach dem Frauenhaus gefragt. Sie war aus Exjugoslawien, sie hatte Angst, ihr Mann bringe sie um, und sie stand abends spät allein auf der Straße und wußte nicht, wohin. Das Frauenhaus war zu. Dann habe ich sie mitgenommen. Sie hat bei uns übernachtet, und am nächsten Morgen haben wir geschaut, wie es weitergeht. Das ist viel leichter, wenn man ein Haus hat wie unseres, als wenn man einfach in der Familie ist.

Zweimal feiern wir ein großes Fest in der Gemeinschaft, bei den ersten und bei den ewigen Gelübden. Die ersten Gelübde vor acht Jahren waren für mich der größere Schritt. Sie waren zwar offiziell nur für ein Jahr, aber es ist ja nicht so gedacht, daß es nur eine Entscheidung für *ein* Jahr ist. Die ewigen Gelübde Ende dieses Jahres sind nicht mehr ganz so aufregend für mich. Eher das wirklich gute Gefühl, das stimmt. Eine endgültige Zusage von beiden Seiten, von mir und von der Gemeinschaft, eine feste Bindung. Ich habe auch gelernt, wie wichtig äußere Zeichen sind, die dem Inneren entsprechen. Und außerdem wird es ein Fest, darauf freue ich mich.

Monika

Franziskanerin ohne feste Zugehörigkeit
zu einem Mutterhaus, Berlin

Alter: 37
Alter bei Ordenseintritt: 20
Jahre im Orden: 17
frühere Tätigkeit: Krippenerzieherin
jetzige Tätigkeit: Leiterin einer Suppenküche
Kleidung: Habit

Die Suppenküche Pankow liegt einen Steinwurf östlich der ehemaligen Mauer. Als ich dort am Vormittag eines sonnigen Apriltages ankomme, sitzen schon vierzig Männer im Hof des alten Backsteingebäudes, trinken Tee und essen Brötchen, die bereitstehen.
Schwester Monika ist mitten in der Vormittagsarbeit. Sie begrüßt mich, zeigt mir mein Zimmer und wendet sich wieder ihren Aufgaben zu. Am Vormittag heißt das meist, den Speisezettel für die nächsten Tage planen, den Einkauf der Zutaten klären, koordinieren, wer Spenden abholt, Post erledigen, Anrufe entgegennehmen. Nach dem Essen putzt und spült sie mit den anderen. Mit gefällt besonders, daß Schwester Monika mich nicht als Gast behandelt, der besondere Aufmerksamkeit genießt, sondern daß sie mir die Initiative überläßt, mich in ihrem Alltagsbereich umzuschauen und einzuleben.
Als ich mitarbeiten will, bekomme ich Schüssel und Messer in die Hand gedrückt, um in einem der Räume mit anderen Helfern mehrere Säcke Möhren für das Essen am nächsten Tag zu schälen. Während der Arbeit ergeben sich Gespräche von selbst. Außer den festen Mitarbeiten lerne ich beim Möhrenschälen verschiedene Helfer kennen: eine junge Frau im sozialen Jahr, Schülerinnen, die mit ihrem Lehrer gerade aus eigener Anschau-

ung kennenlernen, was sie in der Schule zum Thema »Armut«
gelernt haben, einen Studenten, der manchmal »einfach so«
mithilft und eine ältere Frau aus St. Petersburg, die für einige
Wochen in Berlin ist, um Erfahrungen für ein ähnliches Ob-
dachlosen-Projekt in Rußland zu sammeln.
Mittags um eins wird das Essen der Suppenküche im Hof ausgeteilt. Zu Beginn spricht Schwester Monika ein kurzes Gebet.
Wer will, spricht mit, wer nicht will, sagt nichts oder kommt
später. Während des Essens sitzen die Männer und die wenigen
Frauen, manche auch mit Kindern, in einem kleinen Raum
hinter der Küche, oder sie stehen mit ihren Tellern im Hof und
können sich wieder in die Schlange stellen, wenn sie noch hungrig sind. Das tun die meisten, es ist wahrscheinlich ihre einzige
warme Mahlzeit am Tag. Manche der Männer und Frauen
kommen nicht nur der Suppe wegen, sondern auch, um mit
Schwester Monika zu reden.
Schwester Monika lebt mit zwei jungen Mitschwestern in einer
Wohnung neben dem Gelände der Suppenküche. Im kleinen
Dachzimmer der Gemeinschaft unterhalten wir uns abends bei
einbrechender Dunkelheit. Meist wiederholt Schwester Monika
zunächst meine Fragen und antwortet leise, manchmal zögernd,
wenn sie über sich selber sprechen soll. Wenn ich dagegen nach
ihren Aufgaben und Ansichten frage, erscheint sie mir sponta-
ner.

Wo ich aufgewachsen bin – im schönen Eichsfeld, damals noch eine fast rein katholische Gegend innerhalb der DDR. Geboren bin ich 1957, mein älterer Bruder ist zwei Jahre älter, der jüngere kam zwei Jahre nach mir. Ich hatte eine sehr schöne Kindheit, wohlbehütet, einen Vater, der viel mit uns Kindern gespielt und geturnt hat, und eine Mutter, die mir sehr viel Lebenserfahrung mitgegeben hat, sehr viel Lebensweisheit, an die ich mich oft in schweren Situationen erinnere. Meine Eltern haben beide aus dem Glauben gelebt, das tun sie bis heute. Wenn es schwierige Situationen gab, und die gab es oft, da habe ich gemerkt, woher meine Eltern ihre Kraft nehmen.

Als wir noch klein waren, verdiente mein Vater allein, und er hat immer wieder erzählt, daß wir mit 50 Mark über die Woche kommen mußten. In solchen Zeiten habe ich auch gespürt, wie schwer es war, das Ringen, wie kommen wir mit den Kindern durch? Wir hatten ein kleines, primitives Haus, wenig Platz, und erst kurz bevor ich ins Kloster ging, hat sich das Ganze ein bißchen entzerrt. Meine Mutter hat auch angefangen zu arbeiten, dann ging es uns finanziell etwas besser.

Ich habe mir noch mehr Geschwister gewünscht, vor allem Schwesterchen, nun ja, das war nicht so. Aber dieser Kinderwunsch, auch für mich selber, war schon sehr zeitig in mir. Einerseits erzählt meine Mutter, daß ich schon zur Erstkommunion gesagt habe, ich würde ins Kloster gehen, und keiner wußte so richtig, woher das kam, andererseits habe ich aber auch gesagt, daß ich acht Kinder will, das hat immer mal gewechselt.

Mein Vater ist Motorenwickler, er fuhr in den Nachbarort zur Arbeit. Nach Feierabend im Betrieb ging er aufs Feld, wir hatten nämlich, sicher auch um zu überleben, noch Kartoffel- und Runkelfelder zu bestellen, zum Teil für die LPG, zum Teil für unseren eigenen Bedarf. Wenn wir Kinder nach Hause kamen, lag oft schon ein Zettel auf dem Tisch, wo wir hinkommen sollten. Meine Mutter war dann schon im Feld, und wir fuhren mit dem Handwagen hinterher. Jedenfalls mußten wir auch Silo machen und so etwas. Dann kriegte man für das Viehzeug alles mögliche, denn das war privat, alles andere lief über die LPG.

Was ich wohl gern gemacht habe: abends mit meinem Vater losziehen und Futter für die Ziegen und Kaninchen holen. Aber das war immer ein weiter Weg. Wenn die Kartoffelzeit kam, mußte aussortiert und in den Keller gebracht werden, da wurde es abends immer spät. Meine Eltern haben schwer gearbeitet.

Mein Vater war oft krank. Er war in Gefangenschaft in Rußland, von daher sicher auch. Jedes Jahr im Frühjahr und im Winter hatte er eine schlimme Magengeschichte. Das waren Zeiten, die mich immer sehr bedrückt haben, wie er auf dem Sofa lag und sich vor Schmerzen krümmte. Damals dachte ich immer: Lieber Gott, was kann ich tun? Ich bin dann oft, auch wenn es kalt war, mit offener Jacke zur Schule gegangen: Lieber Gott, jetzt laß mich frieren, aber mach Papa gesund.

Meine Eltern stammen auch beide aus unserem Ort. Sie sind natürlich fest in der religiösen Tradition verwurzelt, aber ich hatte nie das Gefühl, daß sie alte Bräuche nur übernehmen, sondern daß sie tatsächlich aus dem Glauben leben. Mein Vater hat immer erzählt, wie abends gemeinsam der Rosenkranz gebetet wurde, als er noch Kind war, da hat er natürlich oft gestöhnt oder gebockt, aber im nachhinein war ihm schon klar, was das auch für einen Wert hatte und wie das sein Leben geformt hat. Bei meiner Mutter war das ähnlich. Beten war bei uns selbstverständlich. Morgens, bevor wir in die Schule gingen, haben wir uns der Reihe nach aufgestellt, dann wurde gemeinsam gebetet, zum Mittag sowieso. Abends hat jeder für sich gebetet. Und alles, was passierte, wurde religiös gedeutet.

Als ich etwa zwölf war, hat mir meine Mutter ein Buch über Maria Goretti gegeben, eine Märtyrerin, die als Kind vergewaltigt wurde und starb, als sie sich widersetzt hat. Das Buch konnte ich in- und auswendig, sogar heute weiß ich noch viele Einzelheiten. In der Zeit, als ich das las, ist viel in mir aufgebrochen. Ich hätte es nicht benennen können, aber ich habe gemerkt, daß diese Lebensbeschreibung mich verändert hat. Im nachhinein habe ich nicht das Gefühl, daß das eine verkitschte Erzählung war, daß man dieses Mädchen herausgreift und als Symbolfigur hinstellt. Von diesem Buch an habe ich auch gemerkt, wie sehr ich mich zu Legenden hingezogen fühle, zu Lebensbeschreibungen, da hole ich mir auch heute viel Kraft. Was mich daran fasziniert, ist immer wieder diese Radikalität, mit der Menschen ihr Leben ändern und sich total Gott und den Menschen hingeben. Ich war begeistert, klar, zur Jugendphase gehört das natürlich, aber das hat sich bis heute erhalten.

Ich glaube, ich war als Kind eher schüchtern, auch als Jugendliche noch, schüchtern und zurückhaltend. Einerseits habe ich mich kaum getraut und doch in mir selbst gewußt, was ich tun muß. Wenn ich etwas wollte, war ich schon immer ziemlich zäh. Auch in der Schule. Meine Mutter sagt, daß ich sehr ehrgeizig war. Es gab unheimlich viele Auszeichnungen in der DDR, sicher auch, um die Kinder anzuspornen, für jeden Mist eine Auszeichnung. Vor allem mußte man › gesellschaftlich tätig‹ sein; aber wie sah das aus? Man war in verschiedenen Arbeitsgemeinschaften oder der Singegruppe, dafür kriegte man schon eine Auszeichnung. Es gab ja unmögliche Sachen, Kreis- und Bezirksmeisterschaften, und ich mußte mit Russisch und Mathe öfter zur ›Olympiade‹, da wurden eben die Besten immer hingeschickt und gefördert. Am liebsten hatte ich Russisch damals, und heute kann ich kein Wort mehr!

Es gab eigentlich keine Diskussion, ob man zu den Pionieren ging, wir gingen alle. Die Lehrer waren katholisch, alle waren ja katholisch. Heute frage ich mich manchmal, wie die das eigentlich miteinander vereinbart haben. Als Kind habe ich mir nie Gedanken darüber gemacht. Wir mußten zum Beispiel zum Fahnenappell, und für mich war das einfach nur schön, weil wir gesungen haben. Oder weil ich ein Gedicht aufsagen durfte, aber nicht, weil Thälmann gefeiert wurde. Verantwortung übernahm man natürlich auch, es gab Gruppenräte und Gruppenratsvorsitzende, und ich war in der Schule immer eine von den Besten, das ist natürlich nicht schlecht, aber andererseits wurden immer diese Leute zu bestimmten Funktionen auserwählt. Und Gruppenratsvorsitzende war ich daher oft. Aber Jugendweihe – keine Frage, daß wir nicht gingen, das taten nur wenige aus der Klasse.

Ich hatte verschiedene Vorstellungen, was ich beruflich machen wollte, Physiotherapeutin oder Apothekerin, aber dann bin ich Krippenerzieherin geworden. Mir wurde sehr bald klar, daß das eigentliche Anliegen der Ausbildung war, uns und die Kinder rot zu färben. Schon mit den Dreijährigen und sogar Zweijährigen, die irgendwie sprechen und singen konnten, mußten wir Lieder von der roten Fahne einüben und so einen Quatsch. Und für alles gab es Tabellen – Tabellen für Beschäftigung, für Topfzeit und Mahlzeit, und man mußte die Zeit, in der man Frischluft in den Raum ließ, mit roter Farbe im Plan kennzeichnen! Wer am Monatsende die meiste rote Farbe hatte, bekam dann eine Auszeichnung als beste Gruppe, furchtbar. Ich hatte völlig andere Vorstellungen von der Ausbildung und der Arbeit.

Das dritte Jahr war überwiegend Praxis. Da konnte man in der Gruppe schon eigene Ideen entwickeln, aber sehr begrenzt. Deine vorgeschriebenen Erziehungsziele mußtest du abhaken, immer hospitierte jemand, und nur wenn mal niemand zuschaute, konntest du was anderes erzählen. Beten? Daran war gar nicht zu denken, um Gottes willen, nur wenn ich allein mit den Kindern war. Vor dem Schlafen habe ich denen ein Kreuz auf die Stirn gemacht, aber wenn das jemand gesehen hätte, wäre ich hochkant gefeuert worden. Ich habe bald gemerkt, in dem Beruf könnte ich nicht arbeiten, jedenfalls nicht so.

Sehr unterschiedliche Mädchen waren in meiner Ausbildungsgruppe, einige kamen auch aus unserer katholischen Gegend, andere waren aus einem atheistischen Gebiet. Ich habe meine religiöse Bindung nicht unbedingt herausgestellt, aber ich besaß ein Buch, in das ich Gebete hineinschrieb, das wollten die anderen öfter auch sehen. Da hatte ich noch eine etwas andere Frömmigkeit, nicht unbedingt verkitscht, aber ein bißchen jungmädchenhaft... hier ein Blümchen, da ein Blümchen. – Wenn wir über humanistische Ziele diskutiert haben, dann haben die anderen natürlich meine Einstellung bemerkt und das zum großen Teil auch akzeptiert. Es gab ja die »Zehn Gebote der sozialistischen Ethik und Moral«. Wir haben diskutiert, woher die kamen, sicher eine Anlehnung an die zehn Gebote der Bibel. Das waren humanistische Ziele, wie sie eben der Sozialismus auch hat. Gute Ziele, da kann man sich hinterstellen. Der Sozialismus an sich – theoretisch hat er ja auch gute Ziele, aber es ist wie in jeder Gesellschaftsordnung, es zählt nachher eben nicht mehr das Menschliche.

Im letzten Jahr mußte man sich verpflichten, für drei Jahre nach der Lehre dort zu bleiben, ansonsten hätte man seinen Abschluß gar nicht machen können. Aber für mich war schon klar, daß ich ins Kloster gehe. Man hat mir natürlich die Hölle heiß gemacht, es gab sogar eine Gegenüberstellung, bei der all die Herrschaften wissen wollten, wie ich dazu käme – eine Eins in Marxismus/Leninismus und dann ins Kloster? Da ist mir überhaupt klargeworden, was in diesen Köpfen vor sich geht – die haben Marx und Engels überhaupt nicht verstanden, sich auch nie damit auseinandergesetzt, das war für die eine Ideologie, mehr nicht. Wir hatten aber eine Lehrerin, die auch mal eine eigene Meinung zugelassen hat. Wenn wir so eine rote Socke gehabt hätten... gut, du kannst zu deiner Eins auch kommen, indem du auswendig lernst, was in den Büchern vorgedruckt steht. Aber so war das eben bei uns nicht. Das habe ich versucht, denen klarzumachen, aber es war sinnlos.

In diesem dritten Ausbildungsjahr bin ich lange Zeit krank gewesen, hatte wahnsinnige Kopfschmerzen, wochenlang. Jemand aus der Kinderkrippe wollte mir helfen und hat mir geraten, ein Attest schreiben zu lassen, daß ich berufsuntauglich bin. Daß unsere Ärztin das gemacht hat, ist für mich heute wie ein Wunder – das hat der Liebe Gott gefügt und kein anderer – jedenfalls dadurch bin ich aus diesem Vertrag rausgekommen.

Schon als Kind habe ich gespürt, daß sich sonntags zwar die ganze Klasse vollständig in der Kirche traf, daß man aber eben nur ging, weil es alle taten, bevor die Nachbarn sich aufregten. Es gab viel Unverständnis, und vieles wurde auch lächerlich gemacht. Das änderte sich, als Pater Thomas mit uns ein bißchen was angefangen hat. Er kam in unser Dorf, als ich vierzehn war. Das war natürlich die Zeit, wo wir Mädchen geschwärmt haben, so ein gutaussehender junger Mann, groß, stattlich, schwarze Locken, und singen konnte der! Es paßte einfach alles. Er gründete eine Gitarrengruppe, und weil ich ohnehin gerne gesungen habe, hab ich mich da angeschlossen.

Ich habe zwar damals schon gesagt, ich gehe ins Kloster, aber ich weiß nicht, ob das schon ein ernsthafter Wunsch war, oder seinetwegen, das wäre ja sowieso Quatsch. Als Pater Thomas nach einem Jahr wegging, ist dieser Wunsch jedenfalls wieder ein bißchen abgeflaut. Er hielt aber Kontakt zur Gitarrengruppe und zu einzelnen am Ort. Ich habe ihn dann gefragt, ob ich bei ihm die Beichtgespräche führen kann. Das haben wir dann jeden Monat gemacht. Pater Thomas war Franziskaner, mit ihm habe ich eigentlich um den Weg gerungen. Damals habe ich auch angefangen, mich mit Franziskus zu beschäftigen. Wenn überhaupt, kam nur ein franziskanischer Weg für mich in Frage. Mit 16 oder 17 habe ich mir ein Buch mit sämtlichen Adressen von Ordensgemeinschaften in der DDR geholt und alle angeschrieben. Die meisten haben mir geantwortet, auch ein Brief aus Oschersleben von den Franziskanerinnen war dabei, die Oberin hatte ein Bild von der Einkleidung der jüngsten Novizin beigelegt. So ein graues Haus, irgendwie ein düsteres Bild, daß ich mir gesagt habe, überall, aber da nicht. Zum Schluß bin ich gerade dort gelandet.

Eine Sache kam noch dazwischen. Ich hatte schon Kontakt

aufgenommen, war eine Woche in Oschersleben gewesen und hatte praktisch zugesagt, da bekam ich einen Brief von einer anderen Ordensgemeinschaft. Die hatte ich zuvor auch angeschrieben, und eine dieser Schwestern schrieb mir: »Ich besuche Sie aber trotzdem mal zu Hause.« Und ich hatte nicht den Mut, ihr abzusagen. Jedenfalls ergab sich dann der Kontakt, und sie lud mich ins Mutterhaus ein. Dort wurde eine Schwester angesetzt, die sich immerzu um mich gekümmert hat, und ich habe mich so einlullen lassen, daß ich gesagt habe: Gut, ich komme zu euch. Innerhalb von drei Tagen! Also habe ich bei den Franziskanerinnen abgesagt und einen tollen Brief zurückbekommen – wenn das meine Entscheidung sei, würden sie das akzeptieren. Und als ich wieder zu Hause war, wurde mir schon klar, daß ich vereinnahmt worden war, nichts weiter. Natürlich hat sich jeder bemüht, junge Leute zu werben, aber nicht so. Ein einziges Durcheinander. Aber die Oberin in Oschersleben hat so nett und klug reagiert und darauf nicht groß was gegeben.

Schon bei meiner Erstkommunion, weiß ich, habe ich dem Lieben Gott sehr vieles versprochen, so ein Gefühl von Ganzhingabe hatte ich damals schon. Als ich dann ins Kloster ging, war in mir der Wunsch, wenn ich hier eintrete, dann möchte ich nie wieder etwas davon zurücknehmen, weder Gott noch den Menschen gegenüber.

Meine Vorstellung vom Kloster war ideal, ich dachte, das ist heile Welt. So blauäugig war ich lange. Für mich war so klar, daß ich alles geben wollte, und ich habe gedacht, das wollen alle Schwestern und alle geistlichen Leute. Mit der Zeit war ich aber schon sehr ernüchtert, denn es gab auch immer wieder Geschichten, wo ich einfach dachte: Das darf doch nicht wahr sein! Kurz vor meiner ewigen Profeß sind zwei Schwestern weggegangen, die eine, unsere Köchin, ist mit einer anderen Frau zusammengezogen. Damals war das für mich etwas Unvorstellbares, heute sehe ich das anders.

Für meine Eltern war meine Entscheidung nicht leicht. »Du

mußt nicht denken, daß ich dich besuche!« hat meine Mutter vorher gesagt, einfach aus ihrer Not heraus. Aber sie war recht bald schon da. Meinem Vater war äußerlich nichts anzumerken, er hat seinen Kummer in sich reingefressen und ist bald nach meinem Eintritt sehr krank geworden. Die Oberin war eine gute und kluge Frau, sie hat gemerkt, wie schwer das war, und sie hat mich nach Hause geschickt, was in der ersten Zeit eigentlich nicht üblich ist. Von da an ging es meinem Vater besser, weil er sah, daß ich ja kommen darf und daß alles nicht so schlimm ist.

Klar hatte ich religiöse Krisen, aber nicht in dem Sinn, daß ich an diesem gütigen Gott gezweifelt hätte. Wohl aber, als ich mal zum Heimaturlaub zu Hause war und meine ersten Neffen und Nichten auftauchten, daß ich gedacht habe: Bist du eigentlich verrückt? Du wolltest selber immer Kinder haben, jetzt haben deine Geschwister Kinder – und du? Diese Fragen nach dem richtigen Weg tauchten schon auf. Aber das hat nie meine Gottesbeziehung in Frage gestellt. Nach diesem Urlaub hatte ich eine ganz schöne Krise, aber seitdem eigentlich nicht wieder. Jetzt bin ich aus dem Alter auch raus.

Ich hatte ja immer mit Kindern zu tun, eigentlich war mir dieses Übergreifende immer im Bewußtsein, ich kann eben nicht alles haben. Und heute kann ich ganz neidlos meine Nichten und Neffen betrachten. So wie meine Schwägerin nicht Ordensschwester sein kann, so kann ich eben keine Schwangerschaft austragen. Und die Frage der Ehelosigkeit ist, glaube ich, geklärt für mich. Da müßte was ganz Unverhofftes kommen.

Ob wir als Schwestern Schwierigkeiten mit dem Staat hatten? Im großen und ganzen hatten wir nichts auszustehen. Wir hatten eine Oberin, die viel gemanagt hat, die es unheimlich gut verstand, mit den Behörden zusammenzuarbeiten, wo ich schon manchmal gefragt habe, geht das? Kann man um solcher

Ziele willen, schnell ein Altersheim zu bauen, solche Kompromisse eingehen? Dann wurde eben gesagt, wir gehen alle wählen, und wenn eine Schwester nicht wollte, dann wurde sie so lange bearbeitet, bis sie doch ging.

Vieles kam aus dem Westen – also gut, einerseits habe ich mich über West-Seife und Schokolade gefreut, es war einfach schön, wenn Schwestern von drüben etwas mitgebracht haben. Aber andererseits – so gut wie ich im Kloster gelebt habe, hatten es meine Leute zu Hause nicht, das fand ich richtig beschämend. Wenn sie zu Besuch kamen, haben sie ja gesehen, es war alles nur vom Besten. Die alte Provinzoberin war da zurückhaltender, aber ihrer Nachfolgerin war es unheimlich wichtig, daß das Haus gut eingerichtet ist. Das fand ich furchtbar.

Der einzelne draußen hatte bestimmt schon schwerer zu kämpfen gegen den roten Wind. Meine Eltern haben 1972 aus Budapest ein T-Shirt mitgebracht, da waren die olympischen Ringe drauf und drunter stand: München 72. Mein Bruder, stolz wie Oskar, war noch keine fünf Minuten damit auf der Straße, da hatten wir schon die Polizei im Haus. Die hat meine Eltern gezwungen, das T-Shirt zu verbrennen oder gedroht, sie mitzunehmen. Was blieb uns übrig? Solche Schikanen waren an der Tagesordnung. Man sagt auch, daß in jeder Straße ein Spitzel gewohnt hat, das hat das Klima sehr vergiftet, man wußte nie, wer das ist, meistens die, von denen man es nicht vermutet hatte.

Wir haben im Kloster mal einen Film über Mutter Teresa gesehen, und ich weiß noch, daß mich unwahrscheinlich fasziniert hat, wie die Frau den Leuten in Not tatsächlich nahe war. Und wir hatten verschiedene Aufgaben in unserer Gemeinschaft: Altenheim, Kindergärten, Kinderheim, was sicherlich alles wichtig ist, und auch die Verwaltung mußte laufen, aber da habe ich das erstemal gefragt: Bin ich eigentlich ausgefüllt mit dem, was ich hier tue? Ist das mein Weg? Also nicht die Gemeinschaft als solche in Frage gestellt, aber gefragt: Kann ich hier auf Dauer leben?

Unsere Oberin hatte von Anfang an meine Ausbildungen geplant, ich habe schon sehr bald gemerkt, es läuft darauf hinaus, daß ich mal eine bestimmte Funktion einnehmen sollte. Nach der ewigen Profeß sollte ich dann nach Magdeburg gehen, für ein dreijähriges Studium als Seelsorgehelferin. Da war mir eigentlich klar, daß man mich gar nicht wegen des Berufes dahingeschickt hatte, sondern weil man anderes vorhatte. Eigentlich wollte ich nicht, auf keinen Fall. Man hat es mir mitgeteilt, und ich sehe mich noch in dem Raum sitzen, die Oberin mir gegenüber, ich habe geweint, ich wollte ganz einfach meine Arbeit tun, aber nicht studieren. Schweren Herzens habe ich angefangen und habe mich so allmählich auch hineingefunden und gemerkt, wie die Zeit und alle neuen Einflüsse an mir arbeiten, wie sehr ich mich in meinem Denken verändere. Ich habe gespürt, daß ich doch noch sehr eng und kleinkariert gedacht habe.

Während dieser Ausbildung ist mir klargeworden, daß im Kloster mein Platz nicht mehr ist. Das war auch in der Zeit, in der wir in der DDR schon auf die Wende zugingen, in der es sehr knisterte. Ich habe immer gedacht, Lieber Gott, etwas ist im Busch, irgendwas Großes passiert. Ohnehin war schon immer meine Frage nach den Menschen, die am Rande leben. Franziskus hätte sich sicher nicht begnügt mit unserem Behütetsein und diesem Abgesichertsein. Ich glaube schon, daß meine Mitschwestern mich und meine Einstellung bis dahin geschätzt haben. Und nun merkten doch einige, daß in mir Veränderungen vorgingen, daß ich vieles hinterfragt habe, und da hatte ich das Gefühl, man sah das schon als verhängnisvoll und gefährlich an. »Was ist denn aus dir geworden, du bist ja nicht mehr die, die wir mal kennengelernt haben.« Das hat sich immer mehr verschärft.

Nach der Ausbildung kam ich wieder ins Büro, aber ich habe immer wieder gesagt: »Leute, das kann meins nicht mehr sein«. In dem Jahr bin ich auch noch mal zu Pater Thomas gefahren, habe ihm erzählt, daß ich eine Veränderung will, und er hat immer gesagt: Warte noch. Dann hat mir die Oberin angeboten, in eine Gemeinde zu gehen, um als Seelsorgehelferin zu arbeiten. Das lag mir. Ich habe eine Gitarrengruppe aufgebaut, eine Schola, eine Jugendgruppe, es lief auch alles gut, aber meine Fragen waren einfach in mir, die konnte niemand erdrücken. Schwer für mich war, daß mich in der Gemeinschaft keiner verstanden hat, ich hatte doch nichts gegen sie, ich wollte meinen Weg finden.

Inzwischen war Pater Thomas ausgetreten, hatte geheiratet. Ich habe das aber ganz gut verkraftet, so weh mir das getan hat, denn ich wußte, irgendwann gibt es eine Frau, die sich den Burschen schnappt. Er konnte nun nicht mehr mein geistlicher Begleiter sein, denn er hatte jetzt andere Aufgaben. Dann habe ich den Rektor von Magdeburg gebeten, einen sehr geistlichen Mann. Ich hatte einfach Sorge, mich in meinen Ideen zu verrennen. So ziemlich alles habe ich mit ihm besprochen und nachher die Oberin vor die vollendete Tatsache gestellt, daß ich mit dem Bischof von Berlin einen Termin ausgemacht hatte. Da war ich natürlich die ganz Ungehorsame.

Ich weiß nicht, warum ich auf Berlin gekommen bin, vorher war ich noch nie in Berlin, aber es war für mich der Inbegriff von Not und Anonymität. Mit dem Rektor ging ich zum Bischof, und dieses Gespräch wird mir unvergeßlich bleiben; er hat sehr gezielt nachgefragt, immer in die Richtung: ›Das kann ja wohl nicht sein‹, aber wahrscheinlich war das seine Probe. Und ich finde, der Bischof hat ziemlichen Mut bewiesen, als er sagte: »Kommen Sie.« Für mich war klar, ich bleibe weiterhin Ordensfrau; auch Franziskus wollte immer einem Bischof zugeordnet sein.

Mit dieser Entscheidung mußte ich nun zurück in den Konvent. Nun, natürlich haben sie alle möglichen Waffen dagegengehalten. Freilich war das auch eine Frage der Finanzen, meine Ausbildungen hatten viel gekostet, und dann hatte ich in der neuen Gemeinde einiges angefangen: »Die Kinder haben sich alle eine Gitarre gekauft, da kannst du doch jetzt nicht weggehen?« All so was kam dann. Und die Generaloberin hat noch gesagt: »Du weißt doch, was wir mit dir vorhaben.« Aber ich bin bei meinem Entschluß geblieben. Ich glaube, in dieser Zeit bin ich innerlich um Jahre gereift, denn ich wußte im Innern, es ist nicht meine Idee und mein Gespinne, und ich gehe nicht einfach aus Frust, sondern ich bin auf einem Weg, den Gott jetzt mit mir gehen will. Nur das hat mir die Kraft gegeben, durchzuhalten.

Dann bin ich im Februar '90 nach Berlin gekommen. Ich wohnte am Prenzlauer Berg, war sehr einfach eingerichtet – ganz spartanisch wollte ich leben, ohne Waschmaschine und Kühlschrank. In der Nähe war ein Karmelitinnenkonvent, dort habe ich oft mitgebetet, aber ich war auch für mich.

Ich habe die Zeit sehr genossen, ich konnte völlig neu anfangen. Diese Leidenschaft, die ich in mir spürte, jetzt konnte ich sie voll ausleben und nach Wegen suchen, wie ich das mache. Ich weiß, daß ich in den ersten Wochen unheimlich glücklich war, ich hätte durch die Straßen tanzen und hüpfen können, weil ich einfach wußte: hier bin ich richtig. Ja, und ich wußte nur: ich suche Menschen am Rande, und so wie eben Franziskus die Aussätzigen betreut hat, so war ich einfach auf der Suche nach Menschen, die das heute sein konnten.

Von der Caritas-Beratungsstelle ließ ich mir Adressen von Leuten geben, um die sich niemand kümmerte, alte Leute, aber auch Familien, bei denen es drunter und drüber ging, die habe ich besucht. Wo hat Kirche eigentlich ihren Platz, habe ich mich gefragt, muß es wirklich nur die Versorgung mit Jugendstunden und Gemeinderatssitzungen sein, ab und zu mal Messevorbereitung? Das alles ist wichtig, aber wo erreichen wir eigentlich die Menschen, die kein Interesse mehr haben, die nicht von sich aus kommen? Diese Leute habe ich erstmal aufgesucht. Dann ergab es sich, daß in einem Haus auch andere nach mir gefragt haben. – Ich war ja nun jeden Tag im Habit in der Stadt unterwegs, habe zum erstenmal mitbekommen, was es noch für eine Not gibt. Menschen haben mich angesprochen, die jemanden suchten, der ihnen zuhört. Manchmal sind wir ein, zwei Stunden auf der Straße stehengeblieben, auf Bahnhöfen vor allem. Und dann ging ich schwanger mit diesem Satz, der immer öfter fiel: »Ich hab' Hunger.«

❖

Den Tagesplan und all meine Ideen habe ich regelmäßig mit meinem geistlichen Begleiter besprochen. Und im August '90 kam mir zum ersten Mal die Idee, eine Suppenküche und ein Obdachlosenheim einzurichten, na ja, jetzt ist es die Suppenküche geworden. Dann gab es die ersten, die sich auch interessiert haben, die Katharina kam mal und guckte, die Barbara kam, wir kannten uns von der Ausbildung in Magdeburg. Und irgendwann sagten beide: »Nee, so nicht, das kann ich nicht.« Die beiden kamen mit meinem Tagesablauf nicht klar, wie auch? Von heute auf morgen kann man nicht so intensive Gebetszeiten annehmen, wie ich sie in meinem Tagesablauf hatte. Aber als dann die Suppenküche losging, war das Interesse schon stärker, da kamen auch viele Jugendliche, die ich von früher aus meiner Gemeinde kannte, die kommen auch heute noch, das war für mich eine wichtige Erfahrung. Ich hatte ja immer darunter gelitten, daß wir die Jugend nicht oder kaum erreichen, oder nur die, die sowieso kommen. Und hier war es anders, hier kommen so viele, die mit Kirche nichts am Hut haben, die jetzt allmählich anfangen, Fragen zu stellen.

Als wir diese Räume in der Wollankstraße angeboten bekamen, wurde es natürlich ernst. Im Februar '91 hatten wir wirklich nichts, nur die Idee. Anfang April hatten wir schon alles Nötige: Besteck, Geschirr und Gaskocher, Kühlschränke und Kühltruhen, sogar Geld wurde uns schon geschenkt. Uns war wichtig, ganz auf Spendenbasis zu arbeiten, denn auf Finanzierung zu warten, bringt sicher nichts, und ich habe immer gesagt, wenn wir das Evangelium wörtlich nehmen können und sollen, dann tun wir das auch. Und es zeigt sich ja, daß der Liebe Gott kräftig für uns gesorgt hat. Am 4. April haben wir den ersten Topf Suppe gekocht und die Leute angesprochen, ihr könnt kommen.

Wir hatten zu Anfang 34 Plätze, und bald kamen schon die Fragen, auch ganz äußerliche Fragen, was wird, wenn 40 Leute kommen, aber wir haben immer einen Weg gefunden. Wir mußten anfangen, in Etappen zu essen, auch das hat sich irgendwann eingespielt. Seit wir umgebaut haben, gibt es hundert Plätze, das ist auch nicht genug. Wenn es nun irgend möglich ist, teilen wir das Essen draußen aus, im Winter dann in der Garage, weil es drinnen einfach schwierig ist.

Schon kurz nachdem wir hier begonnen haben, fragten die ersten Leute, die zu uns zum Essen kamen, ob sie mithelfen können. Manche sind nach vier oder acht Wochen wieder weggeblieben, aber schon das war ja eine unheimliche Leistung, und einige sind über Monate da oder über Jahre. Und aus diesen Kreisen haben vielleicht fünf, sechs Leute jetzt wieder Wohnung und Arbeit. Das ist ein Tropfen auf den heißen Stein; aber so wie wir angefangen haben, mit dem Gedanken, ach, wir holen da alle bald raus, alle werden wieder in geordnete Bahnen zurückgeführt, da wären wir noch am Boden, wie zu Anfang, als wir merkten, daß das nicht klappt.

Mit unseren Helfern haben wir sehr unterschiedliche Erfahrungen gemacht. Manchmal ging es bis an die Schmerzgrenze, grad', was den Alkohol betraf, Regeln zu finden: Wie gehen wir mit den Leuten um, die nun mal Alkoholiker sind? Völliges Alkoholverbot – ich weiß nicht, ob das alle überstehen würden, und wir haben es hier in der Suppenküche so geregelt, daß sie sich ein Bier über den Tag verteilen dürfen. So läuft es einigermaßen. Natürlich finde ich hier und dort auch mal eine Flasche Schnaps, und dann kriegen sie eine ordentliche Verwarnung, gerade der V., der ist der einzige, den ich ab und zu auch mal nach Hause schicke, dann muß er auch am nächsten Tag wegbleiben. Und das ist für ihn eigentlich die größte Strafe.

Hier müssen alle irgendwie unter einen Hut gebracht werden. Jeder will ernstgenommen werden. Wir haben ganz verschiedene Leute hier, einer war früher Staatsanwalt, ein anderer Ingenieur, andere hatten nie einen Beruf, wir haben Leute aus allen Richtungen. Spätestens bei der Frage wird mir klar, wer hier die Oberhand hat: der Heilige Geist, der das alles lenkt und in Bahnen leitet, sonst wär' das gar nicht zu machen.

Am Anfang war ich sicher viel zu besorgt und wollte alles richtig machen, aber das beste Heilmittel sind die Leute selbst, so habe ich das jedenfalls erlebt. Wer hier mit einem Helfersyndrom ankommt, der wird bald geheilt, weil die Leute sehr sensibel und wachsam sind und durch ihre Art und sicher auch durch ihre Ehrlichkeit das ganz schnell mitkriegen. Ich kenne solche Leute, aber die kommen nicht an. Meistens sind die auch sehr empfindlich und auf sich bezogen.

Du mußt auch herausfinden, was die Leute nicht schaffen. Zum Beispiel haben sich viele bereit erklärt, für uns einkaufen zu gehen. Ich habe Geld mitgegeben, und irgendwann kamen sie nicht wieder. Zu Anfang habe ich auch mein Zimmer nie abgeschlossen. An dem Tag, als ich die Gelübde beim Kardinal abgelegt habe, haben wir den Männern hier das Reich überlassen, und als wir zurückkamen, war unser sämtliches Geld weg, aus meinem Schrank rausgeklaut. Da standen wir praktisch am Punkt null. Das sind Erfahrungen, aus denen man lernt; ich bin nicht bitter dran geworden. Jetzt schließen wir die Türen ab, und die Einkäufe machen wir selber. Wenn die Leute heute wiederkämen, würde ich sie natürlich reinlassen, ihnen auch keine Vorwürfe machen, weil ich mir das einfach aus der Situation heraus erkläre, und ich weiß nicht, wie ich in so einer Lage reagieren würde.

Wir haben aber auch die Erfahrung gemacht, daß viele Geschichten erzählt wurden, die weder Hand noch Fuß hatten. Ich habe mich oft gefragt, warum, und ich glaube inzwischen, wenn ich in einer solchen Situation wäre, ich würde mir auch eine möglichst mitleiderregende Geschichte ausdenken, damit mir ein Mensch einfach zuhört.

Der härteste Fall war wohl, daß ein Mann mit seinem Baby zu uns kam und erzählt hat, bei seiner Frau hätte man während der Schwangerschaft Unterleibskrebs festgestellt, und sie mußte sich entscheiden – sie oder das Kind, und sie hat sich für das Kind entschieden und ist gestorben bei der Geburt. Ich bin in Mitleid zerflossen, habe alle Welt verrückt gemacht, Babysachen besorgt, Babynahrung gekauft – bis dann eines Tages von der Caritas, wo der Mann auch ein- und ausging, mal jemand anrief: »Was ist eigentlich los bei euch?« Und als ich das erzählt habe, sagt er: »Schwester, Sie werden doch diese Geschichte nicht glauben, die Frau kommt jede Woche her!« Da bin ich laut geworden, als er wieder kam, sehr laut, Schluß jetzt. Die Frau hat nichts davon gewußt, die kam nachher mit ihm und hat sich entschuldigt. Sie hatte sich nur gewundert, daß er immer Babysachen mitbringt.

Wir fragen nicht, wer jemand ist, wo er herkommt, und ob er unser Essen überhaupt nötig hat. Wer mit dem Auto vorfährt, weil er meint, hier kann er umsonst essen, der kommt nicht wieder, weil er merkt, hier essen wirklich nur Bedürftige. Von manchen, die schon ein, zwei Jahre kommen, weiß ich so gut wie nichts. Ich denke, die meisten unserer Leute sind aus dem Osten, Männer zwischen 20 und 40, die überwiegend durch Scheidung auf die Straße gekommen sind, wo nach der Wende alles zusammengebrochen ist, Arbeit verloren, Frau verloren, Wohnung verloren.

Mir wird immer klarer, wer keine Geborgenheit kennt, diese Verwurzelung, die ich von Kindsbeinen an geschenkt bekommen habe, für den ist alles doppelt schwer. Und so wie ich von Gott sicher erst reden kann, wenn jemandem der Bauch gefüllt ist, so kann ich geistige und geistliche Bedürfnisse erst stillen, wenn auch normale menschliche Fragen geklärt sind.

Erstaunt bin ich immer wieder, wenn wir an Feiertagen, Weihnachten ganz besonders, Andachten in der Kapelle haben, wie innig unsere äußerlich so hartgesottenen Männer beten können, wenn sie ausbrechen in Weinkrämpfe, weil sie eben immer noch an Frau und Kindern hängen. Das zeigt mir einfach, daß eine Sehnsucht in jedem Menschen drinsteckt, wenn sie die auch nicht Gott nennen. Oder auch der Wunsch, es möchte doch dieses Leben nicht alles sein – auch wenn sie es nicht glauben können; es möge noch irgend etwas anderes geben, damit sie nicht nur diese miesen Seiten erleben. Wer am härtesten aussieht, hat oft den weichsten Kern, die Erfahrung habe ich gemacht.

Es gibt Suppenküchen, die erst ein Bibelgespräch machen, bevor die Leute was zu essen kriegen, aber wir haben uns gesagt, nein, so wollen wir es nicht. Eine von uns spricht ein ganz kurzes Gebet. Ich denke, das hat schon einen Stellenwert, für einige jedenfalls. Wenn ich mir die Gesichter angucke, wer da alles mitbetet oder wer nur dieses »Gelobt sei Jesus Christus« sagt, das spricht Bände. Und wer das Gebet absolut nicht möchte, kommt eben später.

Unser eigentliches Anliegen war von Anfang an nicht nur diese warme Mahlzeit, das ist es äußerlich, aber innerlich ist es eben viel mehr. Dieses Gefühl von Geborgenheit und Heimat, erst wenn das wächst, kann man darauf aufbauen. Und daraus haben sich dann eben unterschiedliche Sachen entwickelt. Einmal die Klosterwerkstatt, wo ja auch eine ganze Reihe von den Leuten arbeitet, die ihre Strafe hier ableisten und dafür nicht ins Gefängnis gehen müssen, ja. Das nächste war ein Caritas-Projekt, daß eine junge Ärztin zweimal in der Woche die Obdachlosen betreut, und in diesem Jahr hat Barbara hier eine Hygiene-Station eingerichtet, da können die Obdachlosen duschen, sich umziehen, und auch etwas gegen Läuse und Hautkrankheiten tun. Dann kam noch Bruder Peter als Sozialarbeiter, der bei Wohnungs- und Arbeitssuche hilft; ach ja, die Kleiderkammer, die wir noch haben, wird oben eingerichtet, das sind eben Versuche, von unseren vorhandenen Möglichkeiten her auf das einzugehen, was für die Leute wichtig ist.

Wir hören allerdings öfter mal den Vorwurf: »Ihr macht hier

eine Rundumversorgung: Essen, Baden, Verarzten, Kleiderkammer, Hilfe vom Sozialarbeiter, was müssen die Leute eigentlich noch selber machen?« Jeder andere darf verwöhnt werden, nur unseren Leuten gesteht man nichts zu! Doch wenn das, worauf ja auch jeder andere einen Anspruch hat, nicht erfüllt ist, dann kann sich doch nichts weiterentwickeln. Wie ich schon sagte: Wenn der Bauch nicht gefüllt ist, dann fragt man nicht nach Gott.

Ich sage mir immer wieder: Das Entscheidende kann ich doch nicht tun. Wenn der Liebe Gott hier nicht eingreift und mir oder dem einzelnen zeigt, was zu tun und zu lassen ist, dann kann ich alles vergessen. Das Eigentliche ist mein Gebet. Davon bin ich fest überzeugt. Und es gibt bestimmte Leute, für die ich mir einzelne Verzichte auferlege. Man kann sicher unterschiedliche Ansichten haben über diesen Buß- oder Sühnegedanken, ich höre auch viel Lächerliches, aber ich kann damit leben und glaube fest dran. Wir hatten neulich eine Diskussion: »Kann man denn den Lieben Gott umstimmen dadurch, daß man bestimmte Verzichte übt?« Ich glaube, ich will ihn nicht umstimmen, ich will ja nur... Der E. zum Beispiel, für den ich bete, ringe und kämpfe, ich will ja, daß er den Weg zu Gott findet, daß er glücklich wird, daß er hier glücklich wird und diesen Wert erkennt, nach dem er ja auch so sehr auf der Suche ist. Und was sich da manchmal so abspielt, gleicht sicher auch einer Schwangerschaft. Der E. stammt aus der rechten Szene und macht, denke ich, eine erstaunliche Wandlung durch. Wer ihn heute erlebt, der würde ihn sicher nicht wiedererkennen, wenn er ihn vor drei Jahren kennengelernt hätte. Er möchte bescheiden leben, deshalb trägt er ja sein blaues › Armutsgewand‹, das manche für einen Bademantel halten. Er gibt wirklich sein Letztes, wenn jemand kommt und keine Socken mehr hat, dann gibt er seine weg und meint das ganz ehrlich. Einerseits staune ich, was so für Gedanken in ihm sind, andererseits denke ich, ach, wenn er es doch mal schaffen würde!

›Wen Gott liebt, den züchtigt er‹ ? Um Himmels Willen, das

hätte ich vielleicht früher gesagt, aber hier habe ich mir das sehr schnell abgewöhnt. Wenn du Leuten mit so einer Antwort kommst, dann reden die nie wieder mit dir. Mit billigen Phrasen lassen sie sich nicht abspeisen. Ich glaube ganz sicher, daß Gott den Lebensweg jedes Menschen kennt und auch lenkt, aber wenn es dann manchmal solche schlimmen Umwege gibt, wie ich es hier oft erlebe, dann frage ich mich schon: Ja, Lieber Gott, warum greifst du jetzt nicht ein? Warum machst du es jetzt nicht gut für diesen Menschen? Aber ich denke, bei allem, was Gott mit einem Menschen tut und vorhat – letztlich führt es zum Guten, auch wenn der Mensch das nicht will. Eine Frage, die mich in diesem Zusammenhang auch bedrängt, wenn ich all das Leid in Bosnien sehe: mißbrauchen da nicht viele Menschen ihre Freiheit, die ihnen von Gott gegeben ist? Ist das noch von Gott gewollt und zugelassen? Klar ist Gott allmächtig, aber es ist manchmal einfach undurchsichtig. Man sieht nicht, wo es hingehen soll.

Manchmal denke ich, das Maß ist voll, es reicht jetzt. Und keine Aussicht im großen, daß irgendwas besser wird, nur für einige wird es vielleicht besser, für immer weniger, aber für den Großteil wird es schlechter. Nicht nur materiell, auch innerlich. Und wenn ich nicht wüßte, wir erwarten einen neuen Himmel und eine neue Erde, dann wäre ich schon zehnmal hier weg.

Ich teile nicht in Arbeitszeit und Gebetszeit, für mich ist mein ganzes Leben eigentlich ein Gebet. Von daher habe ich auch kein schlechtes Gewissen, wenn ich zu einer Gebetszeit mal nicht gehe. Normalerweise bin ich ab morgens um sechs in der Kapelle, und nachmittags bete ich wieder dort oder in meinem Zimmer. Und Messe – ganz verschieden, wenn ich abends mit den Männern mal esse oder ein Video ansehen will, dann kann ich auch mal auf die Messe verzichten, weil ich denke, das ist auch für die wichtig.

Meine Oma hatte Gebete, daß sie jede Stunde, wenn die Uhr schlug, eine Aufopferung gesprochen hat. Das habe ich mit eingeatmet. Nein, zwanghaft habe ich das nicht erlebt, und so habe ich das auch nicht übernommen, gar nicht. Aber ich habe bestimmte Zeiten für etwas, mittags, zwischen 14 und 15 Uhr, das ist die Zeit, in der ich einfach an das Leiden und den Tod Christi denke und ein Gebet für die Verstorbenen spreche, das ist mir irgendwie in Fleisch und Blut übergegangen. Ob das während der Arbeit geht? Wenn ich Töpfe scheuere oder das Klo putze, ist es ja noch günstig, weil ich mich dann konzentrieren kann. Es ist mir auch sehr wichtig, daß ich in bestimmten Anliegen oder für bestimmte Leute einen Tag aufopfere, und ich sage morgens: Lieber Gott, hör zu, diesen Tag heute, alles, was ich tue, nimm es bitte besonders für ... an. – Ob ich ein anderes Wort für ›opfern‹ sagen kann, weil das so negativ klingt? Dann sage ich eben, ich schenke das Jesus, das meint dasselbe. Für mich hat dieses Wort überhaupt keinen negativen Charakter, aber ich habe schon öfter gehört, daß manche damit ihre Probleme haben.

Als ich nach Berlin kam, war ich zunächst von meinem Orden beurlaubt, für ein Jahr erstmal. Ich bin noch regelmäßig zur Generaloberin gefahren, aber es war kaum mehr Gesprächsbereitschaft da, vielleicht auch von beiden Seiten, weiß ich nicht. Ich fühlte mich nicht verstanden, und die andern hatten ihre Pläne mit mir, von denen sie nicht abrückten. Die Provinzoberin hat mich danach noch einmal hier besucht, um mir das Schreiben aus Rom zu überbringen, das man eben bekommt, wenn man eine Gemeinschaft verläßt, und sie hat mein Ordenskleid mitgenommen. Ich hatte mir inzwischen ein neues machen lassen nach meinen Vorstellungen, das habe ich dann angezogen.

Das hat unterschiedliche Gesichtspunkte, dieses Kleid. Einmal ist es ein Schutz gegen die Männer, gegen viele Anfragen, die auch so kommen, für mich hat es auch etwas mit Armut zu tun, dann ist es praktisch – ich brauche morgens nicht zu überlegen, was ich anziehe. Es gibt natürlich auch Situationen, wo ich angepöbelt werde, aber selten, meistens mache ich positive Erfahrungen. Eine Ideologie mache ich nicht daraus, ich habe auch andere Kleidung, doch ich merke, wenn ich mal Zivil trage, tue ich mich schwer damit, ich fühle mich erstmal fremd, wenn ich mich im Spiegel sehe. Im übrigen, wenn ich nicht im Habit unterwegs gewesen wäre, dann gäbe es heute die Suppenküche nicht.

Wer uns unterstützt? Meistens spenden Menschen, die ohnehin nicht so viel haben. Aber es gibt auch begüterte Leute. Andere sind aus der Kirche ausgetreten, eigentlich aus Protest gegen die Kirchensteuer, und bringen uns das Geld, das sie sonst zahlen würden.

Wir haben schon tolle Erfahrungen gemacht. Eine Familie, Vater, Mutter, drei Kinder, Oma und Opa, die rief uns an, »wir haben Spenden, aber wundert euch nicht, es ist ein bißchen mehr«. Na ja, dachte ich, ein bißchen mehr, das ist relativ. Und dann kamen die wirklich mit einem Bus! Sie hatten sich während des Golfkriegs Überlebensnahrung zugelegt. Der ganze Raum hier war voller Lebensmittel. Die hatten inzwischen ihre Einstellung geändert, sie meinten, wenn Krieg käme, sei das Überleben doch nur eine Frage der Zeit.

Ich glaube, daß eine Firma, die unwahrscheinlich viel spendet, uns einfach gerne hilft, nicht nur, damit sie ihre abgelaufenen Sachen loswird. Und sicher auch die Bäckerei, bei der wir zweimal in der Woche Brot holen. Ich glaube, daß es die meisten ehrlich meinen und betroffen sind. Wenn nicht, schläft die Hilfe sehr schnell wieder ein.

Es werden auch so viele Verbindungen hergestellt. Ich weiß nicht, wie viele Pfarrgemeinden regelmäßig für uns sammeln, aus einer Schulklasse kommen immer zwei, die stellen sich auf die Straße, jonglieren mit Bällen und sammeln für die Suppenküche in Pankow. Da passiert einfach auch eine Bewußtseinsbildung, und das hängt wieder sehr zusammen mit dieser ganzen Frage nach der Öffentlichkeitsarbeit. Wir haben nie einen Reporter oder Journalisten gerufen, die kamen alle, aber trotzdem bleibt die Frage: Ist das gut? Bringt das was? Meist häuft es sich bei uns gerade im Winter, dann vergeht kein Tag, wo nicht eine Kamera läuft oder ein Journalist etwas schreiben will. Das ist belastend, und was manchmal rauskommt dabei! Wir haben schon böse Sachen erlebt, daß Aussagen von Obdachlosen so verdreht wurden, daß die nachher böse waren, natürlich auch böse auf mich. Manchmal habe ich einfach die Sorge, daß das Thema nur vermarktet wird, und mit Obdachlosen kann man eben im Moment Schlagzeilen und Geld machen.

Wenn wir über bestimmte Themen ins Gespräch kommen, dann sage ich den Leuten, das und das sagt der Papst, die Kirche, aber ich denke so und so. Jeder muß in seinem Gewissen entscheiden. Die ganze Frage der Empfängnisverhütung zum Beispiel, das ist für mich kein Ungehorsam, sondern die Gewissensentscheidung jedes einzelnen. Und auch andere Anfragen an die Kirche, was den Zölibat betrifft, die Frage von geschiedenen Wiederverheirateten oder von Homosexuellen. Warum ist die Kirche da so hart? Früher hätte ich so nie reden dürfen. Was die Kirche und was der Papst sagen, ist unumstößlich – damals habe ich auch so gedacht, heute sehe ich vieles anders.

Und Kritik ist doch nichts Negatives! Wenn Kirche nie kritisiert würde, dann hätte sie sich wahrscheinlich auch nie verändert. Und trotzdem versuche ich es auch mit Franziskus zu halten, der immer treu gewesen ist, dem Papst gegenüber, den Verantwortlichen, und der durch sein Beispiel etwas geändert hat, nicht durch Schimpfen und Wettern. Aber es ist ungeheuer schwer, mit Leuten darüber zu reden, die nicht in der Kirche stehen. Wenn du da nur das kleinste Wort fallen läßt, was so aussieht, als wenn du dich gegen die Kirche stellst, legen sie dir das auch so aus, das ist so eine Gratwanderung. Aber wenn nicht mündige Christen in der Kirche sind, was soll das dann?

Überhaupt Armut in der Kirche – wir in Berlin haben einen sehr guten Bischof und Kardinal, der sich auf die Seite der Ärmeren und Schwächeren stellt. Meine Anfragen habe ich aber, wenn ich in der Kirchenzeitung lese, daß ein anderer

Kardinal sagt: »Wir müssen eine arme Kirche haben, nur eine arme Kirche ist glaubwürdig«, weil ich es dem Mann nicht abnehmen kann. Ich habe gesehen, wie er wohnt, und weiß, wie eben diese Herrschaften leben. Das ist manchmal schon schwer, das auch den Leuten gegenüber zu vertreten. Am Anfang habe ich immer die Hände drübergehalten und gesagt, ihr müßt das auch mal anders sehen, so was muß man entschuldigen. Das sage ich heute nicht mehr, das hilft keinem, und wenn der Bischof so redet, ist er erst recht unglaubwürdig.

Was für mich Glück ist? Ich würde mal sagen: Mein Lebensgefühl ist eine tiefe Geborgenheit in Gott, und das Wissen, daß dieser Jahwe da ist und mir, egal was kommt, nichts passieren kann, das ist für mich Glück. Dieses Glück wird sicher manchmal getrübt durch Erfahrungen, durch Begegnungen, durch Einsamkeit, aber ich habe schon, sicher, je älter ich werde, eine gewisse Gelassenheit und Ruhe. In das Glück hinein fällt auch eine große Dankbarkeit, zu dieser Kirche, wie immer sie aussieht, gehören zu dürfen. Zumal ich immer mehr erlebe, wie viele Menschen nicht dieses Glück haben, dazugehören zu dürfen, es gerne möchten, aber einfach nicht können. Glück heißt sicher auch, Menschen zu haben, mit denen ich gut zurechtkomme, mit denen ich reden und mal Musik hören kann.

Ich kann mich gut erinnern, in der Ausbildung haben wir mal über das Weltbild gesprochen, und das ist mir in dem Moment wie eine Bombe eingeschlagen, dieses Bewußtsein, wie riesengroß dieses Weltall ist – was heißt Bewußtsein, das kann man gar nicht ins Bewußtsein nehmen – wie viele Sonnensysteme, wie viele Planeten, und wir, diese winzige kleine Erde! Und ich als armes kleines Würmchen in der riesigen Welt- und Menschheitsgeschichte, ich denke wunders, was ich bin, so ist es ja manchmal, und da ist mir mal klargeworden, im guten Sinn, wie unwichtig ich eigentlich bin. Heute morgen in der Lesung hieß es: »Des Menschen Tage sind wie Gras, er blüht wie die Blume des Feldes. Fährt der Wind darüber, ist sie dahin, der Ort, wo sie stand, weiß von ihr nichts mehr.« Das finde ich so toll! Von daher kann ich auch ganz gelassen viele Dinge angehen.

Ich werde immer wieder gefragt, wie ich damit klarkomme, daß mein Name in der Presse oft erwähnt wird, da sage ich, das ist für mich im Grunde unwichtig. Beim Bundesverdienstkreuz ging natürlich das Überlegen los: Ist es gut, diese Ehrung anzunehmen? Hat sie überhaupt einen Sinn, nicht für mich, sondern für die Arbeit? Das ist nur so ein Pflaster, das man auf die Wunde »Obdachlosigkeit« klebt und denkt, na ja, die machen schon – daß Verantwortung delegiert wird. Dagegen sträube ich mich. »Nimm es einfach an, vielleicht bringt es der Sache was«, haben mir dann viele gesagt. Nur, andere tun genau solche Arbeit, da redet kein Mensch drüber. Wer bin ich eigentlich? Wenn ich nicht hier wäre, dann wäre es jemand anders, ich tue es nur für Gott. Dieser ganze Rummel geht an mir vorbei, wirklich. Alles ist so vergänglich, das finde ich schön, dieses Leben ist vergänglich, ich bin vergänglich, irgendwann redet keiner mehr von mir, deshalb brauche ich mich jetzt auch nicht so wichtig zu nehmen. Ich möchte ja was von Jesus rüberbringen und nicht von mir. Manchmal habe ich das Gefühl, ich schwebe über mir und über den anderen und denke: In ein paar Jahren bin ich bei Gott und bin glücklich. Ich weiß nicht, ob du jetzt verstehst, was ich sagen will?

Meine größte Schwäche? Müßtest du mal die anderen fragen! Vielleicht immer noch meine Empfindlichkeit, obwohl sich das schon ziemlich gegeben hat. Früher habe ich schnell geheult, das hat sich hier ziemlich gewandelt, denn wenn man hier sehr empfindlich ist, kann man bald einpacken. Und gerade in unserer kleinen Gemeinschaft, auf engem Raum, immer dieselben Gesichter, ist Empfindlichkeit noch schlimmer. Damit hatte ich auch ziemliche Probleme.

Sicher kenne ich Einsamkeit. Am Sonntag bei dieser Preisverleihung zum Beispiel haben sich die andern nicht alle mitfreuen können, obwohl ich diesen Preis gar nicht für mich alleine beansprucht habe. Da ist mir Einsamkeit wieder mal aufgestoßen. Nicht schlecht, mal wieder ein Gefühl, das andere immer oder oft haben, selber durchzumachen. – Einsamkeit als Gottverlassenheit kenne ich kaum. Für mich ist der Bräutigam, sag' ich mal, einfach da, einer, auf den ich mich verlassen kann, der sich vielleicht nicht immer auf mich verlassen kann. – Es gab auch Zeiten, so im Kloster, wo ich abends auch mal gedacht habe: ›Ach, wenn jetzt jemand neben dir liegen würde, wär's auch nicht schlecht!‹ Das ist jetzt eigentlich nicht mehr so.

Beziehungen sind unheimlich wichtig fürs Leben. Nun habe ich sicher den Vorteil, daß ich gesunde und gute Beziehungen erlebt habe und von daher vielleicht nicht so leicht abgleiten würde, ich habe eben diesen Nachholbedarf nicht wie andere. Und, das sage ich immer auch den anderen, macht nicht alles im Alleingang, sucht euch jemanden, dem ihr euch anvertrauen könnt, der euch auch mal sagen kann, da bist du jetzt völlig falsch. Das halte ich nicht nur, was die Frage des Weges betrifft, für wichtig, sondern auch für Beziehungen, auf die man sich einläßt.

Letztes Jahr habe ich zum erstenmal wieder ehemalige Mitschwestern besucht, einige habe ich angerufen, einfach mal so mit ihnen geredet, und das tut mir auch ganz gut. Ich mochte sie, ich mag immer noch manche – es sind immerhin vierzehn gemeinsame Jahre gewesen. Ich wollte ja gar nicht unbedingt Einzelkämpferin sein, das war gar nicht meine Rolle. Und ich frage mich oft, warum man im Orden so ein Experiment nicht zulassen wollte, man kannte mich doch eigentlich und wußte, man konnte sich auf mich verlassen, aber wahrscheinlich war ich durch mein vieles Hinterfragen unheimlich geworden.

Ich glaube, wer nie verliebt war, kann nicht richtig Schwester oder Priester sein. Verliebtheit belebt auch, es ist ja nichts Negatives. Und ich weiß von vielen anderen, ob es nun Patres oder Schwestern sind, es geht denen auch so. Und für mich ist es auch eine Übertragung, diese Beziehung zu Gott. Ich kann den

Franziskus gut verstehen, wie er zwei Stöcke nimmt und so tut, als ob er Liebeslieder geigt.

Was ich vermisse? Das Klavier und die Orgel manchmal sehr. Im Kloster habe ich sicher meinen Ehrgeiz stark ausgelebt in der Musik. Stundenlang habe ich am Klavier und an der Orgel gesessen und wollte unbedingt gut spielen können. Es gab mal eine Zeit, da habe ich alle bedauert, die nicht Orgel spielen, weil ich dachte, das ist das Schönste, was es auf der Welt gibt! Jetzt spiele ich ganz selten. Aber dafür höre ich Musik.

Je älter ich werde, desto mehr denke ich an meine Eltern und vermisse sie, was früher weniger der Fall war. Vor dem Tod meiner Eltern habe ich Angst, große Angst sogar. Dieser Gedanke, irgendwann kommt auch mal der Tag, an dem die Eltern sterben, der ist schon manchmal bedrückend. Über meinen eigenen Tod denke ich weniger nach. Wir hatten im Kloster Gebete, da hat man sich vorgestellt, was für Gedanken habe ich auf dem Sterbebett, was würde ich anders machen. Sicher gute Übungen, damit habe ich mich früher auch öfter auseinandergesetzt, im Moment aber weniger.

Wenn ich einen Wunsch frei hätte, würde ich den Armen mal das Zepter in die Hand geben. Vielleicht ginge das auch nicht gut, denn es zeigt sich ja in der Geschichte, sowie die dann am Ruder sind, kehrt sich alles ins Gegenteil, aber ich würde es mal drauf ankommen lassen. Aber ich würde den Armen dazusagen: »Behaltet euer Empfinden füreinander.« Es gibt ja Solidarität unter den Leuten. Ich habe oft genug gesehen, wenn manche im Kreis zusammensitzen, liegt eine Schale in der Mitte, und da wirft jeder rein, was er noch hat, und wenn sie es für Alkohol ausgeben, aber sie teilen. Vielleicht würde ich auch das Geld abschaffen. Das Geld ist ja sicher auch so ein Teufel unter den Menschen, weil jeder mehr haben möchte – aber das wäre auch keine Lösung. Manchmal wünsche ich mir, daß der Liebe Gott jetzt ganz schnell ein Ende macht und uns alle zu sich holt. Doch, manchmal bin ich an dem Punkt angelangt. Freilich, das ist nur ein Fluchtgedanke, das würde er ja auch nicht machen.

Ich mache mir wenig Gedanken über meine Zukunft. Ich denke, der Zustand dieses Hauses legt schon nahe, daß es in ein paar Jahren vielleicht nicht gleich einstürzt, aber nicht mehr bewohnbar ist, dann wird sich etwas anderes finden. Im Moment ist aber hier erstmal mein Platz, was nicht heißt, daß ich mit der Suppenküche in Rente gehen will. Ich kann mir genausogut vorstellen, am Bahnhof Zoo Leute zu besuchen oder für Kinder etwas zu tun, weil mir das sehr an die Nieren geht mit den vielen Straßenkindern. Aber jetzt ist erstmal die Suppenküche da, und wir haben auch eine Verantwortung, die wir wahrnehmen müssen mit allem, was sich daraus entwickelt hat. Ich weiß nur, daß ich unter meinen drei Gelübden leben möchte und mich um Menschen am Rande kümmern will. Das genügt mir.

Ich habe mich schon oft gefragt, ob ich wieder in eine bestehende Ordensgemeinschaft eintreten könnte, aber ich glaube nicht. Ich bezweifle gar nicht, daß Gemeinschaften wichtige Aufgaben übernehmen, und die Schwestern müssen auch versichert und abgesichert sein, aber das ist einfach nicht mehr mein Weg. Jetzt möchte ich schon noch ein Wagnis eingehen, das ist ein völlig anderes Lebensgefühl.

Hier in der Wollankstraße waren wir zunächst drei Schwestern und zwei Brüder – die Brüder sind inzwischen weg – wir hatten praktisch schon den Anfang gemacht für eine Gemeinschaft, sie hatten mich gewählt als Oberin, aber ich habe bald gesagt, nein, das will ich nicht. Nun ist es so, daß wir drei Schwestern erst mal alle als einzelne Franziskanerinnen dem Kardinal unterstehen. Die anderen beiden haben auch Profeß abgelegt, zunächst für ein Jahr. Nun werden wir sehen.

Manchmal habe ich gedacht, wenn ich alt bin, werde ich Eremitin, vielleicht gehe ich irgendwo in ein Kloster. Es kommt auch schon mal die Sehnsucht auf, Ruhe zu haben, weg von dieser Stadt, von diesem Lärm, aber das ist jetzt noch nicht dran. Vielleicht miete ich mir auch ein Zimmer im Kloster, kann ja alles sein.

Teresa

Kleine Kommunität Geschwister Jesu,
Pegnitz /Franken

Alter: 30
Alter bei Ordenseintritt: 21
Jahre im Orden: 9
frühere Tätigkeit: Schülerin
jetzige Tätigkeit: Gemeindereferentin
Kleidung: Habit/Zivil

*Auf Schwester Teresa wurde ich durch ein Zeitungsfoto auf-
merksam, das sie im Habit mit wehendem Schleier auf dem
Skateboard zeigt. Als ich sie wenig später in einem Fernseh-
interview sah, in dem sie ankündigte, nach neun Jahren ihren
Orden zu verlassen, um eine neue Gemeinschaft zu gründen,
schrieb ich ihr.*

*Schon wenige Tage danach rief Schwester Teresa mich an und
lud mich in den fränkischen Ort Pegnitz ein, wo die neue Gemeinschaft, bestehend aus Männern und Frauen, lebt. In der
Woche nach der offiziellen Eröffnung konnte ich dann miterle-
ben, wie die Gemeinschaft zwischen Farbeimern, Renovie-
rungsarbeiten und Selbstbaumöbelkartons ihren Aufgaben
nachging und wie das gemeinsame Leben sich einspielte. Allen
Mitgliedern der Kommunität merkte man die Freude des neuen
Anfangs an. Teresa, Claudia und Petra, die drei Schwestern,
Franz, der Pfarrer, sowie einige Helfer renovierten das Pfarrhaus, ein ehemaliges städtisches Finanzamtsgebäude. Am Wochenende zuvor waren noch zwanzig Kinder aus Teresas
ehemaliger Gemeinde zu Besuch gewesen, denen der Abschied
von »ihrer Teresa« sichtlich schwerfiel.*

*Schwester Teresa ist groß und ziemlich füllig. Obwohl sie we-
sentlich runder ist als in den Zeiten als aktive Leistungssportle-*

rin, wirkt sie drahtig in ihren Bewegungen. Als ich ankam, war sie gerade in ihrem Arbeitsdress – T-Shirt, Radlerhosen, Turnschuhe, Haarband – dabei, den Haushalt zu organisieren.

Teresa und ich unterhalten uns im Wohnzimmer der Kommunität. Obwohl Teresa eigentlich ein echter Medienprofi ist, so viele Interviews für Radio, Fernsehen, Zeitungen hat sie schon gegeben, ist doch in unseren Gesprächen keinerlei Routine zu spüren. Sie gibt mir das Gefühl, als würde sie alles zum ersten Mal erzählen, und das lebendig und packend. Obwohl auch während unserer Gesprächszeiten mehrfach das Telefon klingelt oder sonst nach ihr gefragt wird, läßt sie sich entschuldigen. Eine Ausnahme macht sie jedoch: »Familie hat Vorrang«, sagt sie, als ihr Bruder anruft.

Im Alltag erlebe ich Teresa als temperamentvoll, lustig und aufgekratzt, was nicht heißt, daß sie nicht wenige Momente später gesammelt und ruhig sein kann.

Teresa genießt es, für alle zu kochen. Sie zeigt mir einige ihrer eigenen schnellen Kochrezepte. Weil Teresa großzügig ist, liebt sie es, ihre Umgebung zu verwöhnen und zu überraschen, sei es mit einem Festessen, einem Geschenk oder einer netten Geste. So leiht sie mir ihr Skateboard, als ich sie darum bitte, und nach ihrer Anleitung lerne ich Skateboardfahren. Abends schrauben wir Schreibtische zusammen, räumen Bücher in das gemeinsame Arbeitszimmer der drei Frauen, und auch dabei ergeben sich viele Gespräche sowie ein reger Austausch über Bücher. Bei aller anstehenden Arbeit bleibt Zeit zum Eisessen, einem Verwandtenbesuch und einer kleinen Besichtigungstour der landschaftlich schönen Umgebung. Zum Abschied schenkt mir Teresa das Kinderbuch, das sie verfaßt hat.

Ich bin sicher jemand, an der sich die Geister scheiden, das muß ich akzeptieren. Oft habe ich erlebt, daß man sich entweder nur für meine Person interessiert oder für das, was Gott durch mich tut. Aber in mir kommen wirklich Extreme zusammen, nämlich ein totaler Weltmensch, der das Leben genossen hat, Skateboard fährt, Walkman hört, Fernsehen und Walt Disney liebt – und dann ein Einbruch Gottes, der all das, was ich konnte, zu einer Form von Glauben verwandelt hat. Es ist aber eine Unterstellung, wenn man sagt, ich hätte Staarallüren. Klar, wenn jemand populär ist, dann ist er für manche Leute automatisch arrogant, man kann automatisch mit dem nicht reden. Das war auch so, als ich noch im Sport aktiv war. Ich sage ja, ihr müßt mich persönlich erleben.

Ich hatte eigentlich eine sehr glückliche Kindheit. Meine Eltern haben mir alles ermöglicht, was ich mir nur wünschte, es war natürlich auch in festen Bahnen, mein Sport brauchte ja auch Disziplin.

Meine Eltern waren noch sehr jung, als ich geboren wurde. Mein Vater hat erzählt, sie hatten bis dahin wenig Zeit füreinander gehabt, ich wurde auf einer Bank gemacht vor der Kirche im Park. Und mein Bruder kam auch gleich danach. Es war sicher nicht leicht für meine Mutter, als junge Frau alles zu bewältigen, aber jetzt, die Mitte des Lebens hat sie noch vor sich, kann sie noch selber leben. Man hat uns oft verwechselt, jetzt sehe ich schon fast älter aus als sie.

Mit fünf Jahren bin ich aus Kroatien nach Deutschland gekommen, mein Vater war Fußballspieler und wurde entdeckt, als er neunzehn war. Bei einem Trainigslager für den Fußballclub Weinheim, der damals in der 2. Bundesliga spielte, wurde er angeworben. Er war Halbprofi, vielleicht wäre er woanders sogar noch populärer geworden, aber er hat Weinheim zu vielen Siegen geschossen. Er und meine Mutter gingen also nach Deutschland, fanden Arbeit und eine Wohnung, und mein Bruder und ich blieben noch in Kroatien bei unserer Oma. Ich kann mich ganz dunkel an die wunderschöne Zeit erinnern, wie wir von ihr verwöhnt worden sind. Diese Geborgenheit habe ich ganz tief im Hintergrund.

Mein Vater ist ein einziges Bilderbuch, wirklich ein Phänomen; ich sage immer: ein kleiner Gauner, er hat verrückte Ideen und kommt durchs Leben. Er konnte es nirgendwo lange aushalten, hat immer nach dem großen Erfolg gestrebt und leider eine lange dürre Zeit mit Gaststätten gehabt. Aber an Zukic erinnert man sich, auch in den Restaurants, dort war er das Herzstück, er hat mittendrin getanzt.

Mein Vater hatte immer viele Ideen im Kopf, auch wenn er nur wenig davon verwirklicht hat, er ist ein einziger Risikomensch. Davon habe ich sicher auch viel. Wir fragen nicht erst: Gelingt etwas oder nicht?, sondern wir wagen vieles, auch wenn es eben schiefgeht. Manchmal kam er nachts um 11 heim, weil nichts los war, und sagte: »Kommt, wir gehen essen!«, mitten in der Nacht, das war so ganz außerhalb vom normalen Lebensrhythmus anderer Leute. Bei uns war vieles einfach spontan. Wir hatten die südländische Mentalität, bei uns waren immer Menschen, mit Gastfreundschaft bin ich groß geworden.

Wenn wir essen waren, und er hat manchmal 300 Mark an einem Abend verpraßt, gut, dann haben wir die nächste Zeit eben weniger gehabt. Das war so sein Gefühl: Wir leben nur einmal. Das hat uns schon Lebensfreude vermittelt, was sicher kaum jemand daheim so hat, daß man so verrückt sein kann – es muß nicht nach Regeln gehen, wenn es uns gut tut.

Einer war also da, der verrückte Ideen hatte, mit dem man immer was anstellen konnte, und eine, die beharrlich war: Die Mama war immer konstant, der ruhende Pol, Gott sei Dank, denn in Phasen, wo die Gaststätten nicht liefen, haben wir von ihrem Gehalt gelebt. Die Mutti macht, wie auch ich oft, immer die Stimmung, wenn sie irgendwo ist. Sie ist die Großzügigkeit in Person, aber sie ist die, die immer noch denkt: Was ist, wenn?

Meine Mutter hat Stärke vermittelt, weil sie selbst so viel durchgemacht hat. Wenn man im Heim aufgewachsen ist und sehr früh arbeiten mußte, ist man selbständig und stark. Sie kann viel Belastung tragen. Sie weiß, was sie will, das habe ich ein bißchen von ihr. Sie ist jemand, zu der wir hochgeguckt haben. Ich sage immer: wenn ich nur halb so werde wie sie, bin ich glücklich.

Sie wollte immer, daß wir es besser haben als sie, und sie hat uns das immer schon ermöglicht. Wenn sich meine Eltern was gegönnt haben, kriegten wir immer das Beste. Wenn wir essen waren, dann haben wir auch Scampis gekriegt, nicht den Kinderteller mit Pommes. Gut, dann gab es auch Zeiten, wo wir von Suppe gelebt haben, das war auch toll. Aber wenn wir feiern – da gibt es nichts. Ich habe erlebt, wie meine Eltern bis nachts um drei Jazz getanzt haben, in Paris auf der Straße. Sie waren unbeschwert.

Für mich ist meine Mutter heute wie eine Freundin, wir haben viele Interessen gemeinsam. Sie war meine Stütze und mein Halt. Es ist auch heute noch so, daß wir miteinander schmusen, wir fanden das nie unangenehm.

Mein Bruder und ich waren schon als Kinder Gegensätze, ich war in der Welt, er daheim. Er hat sich mehr auf die Schule konzentriert, war intellektuell, und ich wollte Sport machen. Er hat sich immer benommen, als wenn er älter wäre. Wenn ich weg war, hat er nach mir gefragt, und wenn ich da war, hat er mich nur geärgert! Irgendwie mußte er mit einer Schwester an der Seite fertig werden, die immer glänzt. Ich habe immer eine führende Rolle gehabt, glaube ich, auch bei meinem Bruder. Er ist schon egoistischer in vielen Dingen, aber ich glaube, das muß er sein, um durchzukommen, vielleicht ist das dieses Urbedürfnis, das Zu-kurz-gekommen-Sein.

Wenn du nach Werten fragst, die bei uns zählten... Ehrlichkeit und Wahrhaftigkeit. Wir konnten machen, was wir wollten, aber nicht lügen. Ich glaube, die Mutti hätte es nie verkraftet, wenn wir sie angelogen hätten; egal, bei welchen Schwierigkeiten: das war so ein Wert. Wir kannten daheim auch keine Tabuthemen, wir hatten keine Türen in den Zimmern, es war alles unwahrscheinlich frei. Als ich vierzehn, fünfzehn wurde, sagte meine Mutter sogar: »Wenn du einen Freund hast und die Pille brauchst, dann sag' es – du brauchst nichts heimlich zu tun«, – und ich wäre auch nie auf die Idee gekommen.

Lebensgefühl, das war auch so ein Wert. Einfach *leben*. Und Teilen. Was mein Vater anderen Leuten alles zugesteckt hat, wenn es ihm gut ging! Kein Wunder, daß wir dann wieder nichts hatten.

Durch den Sport vom Papa bin ich selbst auch recht früh zum Sport gekommen, schon mit sechs Jahren habe ich Leistungsturnen gemacht, mit sieben war ich ohne meine Eltern in Paris zum Vergleichskampf, mein Leben war eigentlich sehr stark von diesem Kunstturnen geprägt. Bis ich vierzehn war, mußte ich immer aufpassen, was ich esse, und ich war eigentlich recht früh selbständig, auch durch die Reisen, ich bin schon früh mit Gruppen überall hingekommen. Jedes Jahr waren wir dreimal weg, im Winter im Skiurlaub, dann im Trainingslager, Italien, Spanien, Frankreich, ich bin schon rumgekommen.

Wir haben uns nie als Ausländer gefühlt. Es wäre für uns befremdlich gewesen, wenn man uns Ausländer genannt hätte, was mir, außer im Wirtschaftsgymnasium, auch nie passiert ist. Wir waren sofort integriert, denn die Mutti arbeitete auf der Bank als Personalbetreuerin, wir Kinder konnten durch den Kinderhort schnell Deutsch, und im Sport hatte ich feste Beziehungsstrukturen. Und jetzt – noch habe ich die kroatische Staatsbürgerschaft – habe ich die Einbürgerung beantragt, weil ich schon fast 30 Jahre hier bin. Einige Zeit konnte ich noch gut Kroatisch, jetzt nicht mehr so sehr, aber ich kann mich noch verständigen.

Ein großer Einbruch in der Kindheit war, daß ich mit dem

Kunstturnen aufhören mußte. Weil ich so früh angefangen hatte, war der Knochen meiner einen Hand falsch gewachsen, und ich konnte nicht mehr stützen. Meine Eltern wußten nicht, wie sie mich trösten sollten, dann sagte eine Kollegin meiner Mutter, ich soll doch mal ins Leichtathletik-Stadion kommen. Dienstag war mein erstes Training und Samstag mein erster Wettkampf.

Durch das Kunstturnen war ich beweglich, und ich lernte schnell vom Sehen, da eignete sich Siebenkampf. Das sind schwere Disziplinen teilweise, von Kugelstoßen bis Hochsprung. Im nächsten halben Jahr fuhr ich bereits auf die deutschen Meisterschaften, ich war schon ehrgeizig, unheimlich konzentriert, Ablenkung konnte ich nicht verkraften vor so einem Wettkampf. Ich freute mich im stillen schon vorher. Ich werde nie vergessen, wie ich jeden Tag die Bewegungen durchgegangen bin, meine Dehnübungen, auch im Wohnzimmer; schon verrückt, mein Leben war davon geprägt.

Ich war in einem positiven Kreislauf: War ich erfolgreich und kam heim mit meiner Medaille, dann haben meine Eltern mich geliebt, das gab natürlich Mut für das Nächste, und wieder hat es geklappt, noch besser, dadurch wuchs ein Selbstbewußtsein, das ich auch nie verloren habe. All das, was andere vielleicht in einem reiferen Zustand an Selbstbewußtsein lernen, habe ich praktisch schon als Kind spielend eingeübt. Im Turnen war ich oft die Kleinste, immer mit Zöpfchen, man mußte ein bißchen auf Show machen – du hast hundert Leute vor dir, dann lernst du das spielend, es hat mir sogar gefallen.

Ich denke, das ist bis heute so, ich weiß, wie ich wirke. Viele sagen, ich hätte eine ungeheure Ausstrahlung, wenn ich irgendwas tue. Ich weiß damit umzugehen; inzwischen, glaube ich, bin ich es selber.

Ich fand es schön, wenn alles den Atem anhielt und für meine Übung Totenstille war. Es war für mich immer so ein Moment, als wenn die Zeit aufhört, als wenn es *jetzt* ist. Und dieses Jetzt habe ich voll genossen, die eigene Bewegung, das Lachen, an den Gesichtern merken, daß es ankommt, und noch viel mehr dieses Ganzheitliche: *ich bin*. Dieses *ich bin* hat mich in meiner ganzen Entwicklung nach vorne gebracht. Ich wußte, was ich konnte, ich wußte, was ich nicht konnte. Das hat mich gerade in der Leichtathletik sehr realistisch gemacht; überhaupt, Leistungssport macht realistisch, du weißt genau, wenn du nur die drittschnellste Vorlaufzeit hast, dann wirst du nicht Erste. Ansonsten aber kannst du eigentlich immer siegen; wenn du deine Bestleistung schaffst, freust du dich genauso wie der Sieger. Im Turnen dagegen war es mehr so, daß man eine gewisse Wirkung erzielen muß. Mein Trainingsprogramm als Siebenkämpferin war hart, wenn ich an die Waldläufe denke, Hügelläufe, Kraftraum. Die Woche war anstrengend, es hat mir aber kaum was ausgemacht. Wenn der Trainer mal nicht da war, dann hat er aufgeschrieben: Jeder macht zehn Läufe. Meine Mitstreiter sagten manchmal, ach komm, zwei schenken wir uns, und ich habe gesagt, nee, ich laufe sie – und zwar nicht für den Trainer. Es ist wirklich in den fünfzehn Jahren nur einmal vorgekommen, daß ich gesagt habe: kein Bock heute. Bloß – als es dann 17 Uhr wurde und ich wußte, die trainieren jetzt das und das, hat es mich nicht losgelassen. Vielleicht wollte ich es auch nur ausprobieren. Kaum war das Training zu Ende, rief mein Trainer an: »Was ist denn los, Dana? Bist du verrückt? Komm sofort hierher!«

Im Training hatte ich öfter auch mal Depressionen, daß ich mich hab' innerlich hängenlassen, daß ich nicht mehr gelacht habe, und es gab Phasen, da war ich nicht mehr bereit, noch mehr zu tun – das kann ich heute noch nicht erklären. Aber in all den Jahren wäre es auch komisch, wenn da nicht mal ein Tief gewesen wäre, nicht? Ich merkte, daß mein ganzes Denken und Leben nur auf die Leichtathletik fixiert war.

Freunde habe ich auch gehabt, aber mir war klar, ich konnte mich nie so für sie begeistern wie für meinen Sport. Man ging Eis essen, ins Kino, bei den Wettkämpfen sitzt man Arm in Arm, so war das, wenn man »miteinander geht.«

Man macht sich schon auch süchtig, wenn man rennt, mit

diesem Kämpfen, diesem Alles-Geben. Eine Äbtissin hat mal beschrieben, sie hat den Eindruck, ich habe auch im Sport das Allerletzte gegeben. Dann ist man transparent für etwas, wenn man sich wirklich leer macht – das war bei diesen 800-Meter-Läufen. Das ist das Brutalste am Ende des Siebenkampfs, du hast solche Angst vor der Erschöpfung hinterher. Bei meinem ersten großen Mehrkampf war die Qualifikation für die Deutschen Meisterschaften in greifbarer Nähe. So richtig konnte ich noch nicht einschätzen, was ich überhaupt laufen kann, aber vorher die Horrorvorstellung: Jetzt noch diese zwei Runden! Das war schlimm, ich hatte Todesängste innerlich, psychisch dermaßen Druck. Ich habe mir hinterher gesagt: Das machst du nicht nochmal. Aber danach die Erfahrung, daß du immer noch mehr kannst, als dein innerer Schweinehund zugeben will. Das heißt, von dem Moment an, wo du sagst, ich kann nicht mehr, bis zu dem Moment, wo du wirklich nicht mehr kannst, ist noch ein Bogen. Das antworte ich auch, wenn Leute mich fragen, wie ich so viel am Tag schaffen kann und auf die Beine stelle.

Ich liebte es, wenn morgens ein Wettkampf war, alles war schon hergerichtet, die Tasche, unsere Fahnen. Oft mußten wir ganz früh los. Dann mußte ich um vier Uhr aufstehen, damit der Kreislauf überhaupt hochkommt. Die Mama hat heiße Milch gemacht, dann hat sie mich zu unserem Kleinbus gebracht. Man ist müde, denkt schon an den Wettkampf und bereitet sich geistig drauf vor. Dann ausladen, man sucht sich mit der Gruppe ein Plätzchen im Stadion, macht sich die Startnummer an, läuft sich ein. Man begegnet anderen, lächelt sich zu, aber man ist ganz allein. Dann wird es spannender, man kann kaum erwarten, daß es losgeht. Hinterher ist immer das Gefühl, es war viel zu schnell vorbei. Dann beobachtet man die anderen, freut sich bei Erfolg, tröstet bei Niederlagen, aber wenn einer versagt hat, muß man ihn erstmal in Ruhe lassen, da braucht jeder seine Zeit. Daß die Anspannung vorbei ist, merkt man, wenn die Leute in den Socken herumlaufen, obwohl sie genau wissen, die Mutter muß die waschen. Danach geht es meist lustig zu, man kehrt ein, lacht, zum Schluß schläft man, bis man daheim ist. Zu Hause erzählt man alles noch einmal, duscht, dann ist es wirklich abgeschlossen.

Das Verrückte war, daß ich badische Meisterin im Mehrkampf war, gleichzeitig Vizemeisterin im Hochsprung und Kugelstoßen, diese Disziplinen passen überhaupt nicht zusammen. So vielseitig war ich eben. Ich konnte mich innerlich hochputschen, das lag wirklich an der Konzentration, ich war ungeheuer belastbar. Das ging schon an die Substanz. Doping – na ja, zum Schluß war schon die Frage, soll man, muß man, will man noch weiter, aber dann kam dieser ganz neue Weg dazwischen.

Meinen Trainer habe ich gebraucht, so als innere Stütze. Ich habe es nicht für ihn gemacht, aber ohne ihn ging es auch nicht. Er hat ja auch viel Freizeit geopfert, da kann es schon sein, daß man das Gefühl kriegt, *der* gibt sich solche Mühe, jetzt mußt *du* auch weitermachen. Zum Schluß habe ich 40 Stunden die Woche trainiert, leidenschaftlich, ich habe auch nie überlegt, warum ich das tue. Damals habe ich gesagt: Ich höre nie auf – und dann ein Nachterlebnis, und alles rinnt mir aus den Fingern.

Montags nach den Wettkämpfen kam ich in meine Schulklasse, und die eine Hälfte hat mir zugejubelt, die andere hat mich abgelehnt, ohne daß ich denen was getan habe. Dadurch lernte ich auch recht früh, mit Neid und Eifersucht konfrontiert zu werden. Erst habe ich mich immer sehr erbost darüber, was soll das, ihr könnt doch andere Sachen, aber mit der Zeit habe ich gelernt, wenn jemand eifersüchtig ist, dann mußt du dich ihm eben besonders zuwenden.

Ich konnte die verrückteste Frau sein – was ich in der Schule alles angestellt habe, oder auf Parties, da konnte ich schon Leute mitreißen, aber wenn ich der Spaßmacher war, hatte ich danach ein unheimliches Tief. Das hat sich gelegt nach meiner Bekehrung, dann wußte ich, wofür ich es mache, vorher wußte ich das nicht, ich merkte nur, ich konnte begeistern, aber hinterher fiel ich in ein Loch.

Religiöse Erziehung? Nichts. Die Mama war wohl getauft, weil so ein Pater im Kinderheim vorbeigekommen war und alle getauft hatte, aber sie war keine praktizierende Katholikin, und die Eltern meines Vaters waren Moslems, haben aber auch nie praktiziert. Zu Weihnachten haben wir natürlich einen Weihnachtsbaum gekauft, ›Oh du fröhliche‹ gesungen, aber nicht weiter darüber nachgedacht. Für uns war das ein gemütlicher Abend mit Geschenken, es gab eine Weihnachtsbowle, und alle möglichen Freunde kamen.

Deswegen ist es so verrückt, diese Nacht, wo plötzlich Gott mich umschmeißt. Ich habe Gott nie gesucht – er hat mich gefunden. Ich war glücklich, ich hatte wunderbare Eltern und Freunde, ich habe Gott nicht gebraucht! Ich wußte, daß es eine Bibel gibt, daß Jesus irgendjemand war, so wie du weißt, es gibt Computer, es gibt DOS, aber wenn du dich nie damit beschäftigst, kaufst du dir auch kein Buch darüber.

Dann war der 13. September 1983. Ich spielte Basketball und hatte ein Turnier am nächsten Tag. Wie jeden Abend hörte ich meine Rockmusik, nachts wurde ich wach, machte das Licht an und sah den Bücherstapel, den eine Schulkameradin bei mir ausgelagert hatte. Ich dachte: Lies was, vielleicht wirst du wieder müde. Ich greife zu dem ersten Buch, das war die Bibel. Ich hatte noch nie bewußt darin gelesen. Ich schlage auf, da steht: Bergpredigt. Und wie ich zu dem Satz komme: »Selig, die ein reines Herz haben, denn sie werden Gott schauen« – ja, wie soll man das beschreiben – tut es einen Schlag, und ich werde existentiell getroffen. – »Wenn dich einer auf die rechte Wange haut, halte ihm die linke hin« – so was Verrücktes! Und dann von Jesus, daß er einen Gott hat, den er Vater nennt, von den Jüngern, die mit ihm alles Mögliche erleben, und ich habe bis zum Morgen gelesen, das ganze Matthäus-Evangelium. Ich bin aufgestanden, und ich habe geglaubt. Wie gesagt: Ich habe Gott erfahren, sonst würde ich heute hier nicht sitzen. Wie, das kann ich dir nicht sagen. Wenn du neunzehn Jahre lang aufwächst und nicht glaubst, und plötzlich glaubst du, was ist das für ein

Zustand? Ist das kognitiv, ist das emotional? Ich wußte es nicht. Ich wußte vorher nicht, was die Bergpredigt ist, ich hätte ja auch die Verwüstungen von Sodom und Gomorrha aufschlagen können und sagen, was soll denn der Scheiß? Aber nun bin ich wie verrückt durch die Straßen gelaufen, habe wildfremde Menschen umarmt: Der liebe Gott lebt, die haben alle gedacht, die spinnt. Ich bin vor Glück, daß es Gott gibt, manchmal vom Fahrrad gestürzt. Ich hab' der Mutti gleich einen zehnseitigen Brief geschrieben, daß es Gott gibt, und gedacht, wenn die das liest, glaubt sie sofort. Meine Eltern sind bald wahnsinnig geworden, ob ich in einer Sekte bin.

In der Osternacht sollte meine Taufe sein. Mein Trainer wollte zwar, daß ich ins Trainingslager mitgehe, aber ich habe gesagt: Das geht nicht. Ihn hat es wahnsinnig aufgeregt. »Glaubst du wirklich an den Mann mit weißem Bart im Himmel?« Ich habe gesagt, der Sport bedeutet mir nichts mehr, ich werde einen neuen Weg gehen, und das konnte er nicht verkraften. Klar, ich bin ihm aus der Hand geglitten. Bei den Wettkämpfen haben manche gefragt, ob ich verletzt sei. »Nein, die spinnt, die wird katholisch.« Und meinem Sponsor, von dem ich die Kleidung bekam, habe ich geschrieben, ich müßte nun sonntags in die Kirche, so daß der sicher dachte, ›die hat sie nicht mehr alle‹. Mein Sportabitur habe ich zwar noch gemacht, dann aber sehr bald aufgehört.

Mein Vorteil ist sicher, daß ich keinen ›Überbau‹ hatte. Ohne Vorurteile konnte ich eine Entdeckungsreise durch den Glauben machen. Aber schon in der ersten Gemeinde habe ich Leute kennengelernt, bei denen schien alles andere zu sein als das, was ich erfahren hatte. Ihr Christentum erschien so dumpf, als wenn immer eine Riesenlast darüber hängt, weil alles um die Sünde kreist. Das Leben konnte nie fröhlich sein, es gab immer eine Schuld, für die man Buße tun mußte. Der Glaube an die Vergebung wurde nie deutlich. Dieses Bedrückende habe ich selbst überhaupt nicht empfunden, im Gegenteil, ich habe nur die Lichtmomente gesehen und gedacht: Wenn du es schwer hast, da ist doch jetzt jemand, der zu dir steht. Und wenn ich glaube, er liebt mich und ist für mich gestorben, dann brauche ich auch nicht mehr so rumzulaufen, als könnte jetzt noch was passieren. Diese Freiheit hatte ich einfach. Ich kam mir oft vor wie der verlorene Sohn, der heimkommt, und die anderen sind wie der andere Bruder. Sie gucken: Wir sind so von Kindheit an, wir haben Gott nie erfahren, jetzt kommt die daher mit neunzehn Jahren und erlebt Gott ganz anders.

Gott war die Wahrheit, die Freiheit und die Liebe, also das, was ich immer suchte. Er liebt mich immer und ewig, ich bin schon gedacht gewesen, bevor das Universum war. Mit Abba, dem Vater, konnte ich viel anfangen. Es war für mich ein großer Gott, ich habe schon erkannt, daß er nicht kleinlich sein konnte oder humorlos. Aber die Menschen machen ihn klein, oder sie machen ein Geheimnis um ihn. Natürlich ist er geheimnisvoll, aber ich habe ihn anders erfahren.

Vorher habe ich immer gedacht, ich muß was tun, um geliebt zu werden, etwas leisten, Bedingungen erfüllen. Wenn du den Wettkampf gewinnst, dann jubeln sie wieder. So dachte ich auch in der ersten Begegnung mit andern Gläubigen, erst wenn du betest, beichtest und in die Kirche gehst, dann liebt dich Gott. Ich habe aber erfahren, nein, es ist umgekehrt: *Weil* du geliebt bist, darfst du. Das war so ganz auf meiner bisherigen Lebenslinie. Ich muß jetzt nichts mehr tun, damit ich Erfolg habe, sondern *weil* ich frei bin, weil ich glaube, weil Gott mich liebt. Wenn etwas schiefgeht, dann ist er da und vergibt. Aber ich brauche nichts mehr zu tun, »damit...« Das wurde meine Theologie, die Form, wie ich mit Menschen umgehe.

Deswegen ist es merkwürdig, daß ich so viel Erfolg habe, egal, was ich mache, weil ich es nicht tue, *damit* ich Erfolg habe. Ich gehe nicht zu Schreinemakers in die Fernseh-Talk-Show und denke mir vorher, hoffentlich sage ich was Tolles. Sondern es ist mir egal, ob ich auf der Straße oder im Fernsehen gefragt bin. Mein Prinzip ist, ich denke nicht darüber nach: Darf ich das? Geht es gut? Das ist für mich schon ein Impuls Gottes, weil ich sage: Gott ist in uns eingebaut, er wird sichtbar durch unsere Kreativität. Manchmal ist er verschüttet, dann sind wir nicht mehr intakt, aber er ist in uns. Nicht, wenn wir beten, dann kommt ein Tröpfelchen Gnade, sondern im Gegenteil, er ist wirklich in jedem Menschen, wenn wir spüren, es gelingen Dinge, ich kann mich auch überwinden. Wie soll ich denn sonst Gott erfahren? Wie soll ich Kindern vermitteln, daß Gott existiert, wenn ich ihnen nicht irgendwo Ansätze zeigen kann? Und es ist für mich zu billig zu sagen, ihr müßt halt dran glauben. Es muß doch erfahrbar sein, dieses Christentum.

Ich war nicht sehr kritisch. Was ich las, war für mich existentiell. Ich weiß nicht, warum Gott es so gemacht hat, aber ich habe gelesen, »legt die Hände auf«, und sie werden gesund. Das habe ich gemacht, und sie wurden gesund. Aber ich bilde mir nichts drauf ein. Ich bin immer wieder konfrontiert mit Gläubigen, Professoren, Bischöfen, Priestern, die nur mit dem Kopf geschüttelt haben, gleich etwas Wunder-Phänomenales draus gemacht haben. Ich habe nur gesagt: Ihr habt sie nicht alle, Jesus hat das doch gesagt. Ich denke, ihr glaubt dran, oder glaubt ihr es nicht? Das war das Verrückte. Dieser Glaube war, man kann sagen, naiv, aber ich habe so Gott erfahren. Wie ein Kind bin ich mit ihm umgegangen.

Wie es dann weiterging? Ein bißchen wie bei der ersten Liebe, als wenn du einen Honiglöffel in den Mund kriegst, und der wird immer weiter rausgezogen. Gott hat mir auch Zeit gelassen, zunächst war ich in Euphorie, Begeisterung. Ich habe gebetet, es heißt ja, bittet, und es wird euch gegeben. Ich habe gebetet, und es kam.

Nach dem Abitur war ich dann in einer Familienbildungsstätte, dem Michaelshof, zu einem sozialen Jahr, wirklich alleingelassen. Da ging der Honiglöffel raus, da kamen Leid und Einsamkeit. Ich habe so eine Leere in mir erlebt, trotzdem habe ich Nächte hindurch köstliche Dinge über Gott und Jesus geschrieben, das hat mich bald zum Wahnsinn gebracht. Dinge, die ich nicht empfunden habe in diesem Moment. Ich setzte mich hin, fing an zu schreiben, habe gar nicht gedacht, ich hätte auch Fernsehen gucken können dabei, das floß einfach. Es waren Dinge, die ich nie gehört hatte. In mir ist irgendwas drin, im Michaelshof wurde es so intensiv, daß ich irgendwie ausgeschaltet war im Hirn. Das war erschreckend.

Gut, es war eine harte Schule für mich zu wissen, Gott will dieses Leid nicht. Einen Sinn muß es im Leiden gegeben haben, und wenn es einen andern Weg gegeben hätte, uns zu erlösen, als daß sein Sohn stirbt, hätte er ihn gewählt, da bin ich ganz sicher. Sinnlos war das nicht, aber verstehen kann ich das auch nicht.

Ja, die Frage nach dem Leid. Natürlich gibt es Dinge wie Viren, die man nicht erklären kann, an denen ein Mensch nicht schuld ist. Und anderes Leid, wie kann Gott das zulassen? In ein Bild gebracht: Wir stehen auf einem Fernsehturm, und unten fahren zwei Autos, es gibt eine Kurve, auf einmal kommt jemand und überholt, obwohl da ein Verbotsschild steht. Wir sehen, was passiert, wir schreien, aber wir können nicht eingreifen. Der Überholer hat die Freiheit, er darf das nicht und tut es doch. Ich glaube, so ist es auch im übertragenen Sinne, sonst wären wir ja Marionetten. Wenn Gott eingreifen würde, dann hätten wir nicht die absolute Freiheit. Ich glaube, es gibt auf die Frage nach dem Leid keine Antwort, und wenn Kirche meint, sie könnte eine geben, stimmt das nicht. Ich kann nur sagen, ich kann das Leid dieser Welt nicht lösen, nicht in Hanau, ich werde es hier auch nicht können. Ich kann nur versuchen, jeden Tag ein bißchen mehr zu lieben, ein bißchen mehr diese Welt mitzugestalten.

Im Michaelshof wurde ich fast krank, weil ich mich gewehrt hatte, auf diese Art und Weise Sprachrohr zu sein. Und ich hatte Angst, weil ich ja wußte, meine Bekehrung war schon ungewöhnlich, wenn ich jetzt mit so was komme, werden die Leute erst recht noch narrisch. Im Januar wußte ich, daß ich zu den Vinzentinerinnen ins Kloster gehe, das war auch so ein Erlebnis. Ein Dreivierteljahr nach meiner Taufe habe ich mich schon fürs Kloster angemeldet.

Vorher mußte ich noch zu Exerzitien, weil man mich auch noch einmal »prüfen« wollte. Dort habe ich Franz kennengelernt, er wurde mein Beichtvater und Freund. Bei diesen Exerzitien habe ich täglich acht Stunden in der Kapelle verbracht, nur geschrieben, und mir kamen Sätze – einfach von Gott eingegeben, unaufhörlich. Bei Gott ist die Botschaft immer offen. Das erlebe ich ja, und ich habe ja auch viele Bücher über Leute gelesen, die mystische Erfahrungen haben oder hatten, das war nie etwas Konkretes. Das ist, wie wenn ein Blitz kommt, und der muß irgendwie auf das Papier gebracht werden, er muß in mich hinein, durch meine ganze Lebensgeschichte, meinen Charakter, durch mein Gottesbild, durch meinen Momentanzustand hindurch, um herauszukommen.

Zu meiner Begleiterin habe ich gesagt, wenn es hundert Gedanken sind, mache ich ein Buch: Hundert Küsse vom Lieben Gott. Als die zehn Tage vorbei waren, waren es tausend. Einer davon war: › Die größte Sünde ist kleiner als die kleinste Tat der Liebe‹. Dazu habe ich natürlich Fragen gehabt: Wenn einer 5.000 Juden umgebracht hat und hat einem Kind vielleicht mal zugelächelt, diese kleinste Tat der Liebe soll größer sein als seine ungeheure Tat? Ich habe mir gesagt, wenn du die Juden umgebracht hättest – den Gott, der dir verzeiht, kannst du dir nicht erträumen, weil du dir selber nie mehr verzeihen könntest. Selbst wenn die Juden im Himmel zu einem kommen und vergeben, bin ich sicher, daß es wenige schaffen, sich selber zu verzeihen. Deswegen heißt es ja › Auch wenn uns das Herz anklagt: Gott ist größer als unser Herz‹ – sonst könnte kein Mensch gerettet sein. Natürlich ist jeder trotzdem verantwortlich. Ich denke, es gibt große Schuld, die man sich nicht verzeihen kann. Die Schuld paßt nicht zum Menschen. Aber Liebe hat die stärkste Macht, › Liebe ist stärker als der Tod‹, heißt es in der Schrift. Das ist die Macht, an die ich glaube, das ist Gott für mich. Leider spüren wir das wenig in der Welt, wenn es hart rangeht, daß die kleinste Liebe Berge versetzen kann. Sie kann es aber. Ich habe es oft genug erfahren.

Fast jeder Mensch muß aber lernen, zu trennen zwischen den Fehlern, die er macht, und seiner Person. Das wird oft alles in eins genommen. Wenn du Kritik erfährst oder angemosert wirst, dann ist der ganze Tag schief, du denkst die ganze Nacht drüber nach, es wird immer schlimmer, es kratzt am Selbstbewußtsein. Jesus hat auch unterschieden zwischen dem Menschen und seiner Schuld. Er hat nicht gesagt: »Du bist verloren«, sondern »Tu es nicht wieder.« Ich glaube, daß Gott jeden Menschen auch in seiner Schuld respektiert und für wertvoll erachtet. Sonst hätte er uns anders erschaffen. Wenn wir nicht die Freiheit oder die Möglichkeit zum Schuldigsein hätten, wäre es keine Freiheit.

Nach den Exerzitien durfte ich eintreten, das war mein Glück. Da war ich einundzwanzig. Ich war so glücklich, aufgenommen worden zu sein, ich habe das ja auch gesucht, ich habe nachts durchgebetet, wirklich fromm. Ich habe sehr asketisch gelebt, gefastet. Das habe ich schon bei den Exerzitien gemerkt, als ich so viel geschrieben habe, ich war erfüllt, ich hatte kein Hungergefühl. Mehr konnte ich gar nicht verdauen. Ich war wirklich sehr asketisch. Das erinnerte mich wieder an die Sportzeiten, wo ich auf alles mögliche verzichtet habe, aber das war jetzt nicht bewußt.

Die Reaktion meiner Eltern? Katastrophe. Nicht nur, daß ich katholisch wurde, nein, daß ich dann auch noch ins Kloster ging. Fürchterlich. Ich bin heimgekommen, wollte es ihnen sagen, und mir steckte ein Kloß im Hals. Spät saßen wir zusammen, da sagt mein Vater: »Was machst du eigentlich, wenn du mit dem sozialen Jahr fertig bist? ...« – »Ich gehe ins Kloster.« Halbe Stunde Totenstille, dann kam ein Gewittersturm, Geheule: »Du liebst uns nicht, wie kannst du nur«. Sie konnten es nicht verstehen, sie hatten auch Witze über Klosterfrauen gemacht, und jetzt wollte die Tochter sowas. Das war schlimm, immer habe ich gedacht: Gott, du wirst mir doch jetzt helfen. Aber innerlich kam der Satz: ›Wer Vater oder Mutter mehr liebt als mich, ist meiner nicht wert‹, kein anderer Satz, nein, dieser blöde Satz ständig. Wir konnten alle nicht schlafen, und ich bin erstmal weggefahren.

Die ersten Jahre haben sie mich überhaupt nicht besucht, ich konnte ihnen auch nicht viel zeigen. Als Novizin war ich nur im Haus, habe geputzt, gebetet. Was sollten sie auch vom Putzen sagen? Erst als ich im Kinderdorf war, da kamen sie, als sie gesehen haben, was ich da tue. Da ist auf einmal das Eis gebrochen. Sie sahen, daß ich glücklich bin, und was ich alles bewegt habe. Seit der Zeit bis heute bringt der Vater jedes Jahr Eis ins Kinderdorf. Als ich mein Kinderbuch rausbrachte, waren sie wieder stolz, später durch das Fernsehen, und jetzt die eigene Kommunität, da freuen sie sich riesig.

Im ersten Noviziatsjahr wurde ich sehr depressiv. Ich wurde in ein Bild gepreßt und durfte da bloß nicht rausfallen. Ich wollte aber Dinge tun, damit sie dieses heile Bild verlieren. Dann war aber der Effekt, daß sie dachten: Dann stimmt die andere Sache auch nicht. Wie kann jemand, der, was die Mystik betrifft, solche Gnaden hat, zu McDonald's gehen, Fußball spielen oder ein Bier saufen? Ich glaube, in mir verkörpert Gott eine ganz neue Zeit.

Aber daß es plötzlich so weltlich sein darf, das ist ein neuer Weg, und ich denke, das ist die Spiritualität in unserer neuen Gemeinschaft, die wir auch leben werden. Da bin ich ganz sicher. Natürlich bin ich oft erschrocken: Mein Gott, das auch noch. So viele Dinge, die einfach da sind, wo ich nicht darüber nachdenke: Kann ich das?, sondern ich mache es halt einfach. Und daß es natürlich die Geister scheidet, verstehe ich. Wie kann jemand, der so weltlich dieses Leben liebt, so von Gott begnadet sein?

Was ich dieser Art von Klosterleben vorwerfe: Es kam nie zu einer richtigen Auseinandersetzung, wir haben keine Streitkultur im Kloster, immer mußte schnell versöhnt werden, es durfte keine Probleme geben, – so geht das nicht. Man muß Konflikte erst mal haben dürfen, austragen. Ich mußte da irgendwie herausbrechen. Mit meiner Depression in der ersten

Zeit kamen sie nicht zurecht, aber das war ja ein Symptom dafür, daß ich nicht mit dem Leben zurecht kam, wie es von mir verlangt wurde.

Was sollte nach dem Noviziat aus mir werden? Ich hatte Abitur, aber noch keine Ausbildung. Zuerst habe ich ein Praktikum im Altenheim und im Krankenhaus gemacht, dann kam ich ins Kinderdorf, ins Krankenhaus und ins Behindertenheim. Danach habe ich in der Sonderschule gearbeitet, und dann habe ich in München Altenpflegehelferin gelernt. Kein Mensch hat verstanden, warum die mich so viel haben machen lassen, bis hin zum Studium der Religionspädagogik. Ich habe viele Erfahrungen gemacht, immer am Menschen, habe immer was angestellt, egal wo. Nur, während der ganzen Ausbildungszeit konnte ich nie an einem Ort wirklich Fuß fassen und etwas aufbauen. Wir haben eine Generaloberin, die alle Schwestern super-dupper Ausbildungen machen läßt, das mag gut sein, aber in einer Zeit, in der du dich einleben willst in eine Gemeinschaft, ist es eigentlich auch nicht schlecht, wenn man auch Fuß fassen kann. Genau wie vorher im Sport habe ich immer meine Vielseitigkeit ausgebildet, aber im Grunde auch Heimatlosigkeit – daraus entsteht ein Einzelkämpfer. Es ist ja auch oft während des Studiums, daß Schwestern wieder austreten, weil sie Leute kennenlernen und Offenheit. Das brauchte ich nicht, das kannte ich ja.

Ob ich auch Verzicht kannte? Natürlich, schon als Jugendliche, indem ich nicht alles essen konnte, indem ich Disziplin geübt habe usw. – Ich mußte halt ins Bett, wenn ich morgens einen Wettkampf hatte, konnte nur dann auf eine Party, wenn ich kein Training hatte. Vielleicht erwartet man jetzt, daß ich sage: Ja, ja es ist gut, wenn man nicht alles bekommt, dann würde ich aber nicht ehrlich sein. Ich kann nur sagen: Ich versuche einfach, es so zu nehmen, wie ich es hatte. Gott hat uns die Fülle verheißen, er hat uns die Fülle geschenkt, ich habe es wahrgenommen. Manche nehmen es vielleicht nicht wahr. Ich danke Gott für das, was ich hatte, ich merke auch, daß ich einfach aus diesem Erlebnis heraus vieles geben kann.

So ist das auch mit der Demut im Kloster. Das Ideal war eine demütige Schwester. Man muß sich aber mal fragen, was das ist. Demut ist für mich einfach Wahrhaftigkeit, daß ich ehrlich zu meinen Schwächen stehen kann. Oft wurde man gedemütigt, damit man Demut übt, aber ich merke immer mehr: Nur der kann dienen, der selbstbewußt ist. Sonst dienst du ja, damit alle sagen, wie toll du dich aufopferst – du tust es aber, damit du was kriegst. Wenn du selbstbewußt bist, dienst du, ohne zu erwarten, daß du was zurückkriegst, weil du ja genug hast. Dann tust du es nämlich selbst-los. Es ist falsch zu denken, nur demütige, bescheidene, stille Leute sind das Ideal! Wir haben zu viele gehabt, die niemals sie selber sein durften, Schwestern, die unterdrückt waren, die einfach in eine Arbeit gesteckt worden sind und manchmal ein Leben lang kämpfen mußten, weil sie das nicht akzeptieren konnten. Die Entfaltung hat gefehlt. Wenn die nicht da ist, dann tust du deine Aufgabe auch liebevoll, aber es entfaltet sich in dir nichts – du schaffst immer mehr und immer mehr, damit du diese Zuwendung bekommst, bis du irgendwann umkippst und weißt nicht wofür.

Früher hieß es auch immer, eine gute Schwester ist eine brave, angepaßte Schwester. Die gute Schwester kann auch die sein, die ständig was Neues vorhat und ständig an der Außenstelle steht, so wie ich es tat. Da müssen wir umdenken. Angepaßtheit ist eine Sicherheitssuche. Unsere Welt ist eine chaotische Welt. Man sucht Sicherheit, möchte einen geraden Weg gehen, vielleicht auch einen bequemen. Ich erlebe die Tendenz auch und frage mich, wo die herkommt: denn in der Schule, in unserer Erziehung heißt es doch, alles kritisch zu betrachten, über alles zu diskutieren; wir leben in einer so kritischen Zeit, in der man sich gar nicht mehr freuen darf, ohne daß sofort die Krise der Kritik kommt. Mich wundert es. Aber vielleicht ist es die Suche nach der Sicherheit, bei der man nicht viel denken muß.

Das kenne ich von mir ja auch. Man nimmt alles an, ohne daß man groß nachdenkt, man liebt es, möchte sich anpassen, weil man einfach fremd ist. Für uns war immer schrecklich, daß wir als Postulantinnen in der ersten Bank sitzen mußten, immer an allen vorbei, das schaffst du nur, wenn du dich anpaßt, nicht auffällst. Das ist eine ganz natürliche, menschliche Sache. Gefährlich wird es, wenn man sich verliert darin. Da müßten die Noviziatsleiterinnen in den Klöstern helfen, daß der Mensch wieder zum Vorschein kommt, der unter diesem Stoff sitzt. Bei manchen gelingt es, bei manchen nicht.

❖

Nach dem Studium habe ich in Hanau in einem sozialen Brennpunkt als Gemeindereferentin gearbeitet. Dazu gehörten Religionsunterricht, Hausbesuche, Jugendgruppen; eine Mädchengruppe habe ich selber aufgebaut.

Journalisten haben mich oft gefragt, ob ich glaube, daß meine Kinder mich bewundern. Da habe ich gesagt: Ja – weil ich *sie* bewundere. Es sind wunderbare Leute, mit denen ich so viel gelernt habe. Es ist falsch, mit so einem Samaritertum in die Familien zu kommen, › Ich helfe euch jetzt, ihr armen Armen‹. Oft denkt man ja, weil das Idealbild von Kirche, Pfarrer oder Schwester so hoch ist, wir seien etwas Besonderes; und wenn wir uns zu den Armen › herabneigen‹, dann kann das nicht hoch genug bewertet werden. Aber das ist nicht so. Vinzenz von Paul, der Ordensgründer der Vinzentinerinnen, hat gesagt: »Die Armen sind eure Herren. Ihr müßtet vor ihnen niederknien. Bittet die um Vergebung, denen ihr Gutes tut, denn sie können es euch nicht geben.« Darüber muß man nachdenken.

Ich kann nur sagen, ich habe großen Respekt vor ihnen, auch vor dem, der sein Kind schlägt, auch vor dem, der nur rumbrüllt. Die sagen das zack, zack raus. Denn wie wir Intellektuellen mit unserer Wut umgehen, eher hintenrum, ist im Grunde das gleiche Verhalten, wir sind vielleicht nur nicht ehrlich genug. Die einen sagen: Halt das Maul, die anderen: Könntest du mich bitte in Ruhe lassen, du nervst mich. Das heißt aber doch: Ich bin innerlich nicht gut drauf; und ich sage: *Du* nervst mich, statt zu sagen: Mich reizt heute jede Fliege.

Dem Vater, der seinen Sohn schlägt, kannst du nicht mit dem Rosenkranz oder mit süßlichen Worten kommen. Mit so einem habe ich ein Bier gesoffen und gesagt: Du Arsch, wenn du deinesgleichen kloppen würdest, hätte ich Respekt vor dir, aber nicht, wenn du alles an dem Kind auslassen mußt. Das hat seinen Stolz getroffen. Ich kann doch nicht sagen: › Das ist gegen die christliche Liebe‹ , das würde er nicht verstehen.

Wenn ich meine Mitschwestern gefragt habe, wie sie ihr Leben beurteilen und ihren Weg sehen, dann kamen auswendig gelernte Formulierungen, wie sie in jedem geistlichen Buch stehen, wo so wenig von dem Menschen rüberkommt. Wenn ich frage: »Wo erfährst du Gott?« – »In der Messe, in der Hostie« – »Nur da?« – »Nein, natürlich auch im Menschen« – »Wo, wie denn genau?«, und dann verstummen sie. Manchmal habe ich entsetzt festgestellt, daß einige noch nie drüber nachgedacht haben. Ich finde, es ist gefährlich, in einem klösterlichen Leben aus Gewohnheit spirituell zu sein. Das würde doch heißen, wenn wir jetzt beten, *muß* Gott ja da sein. Aus Gewohnheit ist man fromm. Und da frage ich mich: Wo ist die Erfahrung?

Wenn jemand keine Antwort auf die Frage nach Gott weiß, kommt oft die Rückfrage: »Hast du eine bessere Antwort?« Dann sage ich, »Ich brauche was Konkretes«, ich kann nicht nur sagen: In der Hostie erfahre ich Gott jeden Morgen. Ich bin zum Teil so müde, daß ich überhaupt nichts mitkriege von diesem Gott, und ich sage – da sind sie natürlich allergisch drauf, – »Gott ist in mir eingebaut, wenn ich kreativ wirke, wird er sichtbar.« Das heißt, alles Gute kommt von Gott. Wenn ich also spüre, daß ich etwas bewirke, daß ich mich überwinden kann, mit einem Menschen umzugehen, obwohl ich ihn nicht ausstehen kann, wenn ich Dinge tue, die trotzdem noch gelingen, obwohl ich überhaupt nicht will, – dann merke ich doch, daß das Gott ist, und sage: Gott, wie nahe mußt du mir sein! Woran soll ich Gott denn sonst erkennen? Ich kann natürlich sagen: Im Menschen erfahre ich Gott. In welcher Begegnung?

Bei was im Menschen? Daß er mich anschaut, daß er mit mir spricht, mich umarmt, das sind alles Zeichen, aber wo ist wirklich der Kern, daß ich sage, ich erfahre im andern Menschen Gott? Gott erfahre ich doch in mir. Gott ist in dieser Emotionalität. Viele sagen: bloß nicht auf die Gefühle hören! Das stimmt nicht. Das ist das Wichtigste, denn alles spielt sich emotional ab. Wir können nicht kognitiv wahrnehmen.

Aber wir sind verschüttet manchmal, wenn wir nicht intakt sind, dann nehmen wir es nicht wahr, dann ist die Fliege an der Wand plötzlich ein Elefant. Dann merke ich, etwas stimmt nicht mit mir und Gott. Ich habe es immer gemerkt, wenn meine Blumen vertrocknet sind, dann weiß ich: Teresa, sag drei Termine ab. Oder wenn ich wirklich im Streß bin, nicht ganz bei der Sache sein konnte, schon wieder ans Nächste denke und merke, es kriegt sich nicht mehr ein, mein Ich, dann heißt es: Halt, zurückziehen, eine Stunde, ob du schläfst, meditierst, Gitarre spielst. Danach kommst du zwar wieder in die Situation, der Streß ist derselbe, aber du gehst doch anders damit um, du bist lockerer, also hat sich doch in dir was verändert, nicht an der Umwelt.

Der Bezug ist schon, auf Christus hin und von seiner Botschaft her zu leben. Ich sage ja nicht, daß ich *alles* in mir suche, ich sage, Gott wird sichtbar durch meine Kreativität, durch das, wie wir uns darstellen, ich suche ihn natürlich in der Schrift, im Gebet, in der Anbetung, auf jemand hin.

Ich merkte, daß die Bedingungslosigkeit der Liebe oder das Intaktsein immer da war, nur nicht formuliert. Ich habe es im Studium oft wiedergefunden. Für mich ist wichtig gewesen, viele Hintergründe zu wissen, um die Bibel auch zeitgemäß zu sehen. Aber ich habe manchmal die Bodenständigkeit der Theorien vermißt. Ich denke, ein Studium ist immer sinnvoll, weil man einfach ein Stück lernt, aber man muß gucken, wie man wieder auf den Boden kommt, daß man auch eine Sprache findet. Wenn du zu den Leuten kommst, mußt du lernen, wieder normal zu schwätzen. Jesus hat die Botschaft rübergebracht, weil er den Menschen, so einfach es ging, das erklärt hat. Das ist unsere Aufgabe. Viele sagen, wenn ich das einfach erzähle, kommt viel mehr rüber, als wenn ein Pfarrer das theologisch vermittelt. Ich finde Theorie gut, um den Hintergrund zu haben, aber ich finde es wichtig, es verständlich rüberzubringen. Die Auseinandersetzung mit den Lehren der Kirche fand ich sehr sinnvoll. Wenn du etwas weißt, dann kann dir auch keiner was vormachen. Du fühlst dich nicht immer wie ein armes dummes Schäfchen, das eine Frage stellt, sondern wie eine, die genau weiß, was sie will, und das begründen kann. Aber man muß schauen, wie man die Umsetzung schafft. Deswegen finde ich gut, daß ich nicht nur Theologie studiert habe, sondern auch Religionspädagogik. Wie schaffe ich, pädagogisch Religion rüberzubringen? Das ist die Aufgabe aller hier in diesem neuen Orden. Am besten durch das Leben. Ich sage ja, ich könnte hochtheologische Bücher schreiben, ich habe das Zeug dazu, aber warum sollte ich das? Ich glaube, ich gehöre auf die Straße zu ganz einfachen Sachen.

Meine Diplomarbeit hieß: Plädoyer für die Erneuerung des Ordenslebens. Über Vinzenz von Paul, seine Basisdynamik, diese Grunddynamik, die, wie ich sage, Gott eigentlich ist, dann über die Situation heute und meinen Ausblick »Modell Jesus.« Das ist, glaube ich, ganz gut gelungen. Aber sie haben wenig kapiert davon.

Deswegen habe ich, als ich mein Diplomzeugnis in der Hand hatte, einen richtig schönen Flieger draus gemacht und ihn dann in einen Umschlag gesteckt und meiner Generaloberin geschickt. Wenn das Zeugnis glatt und schön angekommen wäre, dann hätte sie stolz durch das Haus gehen können: »Schwester Teresa hat ihr Examen gemacht«. Mit dem Papierflieger konnte sie das natürlich nicht, alle hätten gefragt, warum es so verknickt ist. So viel habe ich mir daraus gemacht. Und das war es ja, was ich erfahren hatte: Du mußt keine Bedingungen erfüllen, damit du geliebt bist. Ich kann das meinen Kindern nicht sagen, wenn ich das nicht selbst lebe. Wenn ich Lehrproben machen mußte, da ist fast immer eine Eins rausgekommen, ich habe keinen Wert darauf gelegt, weil da das Pragmatische, das Charismatische wichtiger war. Sonst machst du einen Gott aus der Prüfung. Nein, du mußt immer vor Gott stehen, ob es eine Prüfung ist oder nicht. Ich stehe jeden Tag vor der Kamera Gottes.

Ich wollte der Welt ganz klar sagen: Ihr könnt mich messen mit Euren Kriterien, ich stehe aber ein für das, was Christus tut, und ich muß nicht alles so erfüllen, wie ihr es denkt. Ich habe schon so viel gemacht: Krankenhaus, Kinderdorf, Altenpflege, Studium, Lehrproben, auch in der Gemeinde, was habe ich mit denen alles auf die Beine gestellt – Und jetzt werde ich wieder geprüft, ob ich weiß, was eine Gruppenstunde ist, ich konnte das bald nicht mehr verkraften. Den Prüfern habe ich ganz klar das Gefühl gegeben: Ich freue mich, wenn Sie kommen, aber bitte erwarten Sie nicht, daß ich darauf mehr Gewicht lege als jeden anderen Tag.

In der mündlichen Theologieprüfung wurde ich gefragt: »Was tun Sie, wenn Sie Zweifel haben?« – »Ich werde es zugeben, nur das wird glaubwürdig sein, und ich bleibe auf der Suche.« Dann hat der Prüfer gesagt: »Sie versuchen natürlich, die Zweifel zu beseitigen.« Irgendwann habe ich gefragt: »Was soll diese Frage?« Da habe ich nur eine 2,3 gekriegt, obwohl ich alle Fragen beantwortet hatte. Vielleicht finden einige das arrogant, aber ich glaube, mein ganzes Leben wäre unglaubwürdig, wenn ich nicht irgendwo verwandle, einsetze, was ich glaube. Ich kann nicht als Christ die Bibel lesen und wenn es drauf ankommt ... Ich liebe diese Welt, aber das trennt mich schon, daß ich sage, du mußt auch zu dem stehen, was du glaubst, das muß sich in solchen Punkten beweisen.

Jesus ist ein Modell für ein gelingendes Leben, er hat immer gesagt: ›Liebet einander, wie ich euch geliebt habe‹, er hat nie gesagt: ›Liebet mich oder liebet Gott‹. Das heißt, er hat das niemals als Bedingung gestellt. Deswegen ist für Gott egal, ob jemand zu ihm sagt, »Ich liebe dich« oder nicht, ob es christlich, hinduistisch oder buddhistisch ist. Wenn man aber dieses Modell ausprobiert, kann es sein, daß man eine veränderte Neigung, eine Sympathie für Jesus kriegt, daß auf einmal durch diese Neigung eine Liebe entsteht zu diesem Herrn. Dann wäre es fantastisch. Aber Gott macht es nicht davon abhängig. Das darf man nicht verwechseln. Wie ich es kennengelernt habe, war es der Weg, Gott zu lieben und dadurch auch die anderen zu lieben.

In der Talkshow neulich war ja eine Frage, als ich auf diesem Lügendetektor saß: »Liebst du jemanden mehr als Gott?« Die Frage ist schwer, eigentlich eine unmögliche Frage, die man nicht beantworten kann. Alle haben erwartet, daß ich »nein« sage. Man kann aber nicht mit »nein« antworten. Nachgedacht habe ich nicht, ich habe ganz emotional »ja« geantwortet, dann fielen mir der Franz ein und meine Mutter. Man kann nie die Liebe zu Gott und zum Menschen vergleichen. Aber ich weiß, daß ich alle damit umgehauen habe, überrascht. – Was hättest du denn gesagt?

Gott sucht man, vielleicht erfährt man ihn, liebt ihn, aber er ist nicht greifbar. Das geht über menschliches Verstehen hinaus, und ich glaube, daß nur ganz wenige Menschen auf dieser Welt das so erfahren durften, daß sie hätten nein sagen können. Jesus hätte ich es zugetraut.

Warum ich überhaupt ins Fernsehen gehe? Ich überlege schon bei jedem Angebot, ob das eine sinnvolle Sache ist. Einmal habe ich zugesagt, als ich die Gage brauchte, um eine Familie damit zu unterstützen. Die Sendung war ein ziemlicher Flop. Ich wußte das vorher nicht und habe mich teilweise auch geärgert, daß ich da bin, aber auch damit muß man leben. Man kann bei den vielen Sachen, die kommen, nicht immer richtig entscheiden. Ich habe mich entschieden, daß ich das mache, ich spüre eine Berufung darin, daß es eine Aufgabe ist, daß ich dadurch viel mehr Kirche vermitteln kann, daß wir nicht gegen die Lebensfreude sind, daß ich viele Menschen erreichen kann. Wenn mal was nichts ist, dann kann ich doch nicht sagen: nie mehr. Das Leben ist nicht nur eine gerade Strecke.

Die Leute gucken Fernsehen, so oder so, ob ich komme oder nicht. Aber der Effekt meiner Auftritte war ja sehr groß, und wenn die Leute mir schreiben und ich antworte, dann fragen sie oft, ob sie mal kommen können. Du unterhältst dich, fragst, wie ihr Leben gelingt, was ihr Leben ausmacht, dann kriegst du sie weg vom ständigen Fernsehen.

Man muß den Menschen auch Zeit lassen. Diese Gesellschaft braucht ein Medium, die muß erstmal aufmerksam werden. Für viele war es zunächst ein Aha-Erlebnis – eine Nonne fährt Skateboard, das hat Sympathie geweckt. Ich habe jetzt langsam gemerkt, daß man auch über meine Skateboard-Künste hinaus angefangen hat, sich für das zu interessieren, was ich will und vorhabe. Seitdem bin ich oft eingeladen worden.

In Marburg war ich neulich bei Lehrern, schon alten Hasen, denen sollte ich was erzählen. Ich habe gesagt, es gibt nur eins: Sie müssen einfach anders sein. Anders, das heißt immer Sie selber. Dann werden Sie immer überrascht, auch die Schüler werden es sein. Sie müssen immer anders sein, als die denken – sonst wird Reliunterricht niemals gelingen. Sie müssen so sein, daß Ihre Kollegen denken, die hat sie nicht alle. Aber man muß auch die Welt seiner Schüler kennen. Wer von Ihnen hat einen Walkman? Keiner. Alle haben gelacht. Wer hat von Ihnen einen Gameboy? Alle haben gelacht. Sie haben noch nie Gameboy gespielt? Sie wissen nicht, wie faszinierend das ist? Dann werden Sie die nie verstehen. Und wenn Sie das nur als etwas Schlechtes abtun, dann werden Sie nie dahinterkommen, was die Generation, die Sie vor sich sitzen haben, empfindet. Ich kaufe jede Woche die Bravo. Ich habe selber einen Gameboy. Und ich weiß, wie entspannend und faszinierend so ein Spiel ist. Dann kann man Jugendliche verstehen, dann wird Glaubwürdigkeit rüberkommen. Aber nicht, wenn man versucht, sie zu himmlischen Dingen zu verführen und nicht erspüren kann, was ihr Leben jetzt ausmacht.

Eine Einladung als Gastsprecherin habe ich auch vom Institut für angewandte Kreativität. Das hatte ich noch nie gehört.

Das sind führende deutsche Unternehmer und Manager, da kostet die Teilnehmergebühr 3.000 Mark für zwei Tage. Ich war völlig verblüfft, wie die auf mich kommen. »Wir haben Sie im Fernsehen gesehen. Der Kongreß heißt diesmal › Vorsprung durch Einmaligkeit‹. Sie sind so einmalig, wir müssen Sie haben.« Ich war völlig baff, unter diesen Leuten bin ich doch ein Exot! – »Aber das ist es gerade: Sie haben geschafft, so viel zu bewegen, wir möchten einfach hören, wie sie das machen, warum Sie das machen. Wir haben uns überlegt, den Unternehmern eine Ideenbörse zu vermitteln. Warum gebt ihr Boris Becker eine Million Mark, damit er ein kleines Schildchen trägt? Warum nehmt ihr nicht eine Sympathiefigur mit einer sozialen Sache, für die ihr auch genannt werden dürft als Werbung, aber dabei kommt wenigstens für jemanden etwas raus, denn das Geld gebt ihr sowieso.« – Das hat mich umgehauen. Und dann soll ich abends mit den Managern noch etwas rappen, damit die ein bißchen vom Boden hochkommen. Mein Bild wurde in dieser Managerzeitung abgedruckt mit einer Vita, die natürlich aus dem Rahmen fällt, aber ich finde es großartig, daß ich als Vertreterin der Kirche bei den führenden Managern und Unternehmern eingeladen bin. Und das hat dieses Skateboard geschafft. Ich habe die Möglichkeit, denen was über Menschlichkeit zu erzählen. Werbung wird sowieso gemacht, aber die Frage ist, wie. Es ist erstaunlich, daß sie überhaupt auf die Idee kommen, etwas Soziales zu machen statt nur einem Star Geld zu geben. Natürlich ist es ein heißes Eisen, und man muß aufpassen, daß es nicht wegrutscht. Aber daß ich die Gelegenheit habe, vor diesen Leuten zu sprechen, etwas von dieser Botschaft Jesu rüberkommen zu lassen, daß bei all dem, was sie tun und leisten, unser Leben begrenzt ist. Da spüre ich, es fängt an, daß die Leute jetzt mehr wissen wollen. Und dann kommt der nächste Schritt: Wie geht es Ihnen eigentlich, was machen Sie? Das ist doch die Gelegenheit!

Deswegen denke ich: Wenn es klingelt, ist es der Liebe Gott. Egal wer es ist. Und ich freue mich auf Menschen, denen ich noch nie begegnet bin, mit Menschen, die ganz andere Denkmuster haben – nämlich, wie werden wir schnell zu Geld kommen? – mit diesen Menschen mal ein Gespräch zu führen, auf dem Kongreß »Vorsprung durch Einmaligkeit«.

Ich stehe so auf dem Boden, daß ich weiß, was Menschen auf der Straße verdienen müssen und wie hoch eine Gage für so einen Typ ist. Der Boris Becker steckt das ein, dem ist schnurz, was er an seinem Hemd hängen hat, und das Geld ist weg, nur für den einen. Dann sage ich doch, Kinders, o.k., dann bauen wir noch einen Kindergarten, und dann steht halt draußen: Milka-Kuh-Gesellschaft spendete, ja und? Dafür ist das Haus da, dann ist aber wenigstens was getan mit der Million. Vinzenz von Paul ist auch zu den Adeligen gegangen, zu den Königen und hat das Geld von denen geholt für die Armen. Der hat sich in dieser Branche bewegt. Als ich meiner Generaloberin sagte, daß ich mit meiner Fernsehgage eine Familie unterstütze und das mit Vinzenz von Paul verglich, ist sie bald explodiert, aber es war nichts anderes.

Oft bin ich auch zu Gemeinden eingeladen, da halte ich z.B. einen Vortrag über den »intakten Jesus«. Die Leute wollen einfach was hören, die sind sich nicht ganz sicher, was sie machen wollen, aber trotzdem haben sie über dieses Medium etwas anderes gespürt. Nach Schreinemakers bin ich zu vielen Talks eingeladen worden über kirchliche Themen, aber da hat leider meine Generaloberin nicht mehr mitgespielt, nachdem das so ein Erfolg war, das war ihr zu viel. Schade, denn wenn man sich über ein Thema unterhalten hätte, dann wäre das, was mir wichtig ist, eher rübergekommen als bei einem Gespräch nur über die sportlichste Nonne. Ich habe auch immer gesagt: Die Kirche muß sich mit den Medien versöhnen, mit dieser Welt, mit diesen neuen Menschen, die genauso liebenswürdig und auf der Suche sind, aber einfach anders sind.

Braut Christi? Es gab Zeiten im Kloster, gerade am Anfang, als ich mich so gesehen habe, denn wenn man ins Kloster hineinkommt, ist gerade die Gott-und-ich-Beziehung sehr stark. Je mehr man aber mit Menschen in Berührung kommt, desto mehr findet man Gott in den Menschen. Ich glaube, daß das eine ganz natürliche Entwicklung ist, genau wie bei Ehepartnern, erst gibt es nur den Partner, die Verliebtheit, erst wenn ein Kind kommt oder die anderen Freunde wieder, dann öffnet man sich. Es ist wichtig, daß es auch eine Zeit gibt, in der man sieht, daß man Braut Christi ist, daß man einen Standpunkt hat. Aber es wäre ungesund, wenn man für immer dabei bliebe. Vielleicht kann man es für kontemplative Orden gelten lassen, eine Braut Christi lebt ja nur dafür ihre Einsamkeit. Aber es befremdet mich heute, wenn ich es so sehen sollte. Kinder sagen dir ganz ehrlich: »Warum hat Jesus dann so viele Frauen?« Ich sage lieber »Schwester Jesu«.

Ich bin mir selber noch nicht so klar, ob ich für das Priestertum der Frau bin. Was macht das Priestersein aus? Wenn es zum Beispiel nur abhängig ist von diesen zwei Wandlungsworten, na, dann fehlt uns wirklich nicht viel... Aber sonst – ich weiß nicht, wieviele Menschen mir schon gebeichtet haben, was sie nie einem Priester sagen würden, gerade Frauen, ich kann allen die Hände auflegen, mit ihnen beten, ich kann mit ihnen um die Vergebung der Sünden beten, ohne daß ich ihnen Absolution schenken muß. Sünden werden nicht nur durch die Beichte vergeben, sondern durch gute Taten, durch Buße, durch Fasten, das heißt, ich wüßte nicht, wo ich nicht Priester wäre. Ich glaube, wenn Frauen dieses Amt anstreben, müßten sie jetzt schon viel mehr einfach Priesterinnen sein. Das heißt, daß sie so leben, wie ein Priester sein sollte. Und selbst wenn Frauen jetzt diese zwei Wandlungsworte sagen dürften, ist noch lange nicht gesagt, ob sie dann Priesterinnen sind. Ich möchte nur sagen: Der eine Weg ist: ja oder nein. Der andere Weg ist zu sagen: Lebt es doch erstmal.

Wir dürfen uns auch nicht so sehr vom Pfarrer abhängig machen. Es nützt doch nichts, wenn ich sage: Der Pfarrer XY ist so blöd, nur wenn der sich ändern würde, dann könnten wir was machen. Das stimmt nicht, das habe ich oft genug erlebt;

wir müssen einfach selber etwas tun. Ich hätte nie 100 Menschen zu einem Musical bewegt, wenn ich mich darüber aufgeregt hätte, daß die so schlapp rumsitzen. Man muß sie einladen. Auch so einen verknacksten Pfarrer muß man liebhaben, damit er sich öffnen kann. Du kannst keinen Menschen verändern, du kannst nur dich selber verändern, dann werden die anderen auch verändert. Verknatterte Priester kann man nicht damit heilen, daß wir ihnen sagen, was sie machen sollen. Wir können sie nur retten, indem wir sie lieben und annehmen. Wir sollten es aber nicht davon abhängig machen, ob sie so mitmachen, wie wir es uns vorstellen. Ich kann nicht von einem 73jährigen Pfarrer erwarten, daß er Breakdance macht, das sollen die Kinder, wenn sie wollen, daß Kirche lebendig ist.

Die Autorität der Kirche ist nur so stark, weil man immerzu gefragt hat. Wer wird denn heute noch zur Unmündigkeit erzogen von Kirche? Keiner mehr. Wir leben heute, doch man argumentiert immer mit dem, was in der Vergangenheit war. Keinen Jugendlichen juckt es, was der Papst sagt, keine Familie kümmert es, ob die Pille erlaubt ist, die Frauen nehmen sie sowieso. Aber das sind beliebte Themen in einer Fernsehdiskussion.

Das ärgert mich an vielen Leuten, daß sie immer erst hingehen und fragen: Darf ich das? Wer viel fragt, kriegt viele Antworten. Kein Heiliger hat erst gefragt; du mußt es halt tun. Wenn ich einen Impuls habe, dann tue ich, und wenn niemand was dagegen hat, kann ich ja weitermachen, und wenn, dann kommt man ins Gespräch. Und ich war immer ein Typ, wenn das eine nicht geht, dann mache ich eben das andere. Viele Leute probieren was, dann kommt ein Nein, sie sind total frustriert und sagen: Ich habe meine Erfahrungen gemacht, ich habe ja gewollt... Keiner kann mir sagen, daß ich gar nichts machen kann. Denn viele Pfarrer warten ja drauf.

Wir sind selber dran schuld, weil wir auf der einen Seite über die Autorität Kirche schimpfen, auf der anderen Seite aber immer fragen: Was sollen wir tun? Das ist die Unselbständigkeit, die mich fast verzweifeln läßt. Auf dem Katholikentag beim Thema › vorehelicher Sexualverkehr‹ sitzen Jugendliche da und wollen wissen: »Dürfen wir oder nicht?«, tun aber sowieso schon. Warum fragt ihr dann! Da habe ich gesagt: »Ich habe den Eindruck ihr wollt jetzt hören von hier oben: ja oder nein. Wenn ich sagen würde, ja, dann steht es morgen in der Bildzeitung, ›Nonne sagt, treibt es vor der Ehe‹. Damit ist euch nicht geholfen bei dieser Gewissensentscheidung. Ihr tut es doch, und jetzt fragt ihr die Autorität Kirche wieder an. Ihr würdet euch auch nicht wohler fühlen, wenn die ›ja‹ sagen würde; denn eure Erfahrungen, eure Probleme, das ist was eigenes. Ihr müßt uns eure Erfahrungen sagen, vielleicht kapieren *wir* es nicht.« Nur, wenn meine Jugendlichen kommen, bei denen die erste Begegnung nicht geklappt hat, wenn Komplexe entstehen, wenn jemand jahrelang braucht, um das erste negative sexuelle Erlebnis aufzuarbeiten, damit habe ich meine Last und Probleme.

Der Weihbischof und ich waren bei dieser Diskussion konträr. Und warum? Er ging davon aus, als fragten die Leute an, und wenn die Antwort ›nein‹ ist, dann ließen sie es. Ich gehe von der Realität aus, daß es sowieso getan wird. Da hilft nur zu sagen, paßt auf, daß ihr jemand auch anders kennenlernt als nur über sexuelle Erfahrung. Es kann sein, daß das erste Erlebnis fantastisch war oder eine Katastrophe, und dann hat weder der Papst noch was weiß ich wer schuld. Aber so sieht es in den Köpfen aus, weil der ›nein‹ sagt, ist es jetzt schief gegangen. Im Grunde meint es Kirche auch nicht bös’, im Grunde wollen sie sagen: prüft erst, schaut. Es ist so eine fantastische Sache, der Höhepunkt einer Beziehung, das muß überlegt werden, da muß ich mich rantasten.

Für mich ist ganz wichtig zu fragen, was ist Sexualität? Wenn Sexualität nur dieser eine Geschlechtsakt ist – und das ist es für viele –, dann fehlt mir natürlich viel. Für mich ist aber Sexualität jede Form des Umarmens, des Lächelns, des Streichelns, und die lebe ich genauso aus wie alle andern auch, wir sind nämlich ganzheitliche Menschen, für die Sexualität eine wichtige Rolle spielt. Die Art und Weise, wie ich den Franz angucke, mit Petra schmuse, mit meiner Mutter schmuse oder meine Kinder in den Arm nehme, das alles ist eine Form von Sexualität. Und wenn ich es nur beschränke auf den Geschlechtsakt, wäre es zu wenig, auch in einer Beziehung.

Mit Claudia zusammen habe ich ein Musical geschrieben. Sie war bei den Ursulinen, als wir uns im Studium kennengelernt haben. Wir haben beide gemerkt, so wie wir das Klosterleben gekannt haben, so haben wir es nicht gesucht. Aber wir wären noch nicht auf die Idee gekommen, auszutreten. Dieses erste Musical haben wir in drei Tagen geschrieben, im Urlaub, Text und Musik, haben es aufgeführt mit unseren Mitschwestern und einen Riesenerfolg gehabt. Die Generaloberin war eigentlich dagegen, obwohl wir es eigentlich für ihren Namenstag geplant hatten, sie wollte es gar nicht wahrhaben, daß es so einen Erfolg gibt mit moderner Musik. Damit sind wir auch zum Katholikentag nominiert worden. Seit ich populär wurde, habe ich so viel Werbung für die Vinzentinerinnen gemacht; sie haben es nicht annehmen können, sie wollten es anders. Die können mir alles vorwerfen, aber nicht, daß ich nichts für den Orden getan habe.

Verrückt, als dann der Abschiedstag kam, als ich die Unterschrift zum Ordensaustritt geleistet habe, sagte die Oberin auf einmal: »Wir danken Ihnen für alles, was sie für die Gemeinschaft getan haben.« Ich habe auch die glücklichsten Jahre meines Lebens dort verbracht. Leider ist es im Kloster oft so, wenn jemand geht, der ist ein Verräter, in den man investiert hat. Trauerarbeit haben sie nicht gelernt.

Ich habe gesagt, wir müssen weitergehen. Ich bleibe ja Ordensfrau. Die Zeit im Kloster, als ich in Hanau auf der Straße war, als ich gelebt habe, was ich glaubte leben zu müssen, das konnten sie nicht einordnen, daß ich z.B. in die Kneipe gehe. Das hätten wir Vinzentinerinnen immer tun müssen. Nach all der Rumschickerei in den neun Jahren, mit der Ausbildung überall, als sie mich zur Vinzentinerin machen wollten, war ich eine richtige Vinzentinerin nach meinem Verständnis geworden, – jetzt war es wieder nicht richtig. Aber wie gesagt: Ich verdanke ihnen schon sehr viel, ich liebe sie auch, ich habe wunderbare Jahre erlebt, auch ganz bittere und fürchterliche Jahre, aber ich bereue keinen Tag. Ich wäre auch nicht gegangen, wenn das Neue nicht gekommen wäre, diese Herausforderung, dann hätte ich sicher auch Ewige Profeß gemacht.

Man macht ein Jahr Postulat, zwei Jahre Noviziat, dann legt man die erste Profeß ab, die erneuert man in den ersten sechs Jahren für jeweils ein Jahr. Das war jetzt mein sechstes Jahr, ich bin ordnungsgemäß ausgetreten, ich habe es nur etwas früher beantragt, das wurde mir gewährt. Für viele ist Klosteraustritt etwas Schlimmes, aber ich bleibe ja Schwester. Ich fühle mich sehr wohl in diesem Lebensstand, es war für mich überhaupt keine Frage. Für mich war es auch wichtig mit Blick auf die vielen Menschen in Deutschland, die mich als Schwester kennen. Ich bin und bleibe Schwester Teresa. Ich war ein Hoffnungsträger für viele – wenn ich einfach nur weggegangen wäre, dann wäre bei vielen ein Knacks passiert. Dann hätten sie gesagt: Typisch, wenn jemand den Menschen nahekommt, dann kriegt der wieder eins drauf von der Kirche.

Viele Leute kommen nicht mehr in die Kirche, sondern die Begegnungen finden bei Hausbesuchen statt. Meist wird etwas zu essen angeboten, bis man zu einem Gespräch kommt. Papst, Pille, Zölibat werden erst mal durchgekämpft, klar, endlich ist mal jemand von der Kirche da, jetzt können die Leute ihre oft negativen Erfahrungen mit Kirche erzählen. Das ist eine Art Test, wie reagiert die Schwester jetzt? Je nachdem sage ich, ich kann gut verstehen, daß man aufgrund mancher Erfahrungen für eine lange Zeit nichts mehr mit Kirche zu tun haben will. Ich versuche aber auch zu sagen: Schauen Sie, man kann wieder eine positive Erfahrung machen. Wenn man nur sagt, › Ich habe meine Erfahrungen gemacht, nie mehr!‹, dann fehlen einem auch die Chancen, und man straft all die Menschen, die in

Kirche positiv sind, mit den negativen Erfahrungen und geht nicht mehr auf sie zu. Ich biete den Leuten an, wieder andere Erfahrungen zu machen, ohne sie ihnen aufzudrängen. Aber zuerst finde ich es wichtig, daß man versteht, warum die Leute leiden an der Kirche. Ich muß nicht sofort in Verteidigungsposition gehen. Wenn ich dann frage: Wie gelingt eigentlich dein Leben?, dann haben weder Papst noch Pille noch Zölibat irgendeine Bedeutung.

Wie ich Kindern den Glauben nahebringe? Es gibt einen Gameboy, es gibt einen Fußballverein, aber es gibt auch etwas, was man noch im Leben braucht, wenn einem alles schlecht ist und es einem nicht gut geht, dann mag man auch keinen Gameboy spielen, dann braucht man was fürs Herz. Dann muß jemand da sein, der über dem steht. Aber ich würde das erst einmal nebeneinander stehen lassen, nicht werten. Meine Spiritualität, »ganz bei der Sache zu sein«, ist auch eine Form von Gebet. Wenn ich so fröhlich bin vom Gameboy-Spielen und wieder hingehe und Leuten gut bin, dann hat es auch was gebracht. Wenn du im Streß bist und spielst, fühlst du dich hinterher wohler, dann kannst du wieder locker sein. Warum sollte das nicht eine Form von Relaxen sein? Wenn dieser Effekt nicht ist, dann schadet das Spielen. Ich liebe die Welt, und Gott liebt alles, was er geschaffen hat, und wenn er Menschen geschaffen hat und zugelassen hat, daß wir Computer erfinden konnten, dann ist das auch gut. Daß es damit Mißbrauch gibt, das liegt immer an dieser Freiheit. Aber warum sollten wir es deswegen nicht einsetzen?

Unsere neue Kommunität? Im Kloster habe ich oft erlebt, daß ziemlich alle über einen Kamm geschoren werden, das heißt, wer seine Eigenart auch leben will, wird sanktioniert oder mißverstanden. Früher kam es kaum zur Entfaltung der Schwestern, weil sie oft nicht tun durften, was sie wollten. Ich habe aber gesehen, wir leben in einem Zeitalter der Individualisten,

deswegen glaube ich, daß in Zukunft Ordens- oder Gemeinschaftsleben nur existieren kann, wenn jeder seinen Freiraum
bekommt, sich entfalten zu dürfen, individuell sein zu dürfen,
denn jeder hat ein anderes Bedürfnis nach Gemeinschaft. Bisher
gab es bestimmte feste Zeiten, ob man wollte oder nicht. Es
kann ja sein, daß einer in einer Trauerzeit ist, wenn er einfach
alleine sein möchte, wenn er im Moment mit keinem sprechen
kann. Dann wird man verpflichtet, sich an den Tisch zu setzen,
muß sich innerlich quälen, quält damit die andern. Das heißt
nicht, daß man das nicht mal überwinden sollte, aber es gibt
einfach Zeiten, die man respektieren sollte als Gemeinschaft,
ohne gleich zu denken, was ist jetzt los. Also die Freiheit, auch
sagen zu können, ich möchte heute mal allein sein: das wäre
bisher undenkbar gewesen.

Als Gebetsformen im Kloster kannten wir nur Laudes, Ves-
per, Rosenkranz, Eucharistiefeier, Anbetung, Bibellesen. Es
gibt aber eine Vielfalt von Möglichkeiten, wie man zu Gott
kommt, und diese Vielfalt ist so individuell, weil Gott jede und
jeden so einmalig gemacht hat. Jeder braucht eine andere Form,
eine spielt Gitarre, eine andere möchte lieber spazierengehen
und empfindet da eine echte Begegnung, jemand anderes eben
in der Anbetung, und wir werden unsere Formen so gestalten,
daß sie individuell sind.

Natürlich braucht man Anleitung. Aber man soll auch ausprobieren dürfen. Es wird nichts so festgelegt, wie es bisher
war. Es ist wichtig, daß man Bedürfnis nach Gemeinschaft
bekommt. Daß Gemeinschaft befreiend ist. Man freut sich nur
zusammenzukommen, wenn man innerlich eine gewisse Distanz hat, wenn man weiß, man muß sich nicht verstellen. Man
muß nicht zwei Personen spielen. Wenn ich draußen ›meinen
Mann stehe‹, bin ich so und so, und im Kloster muß ich plötzlich eine Rolle einnehmen, bin eine unter vielen, das habe ich
auch erlebt. Wir waren gefordert von unseren Aufgaben außerhalb, und wenn wir heimkamen, mußten wir fragen, ob wir ein
Stück Brot kriegen. Das ist jetzt sehr übertrieben, aber das war

diese Spannung, in der man gelebt hat. Draußen selbständig entscheiden und im Kloster die Frage: Darf ich in Urlaub fahren?

Einmal pro Woche machen wir ein › Kapitel‹ für die Belange der Kommunität. Über größere Ausgaben entscheiden wir gemeinsam. Da sind am Anfang sehr viele Gespräche nötig. Für Konflikte nehmen wir uns Zeit, und wenn wir zuschließen und den Schlüssel aus dem Fenster werfen müssen, so lange, bis wir ausdiskutiert haben. Wenn wir nächtelang brauchen, dann werden wir nächtelang reden miteinander, wir müssen wieder reden lernen. Wir haben es im Kloster fast verlernt, über Konflikte zu reden. Oft sind die Fehler, die mich am anderen stören, meine eigenen. Wenn irgendwas im Raum ist, soll man erst die Störung klären. Als wir zusammen die Konstitutionen geschrieben haben, haben wir so lange gerungen, bis eine Formulierung stand, mit der wir alle vier leben konnten. Und es gab immer eine. Teilweise sind wir in die Stille gegangen, um nach einer Lösung zu suchen.

Unser Leben, auch das geistliche Leben, soll so offen wie möglich sein. Verbindlich sind nur der gemeinsame Lobpreis, *ein* gemeinsames Essen, ein Gemeinschaftstag im Monat und ein wöchentliches Reflexionsgespräch, › Kapitel‹ heißt es im Kloster. Aber ansonsten geht die Gemeinde vor, ohne daß wir ein schlechtes Gewissen haben müssen, wenn es eben bis Mitternacht dauert, weil ich in einer Familie beim Gespräch bin. Wenn dann jemand morgens nicht da ist und einen Zettel hinlegt, › ich bleibe liegen‹ , dann ist das in Ordnung.

Wir stehen grundsätzlich jedem offen. Frauen und Männern, Witwen, Alleinerziehenden, wir haben es nicht definiert, auch Behinderten, warum nicht – soweit es halt unsere Verhältnisse möglich machen. Wenn jemand länger mitleben möchte, dann ist es notwendig, daß wir uns kennenlernen, Gespräche führen, erstmal ein Wochenende zusammen verbringen. Wir offenbaren uns immer, wir lassen jeden reinschauen. Wenn wir spüren würden, es ist jemand, der psychische oder andere Probleme hat, können wir so jemand tragen, wenn wir als Gruppe intakt sind. Wenn wir zu viele Probleme mit uns selber hätten, wäre das eine Belastung. Ich habe immer davon geträumt, daß Kloster eigentlich so etwas ist wie eine Heilstätte, wohin Menschen kommen, ein Stück von dem Heil erleben und wieder gehen können. Wenn Gott uns jemanden schickt, der sehr schwierig ist, warum sollten wir uns dagegen sträuben? Du kannst nicht nur 99prozentig eine Gemeinschaft wollen oder eine Kommunität der Freundschaft, entweder 100 Prozent oder gar nicht. Aber wenn wir spüren, wir schaffen es nicht, sagen wir es auch. Diese Ehrlichkeit muß dasein, wir können nur soviel geben, wie wir haben. Wer kommt, muß sich ein Stück mit einbringen, davon leben wir ja auch, man kann nicht nur kommen und nehmen.

Wir haben ein Ordenskleid mit Schleier beantragt, auch wenn andere sich anders entscheiden dürfen bei uns. Wir sind dazu einfach berufen. Der Schleier ist das Zeichen, daß ich Schwester bin, das ist mir wichtig, aber er ist nur Stoff. Der Mensch darunter muß eine Ordensfrau sein, das hängt nicht am Stoff.

Armut sehen wir nicht nur als anspruchsloses Leben, sondern wir versuchen Armut auch unter der Frage zu sehen: Wie leben wir ökologisch? Wir können ja nicht nur *predigen:* Bewahrt die Schöpfung! Wir müssen noch vieles lernen, wir haben es auch im Kloster so nicht gelebt. Andererseits: »Wenn Rebhuhn, dann Rebhuhn, wenn Suppe, dann Suppe«, sagt Teresa von Avila. Wer nicht genießt, ist ungenießbar. Ich fände es schlimm, wenn wir nur für uns leben würden, nur selbst genießen. Wir dürfen uns nicht verschließen vor der Welt. Auch Sekt wurde von Menschen gemacht und ist Schöpfung. Wir werden genießen, und wir werden anspruchslos leben. Diese Mitte zu finden, ist wichtig, aber wir hätten keinen neuen Orden zu gründen brauchen, wenn wir Genuß wieder genauso hätten verteufeln wollen.

Gehorsam wollen wir in unserem Orden so verstehen, daß

wir aufeinander hören. Wir haben in dem Sinne ja keine Oberin, sondern nur eine Vertreterin nach außen, sie haben mich halt gewählt. Wir haben voreinander Gehorsam gelobt, und ich traue dem heiligen Geist zu, daß er in jedem Bruder und in jeder Schwester wirkt und uns das gibt, was wir füreinander brauchen. Aufeinander hören, nicht auf einen Zentralisten. Denn Christus ist der Herr, auf den sollen wir hören, nicht auf einen Menschen, der entscheidet, was richtig und falsch ist.

Mein Wunsch... ich selber bin eigentlich wunschlos glücklich, muß ich sagen. Aber ich wünsche mir, daß alle Menschen dieser Erde, wenn sie aufwachen, ein Stück glücklich darüber sind, daß sie leben, wenigstens einen Tag, und nicht schon morgens Angst haben. Daß sie sagen, es lohnt sich zu leben.

Ich wünsche mir für unsere Kirche, daß sie wirklich lebendig ist. Nur lebendige Menschen machen eine lebendige Kirche, es sind nicht die Amtsleute da oben. Ich wünsche mir, daß das Wort ›Kritik‹ nicht mehr negativ verstanden wird. Ich wünsche mir für die Klöster, daß sie die jungen Menschen, die kommen, als ihr wichtigstes Kapital ansehen, und das Charisma der Jugend ist die Kritik. Wenn ein Orden dieses Charisma übersieht, wird er eingehen. Die Jugend muß hinterfragen, auch wenn sie es selber noch gar nicht lebt.

Teufel? Gute Frage, ob ich an den Teufel glaube. Ich glaube an Gott, ist meine Antwort. Ich bin sicher, daß es das Böse gibt, das habe ich selber erfahren müssen, aber ich würde nicht so viel Gewicht darauf legen. Wir hatten in Hanau solche Leute, »Kopftuchfrauen« haben wir die genannt, überfromm, nur mit Marienbildchen. Die kamen und sagten: »Rockmusik ist vom Satan, und wenn Frauen die Kommunion austeilen, dann ist das auch vom Satan.« Nach einer heißen Diskussion habe ich gesagt: »*Sie* bringen doch den Satan in die Kirche, Sie haben ständig den Satan im Mund. Ich habe den lieben Gott im Mund.« Wir sollten nicht die Konzentration auf das Negative lenken, wir sollten lieber auf Gott unsere Konzentration und unser Vertrauen wenden. Das andere ist eine Realität, aber es lohnt sich nicht, Kraft und Zeit dafür zu nehmen. Drohungen werden nie jemandem helfen.

Der Krieg im ehemaligen Jugoslawien... ich weiß nicht, was ich sagen soll, ich bin genauso sprachlos wie andere Leute. Natürlich bin ich Kroatin, habe Verwandte, liebe sie. Daheim bei meinen Eltern hatten wir alle Kinder von unsern Verwandten aufgenommen, da war ich auch öfters. Wenn du dann hörst, was manche dort erlebt haben..., es ist nicht zu begreifen.

Als ich noch im Kloster war, gab es mal eine heiße Diskussion, ob ich bei einem Benefizkonzert für Kroatien auftreten dürfte. Da habe ich gesagt: Es ist für Kroatien! Aber all mein Reden hat nichts genützt, bis eine Schwester sagte: Wenn schon *uns* der Krieg so an die Nieren geht, wie muß es der Schwester Teresa gehen. Wenn das das einzige ist, was sie jetzt tun kann, dann darf es hier kein Nein geben. Dann durfte ich hinfahren. Ich habe im Musical ein Lied extra für dieses Konzert geschrieben.

Es stört mich überhaupt nicht, dick zu sein, ich fühle mich pudelwohl, und damit stärke ich endlich allen dicken Leuten das Selbstbewußtsein, weil ich sage, ich bin mit Leidenschaft dicke Nonne. Im Studium fing das an, das viele Sitzen war ich nicht mehr gewohnt. Du sitzt, bist in der Uni, sitzt, lernst, ißt, und später in der Gemeinde bekommst du überall was zu essen angeboten. Wer mit sich Probleme hat, kann gar nicht verstehen, daß ich keine Probleme habe. Ich war immer die dünne Nonne, jetzt werde ich dicker und dicker, das hast du den anderen Schwestern angesehen, wie die geguckt haben. Dann sage ich halt: »Ich bin immer so groß, daß mein Herz reinpaßt.« Ich liebe das Essen und die Menschen, und wenn man zusammensitzt und ißt – oft ist Essen die vorrangige Begegnung auch in den Häusern, da kannst du nicht sagen: Ich möchte nur ein Wasser. Geh mal hin, die sind todbeleidigt, wenn sie extra gekocht haben und ich esse ein Knäckebrot. Wenn es mir aber gar nicht guttut, dann sage ich: »Wenn ihr wollt, daß ich noch ein bißchen länger lebe, dann muß ich abnehmen«. Sicher werde ich mal eine Diät machen, aber erst, wenn es mir Spaß macht.

Ich habe keine Angst vor dem Sterben, schon öfter war ich dem Tode nahe. Ich freue mich eigentlich, daß ich jetzt schon sagen kann, ich habe gelebt, habe das Leben geliebt, wenn ich aufgewacht bin. Je nachdem, wie der Tod kommt, wird es auch schwer, da kommen auch Ängste. Mir hilft es immer, wenn ich mir sage: Du lebst nur ein einziges Mal auf dieser Erde. Was machst du aus deinem Leben, aus dieser kurzen Spanne? Etwas, worauf du stolz sein kannst. Mein Leben ist ein Stück gelungen – vollkommen gelingen wird es nie –, neben mir konnten Menschen leben, und ich durfte Menschen lieben. Letztlich kommt es aber nicht darauf an, *was* man getan hat, sondern, *wie* man es getan hat. Die Masse der Werke zählt nicht.

Ob ich gerne eigene Kinder hätte? Wenn ich da nein sagen würde, das würde nicht stimmen. Eine Frau will immer ein Kind, und wenn sie sich dagegen entscheidet, ist das eine Bewußtseinsentscheidung. Das heißt ja nicht, daß sie nicht Mutter sein könnte. Aber wer mal ein Baby im Arm gehabt hat und nicht das Gefühl hat, wie wunderbar das ist... Wenn ich nicht so unheimlich viel Kontakt zu Kindern hätte, dann wäre es vielleicht viel stärker. Ich bin auch eine Mutter. Allein, wie ich für die anderen sorge, ist mütterliches Tun.

Eine Eigenschaft von Kindheit ist für mich Ehrlichkeit. Das Intaktsein. Intaktheit, das ist ja mein Thema in den Vorträgen. Jesus ist für mich ein Modell. Dazu ein paar Szenen in Kurzform: Erste Szene: Da kommt ein junger Mann, sagt zu Jesus: Was muß ich tun, um das ewige Leben zu haben? – Ganz einfach, du kennst doch die Gebote, Hilfsmittel um zu Gott zu kommen. – Die habe ich von Kindheit an erfüllt, aber gelingendes Leben habe ich nicht erfahren. – So, sagt Jesus, ganz einfach, verkaufe alles, komm mit mir, ich bin das Modell für gelingendes Leben, wenn du mit mir gehst, hast du Leben. – Das geht nicht, jetzt alles im Stich zu lassen. Ich baue doch gerade ein Haus. – Dann wird oft nur gepredigt von dem bösen, bösen Reichen und selten darüber, was Jesus macht. In einem Evangelium steht, er weinte über ihn, in einem aber auch: Da ging er hin und berief neue Menschen. Da hatte Jesus eine glatte Ablehnung erfahren! Der Sohn Gottes! Der will ihm ewiges Leben geben. Das ist mein Modell: Wenn ich Ablehnung erfahre, darf ich weinen. Als Mensch darf ich weinen, wenn ich abgelehnt werde. Aber dann gehe ich hin und finde neue Menschen. So werde ich diese Erfahrung des Abgelehntseins verwandeln.

Oder, zweite Szene: Tempelrausschmiß. Jesus schmeißt alles durch die Gegend, da steht nirgends in der Schrift, daß er sich entschuldigt hat für seinen Wutausbruch. Er ist schließlich auch der Sohn Gottes. Selbst Jesus darf wütend sein. Aber darüber wird nie gepredigt. Und im nächsten Satz steht: »Dann heilte er alle Armen und Kranken, die im Tempel waren.« Also wenn ich Wut habe, sehe ich keinen mehr, der mich braucht. Wenn ich Jesus jetzt sehe als dieses Modell, der hat Wut und ist völlig stinkig, dann geht er hin und kann trennen zwischen dem, dem er was getan hat, und denen, die ihn noch brauchen.

Dritte Szene: Theologieprüfung für die Jünger, sage ich immer. Abendmahlssaal. Alles ist wunderprächtig, und jetzt geht er fort. Wir wissen nicht, wo du hingehst! – Ihr wißt nicht, wo ich hingehe? Ich gehe zu meinem Vater! – Wir wissen nicht, wo der Vater ist, zeige uns den Vater! – Zeige uns den Vater? Wer mich sieht, sieht doch den Vater! – Die sind alle durchgefallen. Sechs! Drei Jahre sind sie mit ihm geschlappt, haben alles erlebt, hätten ihn erkennen müssen. Und beim Abschied fragen die, wer der Vater ist. Jesus hätte auch sagen können: Mit euch lohnt sich nichts, durchgefallen! Und was tut er? Er verweist sie an die Praxis: Wenn ihr meinen Worten nicht glaubt, glaubt aufgrund der Werke. Da, wo ihr es erlebt habt, da, wo ihr es in meinem Namen erleben werdet! Dann seht ihr, daß ich von Gott bin.

So lese ich die Bibel, sie wird für mich lebendig, und ich lese, was Jesus tut, und nicht, wie schlimm es ist, daß die Reichen nicht Jesus nachfolgen, sondern, daß Jesus mein Modell ist, daß er weint, lacht, wütend ist, erregt, daß die Jünger so verstockt sind. All diese Regungen dürfen wir als Menschen haben, die Frage ist, wie gehen wir mit ihnen um, und da hat uns Jesus einen Weg gegeben.

Als ich zum Glauben kam, habe ich zwar mal gesagt, ich muß früher ja wie tot gelebt haben im Vergleich zu dem, was ich jetzt an Leben empfinde. Aber ich liebe auch die Zeit vorher, ich habe sie genossen und ausgekostet. Ich habe ja nichts vermißt. Mein Leben mußte so sein, das merke ich heute immer mehr. Ich möchte zwar keinen Tag zurück, ich bereue auch keinen, an dem ich versagt habe, an dem ich selber verletzt habe, das gehört zu mir. Ich habe auch schon jetzt den Eindruck, wenn ich sterben müßte, ich habe gelebt. Da bin ich sehr stolz drauf.

Ich habe fast alles gehabt, was man sich erträumen kann, eine wunderbare Kindheit, Eltern, die mich geliebt haben. Mir ist der Glauben geschenkt worden, ich wurde getauft, das habe ich bewußt wahrnehmen dürfen, Gott hat mir so viel Gnade geschenkt, ich habe die Ordensberufung erhalten, ich habe verrückte Sachen erlebt, auch im Orden; das Ordensleben habe ich geliebt, sonst wäre ich nicht heute noch Ordensfrau, jetzt wird mir die eigene Kommunität noch geschenkt – jetzt kann der Liebe Gott mir nur noch den Tod schenken. Ich war im Fernsehen, war die berühmteste Nonne, ich habe den Franz als besten Freund auf der Welt, Claudia und Petra als Mitschwestern, was sollte es noch geben? Ich habe immer gesagt: Wenn ich einen Menschen auf der Welt glücklich mache, hat sich mein ganzes Leben gelohnt. Und ich wüßte nicht, was Gott mir noch schenken könnte. Er überrascht mich zwar jeden Tag wieder, daß ich denke, das gibt es gar nicht, solche Fülle. Vielleicht kann man deswegen auch so froh sein oder vieles wegstecken, wenn man denkt, das Leben ist so reich. Und im Sport war es eine absolut tolle Zeit. Früher hätte ich das vielleicht in Phasen geteilt, aber je stärker ich nachdenke, desto deutlicher merke ich, es gibt nichts, was ohne Bedeutung war.

Immer wenn ich große Pläne gemacht habe, lag ich schief.

Das war schon im Sport so; mein Leben schien klar, ich werde Trainerin oder Lehrerin. Dann kommt sowas. Und im Kloster habe ich auch nie abgeschlossen mit meinem Eintritt. Es ist eine gute Schule, daß man sich im Leben auf alles gefaßt macht. Ich wünsche mir natürlich, daß unsere Kommunität weiter so anwächst, daß wir miteinander diese Ursprungsbegeisterung nie verlieren, so leben, daß viele mittun können, daß wir nicht irgendwann zu einer Institution werden. Wenn wir sicher sind, daß Gott uns mitgegründet hat, daß Er der Anstoß war, dann hat Er irgendwas vor. Wir sollten uns darauf einlassen, nie vor Überraschungen sicher zu sein. Ich habe mir auch überlegt: Von zehn bis zwanzig habe ich Leistungssport gemacht, von zwanzig bis dreißig war ich Vinzentinerin, dreißig bis vierzig Kommunität – wer weiß? Ich freue mich, daß es losgeht, das ist eine spannende Sache, ich werde mich überraschen lassen, was Gott tut. Ich lege mich nicht fest.

Waltraud Herbstrith

Karmelitin, Edith-Stein-Karmel, Tübingen (kontemplativ)

Alter: 65
Alter bei Ordenseintritt: 24
Jahre im Orden: 41
frühere Tätigkeit: Studentin
(Germanistik, Anglistik, Philosophie)
jetzige Tätigkeit: Schriftstellerin
Kleidung: Habit

Der Karmeliterorden entstand ursprünglich aus einer Gruppe von Einsiedlern, die seit der Zeit der Kreuzzüge auf dem Berg Karmel in Israel lebte. Daher steht am Anfang, im Gegensatz zu anderen kontemplativen Orden, keine Gründerpersönlichkeit. Im 16. Jahrhundert, als der Orden sich ausgebreitet hatte, inzwischen auch mit einem weiblichen Zweig, wirkte Teresa von Avila, die die Regeln erneuerte und viele Klöster neu gründete. Auf sie gehen die heutigen Karmelitinnenklöster zurück. Schwester Waltraud Herbstrith ist Priorin der zehnköpfigen Gemeinschaft in dem evangelisch geprägten Universitätsstädtchen Tübingen. Die Schwestern leben und arbeiten in einem großen alten Fachwerkhaus nicht weit vom Neckar entfernt – nicht nur idyllisch allerdings, denn die große Bundesstraße unterhalb des Schloßbergs sorgt für einen konstanten Geräuschpegel.
Mit dem Tübinger Karmel stehen, außer den Bekannten und Freunden der Schwestern, verschiedene Gruppen und Einzelpersonen im Kontakt, um mit einzelnen Schwestern zu sprechen und Fragen nach der Spiritualität des Ordens zu stellen: Frauengruppen, interessierte Oberstufenklassen, Studentinnen und Studenten. Da die Schwestern in besonderer Weise dem Gedenken an Leben und Werk Edith Steins Raum geben, kommen

auch manche Besucher, die über diese Philosophin und Ordens-
frau arbeiten oder sich über sie informieren wollen. Die Messen
werden von so vielen Leuten besucht, daß die kleine Kapelle im
Untergeschoß des Hauses sie manchmal kaum fassen kann. Ein-
mal in der Woche bieten die Schwestern eine Einführung in die
Meditation an.
Für mich war es ein besonderes Gefühl, meine Studienstadt aus
einer ungewohnten Perspektive zu erleben. Ich bewohnte eines
der zwei Gästezimmer, bekam das Essen auf einem Tablett
hinuntergebracht, und ich genoß die Stille des Hauses.
»Intensives Arbeiten bin ich gewöhnt«, sagte Schwester Wal-
traud Herbstrith, als wir unsere Termine vereinbarten, »ich
habe auch nichts gegen mehrere Gesprächstermine am Tag!«
Von allen Schwestern hatte sie wohl das höchste Sprechtempo.
Wenn das Gespräch auf Edith Stein kam, illustrierte sie das
Gesagte oft mit Büchern und Fotos vom Bücherstand des Klo-
sters. Ihre Ausführungen zu manchen lustigen und strittigen
Themen unterstützte sie mit viel Mimik und Gestik.

Sie fragen mich nach meiner Motivation, warum ich in einen Orden eingetreten bin, warum ich mich in der Kirche engagieren wollte. Das hat verschiedene Gründe, und ich kann nur bruchstückhaft davon berichten.

Ich hatte eine glückliche Kindheit, ganz geborgen im Elternhaus, das heißt nicht, daß man nicht tief nachgedacht oder Dinge existentiell, manchmal auch bedrohlich empfunden hat. Es war Vorkriegszeit, ich bin 1929 geboren, und den Krieg habe ich sehr bewußt erlebt.

Als Kind habe ich gefühlt, daß Deutschland bedroht war. »Hitler ist ein Unglück für uns!« diesen Satz habe ich öfter zu Hause gehört, aber ich war auch fröhlich und unbekümmert. Als 1939 die Kriegserklärung kam, sah ich in einem Traum große Töpfe vor mir, sie waren gefüllt mit Menschenblut, und es gab Menschen, die mit großen Löffeln darin herumrührten. Ich war innerlich wie gelähmt, daß es so etwas wie Krieg gibt.

Wie ich mich sehe? Ich würde sagen, ich war ein einsames Kind, aber nicht verlassen, ein selbständiges Kind, das viel Freiraum hatte. Meine Mutter ließ mir meinen Individualismus nicht immer durchgehen, sie war energisch, manchmal streng. Ich glaube, daß ich ein tiefsinniges Kind war, aber nach außen hat man das weniger gemerkt.

Wenn ich heute überlege, was ich mit fünf Jahren dachte, als ich zum Pfarrer zur Prüfung ging, um die Frühkommunion zu empfangen, dann erinnere ich mich, daß ich fast so selbständig dachte wie heute. Natürlich habe ich mich entwickelt, aber die Art der Stellungnahme zur Welt war nach meiner Ansicht immer ähnlich: Ich fand mich als selbständige Persönlichkeit mit fünf Jahren vor. Ich wollte zur Kommunion gehen, obwohl ich das nicht genau verstand, aber ich wußte, das ist der Heiland, das ist etwas Positives. Meine Mutter liebte ihn, das habe ich verstanden. Ich weiß noch, daß ich mich selbst beobachtete, wie ich bei dem Pfarrer geprüft wurde, wie er mich nicht ernst nahm – »Ja, ja, mein Kind«, sagte er. Er hat mich gar nicht als Gesprächspartnerin betrachtet. Ich habe ihn auch belassen in seiner Rolle, als Kind kann man sich nicht wehren. Er verstand nicht, daß ich auch als Kind eine selbständige Persönlichkeit war.

Wir hatten einen großen Garten am Haus, dort habe ich gespielt und mich in meine Welt zurückgezogen. Ich bin gerne auf Bäume gestiegen und hab' auch Unsinn gemacht. Mittags wollte ich zum Beispiel nicht zum Essen kommen – man mußte mir manchmal kleine Kläpse verabreichen – denn der Garten war groß, und ich war selig; und welchen Sinn das Mittagessen haben sollte für mich, das konnte mir zwischen vier und acht Jahren keiner mit schlüssigen Argumenten beibringen. Essen war reine Zeitverschwendung für mich, wenn ich draußen sein konnte. Das Existentielle kam durch Denken und Wahrnehmen. Tiefe innere Erfahrungen hatte ich, jedenfalls wollte ich nicht gestört werden. Ich war glücklich, mich in eine Höhle zurückzuziehen oder unter Bäumen zu sein und einfach nachzudenken. Was ich dann inhaltlich gedacht habe, weiß ich nicht mehr genau. Heiligenwelten waren es nicht, Märchenwelten eigentlich auch nicht.

Meine Mutter hat uns Kindern oft Märtyrerinnengeschichten vorgelesen, die fand ich faszinierend, diese heldenhaften religiösen Gestalten, und auch die Kirche konnte sie mir positiv vermitteln. Zuviel Reden über Religion langweilte mich jedoch, auch große Predigten. Wenn ich zum Beispiel gefragt wurde, was hat der Pfarrer gesagt, habe ich oft gedacht: Das ist doch gar nicht das Wesentliche! Als Kind waren bei mir schon tiefere Schichten angesprochen.

Ich bin die Jüngste von drei Geschwistern und war vielleicht die Einfühlendste für meinen Vater. Vielleicht habe ich mich menschlich so selbständig entwickelt, weil ich mit meinem Vater eine geistige Freundschaft führte. Meine Geschwister schätzten meinen Vater auch, aber es ist oft so, daß zwischen der Jüngsten und dem Vater eine besondere Beziehung besteht, so daß ich viele Einflüsse aufgenommen habe. Auch wundere ich mich, wenn man sagt, die Frau kann in der Kirche nicht alles machen, das ist von meiner Vaterbeziehung her gar nicht denkbar.

Meine Mutter war Malerin und Sängerin, sie war sehr künstlerisch orientiert, überall in unserer Wohnung hingen schöne Gemälde, sie malte meinen Vater, sie malte uns Kinder. Wir hatten ein schönes Haus, reich nicht im heutigen Sinne, aber vornehm, kultiviert. Zu den tiefsten existentiellen Erfahrungen, die sicher auch mit meinem Klostereintritt unbewußt zu tun hatten, gehört, daß meine Mutter uns zu den Armen mitgenommen hat, die oft mit vielen Kindern ganz verelendet wohnten, und sie hat Kleider und Essen verteilt. Sie hat uns mitgenommen, damit wir nicht nur in unserer heilen Welt blieben, sondern sähen, wie andere Menschen leben müssen. Darum wollte ich später zunächst sozial arbeiten, wollte Ärztin werden, nach Afrika gehen oder Seelsorgerin unter den Fabrikarbeitern werden. Man hat gewisse Vorstellungen, die klären sich, und auf einmal bleibt das Wesentliche. Als Jugendliche war ich hübsch und eitel, etwas gebremst durch die Religiosität und den Ernst der politischen Lage.

Einmal wurde meine Mutter bei einem Hausbesuch von der SS die Treppe heruntergestoßen und angeschrien: »Wenn der Krieg nicht wäre, dann wären Sie längst im KZ.« Das haben wir alles erlebt. Sie hat auch französischen Kriegsgefangenen geholfen, die wurden oft sehr übel behandelt. Sie gab ihnen zu essen. Darauf stand Todesstrafe! Todesstrafe, Menschen zu helfen, aber meine Mutter war immer engagiert und risikobereit.

Wir hatten am Anfang Personal, später war das nicht mehr möglich, man hätte dann in nationalsozialistische Gruppen gehen müssen. Das wollte meine Mutter nicht, und dadurch hat sie sehr viel Arbeit ganz allein machen müssen. Sie wollte kein Personal in dieser gefährlichen Zeit. Sie erlitt durch die Überarbeitung eine Netzhautablösung am Auge. Das erschreckte mich sehr.

Mein Vater stand als Richter stark unter der Kontrolle der SS, er durfte kein falsches Wort sagen, er ging auch nicht in die Partei. Wie er das in seinem Beruf fertiggebracht hat, ohne daß er ins KZ kam, weiß ich nicht. Politisch war er Zentrumsmann. Bei seinen Gerichtsverhandlungen wurde er überwacht. Vor allem in Pforzheim hat die SS immer in Zivil hinten im Gerichtsaal gestanden.

Mein Vater hatte große Ängste um uns, wenn wir zur Jugendmesse gingen, das wurde von den Nazis genau kontrolliert. Ich höre ihn noch, wie er aufgeregt sagte: »Kinder, bringt mich doch nicht ins Konzentrationslager!« Ich konnte mir darunter nicht viel vorstellen, ich wußte nur, da werden Menschen gequält und vernichtet.

Als wir noch in Achern wohnten, ging mein Bruder in die Länderschen Anstalten, das ist eine berühmte Schule bei Achern. Dort hatte Hitler plötzlich alle Geistlichen entlassen. Mein Vater empfand das als großes Unrecht und hat sich darüber sehr aufgeregt. Er hatte ja seinen Sohn dahin geschickt, damit er gut erzogen würde in dieser Zeit. Ich weiß, daß er Hitler als schrecklich ungebildet empfand, und wenn er sehr ärgerlich über uns war, weil wir faul waren – Kinder sind immer faul, lernen nicht und sind lieber im Wald – sagte er: »Werdet doch Tüncher.« Das war aber nicht gegen die Tüncher als solche gerichtet, sondern weil Hitler Tüncher war.

Wir zogen 1939 von Achern nach Pforzheim. Eine Verbesserung war der Umzug allerdings nicht, wir hatten nun noch stärker mit der Krise zu tun. Aber es war gut für unsere Entwicklung. Vielleicht wären wir in Achern zu behütet geblieben.

In der Pforzheimer Zeit haben wir quasi in »Klausur« gelebt, das war eine geistige Einengung. Man hatte Angst vor Klassenkameradinnen oder vor Hausbewohnern, weil man wußte, die sind Nazis. Nicht daß sie direkt böse waren, aber sie waren manchmal verächtlich, wir waren wenig Katholikinnen. Das tonangebende evangelische Milieu war mir fremd, aber es war gut für mich. Ich hatte eine sehr nette Freundin aus dem evangelischen Pfarrhaus, das war zunächst eine Verunsicherung, aber ein guter ökumenischer Weg für mich.

Meine Freundin war viel toleranter als ich, die katholische Kirche war so eng damals, es war ja Sünde, in einen evangelischen Gottesdienst zu gehen. So ging meine Freundin einfach mit mir in die Messe. »Ihr mit euren Meßgewändern, das ist doch alles Theater«, sagte sie.

Das waren unsere ersten ökumenischen Gespräche – »und diese Muttergottesverehrung, das ist entsetzlich«, und ich fand das so schön! Da habe ich zu ihr gesagt, Luther wäre ein ganz böser Kerl. Damals war doch die Lutherrezeption total negativ, da habe ich nur Negatives von Luther gewußt. Wir haben so richtige Grabenkämpfe geführt wie im Dreißigjährigen Krieg, aber wir haben uns trotzdem gut verstanden.

Als ich zu Roswith nach Hause kam, merkte ich, sie leben nicht aus der Liturgie wie wir, aber sie leben ganz aus der Schrift und haben eine tiefe Frömmigkeit, aber über ganz andere Zugänge. Das war ein Erdrutsch für mich.

Mein Bruder und seine Freunde gehörten zu Neudeutschland, damals eine moderne, aufgeschlossene kirchliche Bewegung. Sie haben heimlich die kirchlichen Fahnen und Symbole beibehalten. Der Freund meines Bruders wurde deswegen getötet, das war furchtbar für mich, er war Halbjude, der Führer der Gruppe. Ihm wäre zunächst nichts geschehen, aber einer hat sie alle verraten, weil sie gegen Hitler waren und sich im Wald getroffen haben. Seiner Mutter haben sie dann die Asche zugeschickt – er wäre an Lungenentzündung gestorben. Er war neunzehn Jahre, ein lieber Mensch. Das hat uns alle sehr getroffen. Mein Bruder kam dann jahrelang in den Krieg. Er ist wie durch ein Wunder mit dem Leben davongekommen.

Zu Hause waren außer meinem Vater alle um mich herum sehr fromm, meine Schwester, mein Bruder, meine Mutter. Ich habe immer gesagt: Ich bin die Heidin unter euch! Ich habe mich gut distanzieren können, war aber auch religiös, doch eine Religiosität, die man nicht so nach außen zeigt.

Meine Mutter hat immer missioniert, mit Herz, aktiv, es gehörte zu ihrem Temperament. Aber wir Kinder waren auch frech. Die Mama lebte, was sie sagte. Das tat sie, ohne uns zu unterdrücken. Aber vielleicht war es gut, daß der Vater die andere Komponente war.

Zu Hause war es offen; religiöse Themen wurden einfach angesprochen. Wir konnten dagegen opponieren, wir wurden nicht unterdrückt, aber wenn es uns gut schien, haben wir es gemacht, in einer persönlichen und freien Auseinandersetzung. Gut, daß mein Vater etwas anders war, denn wenn zwei Eltern sehr fromm sind und die Kinder unterdrücken, da kann religiös nichts wachsen. Meine Mutter mußte sich immer überlegen, da mein Vater uns überhaupt nicht kirchlich unter Druck setzte, was sie uns sagte, um uns für Gott zu gewinnen. Das war, wie wenn man einen Atheisten formen will. Aber natürlich in Freiheit.

Ich hatte Glück, ich hatte immer gute Pfarrer, und damals habe ich schon gedacht, warum können Mädchen das nicht werden? Ich habe immer dieses Gleichheitsmodell in mir gehabt. Da sehen Sie, daß ich nicht unterdrückt war. Meine Mutter hat nie gesagt: Das darfst du nicht, das kann man nicht, die Frau ist ein ganz anderes Wesen. Was heute so rechts gerichtete Gruppen reden, das kann man gar nicht anhören. Da gibt es jetzt eigenartige Gruppierungen in der Kirche, intelligente und weniger intelligente, sie erklären, daß dies und jenes nicht geht; das nehme ich nicht ernst. Meine Mutter war Praktikerin, Künstlerin, sie ist mir nicht mit Gottesbeweisen gekommen. Zu starke theologische Systematisierungen entfernen mich eher von Gott.

Mein Vater konnte cholerisch sein, aber eigentlich war er ruhig, ein richtiger Philosoph, aus der Gegend, aus der zum Beispiel Heidegger, Welte und andere berühmte Denker stammen, aus dem Schwarzwald, aus Baden, solch ein Mensch war mein Vater, denkend, philosophierend. Darum hat er sich von Hitler auch nicht aufs Glatteis führen lassen. Er hat auch nicht alles durchschaut, er wollte nur nichts von ihm wissen. Er hat gedacht, der ist jetzt der Staatsmann – das war damals die Auffassung – und wenn nichts Direktes passiert, dann muß man sich äußerlich anpassen um der Familie willen. Aber er war nicht in der Partei, die war ihm widerwärtig.

Meine Mutter war eine Kämpferin, sie war heiter, harmonisch, lebhaft, sich aussetzend, ein Gegensatz zu meinem Vater. Nur um der Kinder willen hat man nach außen die Form gewahrt. Ich weiß noch, daß einer von der SS kam: »Sie haben die Fahne noch nicht rausgehängt!« Meine Mutter hat nicht geflaggt, weil das gegen ihr Gewissen war. Wenn dann aber ein SS-Mann kam, widersetzte sie sich nicht, aber das versteht ja heute keiner mehr.

Kurze Zeit war ich im BDM, aber nicht so richtig. Ich war heimlich bei der katholischen Jugend, und Jungmädel zu sein hab' ich verachtet, aber Schnitzeljagden, die habe ich mitgemacht. Sport und Spiele waren ja immer das Zugpferd für Jugendliche.

Dann kam die Zäsur für mich, ich wollte nicht mehr in den BDM, denn die Führerin hat neben einem Hitlerbild links und rechts eine Kerze angezündet. Es war mir widerwärtig, für mich war Christus der Mittelpunkt – damals war ich zwölf oder dreizehn und innerlich ganz selbständig. Ich las ja auch die Märtyrergeschichten in dem Sinne, wie die Römer die Christen zwangen, dieses und jenes zu tun. Heute sagt man, warum haben die den Tod erlitten, wenn das doch nur ein äußeres Symbol war? Aber für mich war das kein äußeres Symbol damals. Für mich war das Zustimmung zu dieser Hitler-Geschichte. Und das lehnte ich ab. Die BDM-Führerin hat zu mir gesagt: »Ihr seid ja sowieso weg, wenn Hitler siegt.« Sie waren alle in Siegereuphorie.

Daß ich nicht zum BDM gegangen bin, das wußte man in der Schule. Ich war gefährdet, meine Eltern auch, und nur weil mein Vater zu einer Familie gehörte, die sehr bekannt war in der Stadt, waren wir geschützt. Nur der Familienname hat uns vielleicht gerettet.

In Pforzheim waren mehrere Richter, alle jünger als mein Vater. Sie mußten in den Krieg, da trug er als einziger die ganze Last am Gericht. Er wurde schwer krank. Die Nazis haben gedacht: »Den kriegen wir mit Arbeit um die Ecke«, das war ihr System. Mein Vater war herzkrank, er wurde bläulich im Gesicht. Der Arzt sagte hinter seinem Rücken zu dem Direktor: »Der wird nicht mehr heimkommen aus der Kur.« Aber meine Mutter hat so gebetet, sie hatte wirklich Glaubenskraft. Mein Vater kam dann ganz schmal und abgemagert nach Hause, blieb gesund und hat noch länger gelebt. Mein Vater war einfach zu vornehm für die Nazis. Daß wir überlebt haben, dazu hat uns das edle Naturell meines Vaters geholfen, weil er sich einfach zurückzog. Aufgeregt hat er sich nur in der Familie, aber nicht nach außen, da war er immer ruhig, das war vielleicht seine Rettung.

Ich denke oft über diese Dinge nach, weil ich vor allem durch Edith Stein auf das Thema der Judenverfolgung gestoßen bin. Ich weiß nicht, wie man diese Verfolgung hätte verhindern können. Es war alles auf Autorität aus und auf Angst, und wenn man solch einen Verbrecher an der Regierung hat wie Hitler – und dazu noch Krieg ... Es war schrecklich.

Ich denke zum Beispiel an die Ukrainer, wie sie in den Fabriken behandelt wurden: »Untermenschen« haben die Nazis sie genannt, doch ich habe das nicht geglaubt. Aber wenn ich Nazi-Eltern gehabt hätte, die hätten mir vielleicht beigebracht: »Kind, du darfst dich nicht aufregen, das ist lebensunwertes Leben«, dann hätte ich es vielleicht eine Zeitlang geglaubt. Aber ich habe immer das ungute Gefühl bis heute, was hätte ich nur tun können, um andere zu retten?

Am Morgen nach der sogenannten Reichskristallnacht im November 1938 wußte meine Mutter noch nicht, was passiert war. Es gab ja keinen Fernseher, und mein Vater hatte sich geweigert, ein Radio zu kaufen, weil er Hitlers Stimme in seiner Wohnung nicht hören wollte, dieses bellende psychopathische Gerede. Er wollte seine Kinder nicht diesem Demagogen aussetzen. Dadurch waren wir vielleicht aber auch nicht richtig informiert.

Ich merkte als Kind, es war etwas anders. Es war nicht kalt, aber wie eine Eisluft. Meine Mutter sah plötzlich, da waren Scheiben eingeschlagen, und die zwei Eigentümerinnen eines schönen Tuchgeschäftes haben weinend auf der Straße die Scherben aufgelesen. Ich habe nur gesehen, »du mußt sofort helfen.« Ich habe mich von der Mutter losgerissen, »Mama, da müssen wir hin« – also genau die Natur meiner Mutter nachgeahmt, denn sie hat ja allen Leuten geholfen. Aber dort ging sie nicht hin, sie hat wohl gewußt, auch ohne Radio, daß das etwas ganz Schlimmes war. Meine Mutter hat aus ihrer Not heraus sicher richtig gehandelt. Sie war totenbleich, völlig versteinert, in einer zwiespältigen Situation, und dann gingen wir weiter, vorüber an den weinenden Menschen. Das ist für mich ein schreckliches Bild geblieben, daß ich schon als Kind erkannte, wo man helfen müßte, aber im guten Glauben von einer Frau wie meiner Mutter daran gehindert wurde. Jeder war hilflos. Ich meine, es ist wichtig, daß man sich heute mehr zur Hilfe trainiert, verstehen Sie? Nicht einfach die Demokratie Demokratie sein läßt, sondern daß man, wenn Gefahren drohen, auch bereit ist, etwas zu tun. Meine Eltern haben viel getan, aber ich denke immer noch, es ist zu wenig gewesen, man hätte sich mit anderen solidarisieren müssen, aber wie kann man das bei Diktaturen?

Es hatte sich herumgesprochen, daß die Synagoge brannte. Das war nahe bei meinem Schulweg. Nach der Schule ging ich allein hin, da stand niemand, jeder hatte Angst, er wird von den Nazis ermordet. Ich erinnere mich nur noch, als ich heimkam, daß meine Eltern erzählten, die Juden seien in der Mitte der Stadt geprügelt worden. Mein Vater sprach nicht viel über solche Dinge, er wollte uns nicht ängstigen. Er sagte nur: »Das bedeutet Krieg.« Der Krieg kam dann nach einem dreiviertel Jahr.

Wenn die Bischöfe vielleicht gesagt hätten: »Das können wir nicht unterstützen« – ich weiß nicht, ob sie es gekonnt hätten – sie wären aber sicher nicht ermordet worden. Ich glaube, daß sie es auch nicht ganz durchschaut haben, daß sie ganz einfach Angst hatten. Meine Mutter hatte Angst um ihr Kind, und sie hatten Angst um die Gläubigen und haben gedacht, Hitler ist ein Halbverrückter, wir setzen uns dem nicht aus. Aber die Juden waren dann die Opfer, verstehen Sie?

Jeder zitterte, daß er nach außen nichts sagte, daß er nicht ins KZ kam. KZ war die Angstchiffre. Natürlich wußten wir auch nicht genau, was mit den Juden passierte, wir wußten nur, daß in Dachau Priester umgebracht wurden. Ich glaube, wenn ich das alles als Kind gewußt hätte, hätte ich doch noch irgend etwas gemacht. Die Reichskristallnacht ging rasch wieder unter, es war ja schon Krieg. Und im Kriegszustand waren alle moralischen Regeln aufgehoben.

Ich weiß noch, wie wir in den Sommerferien 1944 voll Hoffnung waren, daß die tapferen Männer am 20. Juli Hitler beseitigt hätten. Einige Stunden nach dem Attentat kam die niederdrückende Nachricht durch das Radio, es wäre mißglückt.

Bei der Bombardierung von Pforzheim sind wir nur mit dem Leben davongekommen, weil wir mehr am Stadtrand wohnten, im Villenviertel, aber von meinen Schulkameradinnen wurden einige getötet am 23. Februar 1945. Das war alles Wahnsinn vor dem Schluß des Krieges. Auch Verwandte von mir sind verbrannt. 16.000 Tote sind gezählt worden, es können noch mehr gewesen sein. Es war ein Angriff wie auf Dresden, aber der auf Dresden ist bekannter. Es war die Vernichtungsstrategie der Engländer und Amerikaner, weil sie Hitler nicht beikamen. Wir haben die Angriffe nicht als Unrecht empfunden, aber wir mußten sie erleiden. Ich bin durch Leichenberge gegangen, die auf der Straße lagen. Ich war sechzehn Jahre alt, als ich das alles erlebte.

Mein Bruder kam ein Jahr später aus dem Krieg, man hat zu ihm gesagt, als er vor der Ruine unseres Hauses stand: »Ach, die sind auch verbrannt. Aber Sie können sich ja mal da und dort durchschlagen.« Bei Aschaffenburg, in der Heimat meiner Mutter, hat er uns dann gefunden.

Ich bin nicht begabt, über solche Ereignisse und Kriegsleiden zu schreiben, das kann ich einfach nicht. Not, Ohnmacht und Ausgeliefertsein können vielleicht Schriftsteller mit viel Phantasie den Leuten nahebringen, ich möchte aber nicht phantasieren. Ich kann mich mit den Opfern solidarisieren, indem ich Schicksale wie das von Edith Stein darstelle und sage: »Bitte in Zukunft mehr denken.« Mehr kann ich nicht machen. Ich bin eine Demokratin und versuche auf diese Weise, den Leuten zu sagen, was wirklich geschehen ist.

Das Schicksal der Opfer quält mich bis heute, da empfinde ich immer gleich. Vielleicht bin ich deshalb auch in den Orden gegangen, weil ich sah, nach dem Krieg rannten viele wieder der Karriere hinterher. Das soll im guten Sinne auch sein, aber für mich war es einfach nicht genug. Ich habe immer gedacht, da mußt du etwas anderes tun.

1945 lernte ich einen jungen Amerikaner kennen. Er kam von Bergen-Belsen und hatte dort die Toten zusammengetragen – ihm war noch übel von diesen Erinnerungen. Da hatte ich zum ersten Mal einen konkreten Menschen vor mir, mit dem ich über dieses Thema sprach. Dann kam in der Presse seit 1946 immer wieder, was wirklich geschehen war. Das konnte man wirklich nicht allen Deutschen anlasten. Papst Pius XII. hat uns Deutsche verteidigt und gesagt: »Es gibt keine Kollektivschuld«, es war eine Verbrecherclique, die leider viele Leute hinter sich gebracht hat, die meisten aus Angst, wenige aus Überzeugung.

Nach dem Krieg war ich glücklich mit dem Studium, mit Berufsplänen. Dann aber habe ich immer gedacht, du kannst dir doch nicht einfach ein schönes Leben machen! Wenn so etwas geschehen ist, was kannst du da tun? Die Toten konnte ich nicht mehr lebendig machen, aber gerade das jüdische Schicksal hat mich berührt. Dann habe ich gedacht: Du mußt etwas Soziales tun, ich wollte zuerst Ärztin werden. Ich habe mit Medizin begonnen, dann war mir aber die Ausbildung zu langweilig, so viel Technik und Physik, das war eigentlich nicht das, was mich ausgefüllt hat, und dann habe ich mich doch gemäß meiner Begabung ausbilden lassen, Sprachen vor allem, auch Philosophie, aber hauptsächlich Germanistik, Englisch und Französisch. Aber die Lebensfragen waren immer stärker bei mir. Und ich wollte mich für die Kirche engagieren und habe nichts gefunden.

Gefängnisseelsorgerin oder Arbeiterpriesterin wäre ich gerne geworden – Priesterin, das Wort hat man damals überhaupt nicht genannt – ich habe gedacht, die Franzosen gehen zu den Arbeitern. Ich hatte ja als Schülerin bei Einsätzen in der Waffenfabrik gesehen, wie verlassen diese Menschen waren. Das hat mich angerührt: Arbeiterpriester, solch eine Aufgabe müßte es auch für eine Frau geben. Aber es war kein gesellschaftliches Milieu dafür da.

Ich bin dann zu den Ärmsten gegangen und zu den Menschen im Gefängnis, immer mit Freunden, die ich hinter mir herschleppen mußte. Sie taten das nur, weil ich es wollte. Sie waren hervorragende Menschen, mehr Philosophen, Theologen, sie verstanden mich, aber es war niemand da, der in diese Arbeit direkt einsteigen wollte. Ich war ganz allein, es gab keine Ausbildungsmöglichkeit für eine Frau als Gefängnisseelsorgerin.

Als Frau konnte ich damals nicht Theologie studieren. Das kam später, Ende der 50er, Anfang der 60er Jahre. Erst jetzt gibt es eine Frau als Dogmatikerin und eine als Alttestamentlerin auf einem katholischen Lehrstuhl!

Für mich hat sich während meines Studiums Europa erschlossen. Ab 1950 durften wir ins Ausland reisen. Ich war eine der ersten Studentinnen, die mit dem Nachtbus von Freiburg nach Paris fuhr. Im Hitlerreich waren wir so eingeengt, man konnte ja nirgends hin. Drei bis vier Jahre bin ich in den Semesterferien gereist. Wir hatten von meinem Vater ein bißchen Geld, damals war alles noch billig. Wir waren schon eine ziemlich internationale Gruppe von Freundinnen und Freunden. Wir sind durch Frankreich in größter Armut gereist und waren glücklich, Gastfamilien zu finden.

Auch in England war ich, Portugal hat mich fasziniert, in Spanien liebte ich vor allem die Kunst der Moslems. Ich spürte die geistige Tiefe in der Moschee von Cordoba. Für mich waren Museen wichtig. Zum Beispiel in Paris, Madrid, in London. Die Engländer haben am meisten von den Ägyptern geholt; dort habe ich gedacht, *das* ist es, die Ägypter sind die Tiefsten. Solche Dinge waren für mich Lehrstuben. Nicht daß ich mich hingesetzt hätte, um das Evangelium zu lesen, nein, ich bin mehr ein künstlerischer Mensch, durch Sehen, Schauen, Gesichter, Biographien und Geschichte wurde ich angeregt.

Und die Stadt Rom liebte ich über alles, vor allem den herrlichen Bettler Joseph Benedikt Labre ... Er war ein französischer Theologiestudent, der innere Gebetserfahrungen hatte. Er litt unter der Theologie seiner Zeit und fing an, durch ganz Europa zu wandern. Ich glaube, wenn ich nichts zu tun hätte, würde ich auch von einem Heiligtum zum anderen wandern.

Mein Problem war, ich mußte mich entscheiden. Mir stand die Welt offen, ich war fast fertig mit dem Studium, da merkte ich, eigentlich müßte ich den mönchischen Weg gehen. Das war mir aber zu anstrengend, jahrelang habe ich mich dagegen gewehrt. Ich wollte meine Freiheit behalten. Wenn Ordensleute mir das geistliche Leben vermittelt hätten, wäre das vielleicht weniger angstbesetzt gewesen.

Als meine Schwester sich verlobt hatte, spürte ich: Ich möchte nicht heiraten, ich möchte etwas für Gott tun, aber ich wußte nicht genau, was das sein sollte. Ich war ehefreundlich, es gab viele, die mich heiraten wollten. Mutter sein, Familie, waren für mich höchste innerweltliche Werte. Gott hat sich in mein Leben irgendwie eingemischt. Drei Jahre vor meinem Ordenseintritt fing das an, ich habe es immer weggeschoben, gerade zu der

Zeit, als ich meine Doktorarbeit ausarbeitete. Sie war fast fertig und hat mich sehr befriedigt. Ich schaute auf meine Freunde und Freundinnen. Sie wurden Priester, Professoren, Ärztinnen, Lehrerinnen, Mütter. Ich dachte an Verlagsarbeit, an Arbeit an der Universität. Das war aber damals Neuland für Frauen. Nie habe ich daran gedacht, Schriftstellerin zu werden.

In der Studienzeit kam es immer wieder: dieses Beten, wenn ich in Spanien war oder in Italien, in Frankreich oder in England, da wollte ich stundenlang beten. Ich habe gedacht, das geht nicht, du mußt dich konzentrieren auf deine Arbeit, die machte ich gut, aber das Gebet ließ mich nicht los. Da habe ich gedacht, was machst du jetzt? Man kann diesen Zustand vielleicht mit einer großen Liebe vergleichen. Man muß sich entscheiden. Ich habe es für einen Orden getan, obwohl mir die Lebensform nicht in allem entsprach, weder psychologisch noch anthropologisch. Es war einfach eine Lebensform aus einer anderen Zeit, mit anderen Arbeitsbedingungen. Das habe ich gesehen, aber ich konnte es nicht ändern. Ich wollte einen Versuch wagen.

Meine Schwester und meine Mutter liebten die französische Karmelitin Therese von Lisieux, ich habe immer gesagt: »Was ihr für einen Kitsch lest.« Sie hatten keine Schwierigkeiten mit dieser alten Sprache. Dann habe ich Thereses Lebenserinnerungen in einer neueren Übersetzung von Otto Karrer gelesen, einfach aus Interesse. Ich habe mich ja immer für Sprache interessiert – und da funkte es bei mir. Ich dachte, das ist ja etwas ganz anderes als in den alten Übersetzungen. Diese waren übermalt, hier war es, wie wenn Gemälde in einer Kirche freigelegt werden, das war ein Aha-Erlebnis.

Am Schluß meiner Studienzeit bin ich auf Edith Stein gestoßen. Meine Mutter hatte ein Buch geschenkt bekommen. Gott sei Dank war Edith Stein nicht in Nonnentracht darauf abgebildet, sonst hätte ich das Buch nie aufgeschlagen. Es war ein normales schönes Foto von Edith Stein darauf mit ihren großen, fragenden Augen. Meine Mutter hatte das Buch nicht gelesen, dachte nur, eine Philosophin, Waltraud studiert, vielleicht interessiert sie sich dafür. »Nein«, habe ich gesagt, »das lese ich nicht.« Aus Langeweile habe ich das Buch später doch aufgeschlagen und gemerkt, daß es gar kein Kitsch war.

So habe ich durch Literatur meinen Weg gefunden – deswegen hat mich vielleicht Edith Stein so angesprochen – sie ist auch durch Literatur zur tieferen Begegnung mit Gott gekommen. Edith Stein hat viel philosophisch über Gemeinschaft nachgedacht, unbewußt habe ich danach gesucht, daß man in Gemeinschaft etwas tun kann für Gott. Zu Orden hatte ich keinen Kontakt, für mich war das zunächst etwas Überholtes, obwohl ich fühlte, dahinter steckt etwas Echtes.

Ich wußte nur, daß es kein großer Orden sein sollte, da war das Familienmodell von zu Hause Vorbild. Teresa von Avila, die Gründerin des Karmels im 16. Jahrhundert, habe ich erst im Kloster kennengelernt, und das Gebet hat mich sehr angesprochen, sonst wäre ich sicher nicht geblieben.

Ein Kloster, das war für mich zunächst eine fremde Welt. Ich war so freiheitsliebend; das Natürliche zog mich an, nicht diese seltsamen Trachten. Wenn ich das nicht angenommen hätte, hätte ich aber nicht bleiben können. Heute, nach dem Zweiten Vatikanischen Konzil und der Reform der Orden können wir darüber sprechen. Es gibt Ordensgemeinschaften, die Zivil tragen. Heute versteht man besser: Nicht das Kleid macht geistlich, sondern die innere Haltung. Wenn ich irgendwo eine Ordensfrau sehe unter anderen Menschen, denke ich spontan, so siehst du auch aus. Die Leute empfinden anders, sie sagen, sie wären dankbar, wenn Schwestern ein geistliches Kleid tragen. Als ich reifer wurde, habe ich gedacht, das Kleid ist nicht das Wichtigste, wenn du um einer Sache willen dienen willst.

Früher hat man den Ordenseintritt oft mit einer Opfertheologie verbunden, man sagte, Jesus hat für uns gelitten, also müssen auch wir Schweres für ihn tun. In dieser Hinsicht habe ich auch manche mir fremde Formen im Orden auf mich genommen. Aber Jesus sagt nicht, daß sein Kreuz unseres ist, sondern er sagt: Nehmt euer Kreuz auf euch. Er sagt auch nicht: Macht euch Kreuze zurecht! – Die jungen Leute, die heute bei uns eintreten, sprechen nicht mehr so, sie haben eine andere Theologie.

Edith Stein war für ihre Zeit schon sehr ökumenisch eingestellt. Sie hat ihr Judentum nicht verachtet, obwohl sie Christin wurde. Sie hat Jesus als gläubigen Juden betrachtet, das war für ihre Zeit außerordentlich. Jesus ist als Mensch in die Welt gekommen, er vertritt die Menschheit, er kennt keine Vorrangstellung des Geschlechts. Gott hat den Menschen als Mann und Frau erschaffen, das ist jüdische und christliche Theologie, und die Juden haben sich von dieser Freude auch immer etwas bewahrt. Es gibt in jeder Form des Lebens Verirrungen, sie sind nicht römisch-katholisch, nicht evangelisch oder jüdisch, sie sind Fehler von Menschen, man darf sie nicht verstärken durch Formen, die man als zeitbedingt erkannt hat.

Es gab auch Ordenseintritte aus bürgerlicher Motivation heraus, das habe ich nie verstanden. Man tritt in einen Orden ein, um gesichert zu sein, um geachtet zu werden, das war für mich undenkbar. In meiner Jugendzeit war das ein sozialer Abstieg.

Ich habe gedacht: Du paßt nicht in den Karmel, solch ein frommes Leben, das ist nichts für dich. Als ich dann Edith Stein las und sah, sie war eine ganz moderne Frau, sie war an einer Universität, sie war eine ganz normale Wissenschaftlerin und trat in den Karmel ein, dachte ich: Dann kann das doch nicht so schlimm sein. Das Gebet hat mich sehr angezogen. Ich glaube, man muß gerne beten, sonst kann man nicht in ein Kloster gehen. Im Gebet habe ich eine starke Identität empfunden, nach der ich mich sehnte und die ich brauchte. Menschen konnten mir das nicht geben.

Es ging rasch, daß ich Kontakt mit dem Karmel aufnahm, hinter dem Rücken meines Vaters. Ich habe nur gesagt, ich würde mir in Köln etwas ansehen. Eine Freundin begleitete mich, wir schliefen in einem eiskalten Zimmer. Sie sagte: »Das

kannst du ja nie aushalten, du stirbst, wenn die nie heizen!« –
das war die Begleitmusik zu diesem ersten Besuch. Ich kam in
einem roten Mantel, den ich durch Amerikapakete geschenkt
bekommen hatte. Durch ein Gitter hindurch mußte ich mit
einer Schwester sprechen, das war für mich unmöglich. Nur
weil ich innerlich von meiner Berufung erfüllt war, dachte ich,
das mußt du auf dich nehmen. Später, im Kloster, hat man das
Gitter kaum wahrgenommen, nur wenn man Besuch bekam.

Von Freiburg aus habe ich meinem Vater einen Brief geschrieben und ihn informiert. Ein Onkel sagte: »Sie hat wohl
eine unglückliche Liebe, sonst geht ein so hübsches Mädchen
nicht ins Kloster.« Meine Mutter sagte, mein Vater wäre zu
Hause lange mit dem Brief herumgelaufen. Für meinen Vater
war mein Ordenseintritt wie ein Weltuntergang.

Er sah, daß ich glücklich war, aber er hat sehr unter der
Trennung von mir gelitten. Er hat keinen Lebenssinn mehr
gesehen. Er brauchte mich als Gesprächspartnerin, und nun war
ich von heute auf morgen fort. Ich konnte mit ihm nicht tele-
fonieren. Wenn ich vorher vom Studium nach Hause kam, sagte
er: »Du bist fröhlich und singst, das ist schön«, und nun war
ich praktisch für ihn gestorben – äußerlich. Aber er war fair.
Er hat den Wert des Ordenslebens erkannt. Er hat Schwestern
geachtet, aber ich durfte nie mehr zu ihm heimfahren. Das war
zu schwer für ihn im Alter.

Im Karmel hatte ich eine großartige Priorin, sie war die
Novizenmeisterin von Edith Stein, geistvoll und gebildet. Sie
hat das erste Buch über Edith Stein geschrieben, durch das ich
in den Karmel gekommen bin. Es war eine Dokumentation, die
meiner wissenschaftlichen Neigung entsprach. Bei der Lektüre
interessierten mich stärker konkrete Menschen, was sie in der
Geschichte getan haben, weniger Ideen und Systeme.

Die Priorin hat nicht viel Worte gemacht, sie hat mich auch
nicht ausgefragt. Wir haben ein bißchen gesprochen, mein Eindruck war positiv. Wir können ja nur vom Positiven leben. Die
klösterlichen Formen mußte ich übernehmen, ich hatte das

Gefühl, du mußt es probieren. Mein Vater wußte, »wenn meine Tochter eintritt, bleibt sie.«

Ich habe zur Priorin gesagt, »in einem halben Jahr bin ich mit dem Studium fertig, ich muß nur noch die Prüfung ablegen und die Anmerkungen für meine Doktorarbeit tippen.« Diese Anmerkungen sind dann verlorengegangen, sonst hätte ich die Arbeit später noch vervollständigen können. Es war eine sehr interessante Arbeit über »Das Symbol der Nacht und des Sterns bei Rainer Maria Rilke.« Ich habe immer gedacht, wenn schon Rilke › nur‹ um seiner Dichtung willen solche mönchische Einsamkeit auf sich genommen hat, könnte ich auch etwas für Gott auf mich nehmen. Die Priorin sagte aber: »Sie können direkt eintreten, wenn Sie das nicht tun, müssen Sie vielleicht noch Jahre warten.«

Die Zeit bis zum Eintritt war kurz. Ich habe nur noch an der Hochzeit meiner Schwester in Paris teilgenommen, habe ihr erst nachts, als wir uns trennten, gesagt: »Ich trete in zwei bis drei Wochen in den Kölner Karmel ein.« Da war die Hochzeitsfreude getrübt, meine Schwester weinte sehr, mein Schwager aber sagte: »Das habe ich immer schon von dir gedacht.«

Die Einkleidung mit dem Ordensgewand habe ich positiv empfunden, weil ich den Willen hatte zu bleiben. Ich habe das Hochzeitskleid meiner Schwester getragen. Als ich auf der Erde ausgestreckt lag als Zeichen der Hingabe – es ist eine ähnliche Form wie bei der Priesterweihe – sagte mein Vater: »Wie am Kreuz!«

Mit der Brautmystik des 19. Jahrhunderts können unsere heutigen Frauen, die eintreten, nichts mehr anfangen. Wir tragen daher heute kein Hochzeitskleid mehr bei der Einkleidung. Einerseits tut es mir leid, denn es war auch eine schöne Symbolik, andererseits paßt das Brautkleid nicht mehr, weil auch früher die Frauen nicht weiß geheiratet haben. Im Mittelalter wurde für Männer wie Frauen die Symbolik der Seele bräutlich gesehen, das sind archetypische Bilder, die geschlechterübergreifend verwendet wurden.

Wenn die Meditationsstunden im monastischen Alltag nicht gewesen wären, eine am Morgen, eine am Abend, hätte ich das sicher nicht ausgehalten. Der Karmel ist der einzige Orden, der dieses stille, schweigende Beten pflegt, das in anderen Klöstern nicht so methodisch geübt wurde.

Manche Regeln, die es damals noch gab, waren schwer verständlich für eine moderne junge Frau. Wir haben zum Beispiel vor Ostern 40 Tage lang gefastet, weil Jesus 40 Tage lang gefastet hat. Ich erinnere mich, daß es mir schwindlig wurde und daß der Sinn des Fastens, freier und besser beten zu können, in das Gegenteil verkehrt wurde. Das Zweite Vatikanische Konzil hat theologisch und psychologisch viele positive Veränderungen zu diesen aszetischen Formen gebracht.

Menschwerdung Gottes heißt immer auch, Christin sein in unserer Zeit, in der jetzigen Zeit. Ich kann geschichtliche Prozesse übernehmen, geschichtliche Lebensformen, ich muß sie aber immer verändern auf meine Zeit hin. Geschieht das nicht, kann es negative Auswirkungen haben. Therese von Lisieux hat sich noch gegeißelt, zunächst hat sie das übernommen, dann aber gesehen, daß das nicht geht. Im Grunde hat Therese theologisch viele Ansätze wie Luther, nur sie war eine zarte, charmante Frau und hatte nicht die Kraft wie Luther, der als Theologe wirkte. Sie hat auf ihre stille, bescheidene Art gewirkt, aber ihre Ausstrahlung für mehr Menschlichkeit war weltweit unübersehbar.

Man wirft der Kirche oft vor, sie hätte so strenge Lebensformen zugelassen, um die Menschen zu unterdrücken. Das glaube ich nicht. Ich glaube, daß die ganze Soziologie früher so war. Die Kirche ist nur ein Teil davon. Aber sie muß sich wandeln wie alles menschliche Leben.

Ob ich sonst im monastischen Leben etwas vermißt habe? Als junge Frau hatte ich oft Sehnsucht nach eigenen Kindern. Aber dann habe ich darüber gelächelt, weil ich im Orden glücklich war. Ich wäre weggegangen, wenn ich mich nicht wohlgefühlt hätte. Die Grundkonzeption im Orden stimmte für mich.

Was ich von Drewermann halte? Drewermann kenne ich zu wenig, um mir ein Urteil bilden zu können. Als Psychologe spricht er Dinge an, die die Kirche verbessern könnte. Er arbeitet viel mit archetypischen Bildern. Wenn er kirchliche Lebensformen zu einseitig kritisiert, wünsche ich mir das im Ton etwas anders.

Es gab eine Ideologie im Orden: Ich darf nur nähen, nur putzen, so habe ich früher auch gedacht. Ich kam von der Universität und wollte dienen. Dann sagte die Priorin: »Du sollst jetzt ein Buch schreiben.« Der Prozeß der Reifung entwickelte sich mit der Beauftragung. So war es auch mit den Ämtern im Kloster, die ich auszuüben hatte: Noviziatsleitung, Unterricht, Subpriorin, Priorin.

Zunächst ist man vom Gebet ganz erfüllt. Wenn man Handarbeiten machte, konnte man gut beten. Das veränderte sich in dem Sinn, daß Gebet einfach die Atmosphäre wurde, in der man lebte. Als Novizinnen oder junge Schwestern haben wir als Hilfskräfte gearbeitet, da konnte man subjektiv das Gebet empfinden. Später, wenn man konzentriert und selbständig arbeiten mußte, konnte man nicht unaufhörlich an Gott denken. Es wurde selbstverständlich, daß man alles, was man tat, in Gott tat.

Am Anfang des Ordenslebens kam ich aus der wissenschaftlichen Spezialisierung und war glücklich, eine Lebensform zu leben, in der man alle Arbeiten machen konnte. Ich war arbeitsfreudig und hatte keine Schwierigkeiten, mich anzupassen. Ich habe zum Beispiel Hostien verarbeitet, habe geputzt, gewaschen und genäht – letzteres tat ich gerne, ich glaube, ich hätte auch Näherin werden können. Ich war auch jahrelang in der Sakristei und habe Meßgewänder gestickt. Das Gebet aber war immer das Entscheidende, die Arbeit, die ich hatte, sollte mich nicht zu sehr vom Gebet ablenken, das tat sie natürlich oft.

Das Gebet hat bei mir zunächst das wissenschaftliche Denken ausgeschaltet. Aber das geschieht ja nur für eine gewisse Zeit. Schon im zweiten oder dritten Jahr im Orden mußte ich lateinische Offizien, Psalmen und Schrifttexte ins Deutsche übersetzen, weil andere Orden an uns herantraten und Übersetzungen wünschten.

Ob ich schon an Gottes Gerechtigkeit und Liebe gezweifelt habe? Das tue ich manchmal, wenn ich gewisse Ereignisse in der Welt betrachte. Aber es ist nicht so existentiell, daß mein Gottesbild Schaden litte. Mein Bild von Gott ist positiv. Daneben steht, daß ich sehr leide, wenn zuviel Schlimmes in der Welt passiert. Ich weiß genau, daß nicht Gott schuld ist, sondern die Menschen, aber unsere Theologen sagen, der biblische Gott habe beide Seiten, er ist dunkel und hell. Da bin ich nicht ganz biblisch – mein Gott ist hell.

Man kann immer Projektionen machen. Wie ich Glauben interpretiere, kann Projektion sein, und ich möchte nicht in der Projektion leben. Das geschieht sicher am besten durch die Nüchternheit des Alltags. Meine Gottesvorstellung ist sinnlos, wenn ich mich nicht um Nächstenliebe bemühe. Aber es gibt Menschen, die ärgern sich darüber, wenn ich liebevoll bin. Sie sagen, »Du bist immer so freundlich, das ist Heuchelei.« Aber das ist für mich echt. Bei Jesus sieht man deutlich, daß die Wahrhaftigkeit und die Liebe das Entscheidende für ihn sind. Das ist für mich das Kriterium, im Orden oder in der Ehe.

Meine Novizenmeisterin sagte, ich wäre äußerlich immer sehr angepaßt gewesen. Ich habe ihr geantwortet, ich hätte innerlich auch große Kämpfe gehabt. Davon hat wohl niemand etwas gemerkt. Ich bin selbstbeherrscht, vielleicht habe ich das von meinen Eltern, sie waren Menschen, die um einer ethischen Sache willen sehr viel Selbstbeherrschung gezeigt haben.

Für mich ist Kirche ein Raum der Anbetung, einfach daß man vor Gott steht, daß wir das, was uns Jesus in seinem Leben gebracht hat, darstellen. Das ist zum Beispiel die Feier der Liturgie, die Eucharistie, die Danksagung.

Ich glaube nicht, daß der Mensch durch Für-wahr-Halten zur Liebe kommt oder zum Glauben, sondern nur durch Verweilen vor Gott. Sich einfach loslassen, nichts Falsches hereinlassen. Ich würde sagen: Gott Gott sein lassen, er wirkt in uns. Meditation, inneres Beten, nannte Teresa von Avila das beschauliche Beten. Contemplatio hieß: Etwas anschauen, im Tempel stehen und betrachten, im Tempel vor Gott da sein. Das ist alte Weisheit, und diese meditative Weisheit hat sich auch in den katholischen Formen des Betens, des Kirchenbaus niedergeschlagen. Ob durch mein Gebet etwas bewirkt wird, weiß ich nicht, das muß Gott wissen, das ist nicht meine Sache.

Wir warten nicht auf Offenbarungen. Wenn wir sie hätten, sollten wir sie loslassen. Die Heiligen sagen, ›sollte eine Offenbarung kommen, sich nicht darauf einlassen‹. Nicht das ist entscheidend, sondern der Wille Gottes, die Liebe üben. Teresa von Avila war davon überzeugt, wenn eine Mitschwester krank ist und es ist gerade die Zeit des Gebetes, dann solltest du darauf verzichten und ihr die Suppe kochen. Das heißt aber nicht, daß ich dauernd auf die Meditationsstunde verzichten soll.

Wenn ich das Amt habe, zum Telefon zu gehen oder jemandem zu helfen und es als Bruch empfinde zwischen der Stille, in der ich bin, und dem was ich tue, dann stimmt etwas nicht. Meditation ist nichts als Präsenz vor Gott, und wenn es jetzt schellt, dann ist das die Präsenz, die ich auszuüben habe. Natürlich kann ich leiden, wenn ich hin und her laufen muß und abgehetzt bin. Das kann eine Belastung werden, aber nicht, daß ich aus der Stille herausgerufen werde, die Stille ist entweder da oder nicht.

Ein prägendes Erlebnis hatte ich in der Kindheit. Meine Mutter sagte zu mir: »Sprich auf dem Heimweg nicht so viel, bleib einfach in der Stille.« Ich versuchte das, dabei wußte ich nicht genau, was das bedeutete. Auf einmal spürte ich diese Stille, die immer gleich geblieben ist, in dem Sinne, daß das Transzendente plötzlich da war. Diese Stille, die wir im Karmel Gebet nennen, muß auch geweckt werden.

❖

Wie viele Bücher ich geschrieben habe? Das weiß ich nicht genau. Mein erstes Buch hieß »Auf der Suche nach Gott«, da habe ich ein bißchen altmodisch geschrieben, in der damaligen klösterlichen Sprache, die übernimmt man automatisch. Aber die Texte über Edith Stein waren gut. Mein zweites Buch war ein Buch über Indien. Ich mußte über einen indischen Ordensgründer schreiben, der später seliggesprochen wurde. Ich mußte die Literatur in englischer Sprache lesen. Das verbesserte meinen Stil, ebenso half mir bei der sprachlichen Ausarbeitung meine Mitschwester Anna Maria Strehle, die langjährige Priorin des Edith-Stein-Karmel.

Das Bücherschreiben kam langsam, ohne daß ich mich darum bemühte. Die Verlage meldeten sich beim Kloster mit der Bitte um ein Buch. Sie kannten mich gar nicht. Der katholische Verleger, der mein Indienbuch herausgab, weigerte sich, meinen Ordensnamen, Schwester Teresia a Madre Dei, auf den Titel zu setzen. Seit dieser Zeit bin ich unter meinem bürgerlichen Namen bekannt. Als ich Novizenmeisterin wurde, mußte ich Teresa von Avila und Johannes vom Kreuz gründlicher studieren; daraus sind später auch Bücher entstanden.

Seit 1961 mußte ich das Edith-Stein-Archiv in Köln aufbauen, dabei habe ich mich zum erstenmal wieder mit der ganzen Judenverfolgung richtig auseinandersetzen müssen – ich bin damals ein paar Tage lang innerlich völlig niedergeschlagen herumgegangen. Ich dachte, ich kann nicht mehr leben, weil so etwas geschehen ist.

Als der Seligsprechungsprozeß von Edith Stein bevorstand, hatte ich den Auftrag, über sie zu schreiben. Kardinal Höffner hat mich 1986 eingeladen zur Dechantenkonferenz in Köln zur Vorbereitung der Seligsprechung von Edith Stein, die ja Jüdin war. Da habe ich zu ihm gesagt: »Bereiten Sie sich vor auf die Auseinandersetzung mit den Juden, es darf kein falsches Wort fallen, sonst brauchen wir gar keine Seligsprechung.« Das hat eingeschlagen. Kardinal Höffner sagte zu mir: »Nächste Woche treffe ich den Zentralrat der Juden«, und er hat mit ihnen über das Thema gesprochen. Das war sehr gut. Die Juden hatten große Bedenken gegen eine Seligsprechung.

Erst durch Edith Stein bin ich näher mit dem Judentum in Kontakt gekommen, vor allem mit ihren Verwandten, mit denen wir befreundet sind. Edith Stein ist für mich Pionierin. Das konnten viele Juden nicht sehen. Manche sagten: »Sie ist katholisch geworden und hat uns verraten.« Das stimmt nicht, wenn man Edith Stein genauer kennt. Sie hat schon pro-jüdisch gesprochen, als sie längst konvertiert war; das heißt, sie hat durch ihre Konversion nicht diesen eigenartigen Katholizismus übernommen, der das eigene Judentum verleugnete. Sie war Jüdin, ist dann Atheistin geworden in dem Sinne, wie viele Intellektuelle keinen Gottesglauben mehr in sich spüren. Sie war viel zu radikal und zu ehrlich, als daß sie gesagt hätte: *Vielleicht* glaube ich an Gott. Alle großen Lehrmeister von ihr waren Juden, aber Juden, die sich evangelisch hatten taufen lassen, weil sie sonst in Europa nichts hätten werden können. Heinrich Heine hatte bitter festgestellt: »Die Taufe ist für den Juden das entre-billet für die europäische Gesellschaft.«

Edith Stein hat immer zu ihrem Judentum gestanden, trotz großer Leiden in ihrer geistigen Auseinandersetzung. Vor ihrer Taufe hat sie noch einmal überlegt, ähnlich wie Franz Rosenzweig: »Kann ich nicht jüdisch bleiben? Das ist ja der gleiche Gott!« Aber sie hatte die Glaubenserfahrung, daß Christus der Erlöser der Welt ist, und das hat sie übernommen. Das war ihre Glaubensentscheidung. Sie hat die Hebräische Bibel immer als Wurzel angesehen und Jesus als Juden. Als Hitler die Juden diskriminierte, hat sie dagegen geschrieben.

Edith Stein ist einen jüdischen Tod gestorben. Subjektiv hat sie ihr Sterben mit Christus vereinigt. Sie wollte nicht sterben, sie wollte sich bis zuletzt retten. In meinen ersten Biographien habe ich das vielleicht zu wenig dargestellt, man lernt durch die Forschung. Wir lernen vor allem viel durch unsere jüdischen Freunde. Die Juden waren gegen die Seligsprechung Edith Steins, weil sie fürchteten, daß ihr jüdischer Tod christlich vereinnahmt wird. Papst Joannes Paul II. hat dies verstanden, und die jüdischen Verwandten Edith Steins waren sehr beeindruckt und versöhnt mit seiner Predigt bei der Seligsprechung 1987.

Wir waren 1978 in Köln 26 Schwestern, deshalb konnten wir eine Neugründung vornehmen. Wir waren eine Fünfergruppe. Kardinal Höffner war gründungsfreudig, er war Soziologe, theologisch konservativ, aber pastoral modern. Er sagte: Die Kirche kann nur durch kleine Zellen überleben; das ist soziologisches Denken. Er las meine Bücher, was mich beschämte.

Ich war nicht gründungsfreudig, weil ich einfach kräftemäßig überfordert war. Ich wäre beinahe an einer Krankheit gestorben, weil ich keine Zeit hatte, rechtzeitig zum Arzt zu gehen. Aber Gott fügte alles wunderbar. Im Winter 1978 erhielten wir von Bischof Moser die Erlaubnis, in Tübingen einen Karmel zu gründen. Das war ein großes Geschenk für uns.

Wie ich über die Klausur denke? Es kommt darauf an, was man aus der Klausur macht. Nicht sie ist das Maßgebende für unseren Orden, sondern das innere Gebet und die Liebe. Das ist teresianisch. Klausur heißt eigentlich nur: eine gewisse Atmosphäre schaffen, wo man unter sich ist und genug Zeit zum Beten hat. Dieses Unter-sich-Sein darf aber die Suchenden und Betenden, die von außen kommen, nicht ausschließen.

Wir schweigen nicht miteinander, sondern gemeinsam vor Gott. Es gibt ein Schweigen, das sehr kommunikativ ist, das geschieht in der Meditation. Abends haben wir das große monastische Schweigen nach der Komplet, da sollte man nur sprechen, wenn man unbedingt muß. Da ist aber jede glücklich, wenn sie Stille hat. Das halten wir treu ein. Tagsüber hat jede ihre Arbeit, und in der Rekreation geht es herzlich und lustig zu. Unser Miteinander ist sehr persönlich. Jedes Kloster muß seine eigene Atmosphäre schaffen.

Im Karmel lebt man in einer Gebetsatmosphäre, man hat viel Psalmengebet, Schriftlesung, Schweigen, Meditation und kurze Arbeitszeiten. Zum Bücherschreiben habe ich wenig Zeit ge-

habt. Die Leute fragen immer: Wann haben Sie das getan? Ich
arbeite rasch, das ist natürlich auch eine Gefahr. Aber sonst
wäre das alles nicht entstanden.

Als ich in den Karmel kam, hat man sich noch wenig über
geistliche Dinge unterhalten, das kam erst später. Nach dem
Konzil haben wir im Orden Kleingruppen gebildet, damit fing
eigentlich unsere Neugründung an, daß man mit fünf oder sechs
Schwestern persönlich gesprochen hat. Die Schwestern waren
sehr nett, vor allem die älteren, aber man hat früher nicht viel
über religiöse Dinge gesprochen. Da ich selbst verschlossen bin
auf diesem Gebiet, habe ich das zunächst nicht vermißt.

Wir leben als Nonnen, das heißt, in einer gewissen Zurück-
gezogenheit. Wir gehen nicht ins Cafe, ins Konzert oder in
Vorträge in der Stadt. Unsere evangelischen Schwestern und
Brüder in Tübingen bedauern das sehr.

Edith Stein war für mich immer wichtig, und sie ist es sicher
auch für viele Menschen heute, weil das Religiöse nur über
Menschen vermittelt werden kann. Es fällt von vielen Eltern
her heute die religiöse Sozialisation aus, die jungen Menschen
sind vielen Einflüssen ausgesetzt. Daher sind Gestalten wie
Edith Stein wichtig, die den Glauben an das Evangelium in
ihrem Leben vollzogen haben, auch in großer Notsituation. Ich
glaube, Edith Stein ist eine wichtige Symbolfigur, gerade für
den Katholizismus. Sie hat als Christin von damals ihr Jüdin-
sein, ihre jüdischen Wurzeln sehr ernstgenommen. Sie war Vor-
denkerin des Zweiten Vatikanischen Konzils. Erst dort sind wir
fähig geworden, ökumenisch, ohne die eigenen Traditionen aufzugeben, zu leben.

Für mich hat Christsein etwas mit Verwandlung zu tun, nicht
nur, daß ich etwas über Theologie weiß oder glaube. Inwieweit
mein Leben von Christus verwandelt wird, ist entscheidend.
Unsere evangelischen Schwestern und Brüder sind uns sicher
in der Kenntnis der heiligen Schrift voraus. Ich komme vielleicht mehr durch stille Meditation, durch Bilder, durch Kunst
zu Gott. Beide Wege ergänzen sich.

Ich glaube einfach, daß Menschen so gebaut sind, daß sie eine radikale Wahrheitssuche in sich spüren. Darum wird es immer Ordens- und Gemeinschaftsleben in den Kirchen geben. Für mich war Ordensleben zunächst ein Auswandern aus den bisherigen bürgerlichen Bezügen, die gut und legitim waren. Aber ich brauchte einen anderen Weg. Darum liebe ich die Chassidim oder die Mönche der Ostkirche, die in den Wald gehen und beten, und die Leute kommen zu ihnen. Das ist ähnlich unserer Karmel-Spiritualität, nicht die große Zahl tut es, sagt Teresa von Avila, zwölf Schwestern sind genug an einem Ort.

Meine Beziehung zur Musik? Ich war sehr begabt. Mit fünf Jahren fing ich an, Klavier zu spielen, konnte alles auswendig. Meine Klavierlehrerin wünschte, ich sollte die pianistische Laufbahn einschlagen. Meine Eltern waren wohlwollend und freuten sich, wenn ich öffentlich spielte, waren aber wenig ehrgeizig. Von Pforzheim aus ging ich nach Karlsruhe aufs Konservatorium. Ich konzertierte ein oder zweimal, habe Blumen bekommen, die Leute waren begeistert. Aber der Krieg und die Zerstörung unserer Stadt waren einschneidende Erfahrungen, die mich in eine andere Richtung führten.

Gegen Ende des Krieges gab es viele Angriffe auf die Züge. Das war ein Grund, mit dem Musikunterricht aufzuhören, aber nicht der einzige. In dieser Zeit schon habe ich von meinem existentiellen Denken her gedacht: »Willst du Pianistin werden? Dann mußt du jeden Tag sieben oder acht Stunden üben.«

Das Dichterische hat mir auch gelegen. Aber irgendwie hatte ich das Gefühl: Soll das mein Leben sein? Ich habe nicht nach einem großen Namen gestrebt, sondern nach Liebe, vom Religiös-Biblischen her. Ich habe gespürt, das Wesentliche im Menschsein ist die Liebe – zu sich selbst und zu anderen. Mich selbst habe ich zwar nicht immer richtig geliebt, dazu war ich manchmal zu aszetisch, zu streng gegen mich selbst, aber zu andern habe ich mich immer bemüht, liebevoll und verständnisvoll zu sein.

Als ich in das Kloster eintrat, sagte mein Vater zur Priorin im Sprechzimmer – mir war das peinlich – »Könnte meine Tochter nicht Harmonium oder Orgel spielen, sie ist so begabt.« Ich war so auf meine Berufung konzentriert, daß alles, was die Eltern sagten, unwichtig wurde. Ich lachte und sagte: »Papa, hör doch auf.« – Er hatte aber doch recht behalten; später habe ich Orgel gelernt. Professor Zimmermann in Köln zeigte mir das Notwendigste. Aber weit habe ich es im Orgelspiel nicht gebracht, weil der Gebetsauftrag im Karmel meine Kraft beansprucht hat.

Manchmal denke ich, es wäre schön, wieder einmal zu musizieren oder zu malen. Aber ich muß mich an das Wesentliche halten, an das, was an uns herankommt. Ich muß viele Gespräche führen und Briefe schreiben, da ist das enthalten, was es in der Musik oder in der Medizin in einer anderen Weise auch gibt – insofern vermisse ich nichts. Dazu kommen Arbeiten im Haus, zum Beispiel Telefondienst, Unterrichten, Gäste empfangen und anderes. Ich bin eigentlich nur Schriftstellerin geworden, weil ich sehr im Karmel gefördert wurde, weil man die Sachen brauchte.

Freiheit? Wir reden manchmal von Freiheit in einer Weise, die ich so nicht sehen kann. Wir sind nicht so frei, wie wir annehmen. Edith Stein hat immer das Moment der Stellungnahme betont. Angenommen, ich lerne jemanden kennen, und ich liebe diese Person. Nun bin ich von ihr abhängig in irgendeiner Form. Aber, sagt Edith Stein, ich kann Stellung beziehen und sagen, ich mache mich nicht ganz abhängig. Ich kann entscheiden, ob ich mit dieser Person in Kontakt bleiben will oder nicht. Ich glaube, die Reifung eines Menschen besteht darin, daß er Entscheidungen trifft, und diese sind immer begrenzt. Wer begabter ist, ist auch ausgesetzter, er muß sich mehr entscheiden. Das würde Edith Stein freiheitliche Elemente nennen, daß der Mensch Stellung beziehen kann.

Das ist auch ein Grund, warum ich in den Karmel eingetreten bin, dieses Sich-für-die-andern-Einsetzen. Das ist nicht vereinnahmend gemeint, sondern ich würde sagen, stellvertretend in dem Sinn, Menschen zu etwas hinzuziehen, wozu sie selber nicht die Kraft haben oder was sie nicht erkennen.

Es gibt Bücher, die ziehen Millionen Menschen an, aber sie bringen die Menschheit nicht weiter. Und es gibt Bücher, die sind nicht so rasant geschrieben, sie versuchen, die Wahrheit im christlichen Sinne zu deuten, und sie erreichen weniger Menschen. Ich würde sagen, zu wenige. Das macht mich manchmal traurig.

Was für mich Glück bedeutet? Innere Freiheit, Identität mit sich selbst, mit der Welt, mit Gott, mit guten Menschen. Diese Identität wird jedoch immer wieder gestört, durch Sünde, Angst, Bedrängnis. Glück heißt dann, immer wieder ein inneres Licht zu entdecken, auch in schweren Situationen. Sünde ist für mich, wenn wir unsere Verantwortung für die Welt nicht ernst nehmen, wenn wir uns nicht selbstlos für den Nächsten einsetzen, wenn wir die Liebe Gottes zu uns vergessen.

Ich bin vielleicht eine Randsiedlerin. Ich fühle mich Menschen vertraut, die sich Atheisten nennen. Wenn man mit Gott lebt, weiß man, wie ausgesetzt die Menschheit ist. Karl Rahner sagte: »Was wir Gotteszweifel nennen, ist nur die Erfahrung, daß diese Welt nicht Gott selber ist.« Wenn wir heute Gott oft nicht fühlen, sehen oder hören, heißt das, daß wir in einen anderen Weltbezug eintreten. Die Kirche muß wach sein für diese Erfahrungen, sonst wandern viele jüngere oder ältere Menschen aus. Die Kirche muß die Wandlung der Welt zur Kenntnis nehmen und bescheiden, nicht autoritär, wie sie das früher oft tat, Wegbegleiterin sein, auch wenn sie nicht so viel Erfolg sieht, es ist wahrhaftiger.

Religiöser Dialog ist für mich wichtig. Die erste Edith-Stein-Autorin, Schwester Teresia Renata Posselt, schenkte vor ihrem Tod 1961 dem Kölner Karmel eine Ikone, auf der die drei großen Religionen vertreten sind, die jüdische, die christliche, die muslimische. »Unsere Kirche kann nur überleben«, sagte sie, »wenn sie sich mit diesen Religionen verbindet in Ehrfurcht und Achtung, das ist die Ökumene der Zukunft«. Das war längst vor dem Zweiten Vatikanum.

Die Frauenfrage in der Kirche? Ich persönlich strebe kein Amt an, das bisher nur Männern vorbehalten war. Ich bin als Nonne glücklich. Aber die Entwicklung der Frauenfrage ist auch in unserer Kirche weitergegangen. Ich denke an die jungen Frauen. Sie wollen zum Teil evangelisch werden, um Pfarrerin sein zu können. Die kirchlichen Strukturen sollten sich öffnen, damit auch unsere jungen Menschen eine Beheimatung in der Kirche haben.

Sie fragen mich nach dem Phänomen des Todes? Ich habe mich häufig mit diesem Phänomen auseinandergesetzt, nicht nur, weil ich früher auch krank war oder dem Tode nahe. Wie jeder Mensch habe ich manchmal ein bißchen Angst vor ihm. Andererseits sind Tod und Leben für mich nicht ein so großer Unterschied. Ich denke mir Gott oder ein Jenseits nicht so sehr getrennt von mir. Ich erfahre Gott in mir, in guten Menschen.

Meine Wünsche sind erfüllt in dem Sinne, daß ich einfach in Gott leben kann, ich bin da nüchtern und habe in meinem Leben viel mehr empfangen, als ich mir je vorstellen konnte. Ich wollte die › reine‹ Armut, das › reine‹ Dienen. An Bücherschreiben oder eine Neugründung im Orden habe ich nie gedacht. Vielleicht habe ich immer eine integrative Lebensform gesucht.

Ich bin Optimistin, hoffnungsfreudig von Natur. Luther sagte einmal, wenn morgen die Welt unterginge, würde er heute noch ein Apfelbäumchen pflanzen. Das ist auch meine Veranlagung. Ich glaube, sonst könnte man Verantwortung nicht gut ertragen, die Last, die sie mit sich bringt. Ich bin immer frohgemut und habe das Gefühl, es geht im Wesentlichen gut weiter.

Dank

Mein Dank gilt den Schwestern, die zu einer so engen Zusammenarbeit bereit waren. Sie haben sich mit großer Offenheit auf das Wagnis des Erzählens eingelassen, eine Zeitlang ihren Alltag mit mir geteilt, meine Fragen beantwortet und mich durch ihre Fragen herausgefordert.

Den verschiedenen Klostergemeinschaften danke ich für ihr Entgegenkommen und ihre Aufgeschlossenheit, mit der sie mich in ihre Lebensformen Einblick nehmen ließen.

Mein Mann, Andreas Oettinger, hat durch seine vielfältigen Anregungen, Ermutigungen und durch seine kritische Begleitung wesentlich zum Entstehen dieses Buches beigetragen. Seine geduldige und beharrliche Hilfestellung bei Problemen der Textverarbeitung hat im Eifer des Arbeitsprozesses nicht immer die angemessene Anerkennung gefunden.

Meinem Vater, Günter Boeck, danke ich für seine liebevolle Anteilnahme, mit der er das Werden dieses Buches begleitet hat, und für das hilfreiche Notebook, das er mir geschenkt hat.

Barbara Alzinger, Renate Oetker-Funk, Andrea Ossowski, Annette Schmidt und Mira Waibel haben einige Kontakte zu Schwestern angeregt.

Ingrid Kreß, Gertrud Schewe, Rudi und Gisela Schick haben mich oft beherbergt und zu wichtigen Verabredungen gefahren.

Trude Daniel, Ute Daniel, Dorothee Grünzweig, Linde Kummer, Silke Kummer, Astrid Oswald, Susanne Schweizer und Christiane Wittkop haben verschiedene Textfassungen gelesen und mit kritischen Hinweisen bedacht.

Mein Lektor Winfried Nonhoff hat mein Vorhaben von Anfang an mit viel Engagement betreut.

Den Schwestern des Carmel de la Paix widme ich dieses Buch.